Automobiltechnische Bibliothek Band XIII

Die elektrische Ausrüstung des Kraftfahrzeuges

Teil III

Automobiltechnische Bibliothek

Die Automobiltechnik in Einzeldarstellungen

Band XIII

Die elektrische Ausrüstung des Kraftfahrzeuges

In drei Teilen

I. Teil: Zündung
II. Teil: Lichtmaschine und Batterie
III. Teil: Stromverbraucher

Unter Mitwirkung von
Ewald Kaßler, Dr. Walter Lippart
Alfred Mattes, Wilhelm Winter

Herausgegeben von
Erich Klaiber, Franz Kratz und Dr. Friedrich Trautmann

M. Krayn, Technischer Verlag G. m. b. H., Berlin W

Die elektrische Ausrüstung des Kraftfahrzeuges

Teil III

Stromverbraucher

von

Dr. Friedrich Trautmann

Mit 314 Abbildungen

M·KRAYN
BERLIN·W·

1 9 3 1

Inhaltsverzeichnis

Abschnitt I wurde verfaßt unter Mitwirkung von Dr. Walter Lippart
Abschnitt II wurde verfaßt unter Mitwirkung von Ewald Kaßler u. Alfred Mattes
Abschnitt III wurde verfaßt unter Mitwirkung von Wilhelm Winter

Vorwort

Die Fertigstellung des dritten, abschließenden Teiles unseres Buches, „Stromverbraucher", hat sich infolge verschiedener widriger Umstände länger hinausgezögert, als dem Verlag und den Herausgebern angenehm war.

In diesem hiermit vorgelegten III. Teil des Gesamtwerkes wird unseres Wissens zum ersten Male angestrebt, das stark angewachsene Gebiet der aus der Niederspannungs-Erzeugungsanlage gespeisten Apparate (außer der Batteriezündung) zusammenhängend bis in die kleineren Einzelheiten darzustellen. Sicher ist trotz der aufgewandten eifrigen Forschungsarbeit noch verschiedenes Interessante und für die Entwicklung Bedeutungsvolle unberücksichtigt geblieben; das ist bei der außerordentlichen Entwicklung des hier behandelten Gebietes leider unvermeidlich. Immerhin aber hoffen wir, daß die kennzeichnenden Apparate richtig erfaßt und im Zusammenhang mit ihrer Entwicklung dargestellt sind

Bei der Benennung des Bandes „Stromverbraucher" sind wir uns natürlich darüber klar gewesen, daß in den Apparaten nicht „Strom" im eigentlichen Sinne, sondern vielmehr „Leistung" verbraucht wird. Wir glaubten aber ohne Schaden die vielfach benutzte, populäre Bezeichnung „Stromverbraucher" wählen zu dürfen, obwohl unsere Darstellung sich im übrigen denselben technisch-wissenschaftlichen Gesichtspunkten unterordnet, die für die beiden ersten Teile Geltung hatten.

Möge die Arbeit ebenso freundlich aufgenommen werden wie die beiden ersten Teile!

Die Herausgeber

I. Beleuchtungskörper

1. Entwicklung der Kraftfahrzeugbeleuchtung

In der Einleitung zum Teil II dieses Buches, „Lichtmaschine und Batterie", ist bereits darauf hingewiesen worden, daß sich das Bedürfnis für eine wirksame und zugleich wenig Ansprüche an die Bedienung stellende Beleuchtungseinrichtung, d. h. für eine Ausnutzung der Elektrizität, am Kraftfahrzeug erst einstellte, als es mit wachsender Betriebssicherheit vom Sport- und Luxusfahrzeug zum allgemeinen Verkehrsmittel wurde. Wie die ersten Motorwagen in ihrem Aufbau sich völlig an die bespannten Kutschwagen anlehnten, so übernahm man als Beleuchtung auch einfach die bekannten Kutschwagenlaternen. Diese bestanden aus einem annähernd würfelförmigen Blechgehäuse, das vorn durch eine Glasscheibe abgeschlossen war. Als Lichtquelle diente eine Kerze oder Öllampe, deren Wirkung man bereits durch einen an der Rückwand des Gehäuses angebrachten Reflektor, der allerdings nur sehr bescheidenen optischen Ansprüchen genügte, zu verstärken suchte. Für die damals möglichen Fahrgeschwindigkeiten reichte die so erzielte Straßenbeleuchtung aus, zumal man sich bei der noch recht geringen Betriebssicherheit nur selten bei Dunkelheit auf die Straße wagte. Ein Bedürfnis für weitere Beleuchtungskörper trat zunächst nur insoweit auf, als die Polizei eine Beleuchtung des Kennzeichens verlangte. Für diese Nummerlaterne genügte aber natürlich auch eine schwache Lichtquelle in Gestalt einer Öllampe oder Kerze.

Je mehr sich dann das Kraftfahrzeug zum betriebssicheren Verkehrsmittel entwickelte, desto mehr mußte man verlangen, daß es auch in der Dunkelheit große Strecken sicher und mit erheblicher Geschwindigkeit zurücklegen kann. Das ist nur bei guter Beleuchtung der Fahrstraße möglich. Mit einer für die Zwecke des Kraftfahrers ausreichenden Allgemeinbeleuchtung der Straßen ist nur in beschränktem Maße zu rechnen. In den meisten Fällen muß vielmehr der Kraftfahrer selbst für eine genügende Beleuchtung sorgen und dazu sein Fahrzeug mit weitreichenden Scheinwerfern ausrüsten.

Der Grundsatz der Scheinwerfer ist, die von einer Lichtquelle nach allen Richtungen ausgehenden Strahlen durch eine optische Vorrichtung – bei Kraftfahrzeugscheinwerfern heute ausschließlich durch Hohlspiegel – zu einem verhältnismäßig engen Strahlenbündel zusammenzufassen und damit den größten Teil der von der Lichtquelle erzeugten Lichtenergie auf dem zu beleuchtenden Gegenstand – der Fahrstraße – zu vereinigen.

Wir wollen hier kurz vorwegnehmen, daß die axiale Lichtstärke eines Scheinwerfers nach der Formel $J = e \cdot s$ zu berechnen ist, wobei e die Leuchtdichte (Flächenhelligkeit) der Lichtquelle und s der Querschnitt des Spiegels ist. Man kann also die Lichtstärke des Scheinwerfers einmal durch die Leuchtdichte der Lichtquelle und andererseits durch die Abmessungen des Spiegels beeinflussen. Mit den Abmessungen des Spiegels ist man aber selbstverständlich beim Kraftfahrzeug an verhältnismäßig enge Grenzen gebunden, und man mußte daher bei der Entwicklung der Kraftfahrzeugscheinwerfer von vornherein sein Augenmerk auf Lichtquellen von hoher Leuchtdichte richten.

Kerzen oder Petroleum- und Öllampen schieden damit von vornherein aus. Die Verwendung der Elektrizität stieß schon aus den in Teil II, Seite 1 angegebenen Gründen auf Schwierigkeiten; außerdem war aber auch die Leuchtdichte der zunächst zur Verfügung stehenden Kohlenfadenlampen gering. Für die Wirkung im Scheinwerfer ist nämlich nicht nur die Leuchtdichte des Leuchtfadens selbst, sondern die Leuchtdichte der von dem gesamten Fadengebilde umfaßten Fläche maßgebend, und diese Fläche ist natürlich bei dem ausgedehnten Faden der Kohlenfadenlampe ziemlich groß und damit die durchschnittliche Leuchtdichte gering. Durch die Metalldrahtlampe wurde zwar eine Verbesserung erzielt, doch kam man mit dieser nach Bloch*) doch erst auf 3,6 HK/cm².

So behauptete sich längere Jahre hindurch die Azetylenflamme als beste Lichtquelle für Kraftfahrzeugscheinwerfer, obwohl auch sie nur eine Leuchtdichte von 6,4 HK/cm²*) ergibt. Man wäre zwar früher schon ohne weiteres imstande gewesen, Lichtquellen von erheblich größerer Leuchtdichte nach dem bekannten Verfahren des Drummondschen Kalklichtes mit Benzin-Sauerstoffgebläse oder Azetylen-Sauerstoffgebläse (420 HK/cm²*), wie sie z. B. in Scheinwerfern für andere Zwecke vielfach verwendet wurden, auch in Kraftfahrzeugscheinwerfer einzubauen, wäre aber damit zu schwer zu behandelnden Vorrichtungen gekommen, die für eine allgemeine Verwendung nicht geeignet waren. In Einzelfällen sind derartige Scheinwerfer im Gebrauch gewesen.

---

*) Bloch, Lichttechnik, Verlag von Oldenbourg, 1922, S. 466, 541 und 575.

Das Azetylen ist aber bei Verbrennung aus einem einfachen Brenner für Kraftfahrzeugscheinwerfer allgemein verwendbar, nicht nur wegen der mit ihm zu erzielenden, im Verhältnis zu anderen festen, flüssigen oder gasförmigen Brennstoffen großen Flächenhelligkeit, sondern auch, weil es im Kraftfahrzeug selbst verhältnismäßig einfach aus dem meist leicht zu beschaffenden Kalziumkarbid und Wasser zu erzeugen ist, also den „Aktionsradius" des Fahrzeugs nicht beschränkt. In dieser Beziehung ist die Azetylenbeleuchtung einer aus Batterien gespeisten elektrischen Anlage unbedingt überlegen. Allerdings verlangen die kleinen Gaserzeuger trotz des einfachen Grundgedankens der Azetylenerzeugung eine sorgfältige Behandlung, wenn die Flammen der Scheinwerfer gleichmäßig brennen sollen. Im Winter, d. h. gerade in der Jahreszeit, in der die Beleuchtung besondere Bedeutung hat, werden die im Gasentwickler liegenden Schwierigkeiten durch die Frostgefahr noch erheblich vermehrt. Man kann diese aber schon seit längerer Zeit durch Verwendung von Gasflaschen, die das Azetylen unter hohem Druck in Azeton gelöst enthalten, umgehen. Zwar tritt damit eine Abhängigkeit von Gasfüllstellen ein, doch waren in der Blütezeit der Azetylenbeleuchtung gefüllte Ersatzflaschen leicht zu beschaffen, so daß diese Abhängigkeit nicht schwerwiegend war. Unangenehm sind aber die Rohrleitungen, weil sie empfindlich gegen mechanische Angriffe sind. Man hat deshalb auch vielfach darauf verzichtet, die Nummerlaterne am Wagenende aus der Azetylenanlage zu speisen, weil dabei lange Rohrleitungen nicht zu vermeiden sind. Damit ist die Beleuchtung aber wieder nicht einheitlich. Schließlich bietet auch die Ausbildung der optisch wirksamen Teile der Scheinwerfer, d. h. der Spiegel oder der allerdings selten verwendeten Linsen, Schwierigkeiten, weil diese Teile gegen die Flammenhitze und die chemischen Einwirkungen der Abgase geschützt werden müssen. Gute Azetylenscheinwerfer sind deshalb im Vergleich zu elektrischen Scheinwerfern umständlich gebaut und teuer.

Der letzte Umstand fiel nicht ins Gewicht, solange man bei Berechnung der Kosten der elektrischen Beleuchtung den Preis der gesamten elektrischen Anlage einrechnen mußte. Das änderte sich aber gänzlich mit der Ausnützung der Elektrizität für andere Zwecke, wie z. B. Anlasser, Zündung usw., zumal im Herbst 1913, also gerade in der Zeit, als diese Entwicklung in starkem Fluß war, auch die gasgefüllten Wolframdrahtlampen mit ihren hohen Leuchtdichten (Lampen für Kraftfahrzeugscheinwerfer haben etwa 1000 HK/cm²) auf den Markt kamen. Damit war der Übergang zum Scheinwerfer mit elektrischer Glühlampe als Lichtquelle gegeben. Eine verbreitete Bauart eines solchen Scheinwerfers zeigt Bild 322.

Die Einfachheit im Aufbau der Beleuchtungskörper für elektrisches Licht und die Leichtigkeit, mit der sich die Elektrizität praktisch nach allen Teilen des Kraftfahrzeugs leiten läßt, brachten neben den Scheinwerfern die Ausbildung einer ganzen Reihe von weiteren Beleuchtungskörpern für elektrisches Licht mit sich. Zunächst wurde selbstverständlich auch die Nummerlaterne für elektrischen Betrieb eingerichtet.

Ferner führte ein Nachteil der weitreichenden elektrischen Scheinwerfer, der in manchen Fällen auch schon bei wirksamen Azetylen-Scheinwerfern bemerkt worden war, zu weiteren Beleuchtungskörpern. Die kräftig wirkenden Scheinwerfer gefährden den Verkehr dadurch, daß sie die entgegenkommenden Straßenbenutzer blenden. Man suchte diesen Mangel früher durch geeignet angebrachte Abblendscheinwerfer zu beseitigen, die der Fahrer in bewohnten Gegenden und bei Begegnungen statt der Hauptscheinwerfer einschaltete und die so eingestellt waren, daß ein Blenden ausgeschlossen war (Bild 387). Vielfach waren solche Abblendscheinwerfer als Seitenlaternen auch dauernd neben den Hauptscheinwerfern eingeschaltet und dann so eingestellt, daß sie die Fahrstraße kurz vor dem Wagen und vor allem ihre Ränder beleuchteten. Durch diese Lichtverteilung leisteten sie besonders in den Kurven gute Dienste. Zugleich lieferten die Hilfsscheinwerfer die Standbeleuchtung für den auf der Straße oder einem sonstigen dem Verkehr zugänglichen Platz abgestellten Wagen. Sie sind durch die Entwicklung der neuzeitlichen Hauptscheinwerfer entbehrlich geworden und finden nur noch selten Verwendung. In erster Linie verwendet man sie an neuen Wagen dann noch, wenn die Hauptscheinwerfer so angebracht sind, daß sie den gesetzlichen Bestimmungen über die seitliche Begrenzung des Wagens nicht genügen (in Deutschland dürfen sie höchstens 40 cm von der äußersten Wagenkante angebracht sein), doch reichen für diesen Zweck auch ganz einfach gebaute Wagenbegrenzungslampen von geringer Leuchtkraft ohne teuere optische Vorrichtungen aus.

Als besonderer Scheinwerfertyp, der in den letzten Jahren weite Verbreitung gefunden hat, ist der Sucher zu nennen. Er dient dazu, einen ziemlich eng zusammengefaßten, hellen und leicht nach allen Seiten lenkbaren Lichtkegel zu erzeugen, mit dem der Fahrer Wegweiser, besonders unübersichtliche Wegstellen usw. anleuchten kann. In diese Klasse kann man meist auch die bei Motorbooten und Flugzeugen benützten Scheinwerfer rechnen.

Zu diesen nach außen wirkenden Beleuchtungskörpern kommen im Wageninnern für die Bedürfnisse des Fahrers noch die Spritzbrett- oder Instrumentenlaterne, deren Zweck durch den Namen erläutert wird, sowie die Handlaterne, die über ein genügend

Bild 322. Scheinwerfer für Kraftwagen (Robert Bosch A.-G.)

501 = Gehäuse
501b = Stift für Bajonettverschluß
502 = Scheinwerferfuß
503 = Scheibenfassung (Deckelring)
503c = Nase in der Scheibenfassung
503d = Öse
503e = Bajonettschlitz
504 = Spiegel
504a = Nase für Fassungsteller
505 = Fassungsteller
507 = Hauptlampe
508 = Hilfslampe
509 = Anschlußplatte (für Hauptlampe)
510 = Anschlußplatte (für Hilfslampe)
511 = Spannring
511a = Spannschraube

langes Kabel an eine Steckdose angeschlossen wird und bei Ausbesserungen usw. gute Dienste leistet. Bei besonders gut ausgestatteten Wagen ist eine Motorlampe fest unter der Haube angebracht. Für die Fahrgäste ist in der Regel nur bei geschlossenem Wagen eine Innenbeleuchtung in Form einer Deckenlampe vorgesehen. Eine weitergehende Innenbeleuchtung findet man nur bei Omnibussen und

Verkehrsflugzeugen. Bei reich ausgestatteten Fahrzeugen können noch weitere, im allgemeinen entbehrliche Lichter, wie Trittbrettbeleuchtung und dergleichen zu den bisher genannten eingebaut werden, doch kommt diesen keine größere Bedeutung zu.

2. Gesetzliche Vorschriften

Das Kraftfahrzeug ist, wie seine glänzende Entwicklung zeigt, neben Eisenbahn und Schiffahrt dazu berufen, den Verkehr über Landesgrenzen hinweg in weite Fernen zu tragen. Dazu ist die Vereinheitlichung der Verkehrsvorschriften der verschiedenen Länder dringend erwünscht. Namentlich bei den Vorschriften über die Scheinwerfer ist in dieser Beziehung aber noch viel Arbeit zu leisten. Bei uns in Europa hat man allerdings schon gewisse Fortschritte in der gewünschten Richtung erzielt, in den Vereinigten Staaten von Nordamerika ist aber bisher noch nicht einmal eine Vereinheitlichung der Vorschriften der verschiedenen Bundesstaaten erreicht worden. Die Commission Internationale de l'Eclairage hat einen Sonderausschuß mit der Behandlung der auf diesem Gebiete zu lösenden Aufgaben betraut, so daß man hoffen kann, daß die internationale Verständigung auch hier bald Fortschritte machen wird. Besonders wichtig erscheinen die Vorschriften über die Scheinwerfer. Nach dem bisherigen Verlauf der Verhandlungen in der internationalen Kommission ist zu erwarten, daß man allgemein für die Scheinwerfer das bei uns in Deutschland und übrigens in fast ganz Europa anerkannte Verfahren übernehmen wird: starkes und in die Ferne wirkendes Licht bei freier Fahrt auf offener Straße, Abblendung bei Begegnungen und in Ortschaften.

Zu beachten ist die Rolle, die die Scheinwerfer für die Angabe der seitlichen Begrenzung des Fahrzeuges spielen. Deutschland und England geben bestimmte Vorschriften über den Höchstabstand, den die Scheinwerfer von den seitlichen Begrenzungslinien des Fahrzeugs haben dürfen. Unter Umständen muß die seitliche Begrenzung durch besondere Lampen (Seitenlampen) angegeben werden.

Bezüglich der vom Standpunkte der Polizei aus noch wichtigen Nummerbeleuchtung sind keine wesentlichen Unterschiede zwischen den Vorschriften der verschiedenen Staaten vorhanden. In vielen Staaten ist ein rotes Rücklicht vorgeschrieben, in Deutschland ein solches in gelbroter Farbe zugelassen. Kleine Abweichungen zeigen noch die Vorschriften über den Gebrauch des Suchscheinwerfers.

Dieser darf z. B. in England nicht eingeschaltet werden, solange das Fahrzeug in Fahrt ist. Über weitere an Kraftfahrzeugen vorhandene Beleuchtungskörper sind gesetzliche Vorschriften nicht vorhanden und auch nicht nötig.

Es würde zu weit führen, wenn wir hier im einzelnen auf die Vorschriften der verschiedenen Länder eingehen wollten. Wir begnügen uns daher mit einer Angabe der einschlägigen deutschen Gesetze und Verordnungen über Scheinwerfer und einem kurzen Überblick über die amerikanischen Verhältnisse.

Die deutsche Gesetzgebung will den Verkehr zunächst dadurch sichern, daß sie grundsätzlich einerseits ein gewisses Mindestmaß von Scheinwerferlicht verlangt und andererseits eine übermäßig starke Lichtwirkung verbietet. Nach § 4, Absatz 1, Nr. 5 der Verordnung über Kraftfahrzeugverkehr ist daher jedes Kraftfahrzeug zu versehen

> „nach eingetretener Dunkelheit und bei starkem Nebel mit mindestens zwei in gleicher Höhe angebrachten, die seitliche Begrenzung des Fahrzeugs anzeigenden hellbrennenden Laternen mit farblosem oder schwach gelblichem Glase, die den Lichtschein derart auf die Fahrbahn werfen, daß diese auf mindestens 20 m vor dem Fahrzeug von dem Führer übersehen werden kann. Der Abstand der Außenkante der die seitliche Begrenzung anzeigenden Laternen von der Außenkante des Fahrzeugs darf nicht mehr als 40 cm betragen. Übermäßig stark wirkende Scheinwerfer dürfen nicht verwendet werden."

Bei Krafträdern

> „genügt eine hellbrennende Laterne mit farblosem oder schwach gelblichem Glase, ausgenommen wenn ein Kraftrad einen Beiwagen auf der linken Seite mitführt."

In § 17 werden diese Vorschriften folgendermaßen ergänzt:

> „Stark wirkende Scheinwerfer müssen innerhalb beleuchteter Ortsteile, ausgenommen bei starkem Nebel, abgeblendet werden, ferner da, wo die Sicherheit des Verkehrs es erfordert, insbesondere beim Begegnen mit anderen Fahrzeugen. Der Reichsverkehrsminister bestimmt, welche Scheinwerfer als übermäßig stark wirkend und welche als stark wirkend gelten und in welchem Grade stark wirkende Scheinwerfer in den Fällen des Satzes 1 abgeblendet werden müssen."

Die Erläuterung der Begriffe „übermäßig stark wirkend" und „stark wirkend" sowie des Maßes der Abblendung stößt auf erhebliche

Schwierigkeiten. Die nähere Bestimmung dieser Begriffe sollte so gefaßt sein, daß die Polizei jeden Scheinwerfer leicht und ohne umständliche Messungen auf Zulässigkeit prüfen kann. Man ist daher davon ausgegangen, daß in einem richtig gebauten Scheinwerfer mit einer bestimmten Lichtquelle eine bestimmte Leuchtwirkung erzielt werden kann, und hat die oben angegebenen Begriffe durch die Stärke der zur Verwendung gelangenden Lichtquellen und die Richtung des Lichtkegels erläutert. Es heißt infolgedessen in der „Anweisung für die Beurteilung der Wirkung von Scheinwerfern":

I. Als übermäßig stark wirkend gelten:
   a) mit Gas betriebene und mit Glühkörpern versehene Scheinwerfer, bei denen dem Gas verdichtete Luft oder Sauerstoff zugefügt wird;
   b) elektrische Scheinwerfer mit Glühlampen von mehr als 20 bis einschließlich 35 Watt (entsprechend 40 bis 70 Hefnerkerzen), wenn weder die Glühlampen mattiert, noch die Scheiben mattiert oder geriffelt, noch ähnliche Dämpfungsmittel angewandt sind;
   c) elektrische Scheinwerfer mit Glühlampen von mehr als 35 Watt (entsprechend 70 Hefnerkerzen).

II. Als stark wirkend gelten:
   a) Azetylenscheinwerfer mit einem Brenner von mehr als 21 Liter Stundenverbrauch, wenn die Lichtkegelmitte die Fahrbahn in einer Entfernung von mehr als 60 m vor dem Fahrzeug trifft;
   b) elektrische Scheinwerfer mit Glühlampen von mehr als 10 bis einschließlich 20 Watt (entsprechend 10 – 40 Hefnerkerzen), wenn die Lichtkegelmitte die Fahrbahn in einer Entfernung von mehr als 30 m vor dem Fahrzeug trifft, sofern die Lichtstärke nicht auf $^1/_4$ oder weniger herabgesetzt ist;
   c) elektrische Scheinwerfer mit Glühlampen von mehr als 20 bis einschließlich 35 Watt (entsprechend 40 bis 70 Hefnerkerzen), wenn die Lichtkegelmitte die Fahrbahn in einer Entfernung von
      1. mehr als 15 m, aber innerhalb 60 m vor dem Fahrzeug trifft, sofern die Lichtstärke nicht auf $^1/_4$ oder weniger herabgesetzt ist;
      2. mehr als 60 m vor dem Fahrzeug trifft, sofern die Lichtstärke nicht auf $^1/_9$ oder weniger herabgesetzt ist,

      in beiden Fällen jedoch nur dann, wenn entweder die Glühlampen mattiert oder die Scheiben mattiert oder geriffelt oder ähnliche Dämpfungsmittel angewandt sind.

Stark wirkende Scheinwerfer gelten als abgeblendet, wenn die unter II a bis c angegebenen Grenzen überschritten sind. Stark wirkende Scheinwerfer, bei denen keine erkennbare Lichtkegelmitte, dagegen eine Grenzlinie zwischen einer unteren und einer oberen dunklen Zone des Lichtstromes vorhanden ist, beispielsweise solche mit Zweifadenlampe mit Abdeckschirm, gelten ferner als abgeblendet, wenn die Grenzlinie in der Entfernung von 5 m vor dem Fahrzeug wenigstens 5 cm unter der parallel zur Fahrbahn durch die Glühlampenmitte gehenden Ebene liegt und wenn der das Abblendlicht aussendende Glühkörper nicht mehr als 25 Watt Leistungsaufnahme hat. Auch nach Abblendung müssen die Scheinwerfer die Erfordernisse von § 4 Abs. 1 Nr. 5 der Verordnung über Kraftfahrzeugverkehr vom 5. Dezember 1925 noch erfüllen".

Man muß zugeben, daß eine Entscheidung, ob ein Scheinwerfer nach diesen Bestimmungen zulässig ist, namentlich in Grenzfällen nicht immer leicht fallen wird. Zum Beispiel dürfte die Festlegung des Schnittpunktes der Lichtkegelachse mit der Fahrbahn manchmal schwierig sein; vor allem ist dieser Punkt auch von der Belastung des Fahrzeugs abhängig. In der Praxis hat sich aber unter diesen Vorschriften trotzdem – vor allem durch ein verständnisvolles Zusammenarbeiten der Behörden und der beteiligten Industrie – bei uns die Scheinwerferbeleuchtung weit befriedigender entwickelt als zum Beispiel in den Vereinigten Staaten von Nordamerika, wo die Beleuchtungsfrage bisher nur unbefriedigend gelöst ist.*)

Zur Zeit arbeiten die deutschen Behörden an einer den Fortschritten des Verkehrs angepaßten Erneuerung und Ergänzung der oben angegebenen Vorschriften. Soweit über die zu erwartende Neuordnung schon etwas bekannt geworden ist, wird mit folgenden wesentlichen Neuerungen zu rechnen sein:

1. Es werden zwei Fahrzeugklassen gebildet. Bei Fahrzeugen, deren Höchstgeschwindigkeit auf ebener Bahn 30 km übersteigen kann, muß die Fahrbahn bei Dunkelheit auf mindestens 100 m, bei Fahrzeugen mit geringerer Höchstgeschwindigkeit auf mindestens 25 m vor dem Fahrzeug so beleuchtet werden, daß der Führer sie übersehen kann.

2. Die Lage der Scheinwerfer wird dahin festgelegt, daß die Unterkante des Spiegels höchstens 1 m über dem Boden liegen darf.

---

*) Dr. O. Reeb, Die Entwicklung der Kraftwagenbeleuchtung unter dem Einfluß der deutschen Bestimmungen, Licht und Lampe, 1925, Heft 17, S. 559, Heft 18, S. 603. – Dr. M. Wiskott, Über Kraftfahrzeugscheinwerfer und deren Abblendung. Mitteilungen des Reichsverbandes der Automobilindustrie. 1928, Nr. 12, S. 155. – Dr. F. Born, Die Kraftwagenbeleuchtung in Europa und Amerika, Licht und Lampe, 1929, Heft 3, Seite 99.

3. Die bei Abblendung benützten Glühlampen dürfen in ihrer Lage zum Brennpunkt nicht verstellbar sein. Diese Bestimmung ist wichtig, weil sonst der Fahrzeugbenutzer die Bemühungen des Scheinwerferherstellers, ein blendungfreies Licht zu liefern, durch Verstellen der Glühlampe durchkreuzen kann.

4. Bei Verwendung von starkwirkenden Scheinwerfern sind Standlichter von geringer Leuchtkraft vorgeschrieben.

Leider ist der Wortlaut der neuen Bestimmungen bis zum Beginn der Drucklegung dieses Buches nicht mehr bekannt geworden. Da sie aber noch vor Vollendung des Umbruches herauskamen, so konnten die wesentlichen Neuerungen am Schlusse dieses Abschnittes (Seite 101) nachgefügt werden.

In den Vereinigten Staaten von Nordamerika ist man allgemein von dem Grundsatz ausgegangen, daß blendendes Scheinwerferlicht grundsätzlich auszuschließen ist. Damit ergibt sich dann zwingend eine schwache Fahrbahnbeleuchtung, die aber in den Vereinigten Staaten erträglich erscheint, weil einmal die Fahrgeschwindigkeit auch auf der freien Landstraße begrenzt ist und außerdem nicht nur die Straßen in den Ortschaften sondern auch viele Landstraßen außerhalb der Ortschaften gut beleuchtet sind.

Wir haben oben schon bemerkt, daß in den Vereinigten Staaten trotz des großen Fernverkehrs der Kraftfahrzeuge bisher keine einheitliche Regelung der Beleuchtungsvorschriften erreicht worden ist. Immerhin darf man aber wohl die von der Illuminating Engineering Society (J. E. S.) und der Society of Automotive Engineers (S. A. E.) ausgearbeiteten Vorschläge für die Lichtverteilung im Scheinwerferlichtkegel als Norm ansehen. Durch sie sind die Lichtstärken der Strahlen, durch die eine Blendung entgegenkommender Fahrzeugführer oder Fußgänger bewirkt werden kann, auf unschädliche Werte begrenzt, während andererseits für die Lichtstärke der Strahlen, die für die Beleuchtung der Fahrbahn besonders wichtig sind, Mindestwerte festgesetzt sind. Dadurch ergeben sich eine Reihe von Meßpunkten auf der Fahrbahn oder einer in den Lichtkegel gesetzten Tafel, die in Bild 323 und Zahlentafel Bild 324 erläutert sind. Diese Punkte sind durch die Winkel festgelegt, welche die durch sie hindurchgehenden Strahlen in senkrechter Richtung mit der durch die Scheinwerfermitten gelegten Horizontalebene und in wagrechter Richtung mit der durch die Fahrzeuglängsachse gelegten Vertikalebene bilden. Man betrachtet also die Mitte zwischen den beiden Scheinwerfern als Ausgangspunkt der Strahlung.

Die für die verschiedenen Meßpunkte angegebenen Werte sind durch eingehende Versuche bestimmt worden.*) Wie aus Bild 324 hervorgeht, hält die S. A. E. an einigen Punkten größere Lichtstärken für zulässig und notwendig als die J. E. S.

Punkt D auf der Tafel in Bild 323 entspricht ungefähr der Stellung, die der Kopf des Fahrers eines auf der linken Fahrbahn einer genügend breiten Straße entgegenkommenden Wagens in dieser Entfernung ein-

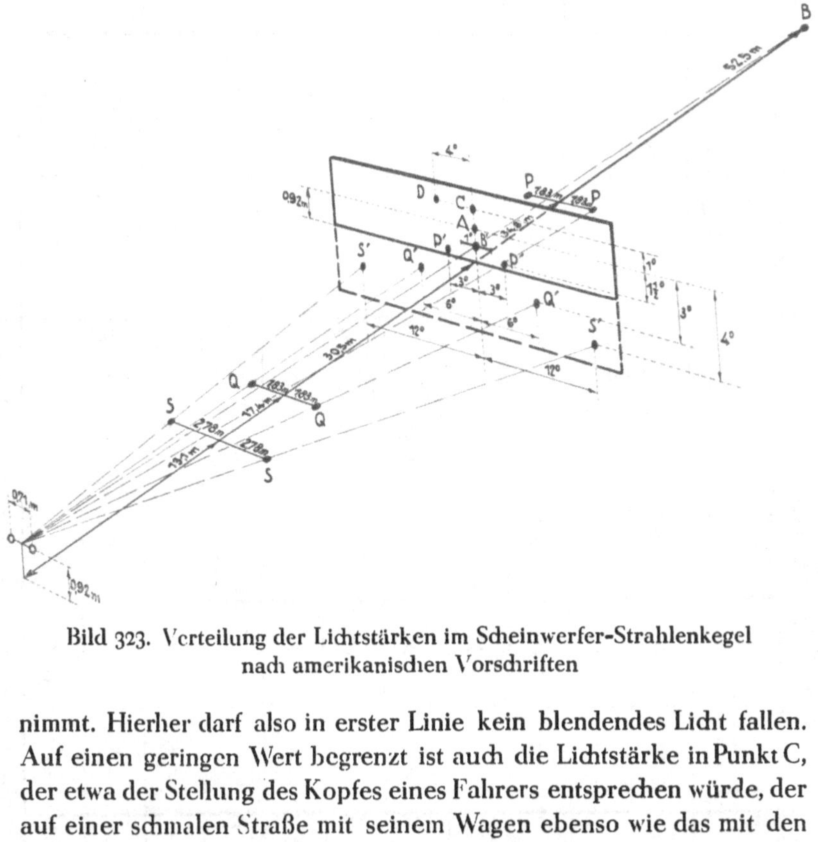

Bild 323. Verteilung der Lichtstärken im Scheinwerfer-Strahlenkegel nach amerikanischen Vorschriften

nimmt. Hierher darf also in erster Linie kein blendendes Licht fallen. Auf einen geringen Wert begrenzt ist auch die Lichtstärke in Punkt C, der etwa der Stellung des Kopfes eines Fahrers entsprechen würde, der auf einer schmalen Straße mit seinem Wagen ebenso wie das mit den zu prüfenden Scheinwerfern ausgerüstete Fahrzeug bis kurz vor der Begegnung die Straßenmitte benützt. Die übrigen Punkte B, P, Q und S kennzeichnen die Beleuchtung der Fahrbahn selbst. Die Punkte B′, P′, Q′ und S′ haben in erster Linie nur für die laboratoriumsmäßige Prüfung von Scheinwerferausrüstungen Bedeutung, bei denen die Scheinwerfer

*) Vgl. hierzu Reeb, Amerikanische Vorschriften und Messungsergebnisse für die Beleuchtung von Kraftfahrzeugen. Licht und Lampe, 13. 3. 24. Heft 6, S. 139.

Meßpunkt	Winkel zwischen Meßstrahl und		Lichtstärke des Meßstrahls in HK		Beleuchtung a. d. 30,5 m entfernten senkrechten Ebene in Lux		Beleuchtung a. d. Fahrbahn in Lux	
	Horizontalebene durch Scheinwerfermitte	Vertikalebene durch Wagenlängsachse	höchstens	mindestens	höchstens	mindestens	höchstens	mindestens
A	0^0	0^0	6660	2000 (SAE: 2220)	7,2	2,2 (SAE:2,4)	—	—
B ± 1^0 hor.	-1^0	0^0	—	8000 (SAE: 27750)	—	—	—	2,9 (SAE:10)
C	$+1^0$	0^0	2670	890	2,9	1	—	—
D	$+1^0$	-4^0	890	—	1	—	—	—
zwischen P u. P	$-1^1/_2{}^0$	$+3^0$	—	5550 (SAE: 11100)	—	—	—	4,6 (SAE: 9,2)
„ Q u. Q	-3^0	$\pm 6^0$	(SAE: 8880)	2220 (SAE: 4440)	—	—	— (SAE: 29,3)	7,3 (SAE:14,7)
„ S u. S (nur SAE)	-4^0	$+12^0$	—	550	—	—	—	3,1
B′ ± 1^0 hor.	-1^0	0^0	—	8000 (SAE: 27750)	—	8,6 (SAE: 30)	—	—
zwischen P′ u. P′	$-1^1/_2{}^0$	$\pm 3^0$	—	5550 (SAE: 11100)	—	6 (SAE: 12)	—	—
„ Q u. Q	-3^0	$\pm 6^0$	— (SAE :8880)	2220 (SAE: 4440)	— (SAE: 9,6)	2,4 (SAE: 4,8)	—	—
zwischen S′ u. S′ (nur SAE)	-4^0	$\pm 12^0$	—	550	—	0,6	—	—

Bild 324: Kennzeichnende Daten zu den Meßpunkten nach Bild 323.

so hoch aufgestellt werden können, daß auch der in Bild 323 als durch die Fahrbahn abgeschnitten dargestellte Teil der Tafel verwertbar ist.

Nach den oben erwähnten von Magdsick und Falge angestellten Versuchen reicht die Beleuchtung, die mit nach den geschilderten Vorschriften gebauten und eingestellten Scheinwerfern erzielt wird, gerade noch für die in Amerika in der Regel zulässige Höchstgeschwindigkeit von 50 km/h aus. Für höhere Geschwindigkeiten, zum Beispiel von nur 60 bis 70 km/h, wie sie bei uns auf freier Landstraße auch in der Dunkelheit vielfach gefahren werden, wird die Beleuchtung aber ganz unzureichend.*) Andererseits geht die nach den Gefahrpunkten A, C, D gestrahlte Lichtstärke schon hart bis an die Blendungsgrenze und überschreitet sie bei geringer Allgemeinbeleuchtung sogar.

Jedenfalls muß aber die Einstellung der Scheinwerfer am Fahrzeug sehr genau erfolgen, wenn die vorgeschriebenen Beleuchtungswerte eingehalten werden sollen. Trotzdem wird der Strahlengang zum Beispiel bei Veränderung der Belastung des Fahrzeugs, auf Steigungen und durch die Schwingungen des Fahrzeugs auf unebener Straße so stark verändert, daß erhebliche Blendwirkungen auf entgegenkommende Straßenbenützer eintreten können. Ferner aber hat sich gezeigt, daß Ausrüstungen, die nach ihrer Bauart durchaus vorschriftsmäßig sein sollten, durch im Gebrauch sich einstellende Änderungen der Einstellung den Verkehr merklich gefährden können.

Zum Beispiel hat das Bureau of Standards im Jahre 1925 an rund 400 Kraftwagen Nachprüfungen der Scheinwerfer vorgenommen.**) Diese Prüfungen erstreckten sich auf 47 verschiedene Scheinwerfertypen an 58 verschiedenen Wagenmarken. 72 v. H. der Wagen war mit anerkannten Scheinwerfertypen ausgerüstet, aber nur 5,5 v. H. hatten einwandfreie Scheinwerfer. Abgesehen von den zahlreichen Mängeln in Form von Beschädigungen, Verschmutzung, schlechter Einstellung des Glühfadens in den Brennpunkt und dergleichen wirkten nicht weniger als 54 v. H. der Ausrüstungen blendend!

Selbstverständlich arbeitet man in amerikanischen Fachkreisen eifrig an der Verbesserung dieser Zustände, wie u. a. durch die zahlreichen Aufsätze bewiesen wird, die in den letzten Jahren im „Journal of the Society of Automotive Engineers" erschienen sind. Es scheint

---

*) Reeb, Die Entwicklung der Kraftwagenbeleuchtung unter dem Einfluß der deutschen Bestimmungen. Licht und Lampe, 13. 8. 25, Heft 17, S. 559; 27. 8. 25, Heft 18, S. 603.

**) Circular of the Bureau of Standards, Motor-Vehicle Headlighting, Nr. 276, S. 19. S. a. Auto-Technik 1927, Nr. 18, S. 9.

sich danach auch drüben die Überzeugung durchzusetzen, daß ausreichendes Fahrlicht und Vermeiden jeder Blendwirkung nicht durch ein einziges Strahlenbündel erreicht werden können. Unter dem Einfluß dieser Erkenntnis hat man eine Zweifadenlampe entwickelt, die aber, wie wir später sehen werden (S. 81), nicht die günstige Wirkung der deutschen Bilux-Lampe haben kann.

3. Scheinwerfer

A. Allgemeine Anforderungen bezüglich optischer und mechanischer Ausführung, Blendung, Prüfverfahren.

Die allgemeinen Anforderungen an einen Scheinwerfer in bezug auf optische und mechanische Ausführung sind in gewissem Sinne schon in den oben gemachten Ausführungen über die gesetzlichen Vorschriften enthalten. Sie müssen hier aber noch schärfer und in technischer Form gefaßt werden.

Die wichtigsten Bedingungen, die ein guter Scheinwerfer erfüllen soll, sind:

a) Gute Fernwirkung, d. h. der Fahrer soll kommende Hindernisse in so großer Entfernung erkennen können, daß er entsprechend der Geschwindigkeit seines Wagens Zeit genug hat, die erforderlichen Maßnahmen zu treffen.

b) Ausreichende Streuung des Lichtes nach der Seite, in die Höhe und im Vorfeld des Wagens auf die Fahrstraße, damit der Fahrer Straßenränder, Wegweiser, Schlaglöcher usw. erkennen kann.

c) Richtige Abblendung, d. h. der Lichtkegel der Scheinwerfer soll sich so verändern lassen, daß bei noch guter Beleuchtung der Straße entgegenkommende Personen und Tiere nicht geblendet werden.

d) Gute mechanische Ausführung.

Zu a): Nach einer Fabrikangabe braucht ein schwerer Personenkraftwagen mit Vierradbremse einen Bremsweg von 50 m, um aus einer Fahrgeschwindigkeit von 80 km/h zum Stillstand zu kommen. Dieses Ergebnis wurde mit richtig eingestellten Bremsen, nicht abgenütztem Belag und außerdem bei einem Bremsversuch erzielt, der zeigen sollte, welche Wirkung man im Augenblick der Gefahr mit den Bremsen erreichen kann. Allgemein wird man, um Überbeanspruchungen der Bremsen und des Fahrgestells zu vermeiden, mit dem doppelten Betrag rechnen müssen, d. h. mit 100 m. Weiter muß aber der Scheinwerfer nicht nur den reinen Bremsweg bestreichen, sondern darüber hinaus noch eine Wegstrecke beleuchten, die der Wagen in der sogenannten Reaktionszeit des Fahrers zurücklegt, d. h. in der Zeit, die von dem Augenblick, in dem der Fahrer das Hindernis gesehen hat, vergeht bis zu dem Augenblick, in dem er den Bremshebel bewegt. Diese Reaktionszeit ist je nach der allgemeinen Veranlagung und augenblicklichen Stimmung des Fahrers sehr verschieden. Prüfungen ergaben Werte von durchschnittlich $^1/_2$-1 Sekunde. Das bedeutet für das vorliegende Beispiel eine Fahrstrecke von 22 m, so daß es genügen würde, wenn die Scheinwerfer die Straße auf 150 m voraus beleuchteten. Neben der Fahrgeschwindigkeit übt aber noch die Beschaffenheit der Straße, die zum Beispiel schmierig, vereist usw. sein kann, großen Einfluß auf den Bremsweg aus und kann diesen unter Umständen erheblich vergrößern. Immerhin kann man es aber auch bei Berücksichtigung dieser Umstände als genügend ansehen, wenn die Scheinwerfer eines raschen Wagens ein Hindernis auf der Straße 200–250 m voraus klar erkennen lassen. Allerdings ist die Wahrnehmbarkeit von Hindernissen stark abhängig von deren Zurückstrahlungsvermögen und dem des Straßengrundes. Je größer der Unterschied im Zurückstrahlungsvermögen ist, desto besser läßt sich ein Hindernis erkennen. Es entsteht dadurch die sogenannte Silhouettenwirkung, durch die sich schon bei schwacher Beleuchtung die meist verhältnismäßig dunkeln Hindernisse von dem hellen Straßengrund abheben. Sobald dieser jedoch durch die benützten Baustoffe (Asphalt, Teer) oder auch durch Nässe dunkel wird, hört die Silhouettenwirkung auf und die Sicht wird erfahrungsgemäß erheblich schlechter.

Für die Praxis kann man aus diesen Überlegungen im Zusammenhang mit den früher besprochenen gesetzlichen Vorschriften den Schluß ziehen, daß ein mit Scheinwerfern amerikanischer Bauart eingeführter Wagen in Europa neu ausgerüstet werden muß, weil die mitgelieferten Scheinwerfer den europäischen Verhältnissen in keiner Weise genügen.

Zu b): Für Motorfahrzeuge ist n i c h t d e r Scheinwerfer der b e s t e, welcher den g e s a m t e n Lichtstrom in einem geschlossenen Kegel nach vorwärts richtet, sondern derjenige, welcher einen, wenn auch nur geringen T e i l d e s L i c h t s z e r s t r e u t, so daß der Fahrer in der Nähe des Wagens nicht nur die Fahrstraße, sondern auch deren nächste Umgebung übersehen kann. Gestaltet man die Scheinwerfer so, daß sie in der Ferne grelle Flecke auf die Straße zeichnen, den Zwischenraum bis zum Wagen aber dunkel lassen, so werden sie nie ein ruhiges Fahren erlauben. Auch auf guter Straße vollführen der Wagen und mit ihm die Scheinwerfer ständig leichte Schwingungen in senkrechter Richtung; damit heben und senken sich dann aber auch die ausgestrahlten Lichtkegel. Zeichnen diese scharfe Flecke auf die Straße, so bewirken auch kleine Schwingungen bei der großen Entfernung ein starkes, dauerndes Tanzen der beleuchteten Fläche. Bei schlechter Straße wird eine solche Beleuchtung geradezu zur Gefahr. Bald ist der grelle Fleck nahe am Wagen, bald ganz in der Ferne, je nachdem sich der Wagen vorn hebt oder senkt. Schon das Tanzen des Lichtflecks

Bild 325. Leuchtwirkung von Scheinwerfern mit klarer Lampe, parabolischem Spiegel und klarer Abschlußscheibe (sehr geringe Streuung)

auf guter Straße strengt den Fahrer erheblich an, weil das Auge fortgesetzt bemüht ist, sich den schwankenden Lichtverhältnissen anzupassen. Außerdem wird eine klare Beobachtung der Wegverhältnisse fast unmöglich, und zwar vor allem, wenn auf unebener Straße die Schwingungen zunehmen, d. h. wenn besonders sichere Beobachtung erwünscht wäre.

Bild 325 zeigt eine Nachtaufnahme von derartigen Scheinwerfern mit dem kennzeichnenden hellen Fleck in der Ferne bei schlechter Beleuchtung seitlich und vor dem Wagen. Das letzte ist besonders unangenehm in Kurven.

Wie Fernlicht und Streuung aufeinander abgestimmt sein sollen, zeigt Bild 326, das an der gleichen Stelle und unter denselben

Bedingungen wie Bild 325 mit richtig gebauten Scheinwerfern aufgenommen wurde. Man sieht, wie die gesamte Straßenbreite bis über die Ränder hinaus vom Wagen an bis in die Ferne mit fast gleichmäßigem Licht überflutet ist. Hier kommen auch die kurz vorm Wagen nach rechts und links abgehenden Wege, von denen in Bild 325 fast nichts zu sehen ist, deutlich heraus, so daß der Fahrer gegebenenfalls gefahrlos in den einen oder anderen einbiegen kann. Das kurz vor dem Wagen auf die Fahrbahn gestrahlte Licht läßt die Oberflächenbeschaffenheit der Straße, etwa vorhandene Schotterungen, Schlaglöcher, Wasserrinnen usw. erkennen; auch nach oben ist genügend Seitenlicht vorhanden, so daß Wegweiser, Verbots- und vor allem Warnungstafeln

Bild 326. Leuchtwirkung von Scheinwerfern mit klarer Lampe, parabolischem Spiegel und Streuscheibe (richtige Streuung!)

bei Eisenbahnübergängen oder schwierigen Straßenstellen kaum übersehen werden können. Die Beleuchtung nach Bild 326 ist stark, dabei aber ruhig, ohne scharfe Gegensätze und streut reichlich nach beiden Seiten; die nach Bild 325 dagegen ist vor dem Wagen schlecht, fehlt auf den Seiten fast ganz und wird in der Ferne fleckartig sehr stark. Durch die im gesamten Gesichtsfeld auftretenden starken Unterschiede in der Beleuchtungsstärke wirkt sie sehr ermüdend.

Die störenden Wirkungen einer gegensatzreichen oder nicht ruhig mit dem Wagen weitergleitenden Beleuchtung liegen in der mangelnden Fähigkeit unserer Augen begründet, sich gleichzeitig auf helle und dunkle Beleuchtung einzustellen. Ist die Straße in der Nähe des Fahrzeugs, also dort, wohin sich die Hauptaufmerksamkeit des Fahrers richtet, verhältnismäßig dunkel, so „adaptiert" sich das Auge auf die von der dunkeln Straßenfläche zurückgestrahlte geringe Lichtmenge und wird bei Beobachtung der Ferne durch den dort laufenden hellen Lichtfleck geblendet. Liegt umgekehrt vor dem Wagen zuviel Licht auf der Straße, so ist das Auge auf die große Helligkeit eingestellt und verliert die Fähigkeit, in die dunklere Ferne zu sehen. Gleichwohl wird es sich in jedem Falle bemühen, sich möglichst schnell den veränderten Lichtverhältnissen anzupassen, und durch dieses häufige Umstellen entsteht die oben erwähnte Ermüdung des Fahrers.

Zu c): Von einer guten Abblendung hängt die Verkehrssicherheit in hohem Maße ab. Eine gute Abblendung soll für den Fahrer eine einwandfreie Beleuchtung des gesamten näheren Gesichtsfeldes vor dem Wagen ergeben und dabei die beim Fernlicht unvermeidliche Blendung zum Beispiel des Fahrers eines entgegenkommenden Fahrzeuges sicher beseitigen. Dabei soll sich aber die Beleuchtungsstärke im unmittelbaren Vorfeld des Wagens beim Abblenden nicht ändern oder aber eher etwas zunehmen als abnehmen. Bei beträchtlichen Änderungen würde sich das Auge des abblendenden Fahrers erst auf die veränderte Beleuchtung einstellen müssen. Während dieser bei größeren Änderungen beträchtlichen Adaptionszeit erkennt der Fahrer nicht klar, was sich im Vorfeld seines Wagens abspielt.

Für eine klare Gesetzgebung und für die Entwicklung von einwandfreien Scheinwerfern würde eine eindeutige Erläuterung des Begriffs **„Blendung"** von grundlegender Bedeutung sein. Es handelt sich aber bei der Blendung um eine Vereinigung von physischen und psychischen Beeinflussungen, die sehr schwer zu erfassen sind, weil sie je nach der Veranlagung der Versuchsperson und je nach den äußeren Umständen veränderlich sind. Erst eine Häufung der Untersuchungen wird daher dieses Fragengebiet völlig klären können. Es liegt in der Natur der Sache, daß das Interesse dafür erst seit einigen Jahren besteht, seit der Entwicklung einer ausgesprochenen Lichttechnik und im besonderen seit der lebhaften Steigerung des Kraftfahrzeugverkehrs. Immerhin ist aber doch schon wertvolle Arbeit auf diesem Gebiete geleistet und der Nachweis geführt worden, daß es mit exakten physikalischen Messungen erfaßt werden kann.*) Zu einem großen Teil

*) Gehlhoff und Schering: Zur Frage der Blendung, insbesondere durch Automobilscheinwerfer, Zeitschr. f. techn. Physik, 1923, Nr. 9, S. 321. – M. Luckiesch und L. L. Hollodey: Blendung und Wahrnehmbarkeit, Licht u. Lampe 1925, Heft 14, S. 459; Heft 15, S. 496. – R. Weigel: Zur Frage der Blendung, insbesondere durch Automobilscheinwerfer, Zeitschrift f. techn. Physik 1925, Nr. 10,

sind die auftauchenden Fragen auch für die allgemeine Lichttechnik wichtig und dort schon behandelt worden.

Die bisher geleistete Arbeit hier ausführlich wiederzugeben, würde aber über den Zweck unseres Buches hinausgehen. Ein kurzer Überblick dürfte andererseits dem mit der Materie nicht vertrauten Leser keinen Nutzen bringen. Wir glauben daher, uns damit begnügen zu sollen, daß wir dem Leser durch den Hinweis auf die leicht zu beschaffende Original-Literatur die Wege zu eigenem Studium andeuten.

Zu d): Neben ausreichender Lichtwirkung ist besonders auch die mechanische Festigkeit mitbestimmend für die Güte des Scheinwerfers. Wenn man beobachtet, wie hart die Scheinwerfer bei schlechter Straße geschüttelt werden, kann man sich einen Begriff von den Beanspruchungen machen, denen sie in mechanischer Beziehung ausgesetzt sind. Außer den Fahrerschütterungen sind die Scheinwerfer aber auch noch den Erschütterungen durch den mehr oder weniger ruhigen Lauf des Motors ausgesetzt. Die Stärke aller Beanspruchungen ist abhängig von der Güte der Federung des Fahrzeugs und von der Art der Anbringung der Scheinwerfer. Darauf wird später noch einzugehen sein (S. 66).

Weiter ist von den Scheinwerfern in mechanischer Beziehung noch Wasser- und Staubdichtigkeit zu fordern. Eindringendes Wasser, besonders Spritzwasser, verschmutzt und beschädigt den Reflektor, veranlaßt Rosten des Gehäuses, Schäden an den elektrischen Teilen und anderes, während die Ablagerung von Staub auf Spiegel, Birne und Scheibe in erster Linie nur verkleinerte Leuchtwirkung zur Folge hat. Mittelbar wird durch wiederholte Verstaubung aber auch der Reflektor beschädigt, weil die spiegelnde Fläche bei mehrfacher Säuberung in der Regel verdorben wird.

Auch die äußeren lackierten oder blanken Teile der Scheinwerfer sollen unter dem Witterungseinfluß nicht unansehlich werden. Dies setzt besten Lack und sorgfältige Vernickelung oder Verchromung voraus.

Zum Verständnis der bei der **Prüfung der Scheinwerfer** angewandten Verfahren ist die Kenntnis einiger lichttechnischer Einheiten nötig, die daher hier kurz erläutert werden sollen. Einige da-

S. 504, Licht u. Lampe 1925, S. 921. – O. Kroh: Probleme der physiologischen und psychologischen Optik in ihrer Bedeutung für die Lichttechnik. Licht u. Lampe 1928, Heft 8, S. 277; Heft 9, S. 319. – L. Schneider: Die physiologischen Grundlagen der Straßenbeleuchtung. Elektrotechnische Zeitschrift, 1928, Heft 32, S. 1173.

von sind allerdings bei der Besprechung der gesetzlichen Vorschriften bereits stillschweigend benützt worden.*)

Wir haben das Licht als eine Form von Energie aufzufassen, die von der Lichtquelle einem andern Körper zugestrahlt wird. Wie wir nun die von einem Wärmestrahler in einem gewissen Zeitraum in der Form von Wärme abgegebene Arbeit als Wärmemenge kennzeichnen, so bezeichnen wir die in einem gewissen Zeitraum in Form von Licht geleistete Arbeit der Lichtquelle als Lichtmenge (Q). Die Leistung der Lichtquelle, d. h. die in der Zeiteinheit abgegebene Arbeit, nennt man Lichtstrom (Φ). Bei gleichmäßiger Ausstrahlung ergibt er sich als Quotient von Lichtmenge und Zeit, d. h.

$$\Phi = \frac{Q}{t}. \qquad (1)$$

Die Einheit des Lichtstromes ist das Lumen (abgekürzt Lm). Daraus ergibt sich rückwärts für die Arbeit der Lichtquelle die Einheit Lumenstunde.

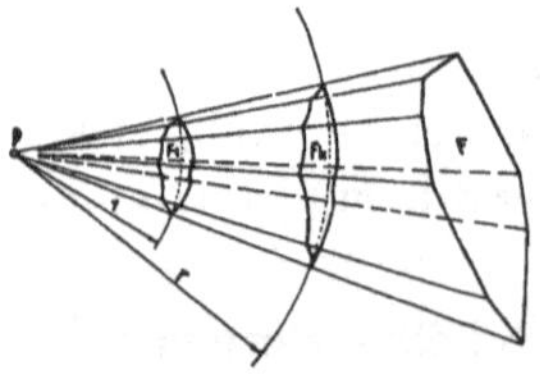

Bild 327. Erläuterung des Begriffs „Raumwinkel"

Wir setzen nun voraus, daß das Licht von einem Punkte P ausgeht und eine beliebig im Raum liegende Fläche F von beliebiger Begrenzung beleuchtet (Bild 327). Die von P nach der Umgrenzung von F gehenden Strahlen bilden dann eine pyramiden- oder kegelförmige Oberfläche. Den von dieser umschlossenen Raum nennen wir einen Raumwinkel. Seine Größe ω wird gemessen durch die auf der Kugel mit dem Radius 1 ausgeschnittenen Fläche F_1 – ähnlich wie der ebene Winkel durch den Bogen auf dem Einheitskreis gemessen wird – oder durch das Verhältnis $\frac{F_k}{r^2}$ der auf einer beliebigen Kugel ausgeschnittenen Fläche zum Quadrat des Kugelradius

$$\left(\frac{F_1}{F_k} = \frac{1}{r^2} \text{ und daher } F_1 = \frac{F_k}{r^2}\right).$$

$$\omega = F_1 = \frac{F_k}{r^2}. \qquad (2)$$

*) Näheres darüber z. B.: Bloch, Lichttechnik, Verlag von R. Oldenbourg, Seite 1 ff. – Uppenborn-Monasch: Lehrbuch der Photometrie, Verlag von R. Oldenbourg, Seite 29 ff.

Die Dichte des Lichtstromes Φ im Raumwinkel ω, d. h. der Lichtstrom in der Einheit des Raumwinkels heißt Lichtstärke (J). Es ist somit

$$J = \frac{\Phi}{\omega}. \tag{3}$$

Die Lichtstärke ist die Grundgröße der Photometrie, von der die übrigen Einheiten abgeleitet werden. Leider ist man noch nicht zu einer allgemeinen internationalen Vereinbarung über die Einheit der Lichtstärke gelangt. Dies ist gerade auf unserem Gebiet wohl zu beachten.

Bei uns in Deutschland ist allgemein die Hefnerkerze (HK) als Einheit üblich. Mit 1 HK strahlt in horizontaler Richtung die von Hefner-Alteneck angegebene, mit Amylacetat gespeiste Lampe. Die Einheit ist durch die Abmessungen der Lampe und die Flammenhöhe unter Berücksichtigung der allgemeinen Arbeitsbedingungen (Luftdruck, Luftfeuchtigkeit, Kohlensäuregehalt der Luft) festgelegt. Das Arbeiten mit der offen brennenden und darum leicht unruhig werdenden Flamme ist allerdings schwierig; auch ist die Einheit für viele Messungen reichlich klein, so daß man für technische Messungen besser Sätze von mit Hilfe der Einheitslampe geeichten elektrischen Vergleichslampen benützt. Außer in Deutschland gilt die Hefnerkerze auch in Oesterreich und der Schweiz. Von andern Staaten wurden verschiedene Einheiten benützt, bis wenigstens die Vereinigten Staaten von Nordamerika, England und Frankreich, sich auf die Standard candle (= 1,11 HK) einigten. Daneben findet man allerdings häufig als dritte Einheit noch die französische Careleinheit (= 10,75 HK). Zur Erleichterung der häufig notwendigen Umrechnung einer Einheit in eine andere geben wir später in Bild 330 die für die hier genannten Einheiten in Frage kommenden Umrechnungsfaktoren an. Auch auf die Verfahren zum Messen der Lichtstärke werden wir weiter unten zurückkommen, nachdem wir zunächst noch einige weitere Einheiten erläutert haben.

Richten wir den Lichtstrom auf einen Gegenstand, so wird er beleuchtet. Die Beleuchtung ist natürlich um so stärker, je stärker der auf die Einheit der Fläche des Gegenstandes fallende Lichtstrom ist. Bezeichnen wir die gesamte Fläche mit F, so erhalten wir aus dem Lichtstrom Φ die Beleuchtungsstärke.

$$E = \frac{\Phi}{F}. \tag{4}$$

Die Fläche wird in Quadratmetern gemessen, und wir erhalten die Beleuchtungsstärke 1, wenn ein Lichtstrom von 1 Lumen eine Fläche von 1 m^2 gleichmäßig beleuchtet. Diese Einheit der Beleuchtungsstärke heißt Lux (Lx).

Führen wir aus Gleichung (3) den Wert $\Phi = J \cdot \omega$ in (4) ein, so bekommen wir mit

$$E = \frac{J \cdot}{F} \qquad (4a)$$

die **Beziehung zwischen Beleuchtungsstärke und Lichtstärke**, vorausgesetzt allerdings, daß F senkrecht zur Strahlrichtung, d. h. auf einer Kugelfläche um die punktförmig gedachte Lichtquelle liegt ($F = F_k$). Nach Gleichung (2) läßt sich dann noch ω beseitigen, so daß

$$E = \frac{J}{r^2} \qquad (4b)$$

die Beleuchtungsstärke auf einer senkrecht zur Strahlenrichtung gelegenen Fläche ist. Wir können daraus die Einheit der Beleuchtungsstärke auch als die Beleuchtung ableiten, die eine Lichtquelle von der Lichtstärke 1 auf einer in der Entfernung 1 senkrecht zur Strahlenrichtung aufgestellten Fläche erzeugt. Daraus ist die sprachlich nicht zu billigende Bezeichnung „Meterkerze" als Einheit der Beleuchtung abgeleitet.

Der Vollständigkeit halber sei noch angegeben, daß

$$E = \frac{J}{r^2} \cos i \qquad (4b')$$

wird, wenn die Normale der beleuchteten Fläche mit der Einfallsrichtung der Strahlen den Winkel i bildet.

Für die Feststellung der Lichtstärke einer Lichtquelle, für das Photometrieren, genügt es im allgemeinen, wenn die Lichtquelle als punktförmig angesehen wird. Für manche Zwecke, z. B. gerade für eine Betrachtung der Verhältnisse am Scheinwerfer (s. S. 26), müssen wir aber der Tatsache Rechnung tragen, daß die Lichtquelle eine wenn auch geringe Flächenausdehnung hat. Für die Kennzeichnung der Lichtquelle ist es dann wichtig, die **Leuchtdichte** (früher auch Flächenhelle genannt), d. h. die von 1 cm² ausgestrahlte Lichtstärke zu kennen. Es ist bei einer gleichmäßig leuchtenden Fläche f die Leuchtdichte

$$e = \frac{J}{f}. \qquad (5)$$

Hierbei ist zunächst vorausgesetzt, daß die Normale der Fläche f mit der Ausstrahlungsrichtung zusammenfällt. Bildet die Normale mit der Ausstrahlungsrichtung den Winkel ε, so gilt unter der Voraussetzung, daß die Fläche nach allen Seiten hin gleichmäßig – oder, mit dem gebräuchlichen Fachausdruck „vollkommen diffus" – strahlt, trotzdem das Gesetz:

$$e = \frac{J_\varepsilon}{f'}. \qquad (5a)$$

Hierbei ist J_ε die in der angenommenen Richtung ausgestrahlte Gesamtlichtstärke und $f' = f \cos \varepsilon$ die gesehene oder scheinbare Größe der Fläche. Die in diesem Gesetz ausgesprochene Unabhängigkeit der Leuchtdichte einer vollkommen streuenden Fläche von der Ausstrahlungsrichtung wurde zuerst von Lambert erkannt.

Leider ist die Einheitlichkeit des Begriffes „Leuchtdichte" nicht gewahrt geblieben. In Amerika hat man nämlich abweichend von der bei uns gewählten Lichtstärkendichte eine Lichtstromdichte – oder wie Bloch weniger mißverständlich sagt „spezifische Lichtausstrahlung" – eingeführt. Die Einheit wurde als „Lambert" bezeichnet, und es ist somit 1 Lambert die Lichtstromdichte einer vollkommen streuenden Fläche, die im eigenen oder zugestrahlten Licht 1 Lumen / cm^2 strahlt oder reflektiert.

Die Beziehung zwischen Lichtstärkendichte und Lichtstromdichte ist folgende:

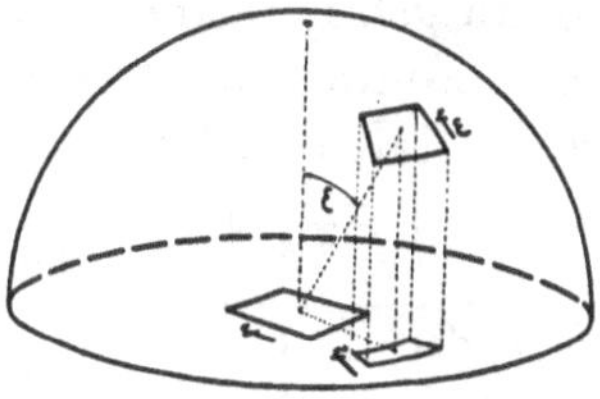

Bild 328. Erläuterung der Beziehung zwischen Lichtstärdkenichte und Lichtstromdichte

Wir nehmen an, daß eine kleine Fläche f mit der Leuchtdichte (Lichtstärkendichte) e strahlt. Mit dieser Leuchtdichte durchstrahlt sie den gesamten, durch die Ebene von f begrenzten Halbraum, d. h. den Raumwinkel 2π. Wir messen diesen durch die um die Mitte von f gelegte Halbkugel mit dem Halbmesser 1 (Bild 328). Auf der Halbkugel nehmen wir eine kleine Fläche f_ε an, deren Normale mit der Normalen von F den Winkel ε bildet. f strahlt nach (5a) in der Richtung von f_ε mit der Lichtstärke

$$J_\varepsilon = e \cdot f \cdot \cos \varepsilon,$$

so daß f_ε einen Lichtstrom von

$$e \cdot f \cdot \cos \varepsilon \cdot f_\varepsilon$$

aufnimmt.

Diesen Lichtstrom erhält aber jede auf der Halbkugel mögliche Fläche f, so daß der gesamte von f ausgehende Lichtstrom

$$\Phi_f = e \cdot f \cdot \Sigma f_\varepsilon \cdot \cos \varepsilon.$$

Nun ist aber ε zugleich der Winkel zwischen der Normalen auf f_ε, dem Kugelhalbmesser, und dem von f_ε auf die Ebene von f gefällten

Lot, so daß $f_\varepsilon \cdot \cos \varepsilon = f'$, d. h. gleich der Projektion von f_ε auf die Ebene von f ist. Die Gesamtheit dieser Projektionen ist aber gleich der von der Einheits-Halbkugel in der Ebene ausgeschnittene Kreisfläche, oder

$$\Sigma f_\varepsilon \cos\varepsilon = \Sigma f' = \pi .$$

Damit wird dann

$$\Phi_f = e \cdot f \cdot \pi$$

und der von der Einheit von f ausgehende Lichtstrom

$$\Phi_1 = e \cdot \pi .$$

Somit ist π der Umrechnungsfaktor von in Lichtstärke-Einheiten ausgedrückten Leuchtdichten in Lambert.*)

Nach unserer Darstellung schließen sich die Beleuchtungsstärke und die Leuchtdichte an die Lichtstärke als Grundeinheit an. Es müssen sich also entsprechend den für die Lichtstärke gebräuchlichen verschiedenen Einheiten auch bei den beiden andern photometrischen Größen verschiedene Einheiten ergeben, die zudem noch von den in den verschiedenen Ländern gebräuchlichen Längenmaßen beeinflußt werden. Die Beziehungen zwischen den verschiedenen Größen und ihren Einheiten sind in den Tafeln Bild 329 bis 332 zusammengefaßt.

Größe		Deutsche Einheit	
Name	Zeichen oder Beziehungsgleichung	Name	Zeichen
Lichtstärke ...	J	Hefnerkerze	HK
Lichtstrom....	$\Phi = J \cdot \omega$	Lumen	Lm
Lichtmenge ...	$Q = \Phi \cdot T$	Lumenstunde	Lmh
Beleuchtungsstärke	$E = \frac{\Phi}{F} = \frac{J \cdot \cos i}{r^2}$	Lux (Meterkerze)	Lx
Leuchtdichte ..	$e = \frac{J_\varepsilon}{f \cdot \cos\varepsilon}$	Hefnerkerze je cm^2 ...	HK/cm^2

Bild 329: Namen und Zeichen der in Deutschland gebräuchlichen photometrischen Größen und Einheiten**)

Es bedeuten: ω — einen räumlichen Winkel;
F — eine Fläche in m^2, } beide senkrecht zur
f — eine Fläche in cm^2, } Strahlrichtung
r — eine Länge in m,
i — einen Einfallswinkel,
ε — einen Ausstrahlungswinkel
T — Zeit in Stunden.

*) Ausführlich sind die hier angegebenen theoretischen Grundlagen über die photometrischen Größen dargestellt in: Liebenthal: Praktische Photometrie, Verlag von Vieweg & Sohn, Braunschweig.

**) Nach E T Z 1897, Heft 31, Seite 474.

	Hefnerkerze(HK)	Standard candle	Carcel
1 Hefnerkerze........	1	0,9009	0,093
1 Standard candle....	1,11	1	0,1033
1 Carcel............	10,75	9,685	1

Bild 330: Umrechnungsfaktoren für die gebräuchlichsten Lichtstärke-Einheiten

	Hefner-Lux	Standard-Lux	Candlefoot	Carcelmètre
1 Hefner-Lux... (Meterkerze)	1	0,9009	0,0837	0,093
1 Standard-Lux.	1,11	1	0,0929	0,1033
1 Candlefoot.... (Footcandle)	11,95	10,785	1	1,112
1 Carcelmètre. .	10,75	9,685	0,8997	1

Bild 331: Umrechnungsfaktoren für die gebräuchlichsten Einheiten der Beleuchtungsstärke

	1 HK/cm²	1 Standard-candle/cm²	1 Standard-candle / sq. inch	1 Hefner-Lambert	1 Standard-Lambert
1 HK/cm²........	1	0,9009	5,812	3,14	2,830
1 Stand.-Candle / cm²	1,11	1	6,152	3,487	3,14
1 Stand.-Candle / sq. inch	0,172	0,155	1	0,5404	0,487
1 Hefner-Lambert	0,318	0,287	1,85	1	0,9008
1 Stand.-Lambert	0,353	0,318	2,054	1,11	1

Bild 332: Umrechnungsfaktoren für die gebräuchlichsten Einheiten der Leuchtdichte

Zur **Messung der Lichtstärke** dienen verschiedene Photometer-Bauarten. Die bekannteste ist wohl das Fettfleck-Photometer von Bunsen, bei dem ein Papierschirm an einer Stelle durch einen Fettfleck durchscheinend gemacht wird. Der übrige Teil des Schirms reflektiert auffallendes Licht verhältnismäßig gut. Dieser Schirm wird bei der Messung auf der einen Seite von der zu messenden Lichtquelle und auf der andern Seite von der Vergleichslampe beleuchtet. Die beiden Lichtquellen werden in solche Entfernung von dem Schirm gebracht, daß der Fettfleck möglichst unsichtbar wird. Dann ist die Beleuchtungsstärke auf beiden Seiten des Schirmes gleich und es gilt nach Gleichung (4b)

$$E = \frac{J_1}{r_1^2} = \frac{J_2}{r_2^2}$$

oder

$$\frac{J_1}{J_2} = \frac{r_1^2}{r_2^2};$$

d.h.: Die Lichtstärken der zu messenden und der Vergleichs-Lichtquelle verhalten sich wie die Quadrate ihrer Abstände vom Photometerschirm. Wie man sieht, beruht die Messung im Grunde auf einem Vergleich der mit den beiden Lichtquellen erzielten Beleuchtungsstärken.

Bei andern Photometern stellt man wieder auf gleiche Leuchtdichte der von den Lichtquellen beleuchteten beiden Seiten eines gut reflektierenden Schirmes ein. Es würde aber zu weit führen, hier die verschiedenen Photometer-Bauarten darzustellen; darüber geben die einschlägigen Spezialwerke Auskunft.*)

Aus unseren früheren Betrachtungen ist schon zu entnehmen, daß die Verteilung des vom Scheinwerfer ausgestrahlten Lichtes auf den Querschnitt des Lichtkegels keineswegs gleichmäßig ist. Dies ist auch im Interesse der Fernwirkung und der richtigen Seitenstreuung nicht erwünscht. Für die Prüfung der Scheinwerfer entsteht dadurch die Aufgabe, die Lichtverteilung im Kegelquerschnitt zu messen. Man kann dabei entweder die Lichtstärke in den verschiedenen Teilen des Lichtkegels oder aber die Beleuchtung messen, die auf einer kugeligen Meßfläche erzielt wird (Bild 333). Bei der praktischen Ausführung ist es natürlich erheblich einfacher, die kugelige Meßfläche dadurch zu ersetzen, daß der Scheinwerfer in der in Bild 333 angedeuteten Weise um den Scheitel des Reflektorparaboloids geschwenkt und dadurch das in der Entfernung r in der ursprünglichen Mittelachse aufgestellte Photometer in die verschiedenen Teile des Lichtkegels gebracht wird.

Bezüglich der Entfernung r ist man an gewisse Mindestwerte gebunden, die von der Form des Spiegels und der Lichtquelle abhängen.**)

*) U. a. Uppenborn-Monasch: Lehrbuch der Photometrie. Verlag v. Oldenbourg. – Liebenthal: Praktische Photometrie. Verlag v. Fr. Vieweg & Sohn. — Bloch: Lichttechnik. – Ferner auch alle größeren Physikbücher.

**) Vgl. hierzu: Gehlhoff: „Über das Photometrieren von Scheinwerfern." Zeitschrift f. Beleuchtungswesen, Heizung und Lüftungstechnik, 1919, Heft 7/8, S. 35; Heft 17/18 S. 83. Ders. auch in Bloch: „Lichttechnik" S. 477.

Selbst auf der Achse würde man nämlich nicht in beliebiger Entfernung vom Spiegel die volle Lichtstärke messen, sondern erst von einem gewissen Punkt G ab, der sich nach Bild 334 folgendermaßen ergibt:

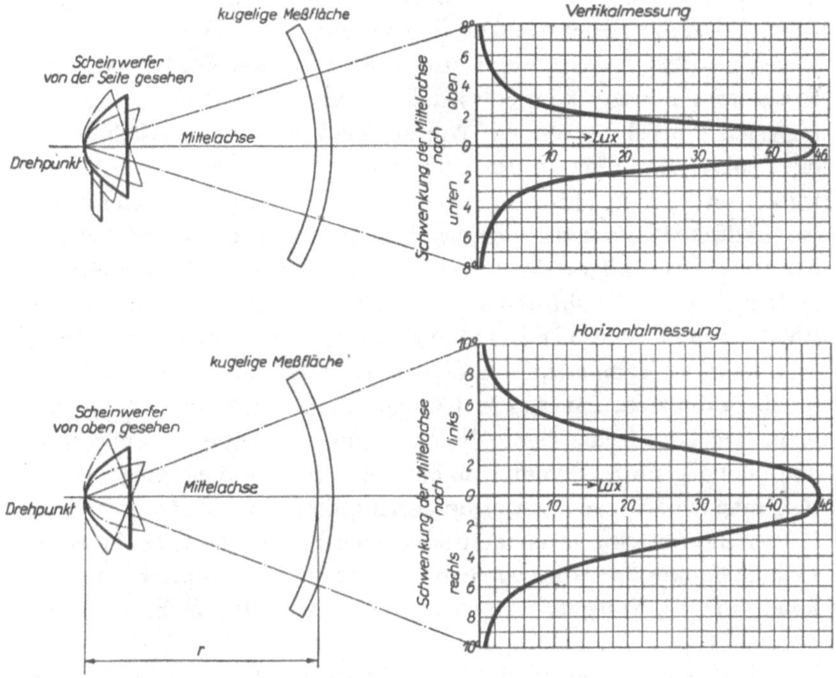

Bild 333. Messung der Lichtverteilung im Scheinwerferkegel

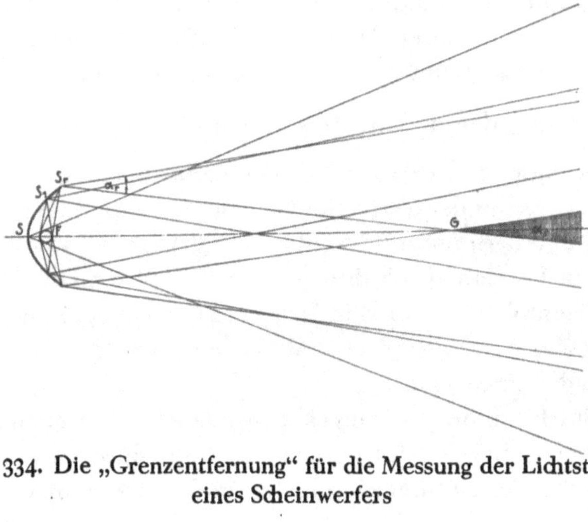

Bild 334. Die „Grenzentfernung" für die Messung der Lichtstärke eines Scheinwerfers

Wir nehmen als einfachsten Fall eine kugelförmige Lichtquelle F vom Durchmesser d an, deren Mittelpunkt mit dem Brennpunkt des Spiegels zusammenfällt. Nach dem Reflexionsgesetz strahlt dann jedes kleinste Spiegelteilchen einen Lichtkegel aus, beispielsweise der Spiegelscheitel S einen Kegel mit dem Raumwinkel α, das Teilchen S_1 einen Kegel mit dem Raumwinkel α_1 usw. Diese Winkel werden nach der Randzone zu immer kleiner, so daß sich in der Randzone bei S_r die kleinsten Winkel α_r ergeben. Wie die Zeichnung zeigt, erhalten nur die Punkte, die in dem durch Schraffierung hervorgehobenen Raumwinkel bei G liegen, Licht von allen Punkten des Spiegels, so daß für eine einwandfreie Photometrierung das Photometer nur in solchen Punkten der Mittelachse aufgestellt werden darf, die weiter als G vom Spiegel entfernt liegen. Die sich damit ergebende Strecke SG nennt man die photometrische Grenzentfernung des Scheinwerfers. Man kann sie rechnerisch aus den Daten des Spiegels und der Lichtquelle bestimmen, einfacher findet man sie aber dadurch, daß man das in der Regel durch dämpfende Filter zu schützende Auge auf der Spiegelachse entlang führt. Kommt man aus der Ferne auf den Spiegel zu, so sieht man zunächst den ganzen Spiegel leuchten. Sobald aber der Punkt G überschritten wird, verkleinert sich die leuchtende Fläche des Spiegels, weil die Punkte der Achse von den von einer immer breiter werdenden Randzone des Spiegels reflektierten Strahlen nicht mehr getroffen werden.

Mit dem nach diesen Richtlinien aufgestellten Photometer mißt man nun zur Bestimmung der Lichtverteilung in einer Reihe von Punkten des Strahlenbündels je nach der Einrichtung des Photometers die Lichtstärke oder die durch den Scheinwerfer auf der gedachten kugeligen Meßfläche erzeugte Beleuchtung E und kann dann bei Bedarf nach der Gleichung $E = \frac{J}{r^2}$ den andern Wert berechnen. Zweckmäßig mißt man die Lichtverteilung in vertikaler Richtung dadurch, daß man die Scheinwerfermittelachse in der Vertikalebene von der horizontalen Lage aus nach oben und nach unten schwenkt (Bild 333, oben), sowie die Lichtverteilung in horizontaler Richtung dadurch, daß man die Mittelachse in der Horizontalebene von der Ausgangslage aus nach beiden Seiten schwenkt (Bild 333, unten). Die Abweichung von der Ausgangslage wird in Graden angegeben.

Das durch solche Messungen gewonnene Bild von dem Querschnitt des Lichtkegels, das nötigenfalls noch durch Messungen an andern Stellen des Lichtkegels, zum Beispiel nach den amerikanischen

Vorschriften, ergänzt werden kann, gibt in erster Linie Anhaltspunkte dafür, wie weit das Scheinwerferlicht zum Erkennen von auf der Straße stehenden oder sich bewegenden Hindernissen ausreicht, d. h. von Hindernissen, die sich merklich über den Boden erheben. Für den Kraftfahrer ist es aber außerdem wichtig, über die Beschaffenheit des Bodens selbst und über Hindernisse, wie zum Beispiel Steine und dergleichen, die sich nur wenig über die Straßenfläche erheben, unterrichtet zu sein. Damit entsteht die weitere Aufgabe, die durch die zu prüfenden Scheinwerfer erzielte Bodenbeleuchtung festzustellen. Dazu sind zunächst Vereinbarungen über die Anbringung der Scheinwerfer zu treffen. Die Höhe, in der die Scheinwerfer am Kraftfahrzeug über dem Boden angebracht werden, ist nicht einheitlich. Nach den neuen deutschen Vorschriften darf man als Anhalt für die bei Prüfungen vorzusehende Höhe annehmen, daß die Scheinwerferunterkante nicht mehr als 1 m über dem Boden stehen soll. Man wird mit der Annahme einer Höhe der Scheinwerferachse von 100 cm über dem Boden den praktischen Verhältnissen gerecht werden. Die in Bild 323 erläuterten amerikanischen Vorschriften sehen 92 cm vor. Über die Neigung des Lichtkegels zur Fahrbahn, die natürlich für die Bodenbeleuchtung wichtig ist, enthalten die deutschen Vorschriften bestimmte Angaben. Beim Messen der Bodenbeleuchtung erscheint es noch zweckmäßig, die Beleuchtungsstärke nicht auf einer in der Fahrbahnebene liegenden, sondern auf einer dagegen geneigten Fläche zu messen, denn auch bei den am Boden liegenden Hindernissen – Steinen und dergleichen – trifft das Licht durchweg auf gegen den Boden geneigte Flächen. Ein

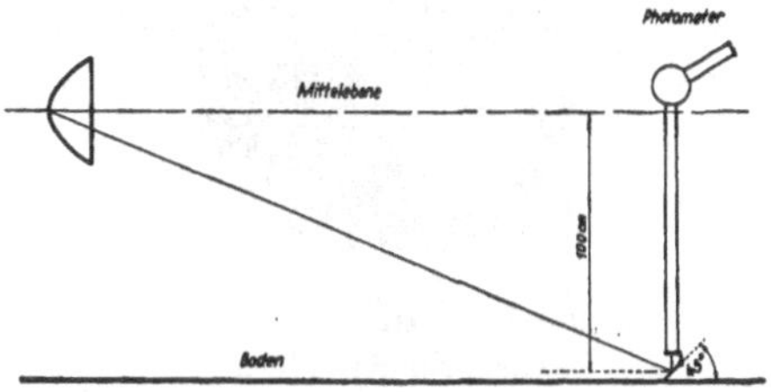

Bild 335. Messung der Bodenhelligkeit

zutreffendes Bild dürften Messungen ergeben, bei denen die Beleuchtungsstärke 1 m unter der durch die Scheinwerfermitte gehenden Ebene auf einer möglichst gut diffus reflektierenden Fläche gemessen wird, die mit dem Boden einen Winkel von 45° bildet (Bild 335). Nach diesen Richtlinien aufgenommene Schaulinien für die Bodenbeleuchtung werden wir später (Bild 362) zeigen.

Die Untersuchung von Scheinwerfern durch derartige exakte Messungen ist natürlich ziemlich umständlich und zeitraubend. Dafür schaltet sie aber auch eine subjektive Beeinflussung des Ergebnisses durch die Veranlagung des Messenden fast völlig aus. Daneben ist im Ausland mehrfach ein Verfahren benützt worden, das zwar offensichtlich subjektiven Beeinflussungen durch Veranlagung und augenblickliche Stimmung der Prüfenden unterliegt, sich aber anscheinend trotzdem bei Wettbewerben und dergleichen zur schnellen und einfachen Entscheidung über die Wirksamkeit von Scheinwerfern bewährt hat. Es ist von H. H. Gregory im Auftrage des englischen Königlichen Automobilklubs (R. A. C.) ausgearbeitet worden*) und geht von dem Gedanken aus, daß „der Hauptzweck eines Kraftwagenscheinwerfers ist, auf der Straße befindliche Gegenstände zu beleuchten, die der Wagenführer aus Sicherheitsgründen sehen sollte". Dementsprechend wurde ein „Normal-Gegenstand" geschaffen, der auf, über oder seitlich von der Fahrbahn aufgestellt wird und durch die Entfernung, in der er erkannt wird, ein Maß für die Leistungsfähigkeit der Scheinwerfer gibt. Außerdem bietet das Verfahren eine Möglichkeit zur Bestimmung der Blendwirkung der Scheinwerfer.

Der Normalgegenstand wurde in einer mattschwarzen Scheibe von rund 46 cm (18 Zoll) Durchmesser gefunden, auf der eine Anzahl unregelmäßig geformter grauer Figuren verteilt ist. Da es schwierig sein

Bild 336. Normalscheibe des R. A. C. für die Prüfung von Scheinwerfern

würde, ein bestimmtes Grau genau festzulegen, wird das Grau künstlich dadurch geschaffen, daß man die Figuren aus abwechselnden weißen und schwarzen Streifen aufbaut, die sich genau bemessen lassen und in der Ferne zu einem bestimmten Grau verschwimmen (Bild 336). Eine solche Scheibe entspricht in der Sichtbarkeit etwa einem Fuß-

*) Royal Automobile Club, London S W1, Tests of Motor Car Headlamps, 1924.

gänger, der sich durch die Farbe seiner Kleidung wenig von der Straße abhebt.

Mit dieser Scheibe werden die Scheinwerfer paarweise, so wie sie am Wagen angebaut sind, nach folgenden Richtlinien geprüft (Bild 337):

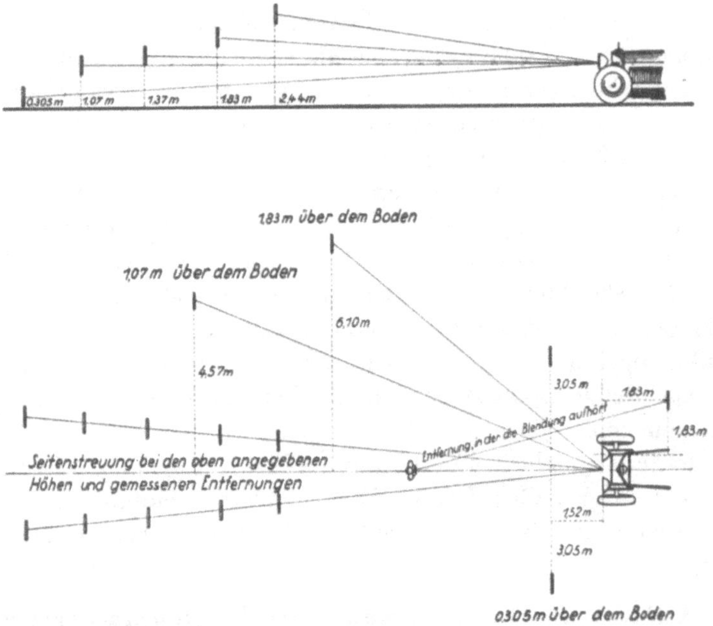

Bild 337. Meßverfahren mit der Scheibe nach Bild 336

1. Die Scheibe wird in verschiedener Höhe über der Straßenfläche (Scheibenmitte 0,305, 1,07, 1,37, 1,83, 2,44 m über der Straße) an einem fahrbaren Gestell angebracht und jeweils dem stehenden Kraftwagen auf dessen Längsachse so weit genähert, bis sie vom Wagen aus erkennbar wird.

2. In den dabei gefundenen Entfernungen wird die Seitenstreuung des Lichtbündels dadurch geprüft, daß festgestellt wird, in welchem Abstand senkrecht von der Wagenlängsachse die jeweils in der unter 1. angegebenen Höhe angebrachte Scheibe vom Wagen aus erkennbar wird. Außerdem wird die Seitenstreuung 45,7 m vor den Lampen 1,07 m über dem Boden gemessen.

3. Es wird festgestellt, in welcher Entfernung die Scheibe erkennbar und bei weiterer Annäherung an den Wagen nicht mehr erkennbar wird, wenn sie 1,07 m und 1,83 m über dem Boden a) 4,57 und b) 6,10 m seitlich von der Wagenlängsachse bewegt wird. Ferner wird

geprüft, ob die Scheibe sichtbar ist, wenn sie mit ihrer Mitte 0,305 m über dem Boden 1,52 m vor den Scheinwerfergläsern und 3,05 m nach jeder Seite von der Mittelachse des Lichtbündels aufgestellt wird.

4. Bei der Prüfung der Blendwirkung geht man davon aus, daß der Fahrer eines Wagens, der den zu prüfenden Scheinwerfern entgegenkommt, von einer gewissen Entfernung ab bei dem in dieser Entfernung als verhältnismäßig schwach anzunehmenden Licht seiner eigenen Scheinwerfer in der Lage sein muß festzustellen, ob seitlich hinter den entgegenkommenden Scheinwerfern die Straße frei ist. D. h. er muß die 1,37 m über dem Boden 1,83 m hinter und 1,83 m seitlich vom rechten Scheinwerfer rechts vom Wagen (in England wird links gefahren) aufgestellte Scheibe aus einer gewissen Mindestentfernung erkennen können, wenn diese durch eine Lichtquelle von 1 Kerzenstärke (1,11 HK) beleuchtet wird. Die kleine Lichtquelle soll ohne Reflektoren oder Linsen 0,61 m vor der Scheibe in Höhe des unteren Scheibenrandes angebracht werden und nach der Versuchsperson zu vollständig abgeblendet sein. Die Augenhöhe der Versuchsperson wird zu 1,37 m angenommen.

In der angeführten Druckschrift des R. A. C. ist eine größere Zahl von Protokollen über Untersuchungen der verschiedensten Scheinwerferbauarten, die nach dem geschilderten Verfahren durchgeführt wurden, abgedruckt.

B. Die optisch wirksamen Teile des Scheinwerfers.

Optisch wirksame Teile des Scheinwerfers sind:

der Spiegel,
die Glühlampe,
die Abschlußscheibe.

Dazu kommen bei manchen Bauarten noch optisch wirkende Abblendvorrichtungen. Hier sollen aber zunächst nur die oben angegebenen Teile behandelt werden; auf die Abblendvorrichtungen werden wir später zurückkommen.

Der **Spiegel** des Scheinwerfers hat die Aufgabe, von dem von einer Lichtquelle allseitig oder doch mindestens in einen großen Raumwinkel ausgesandten Lichtstrom einen möglichst großen Teil aufzufangen und in einem kleinen Raumwinkel zusammenzufassen. Dadurch ergibt sich die Möglichkeit, eine in diesem kleinen Raumwinkel liegende Fläche auch bei großer Entfernung stark zu beleuchten. Der optische Idealfall würde eintreten, wenn der Spiegel den aufgefangenen Lichtstrom in einem zylindrischen Lichtbündel vom Querschnitt der Spiegelöffnung wieder aussenden, d. h. alle aufgefangenen Lichtstrahlen parallel richten würde. Wir würden dann eine in den Strahlengang gebrachte Fläche in beliebiger Entfernung – sofern wir von der unvermeidlichen Absorption des Lichts in der Luft absehen – außerordentlich stark beleuchten können, würden aber den Nachteil hinnehmen müssen, daß diese beleuchtete Fläche nur sehr klein wäre. Dieser Idealfall würde durch einen p a r a b o l i s c h e n S p i e g e l erreicht werden (d. h. durch einen Spiegel, dessen Fläche wir uns dadurch entstanden denken können, daß eine Parabel um ihre Achse gedreht wird), wenn wir die in den Brennpunkt des Paraboloids zu bringende Lichtquelle punktförmig gestalten könnten. Da nun aber jede Lichtquelle eine wenn auch geringe Ausdehnung hat, so ist, wie Bild 334 zeigt, der Idealfall nicht zu verwirklichen. Er würde aber auch für die Praxis durchaus nicht erwünscht sein, denn nach unseren früheren Ausführungen ist eine gewisse Streuung des Lichtbündels zum Fahren nötig, ja, die durch die Ausdehnung der Lichtquelle verursachte Streuung wird sogar durch besondere Mittel noch in geeigneter Weise vergrößert.

Nach der oben gekennzeichneten Aufgabe des Spiegels, den Lichtstrom der im Brennpunkt stehenden Lichtquelle in einem möglichst

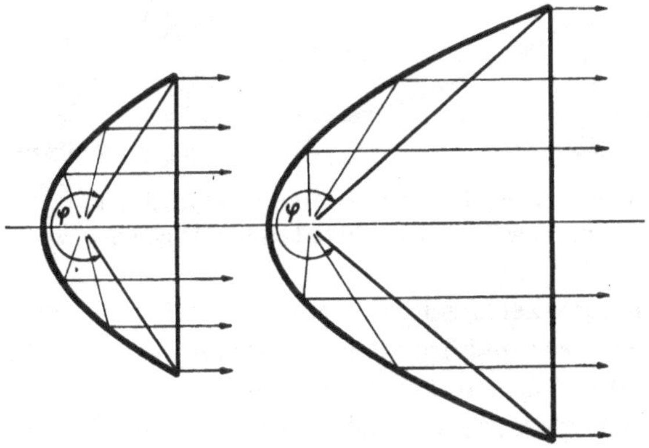

Bild 338. Veränderung des Öffnungswinkels eines Scheinwerfers mit dem Durchmesser bei gleichbleibender Brennweite

großen Raumwinkel zu erfassen, müssen wir dem Spiegel einen großen Ö f f n u n g s w i n k e l geben. Man versteht darunter den Winkel φ (Bild 338), den die vom Brennpunkt nach dem Spiegelrand gehenden Strahlen miteinander bilden. Hier zeigt sich ein weiterer Vorteil des mit elektrischen Glühlampen ausgerüsteten Scheinwerfers gegenüber dem Azetylenscheinwerfer. Wir können nämlich die Glühlampe in einen tiefen

Parabolspiegel setzen, ohne den Spiegel durch übermäßige Erhitzung und chemische Einwirkungen von Verbrennungsgasen zu gefährden. Während man bei Azetylenlicht mit Glasspiegeln nicht über 120–130° Öffnungswinkel hinausgegangen ist und auch bei Metallspiegeln nicht auf 180° kommen konnte, baut man Glühlampenscheinwerfer ohne Schwierigkeiten mit Metallspiegeln von Öffnungswinkeln von 240° und mehr. Bei Glasspiegeln für Glühlampenscheinwerfer wird man in erster Linie wegen der bei tiefen Spiegeln entstehenden Herstellungsschwierigkeiten, dann aber auch wegen der bei diesem Werkstoff auch bei Glühlampen in Betracht kommenden Erhitzung nicht über 180° hinausgehen.

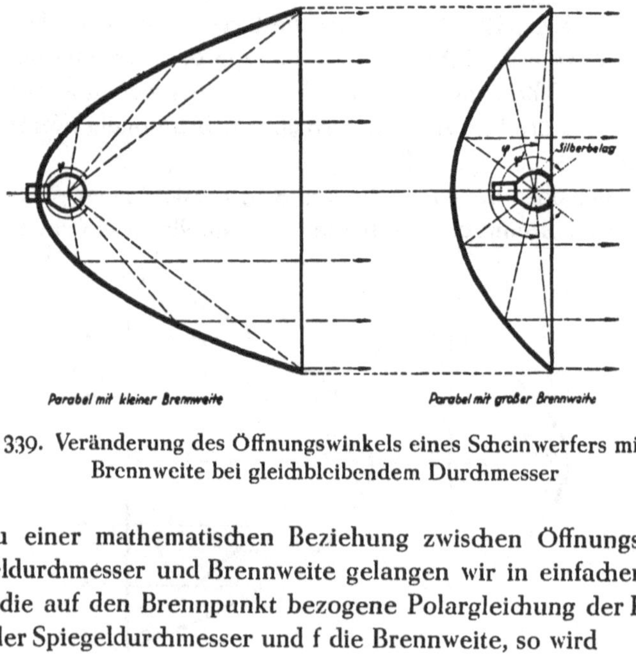

Bild 339. Veränderung des Öffnungswinkels eines Scheinwerfers mit der Brennweite bei gleichbleibendem Durchmesser

Zu einer mathematischen Beziehung zwischen Öffnungswinkel, Spiegeldurchmesser und Brennweite gelangen wir in einfacher Weise durch die auf den Brennpunkt bezogene Polargleichung der Parabel. Ist D der Spiegeldurchmesser und f die Brennweite, so wird

$$\operatorname{tg}\frac{\varphi}{4} = \frac{D}{4f}. \qquad (6)$$

Diese Gleichung besagt, daß der Öffnungswinkel mit wachsendem Spiegeldurchmesser und abnehmender Brennweite zunimmt. Diese beiden Fälle sind in den Bildern 338 und 339 dargestellt. Mit dem Spiegeldurchmesser kommt man allerdings beim Kraftfahrzeugscheinwerfer bald an eine Grenze, denn die Scheinwerfer dürfen selbstverständlich eine gewisse Größe nicht überschreiten. Mit der Brennweite hat man größere Bewegungsfreiheit. Hier hat man zu beachten, daß der Streuwinkel bei gleichbleibender Lichtquelle mit abnehmender Brennweite wächst. Außerdem würden bei zu geringer Brennweite die unvermeidlichen kleinen Ungenauigkeiten in der Einstellung des Glühfadens in den Brennpunkt merklich werden, und schließlich würde die Anbringung der Glühlampe Schwierigkeiten bereiten. Insgesamt wird man einen günstigen Ausgleich zwischen den maßgebenden drei Größen suchen müssen. Anhaltspunkte dafür gibt Bild 340. In diesem ist als Grundlage das Polardiagramm der Lichtaus-

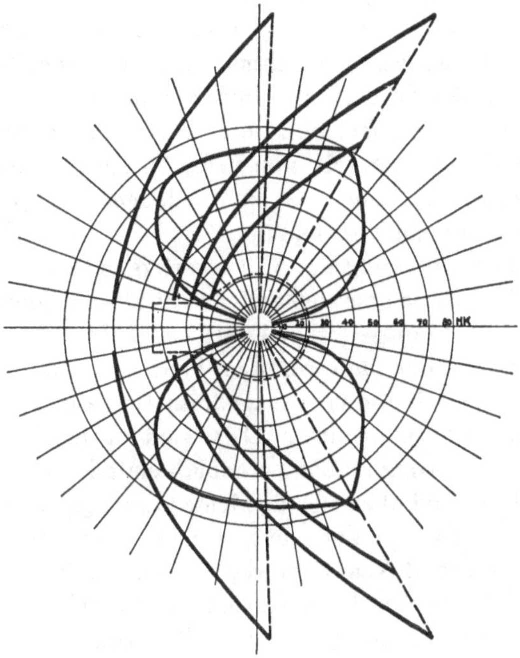

Bild 340. Die Bedeutung des Öffnungswinkels eines Scheinwerfers für die Erfassung des von der Lichtquelle ausgehenden Lichtstromes

strahlung der Glühlampe gezeichnet. Durch dieses wird die nach den verschiedenen Raumrichtungen ausgestrahlte Lichtstärke in HK angegeben. Man wird nun den Öffnungswinkel des Spiegels zweckmäßig so wählen, daß noch das Maximum der Ausstrahlung erfaßt wird. Nach dem Bilde würde man dann zu einem Öffnungswinkel von etwa 240° kommen.

Mit dem Öffnungswinkel und dem als gegeben anzunehmenden Spiegeldurchmesser ist die Brennweite festgelegt. Bei dem im Bilde angenommenen Öffnungswinkel von 240° und Spiegeldurchmessern von

250, 200 und 150 mm, wie sie etwa in der Praxis verwendet werden, kommen wir auf Brennweiten von rund 36, 29 und 21,5 mm. Nehmen wir dagegen für einen Spiegel von 250 mm Durchmesser eine Brennweite von 60 mm an, so kommen wir auf einen Öffnungswinkel von rund 185°. Wir verringern dann zwar die Streuwirkung erheblich, verzichten aber zugleich auf das Erfassen eines großen Teiles des von der Lichtquelle ausgehenden Lichtstroms. Diesen Mangel kann man dadurch ausgleichen, daß man nach Bild 339 auf der Lampe eine ringförmige Hilfsverspiegelung anbringt, die den von dem Hauptspiegel nicht unmittelbar erfaßten Lichtstrom durch die Lichtquelle hindurch auf den Hauptspiegel wirft und damit wenigstens zum Teil noch für die Fernwirkung des Scheinwerfers nutzbar macht. Trotz der großen Brennweite ergibt sich damit aber noch keine größere Beleuchtungsstärke als bei dem richtig gebauten tiefen Spiegel; überdies wird mit Einführung der Abblendung durch die Zweifadenlampe (s. S. 80 ff) die Verspiegelung der Lampe unmöglich.

Für die Leuchtwirkung des Scheinwerfers ist noch zu beachten, daß das von der Lampe unmittelbar in den nicht vom Spiegel umfaßten Raumwinkel $(360-\varphi)$ ausgestrahlte Licht für die Beleuchtung des Bodens und der Straßenränder dicht vor dem Fahrzeug von Bedeutung ist.

Neben der parabolischen Spiegelform sind die sphärischen (Kugel-) Spiegel zu erwähnen. Diese sind für die Herstellung, namentlich bei Ausführung in Glas, erheblich einfacher als die parabolischen Spiegel. Sie sind aber nur für kleine Öffnungswinkel brauchbar, weil wegen der bei dieser Form auftretenden sphärischen Aberration bei großen Öffnungswinkeln zu starke Streuung auftreten würde. Für Kraftfahrzeugscheinwerfer kommen sie nur als Hilfsspiegel (Verspiegelung der kugelförmigen Lampe) in Betracht.

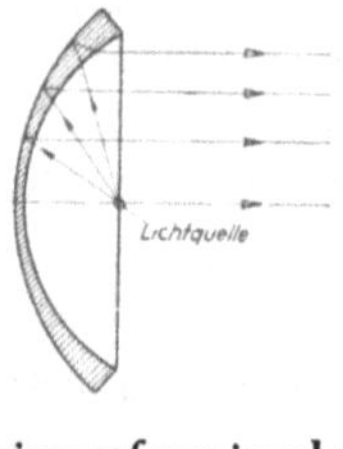

Bild 341. Scheinwerferspiegel nach Mangin

Wesentliche Verbesserungen gegenüber dem einfachen Kugelspiegel zeigt der Glasspiegel nach Mangin. Bei diesem sind die kugeligen Oberflächen nicht konzentrisch, so daß das Glas am Rande dicker ist als in der Mitte (Bild 341). Es entsteht dadurch eine konkav-konvexe Spiegellinse, bei der das Krümmungsverhältnis zwischen Spiegelfläche und vorderer Grenzfläche, die Glasdicke, sowie der Brechungsexponent des Glases so gewählt werden, daß die sphärische Aberration durch die Brechung der Strahlen im Spiegelglas aufgehoben wird und die aus dem Brennpunkt kommenden Strahlen parallel ausgestrahlt werden. Der Spiegel hat, wenigstens für Kraftwagenscheinwerfer, nur geschichtliche Bedeutung, ist aber für die Entwicklung des Scheinwerferwesens von großer Wichtigkeit gewesen und deshalb hier zu erwähnen.

Eine ausgedehnte Verwendung am Kraftfahrzeug finden heute nur noch Spiegel, bei denen die spiegelnde Fläche als Umdrehungs-

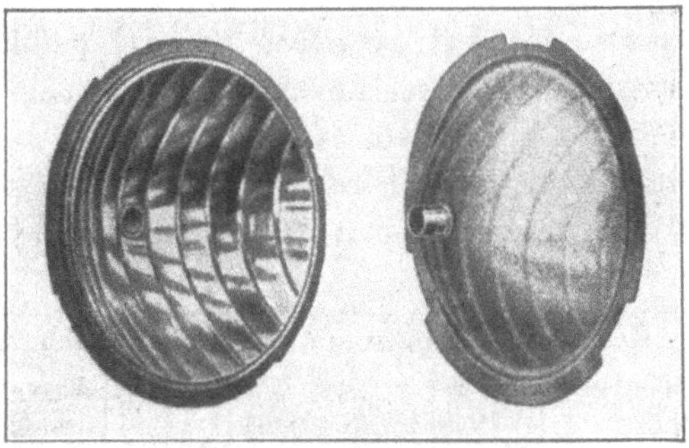

Bild 342. Nach den Seiten streuender Scheinwerferspiegel amerikanischer Herkunft

paraboloid ausgebildet ist. Daneben sind allerdings häufiger Vorschläge aufgetaucht, die spiegelnde Fläche nicht als einheitliche Umdrehungsfläche zu wählen, sondern aus verschieden geformten Flächenstücken zusammenzusetzen, z. B. aus parabolischen Flächen mit verschiedener Brennweite. Durch derartige Maßnahmen will man dem Strahlenbündel die für die Beleuchtung der Straße erforderliche Form geben.

In geringem Maße zu praktischer Verwendung gelangt ist unseres Wissens nur der in Bild 342 wiedergegebene Spiegel amerikanischer Bauart*), bei dem die spiegelnde Fläche aus ebenen Spiegelstreifen aufgebaut ist, die in der Längsrichtung parabolisch gebogen sind und ein als Grundform anzunehmendes Umdrehungsparaboloid umhüllen. Durch diese Form soll Fernwirkung mit der nötigen Streuung vereinigt

*) Aus „Motor-Vehicle Headlighting", Circular of the Bureau of Standards Nr. 276.

werden. Jede einzelne Spiegelfläche erzeugt ein Lichtbündel von großer horizontaler und geringer vertikaler Ausdehnung. Die Streuwirkung eines solchen Spiegels ist gut, jedoch wird die Reichweite zu sehr herabgesetzt, so daß diese Spiegelform auf alle Fälle für europäische Verhältnisse ungeeignet ist.

Umstritten war bei der Herstellung von Spiegeln für Kraftfahrzeugscheinwerfer lange Zeit die Frage des Werkstoffes: Metall oder Glas als Träger der spiegelnden Fläche? Sie scheint neuerdings, wie manche andere Fragen im Kraftfahrzeugbau, aus Preisgründen zugunsten der Metallspiegel entschieden zu sein, damit allerdings auch wohl zugunsten der technisch besseren Lösung (vgl. S. 35).

Zur Vermeidung von Mißverständnissen soll besonders unterstrichen werden, daß in jedem Falle die spiegelnde Fläche aus einem gut reflektierenden Metall gebildet wird, das zudem möglichst frei von einer Bevorzugung gewisser Bereiche des Spektrums sein soll, d. h. mit dem Fachausdruck nicht „selektiv reflektieren" soll. Die bei allen Metallen zu verzeichnende Bevorzugung des roten Endes des Spektrums kommt dabei natürlich nicht in Betracht.

Licht-wellen-Länge in mμ	Reflexionsvermögen in % der auffallenden Strahlung								
	Silber chem. Niederschlag	Silber massiv	Nickel elektrol. Niederschlag	Chrom massiv	Alum. massiv	Gold elektrol. Niederschlag	Platin elektrol. Niederschlag	Kupfer elektrol. Niederschlag	Stahl massiv ungehärtet
431 blau					72,3				
480 blau				71					
486 blau					72,8				
500 grün	91,3	93,2	60,8	55		47	58,4	53,3	54,8
550 grün	92,7	94,2	62,6			74	61,1	59,5	54,9
579 gelb				69,7					
589 gelb				65,5	72,5				
600 orange	92,6	95	64,9			84,4	64,2	83,5	55,4
656 rot					72,6				
668 rot				64,4					

Bild 343: Reflexionsvermögen einiger als Spiegelmetall für Scheinwerfer benützbarer Metalle, geordnet nach der Eignung.

Die Tafel Bild 343 gibt das Reflexionsvermögen verschiedener als Spiegelmetall in Betracht kommender Metalle an. Als Reflexionsvermögen ist dabei die Strahlungsenergie angegeben, die das betreffende Metall von 100 Einheiten auffallender Energie zurückwirft. Für die

Zusammenstellung wurden aus den Angaben von Landolt-Börnstein*) einige Wellenlängen aus dem für die Beleuchtung besonders wichtigen orangefarbigen bis grünen Teil des Spektrums ausgewählt. Bei Chrom und Aluminium wurden einige Angaben aus dem blauen und roten Teil hinzugenommen.

Die Tafel zeigt die vom optischen Standpunkt aus überragende Eignung des Silbers, das deshalb auch vorwiegend verwendet wird. Nachteilig ist, daß das Silber ziemlich weich und daher mechanisch leicht verletzlich ist, vor allem aber, daß es chemisch verhältnismäßig leicht angreifbar ist. Besonders schädlich sind der fast allgegenwärtige Schwefelwasserstoff und andere schwefelhaltige Stoffe. Gegen derartige Beschädigungen ist also der Silberspiegel gut zu schützen. In der Tafel sind zwei Wertreihen für chemisch niedergeschlagenes und massives Silber angegeben. Das als Oberflächenspiegel galvanisch auf Metall niedergeschlagene Silber dürfte sich dem massiven Silber annähern. In der Praxis verschlechtert sich das Reflexionsvermögen sowohl des als Hinterlegung chemisch auf Glas als auch des als Oberflächenspiegel galvanisch auf Metall niedergeschlagenen Silbers, bleibt aber unter den üblichen Verhältnissen im richtig gebauten Scheinwerfer stets erheblich besser als zum Beispiel das des Nickels. Für Glasspiegel kommt nur Silber als Hinterlegungsmetall in Betracht.

Nickel ist trotz seines geringeren Reflexionsvermögens bei Metallspiegeln vielfach als galvanisch aufgebrachtes Spiegelmetall benützt worden, weil es weniger empfindlich ist als Silber. Vernickelte Spiegel können aber den heutigen Ansprüchen an die Lichtwirkung der Scheinwerfer nicht mehr entsprechen, so daß ihre Verwendung immer mehr zurückgehen dürfte.

Chrom würde vom Standpunkt der Haltbarkeit aus das beste Spiegelmetall sein. Es ist durch seine Härte unempfindlich gegen mechanische Beanspruchung, so daß ein verchromter Spiegel ohne Schaden mit einem beliebigen Lappen von Staub gereinigt werden kann. Auch den üblichen chemischen Angriffen hält es stand und ist vor allem unempfindlich gegen Schwefel und seine Verbindungen. Nur vor chlorhaltigen Stoffen ist es zu schützen. Das wäre zum Beispiel beim Putzen zu berücksichtigen. Leider ist aber das Reflexionsvermögen ebenso gering wie das des Nickels; außerdem aber reflektiert Chrom selektiv im blauen Bereich des Spektrums. Dadurch geben die mit Chromspiegeln ausgestatteten Scheinwerfer ein blaustichiges Licht,

*) Landolt-Börnstein, Physikalisch-chemische Tabellen, 5. Auflage 1923. Verlag von Springer, Band II, S. 903 ff. Ergänzungsband 1927, S. 463 ff.

das schon unter üblichen Witterungsverhältnissen unangenehm wirkt, bei dunstigem Wetter aber fast unbrauchbar wird.

Bei dem in der Tafel angegebenen Reflexionsvermögen könnte auch Aluminium als Spiegelmetall in Betracht kommen, zumal es für die Herstellung den Vorteil bieten würde, daß man den ganzen Reflektor einheitlich aus diesem leicht bearbeitbaren Metall herstellen könnte. Leider aber ist Aluminium, obwohl es gegen andere chemische Einflüsse beständiger ist als zum Beispiel Silber, äußerst unbeständig gegen den natürlich nicht fernzuhaltenden Sauerstoff. Es überzieht sich sofort mit einer dünnen, aber sehr dichten Oxydschicht, die gerade seine Beständigkeit herbeiführt, und verliert damit ganz erheblich an Reflexionsvermögen.

Gold und Platin kommen wegen ihrer Kostbarkeit als Spiegelmetall nicht in Betracht. Platin reflektiert zudem schlecht, Gold selektiv im gelben Spektralbereich. Wegen dieser letzten Eigenschaft würde Gold ein bei dunstigem Wetter zu bevorzugendes Licht ergeben; es ist auch gelegentlich dafür in Vorschlag gebracht worden. Kupfer reflektiert zu stark selektiv im gelben und roten Spektralbereich, auch oxydiert es zu leicht, als daß es im Scheinwerfer als Spiegelmetall dienen könnte. Stahl ist wegen seines geringen Reflexionsvermögens und seiner geringen Widerstandsfähigkeit gegen chemische Angriffe, vor allem gegen Oxydation, nicht brauchbar.

Wir haben oben bereits angedeutet, daß der mit Silber hinterlegte Glashohlspiegel im Kraftfahrzeugscheinwerfer aus Preisgründen stark hinter dem Metallspiegel zurücktritt. Neuerdings verliert er durch die Einführung der Zweifadenlampe noch mehr an Bedeutung, weil für ihn das gilt, was wir auf S. 35 über Spiegel mit kleinerem Öffnungswinkel gesagt haben. Bei der Herstellung von Glasspiegeln für Kraftfahrzeugscheinwerfer*) beschränkt man sich in der Regel darauf, nur der Rückfläche des Glaskörpers eine parabolische Gestalt zu geben. Die vordere Grenzfläche wird als Parallelfläche zur Rückfläche ausgebildet. Bei der Herstellung werden ebene, kreisförmige Glasplatten auf gußeiserne Schalen gelegt, die nach Größe und Form den herzustellenden Spiegeln entsprechen. Durch Erhitzen auf etwa 600° wird das Glas erweicht, senkt sich in die Form hinein und paßt sich ihr genau an. Durch diesen Senkvorgang wird die freie Vorderfläche mit für den vorliegenden Zweck genügender Annäherung eine Parallelfläche zur Formfläche. Wenn man sauber arbeitet und die

*) Sonnefeld: Die Hohlspiegel, Union Deutsche Verlagsanstalt, Berlin S. 89, 90, 100.

Vorderfläche schon in ebenem Zustand poliert, so bedarf sie nach dem Senken keiner Bearbeitung mehr. Nach dem Senken ist der Glaskörper sorgfältig zu kühlen, um das Entstehen von Spannungen zu verhindern. Dann wird die Rückseite genau parabolisch geschliffen und sorgfältig poliert.

Beim Metallspiegel wird der Körper aus Messingblech gezogen; nur in seltenen Fällen wird für minderwertige Ausführung Eisenblech verwendet. Die Innenfläche wird fein geschliffen, sorgfältig versilbert und auf Hochglanz poliert. Früher versah man die spiegelnde Fläche in der Regel noch mit einem schützenden Lacküberzug. Ein solcher Überzug absorbiert im neuen Zustand zwar verhältnismäßig wenig Licht, dunkelt aber mit der Zeit nach und setzt dann das Reflexionsvermögen des Spiegels erheblich herab. Man verzichtet daher jetzt auf die Lackierung des Spiegels und schützt ihn durch die Konstruktion des Scheinwerfers vor Verstauben und chemischen Angriffen.

Dieser Schutz ist bei richtiger Bauart so wirksam, daß bei einem über 2 Jahre ausgedehnten Dauerversuch, während dem die Scheinwerfer Tag und Nacht auf einem Fabrikgebäude, d. h. also in ungünstiger Umgebung, im Freien waren, sich nur eine Abnahme der Leuchtwirkung um 10% ergab. Damit verliert der häufig zugunsten des Glasspiegels angeführte Punkt, daß bei ihm die Silberfläche besser geschützt sei, an Bedeutung. Allerdings muß darauf geachtet werden, daß nicht etwa durch die Glühlampen schädliche Stoffe in den Reflektorraum hineingetragen werden. Deswegen sollte zum Beispiel eine Lackierung der Glühlampen (Gelbfärbung für Nebellicht!) unterbleiben, weil aus dem Lack bei der unvermeidlichen Erhitzung schädliche Dämpfe frei werden. Man muß beim Einsetzen von neuen Lampen auch darauf achten, daß die Lampen nicht mit öligen oder stark schweißigen Fingern angefaßt werden, denn auch die bei eingeschalteten Lampen verdampfenden Öl- und Schweißspuren können Schädigungen des Metallspiegels bewirken. Das alles sind aber leicht vermeidbare Schadenursachen, und es dürfte sich nicht lohnen, deswegen den erheblich teureren Glasspiegel zu verwenden. Gegen den Metallspiegel wird auch angeführt, daß Glas sich vollkommener polieren lasse als die Silberfläche des Metallspiegels und daher die auf Glas niedergeschlagene Silberfläche besser reflektiere. Es ist richtig, daß der Metallspiegel unter starker Vergrößerung auf seiner Fläche winzige Höcker zeigt, so wie das schärfste Rasiermesser unter der Lupe schartig aussieht. Die dadurch entstehende Vergrößerung der Streuung ist aber praktisch bedeutungslos. Der Glasspiegel besitzt demgegenüber den Fehler, daß die Lichtstrahlen beim zweimaligen Durchdringen der Glasschicht einen Absorptionsverlust erleiden. Optisch mindestens gleichwertig wird dann aber der Metallspiegel dem Glasspiegel noch durch den bei ihm praktisch leicht erreichbaren größeren Öffnungswinkel, auf dessen Bedeutung wir früher schon hingewiesen haben. Insgesamt rechtfertigt jedenfalls der auf technische Gesichtspunkte gerichtete Vergleich die weitaus überwiegende Verwendung des Metallspiegels.

Die **Glühlampe** hat, wie schon zu Anfang dieses Abschnitts dargelegt wurde, einen entscheidenden Einfluß auf die Entwicklung des Scheinwerfers ausgeübt. Nur die richtig gebaute elektrische Glühlampe konnte bei geringsten Ansprüchen an die Bedienung die Anforderungen erfüllen, die an den lichtgebenden Glühkörper für Kraftfahrzeugscheinwerfer zu stellen sind. Diese Anforderungen sind:

1. große Helligkeit bei geringer Energieaufnahme,
2. geringe Ausdehnung, d. h. angenähert Punktform,
3. genügende Lebensdauer auch unter den vorliegenden rauhen Betriebsbedingungen, d. h. große Stoßfestigkeit,
4. richtige Einstellung in den Brennpunkt des Spiegels.

Zu Punkt 1 möchten wir daran erinnern, daß an sich die Ausnützung der zur Erzeugung von Licht aufgewandten Energie sehr schlecht ist und der größte Teil sich nicht in die erwünschte sichtbare, sondern in unsichtbare Strahlung umsetzt, und zwar vorwiegend in die häufig recht lästige Form von Wärme.*) Ein von der Wissenschaft vorgezeichneter Weg zur Verbesserung der Lichtausbeute in den elektrischen Glühlampen war die Erhöhung der Temperatur des Glühfadens. Diese fand bei den Kohlefadenlampen schon früh eine Grenze durch die starke Zerstäubung des Fadens, die mit wachsender Temperatur einsetzte und zu unzulässiger Verkürzung der Lebensdauer der Lampen führte. Wesentliche Verbesserungen wurden durch Einführung von schwerschmelzenden Metallen als Fadenwerkstoff erzielt. Seit 1906 ist man bei W o l f r a m stehengeblieben, das bisher die höchsten Temperaturen zuläßt. Damit ist natürlich nicht ausgeschlossen, daß die fortdauernden Arbeiten zur Verbesserung der Glühlampen noch zu anderen, besser geeigneten Stoffen führen. Durch die Einführung des Wolframs wurde zunächst erreicht, daß der Energieverbrauch, der bei

*) Näheres darüber s. u. a. bei H. Lux, Entwicklung, Stand und Aufgaben der elektrischen Beleuchtung. Elektrot. Zeitschr. 1912, Heft 49, S. 1451 ff.

der gewöhnlichen Kohlefadenlampe mehr als 3 W/HK betrug, auf wenig mehr als 1 W/HK bei der Wolframlampe mit luftleerem Glaskolben sank.

Vielleicht dürfen wir an dieser Stelle die bereits an anderer Stelle des Buches erwähnte Feststellung wiederholen, daß, anscheinend als Erste, die General Electric Co. bereits im Jahre 1907 auf Drängen von Vincent Apple ein Paar Wolfram-Glühlampen von 40 Kerzen für 6 Volt Spannung für Automobilscheinwerfer herstellte, die sich so gut bewährten, daß die Gesellschaft anschließend die fortlaufende Herstellung derartiger Lampen aufnahm.

Für unser Gebiet war es von besonderer Bedeutung, daß es mit der Zeit gelang, statt des anfänglich verwendeten Wolframfadens von feinkristallinischem Gefüge durch eine sinnreiche Verbindung von Walz-, Hammer- und Ziehverfahren einen zähen, gewissermaßen langfaserigen Faden zu gewinnen, dessen Zerreißfestigkeit etwa dreimal so groß ist wie die des besten Stahles.

In der Vakuumlampe ließen sich aber die guten Eigenschaften des Wolframs nur unvollkommen ausnützen. Trotz des hohen, etwa bei 3000° liegenden Schmelzpunkts konnte man nämlich den Faden noch nicht bis auf 2500° erhitzen, weil bei höheren Temperaturen das Wolfram stark zerstäubte. Dadurch wurde einmal sehr bald die Glashülle geschwärzt und somit die Lichtwirkung vermindert, dann natürlich auch die Lebensdauer des Fadens stark verkürzt. Diese Schwierigkeit wurde im Jahr 1913 in den g a s g e f ü l l t e n L a m p e n dadurch überwunden, daß man den Glaskolben der Lampe mit einem das Wolfram nicht angreifenden Gas von etwa $^2/_3$ Atm. Druck füllte. Durch die Erhitzung beim Brennen der Lampe stieg der Druck auf rund 1 Atm. Dadurch wurde das Zerstäuben des Fadens soweit unterdrückt, daß man auch höhere Glühtemperaturen bis etwa 2800° zulassen konnte. Damit stieg die Energieausnützung beträchtlich, und man erreicht jetzt bei geeigneten Lampentypen einen V e r b r a u c h v o n 0,5 W/HK und weniger. Dieser Fortschritt knüpft sich an die Arbeiten des Amerikaners Langmuir.

In den g a s g e f ü l l t e n L a m p e n ergibt sich zwangläufig eine unseren Zwecken r e c h t g ü n s t i g e F a d e n f o r m, d. h. Erfüllung der Forderung 2. Es kommt beim Scheinwerfer darauf an, eine große Lichtleistung einer Lichtquelle möglichst im Brennpunkt des Spiegels zusammenzufassen, d. h. der Lichtquelle eine möglichst große Leuchtdichte zu geben (s. S. 22). Dem ist bei den Kraftfahrzeug-Scheinwerfern schon die geringe Spannung von 6 oder 12 Volt günstig, denn man kommt infolgedessen bei verhältnismäßig dicken Drähten (Stoßfestigkeit!) zu kleinen Längen. In den nur luftleeren Lampen kam man aber trotzdem in dem Bestreben, den Faden möglichst gut in den Brennpunkt des Spiegels zu bringen, zu ziemlich umständlichen Gebilden (Bild 344 a, b). In den gasgefüllten Lampen verbot sich diese Form von selbst.

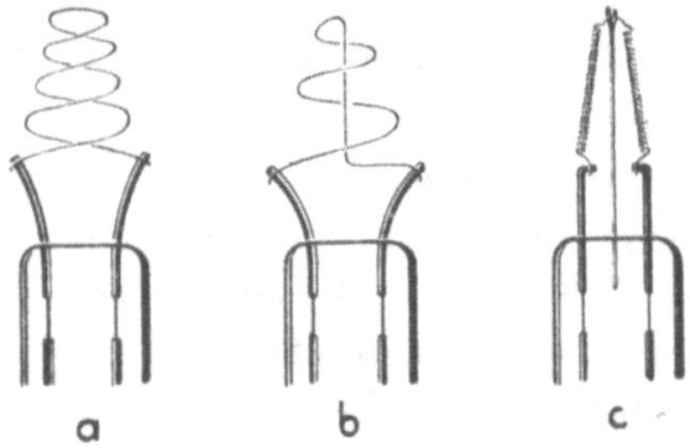

Bild 344. Fadenformen für luftleere (a u. b) und gasgefüllte (c) Scheinwerfer-Glühlampen

Die Gasfüllung gestattet nämlich wohl eine höhere Erhitzung des Fadens und gibt infolgedessen eine bessere Energieausnützung, sie führt aber andererseits auch erhebliche Wärmemengen vom Faden durch Leitung und Strömung nach außen ab, während bei der Vakuumlampe die Wärmeabgabe nur durch Strahlung erfolgen kann. So steht also dem Gewinn durch die Gasfüllung ein erheblicher Energieverlust gegenüber, den man nur dadurch einschränken kann, daß man den Faden nur an einer möglichst kleinen Oberfläche mit dem die Lampe füllenden Gas in Berührung bringt. Man wickelt daher den Faden zu einer eng gewundenen „Wendel" auf und bildet erst aus einer solchen Wendel den Leuchtkörper, bei dem die Gasfüllung praktisch nur an der äußeren Fläche Wärme abführen kann. Infolgedessen ist die bessere Energieausnützung durch die Temperaturerhöhung größer als der Verlust durch Wärmeabfuhr, und wir erhalten den oben angegebenen Gewinn.

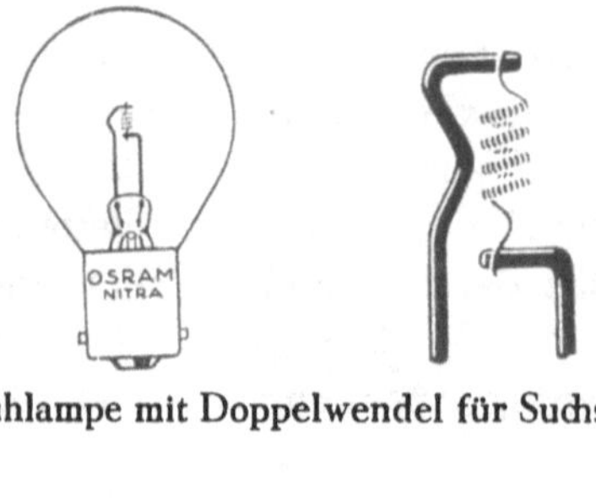

Bild 345. Glühlampe mit Doppelwendel für Suchscheinwerfer

Für die Scheinwerferlampen läßt sich eine solche Wendel nach der Art des Bildes 344 c zu einem eng geschlossenen Leuchtkörper zusammenfassen. Von der früher viel angewandten einfach gestreckten Form ist man heute fast ganz abgekommen, weil das doppelte Gebilde für die Einstellung in den Brennpunkt besser geeignet ist. Man könnte zweifellos den Leuchtkörper noch enger zusammenfassen und damit eine weitere Annäherung an die für die Scheinwerferstrahlung günstigste Punktform erzielen. Bei den Kraftfahrzeugscheinwerfern, mit Ausnahme des Suchers, ist aber eine gewisse Streuung nach den Seiten erwünscht. Deshalb wählt man das Doppelgebilde als Leuchtkörper und baut die Lampe so in den Scheinwerfer ein, daß die durch die Achsen der beiden Wendeln gegebene Ebene parallel zur Fahrstraße

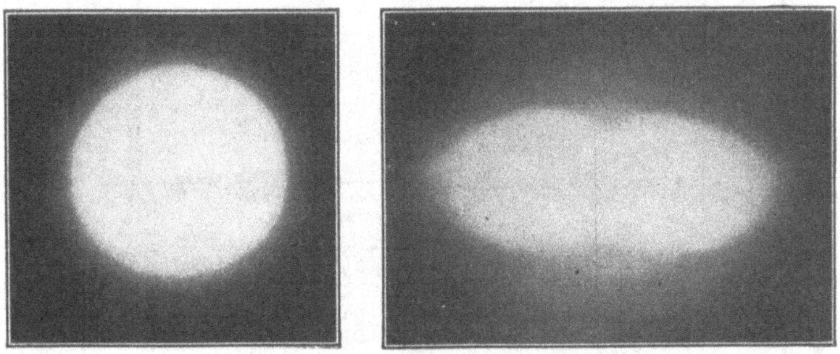

Bild 346. Querschnitt des von einem Parabolspiegel ausgestrahlten Lichtbündels

a) bei punktförmiger Lichtquelle im Brennpunkt
b) bei gestrecktem, durch den Brennpunkt gehenden Glühkörper

liegt. Beim Sucher will man dagegen ein möglichst wenig streuendes Strahlenbündel. Deshalb hat zum Beispiel die Osram-Gesellschaft besondere Sucherlampen herausgebracht, bei denen nach Bild 345 der Glühkörper als Doppelwendel besonders eng zusammengefaßt ist.

Bild 346 erläutert den Einfluß der Fadenform auf die Gestalt des ausgestrahlten Lichtbündels. Der fast kreisförmige Querschnitt wurde mit einer nahezu punktförmigen Lichtquelle im Brennpunkt eines Parabolspiegels und der breitgezogene Querschnitt mit einem quer zur Spiegelachse, aber auch durch den Brennpunkt gehenden Glühkörper erzeugt.

Ausschließlich vom Leuchtkörper hängt schließlich die Lebensdauer der Lampe ab. Den Einfluß der Glühtemperatur haben wir oben bereits besprochen. Die Zerstäubung des Fadens kann durch Gasfüllung natürlich nur bis zu einem gewissen Grade eingeschränkt werden. Steigt die Glühtemperatur zum Beispiel durch Spannungssteigerung, so ergibt sich nach Bild 347*) zwar eine Steigerung der ausgestrahlten Lichtstärke, zugleich aber eine außerordentliche Verkürzung der Lebensdauer des Fadens.

Die mechanische Festigkeit des Fadens entspricht bei zeitgemäßen Lampen allen billigen Ansprüchen. Man ist durch systematische Arbeit jetzt so weit gekommen, daß eine Stütze, die man früher zwischen den beiden Hälften des Fadengebildes nach Bild 344c

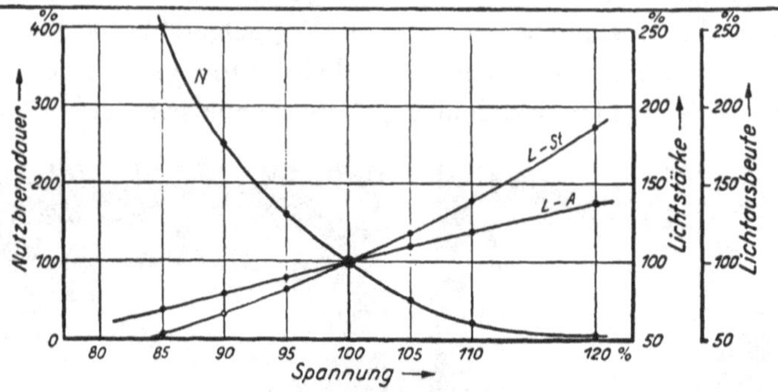

Spannung %	Lichtstärke etwa %	Nutz-Brenndauer etwa %	Lichtausbeute Lumen/Watt etwa %
85	52	400	68
90	70	250	78
95	83	160	89
100	100	100	100
105	118	50	109
110	138	20	118
120	185	6	137

Osram 1925	Das Leben der Glühlampe Einfluß von Spannungsschwankungen auf Lichtleistung u. Lebensdauer	TWL 3613

Bild 347

angreifen ließ, entbehrt werden kann. Allerdings ist bei der Konstruktion der Lampe darauf zu achten, daß die frei im Innern des Glaskolbens stehenden Zuführungsdrähte möglichst kurz gewählt werden, damit zerstörend wirkende Schwingungen, die am Kraftfahrzeug leicht eintreten können, möglichst vermieden werden. Bezeichnend ist, daß an einem Fahrzeugtyp, bei dem das elektrische Horn an der Scheinwerferstütze befestigt war, eine überraschend häufige Zerstörung der Glühfäden eintrat. Es zeigte sich, daß die im

*) Aus: Die Bedeutung der Spannung und ihrer Schwankungen für das Leben der elektr. Glühlampe. Von Dr. W. Köhler. Osram-Lichtheft B 9.

Horn erzeugten, verhältnismäßig schnellen Schwingungen sich auf das Fadengebilde in der Glühlampe übertrugen und den Faden in kurzer Zeit zerstörten.

Von Bedeutung für ein einwandfreies Arbeiten der Glühlampe ist nach dem Fadengebilde auch der Sockel der Lampe. Dieser soll ermöglichen, daß die Lampe einfach und sicher in dem Reflektor befestigt werden kann, daß der Faden ohne besondere Einstellung möglichst genau in den Brennpunkt kommt, und schließlich, daß selbsttätig einwandfreie elektrische Verbindungen hergestellt werden. Diese Ziele können nur durch einen Sockel mit Bajonettbefestigung erreicht werden, weil bei diesem durch die Stifte die Lage der Lampe genau und unveränderlich bestimmt ist. Ein Gewindesockel wäre nicht nur weniger

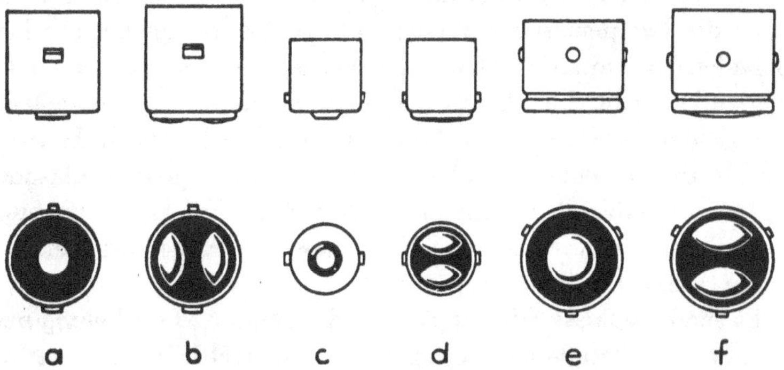

Bild 348. Sockelformen für Scheinwerfer-Glühlampen

a deutsche Einfadenlampe
b „ Zweifadenlampe
c amerikanische Einfadenlampe
d amerikanische Zweifadenlampe
e französische Einfadenlampe
f „ Zweifadenlampe

genau, sondern würde die Lampe bei den Erschütterungen des fahrenden Kraftfahrzeugs auch nicht sicher festhalten.

Leider besteht in bezug auf die Ausführung der Sockel keine internationale Einheitlichkeit. Bei uns in Deutschland sind die Sockel nach Bild 348 a und b genormt. Die in die Einschnitte der Fassung eingreifenden Stifte sind hier einfach durch Ausbiegen von zwei Lappen aus dem Metallmantel des Sockels geschaffen. Wir haben auch im Scheinwerfer das Einleiter-System. Infolgedessen haben wir bei Bild 348a nur einen vom Mantel isolierten Kontakt in der Mitte des Sockels; die Rückleitung des Stromes geht über den Sockelmantel zur Lampenfassung und weiter über den Scheinwerferkörper zur Wagenmasse. Bild 348b zeigt den Sockel einer Zweifadenlampe (Biluxlampe), auf die wir später bei der Besprechung der Abblendung zurückkommen werden. Dieser Sockel hat für jeden Faden einen besonderen Kontakt. Die ausgebogenen Lappen sind verschieden breit, damit die Zweifadenlampe nicht falsch eingesetzt werden kann.

In England und Amerika verwendet man vorwiegend Sockel mit zwei besonders eingefügten Stiften (Bild 348 c und d) und in Frankreich solche mit drei besonders eingesetzten Stiften (Bild 348 e und f).

Besonders wichtig ist, daß der Glühfaden bei der Einsockelung der Lampe eine solche Lage zu den Sockelstiften erhält, daß er beim Einstecken der Lampe in die Lampenfassung ohne weiteres in den Brennpunkt des Reflektors kommt. Früher begnügte man sich mit einer verhältnismäßig geringen Annäherung an diese Lage – zum Teil auch heute noch – und versah den Scheinwerfer mit einer sogenannten Fokussiereinrichtung, durch die nach Einsetzen einer neuen Lampe die Lampenfassung verstellt wurde, bis die erwünschte Lage des Fadens erreicht war. Heute hat man dieses Verfahren aber fast völlig verlassen, weil der Laie, der später die Scheinwerfer zu bedienen hatte, in den meisten Fällen die Einstellung der Lampe nicht richtig besorgte, und verlangt die oben gekennzeichnete genaue Einsockelung. In Deutschland werden Scheinwerfer mit Fokussiereinrichtung durch die zu erwartende neue Verordnung wahrscheinlich verboten werden (s. S. 101).

Es macht gewisse Schwierigkeiten, die genaue Einsockelung beim Einkitten des Glaskolbens in den Sockel zu erreichen, denn der Kitt bleibt ziemlich lange weich. Diese Schwierigkeiten sind aber überwunden worden, und man kann heute überall richtig gesockelte Lampen kaufen. Interessant ist das Sockelungsverfahren, das die französische Firma Levy & Monnier bei ihren Yvel-Norma-Lampen anwendet. Darnach wird die Lampe in einen kugelförmigen Hilfssockel (C in Bild 349)*) eingekittet. Dieser Hilfssockel paßt mit leichter Reibung in den eigentlichen Sockel B. Die Lampe kann infolgedessen mit Hilfe einer optischen Vorrichtung leicht so in den Sockel B eingepaßt werden, daß der Faden nicht nur die richtige „Brennhöhe" h, das heißt die richtige senkrechte Entfernung von der Ebene der Bajonettstifte erhält, sondern auch genau in der Sockelachse a-b steht. In dieser Stellung werden dann Hilfssockel und Hauptsockel durch Verlöten, das sich durch Löcher im Mantel des Hauptsockels leicht und zuverlässig ausführen läßt, festgehalten.

Die Bedeutung der richtigen Einstellung des Glühkörpers in den Brennpunkt der Lampe oder im weiteren Sinne die Wichtigkeit des

*) „Omnia", März 1927, Nr. 82, S. 854.

genauen Einsockelns der Lampen wird durch Bild 350 näher erläutert. Das Bild zeigt in groben Zügen die Veränderung des Lichtbündels aus einem Parabolspiegel, wenn die der Einfachheit halber als punktförmig angenommene Lichtquelle aus dem Brennpunkt des Spiegels rückt. Bei im Brennpunkt stehender Lichtquelle haben wir nach Bild 350 a einen kreisförmigen Querschnitt des Lichtbündels. Rückt der Glühkörper über den Brennpunkt, so wird das Lichtbündel in senkrechter Richtung, und zwar vorwiegend nach unten, auseinandergezogen (Bild 350 b). Senken wir andererseits die Lichtquelle unter den Brennpunkt, so wird das Lichtbündel vorwiegend nach oben auseinandergezogen. Wir erhalten damit zugleich Anhaltspunkte für die Veränderung des Lichtbündels bei nicht punktförmiger, durch den Brennpunkt gehender Lichtquelle, wie sie u. a. in Bild 347 dargestellt ist.

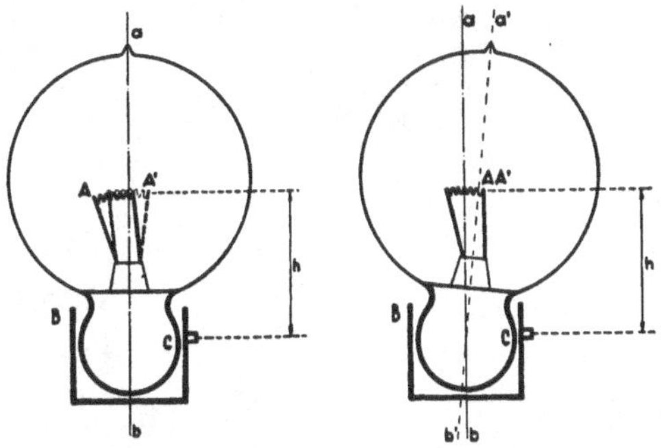

Bild 349. Sockelung der Norma-Lampe von Levy-Monnier

Verschiebt man nun den Leuchtkörper aus dem Brennpunkt in wagrechter Richtung vom Spiegel fort, so ergibt sich nach Bild 350 d in der Nähe des Spiegels ein Kern erhöhter Helligkeit im Lichtbündel, dem aber in größerer Entfernung ein dunkler Kern (schraffiert) folgt. Bei Verschiebung der Lichtquelle aus dem Brennpunkt nach dem Spiegel zu bildet sich von vornherein ein dunkler Kern im Lichtbündel aus (Bild 350 e). Da wir die Punktform des Leuchtkörpers praktisch nicht erreichen können, verrücken sich die Erscheinungen beim Versuch etwas, doch bleiben die angegebenen Merkmale, wie Bild 351 a–c *) zeigt, klar erhalten.

Wir können also nach dem eben Gesagten den vom Scheinwerfer ausgehenden Lichtkegel durch geeignete Form des Glühkörpers und

*) Aus „Ratgeber für Autobeleuchtung mit Osram-Autolampen" der Osram G. m. b. H., Kommanditgesellschaft, Berlin.

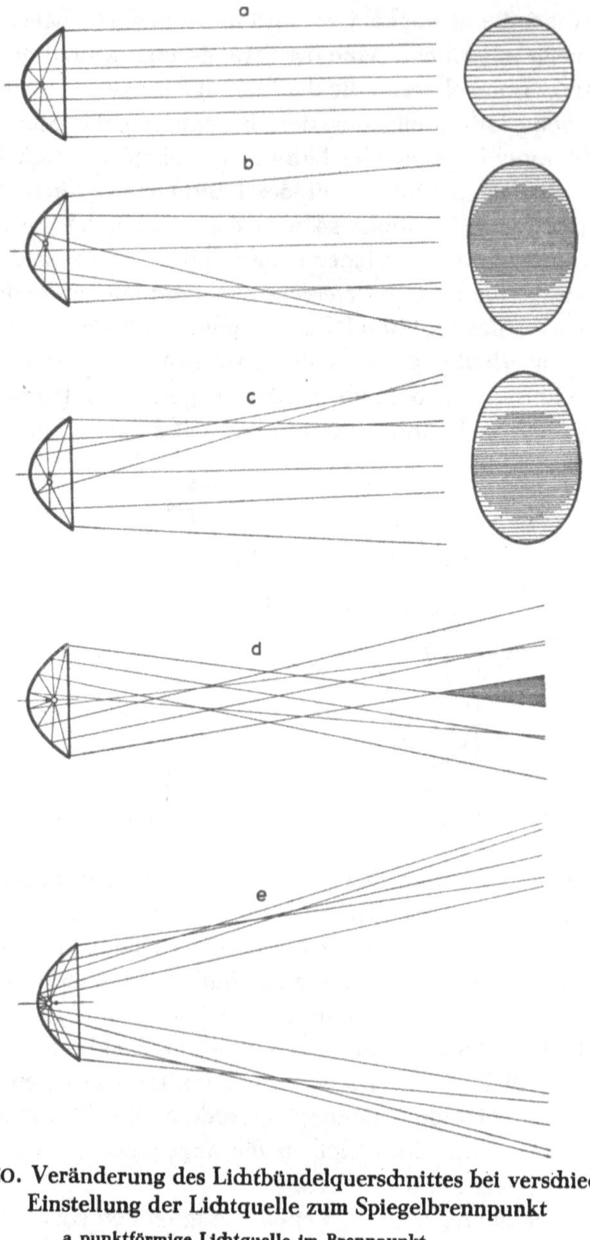

Bild 350. Veränderung des Lichtbündelquerschnittes bei verschiedener Einstellung der Lichtquelle zum Spiegelbrennpunkt

a punktförmige Lichtquelle im Brennpunkt
b „ „ über dem Brennpunkt
c „ „ unter dem „
d „ „ vor dem „
e „ „ hinter dem „

durch seine Lage zum Brennpunkt in zweckmäßiger Weise verändern. Diese Maßnahmen genügen aber nicht, um eine gute Beleuchtung der Fahrstraße zu erzielen. Ein Beispiel dafür ist Bild 325. Eine beschränkte Verbesserung des Lichtes wird durch leichtes Mattieren der Lampe erhalten. Dadurch wird eine größere Streuung des vom Scheinwerfer

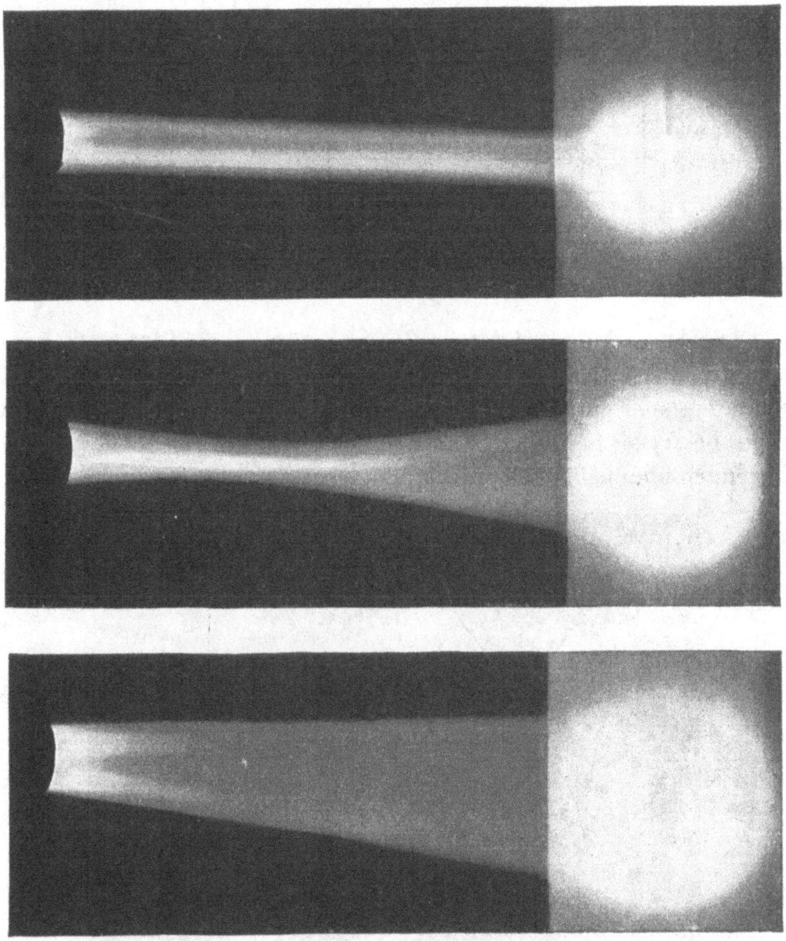

Bild 351. Scheinwerferlichtbündel, wenn der Glühfaden a) im, b) vor dem, c) hinter dem Brennpunkt steht

ausgesandten Lichtes herbeigeführt, weil die mattierte Glashülle bis zu einem gewissen Grade neben dem Glühfaden als leuchtender Körper wirkt. Die dadurch bewirkte Änderung der Lichtausstrahlung ist in Bild 352 durch Schaulinien veranschaulicht. Man erkennt, daß durch die Mattierung die Fernwirkung in der Mitte abnimmt, während sich die seitliche Wirkung des Scheinwerfers verbessert. Die Mattierung der Lampen erfolgt durch Ätzen oder durch Sandstrahlen.

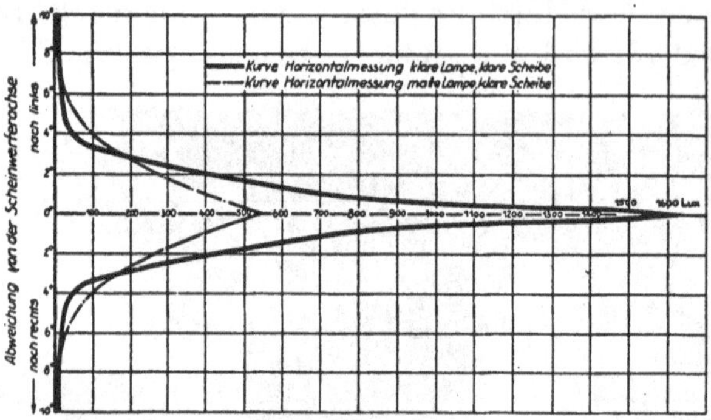

Bild 352. Horizontalmessung eines Scheinwerfers nach Bild 333

Die Auswirkung auf der Straße ergibt sich aus Bild 353 im Gegensatz zu Bild 325. Die Fernwirkung ist trotz des Rückgangs der Beleuchtung sehr gut, ja, man sieht den in der Ferne stehenden Wagen sogar besser als in Bild 325, weil die Blendung durch den auf der Straße liegenden übermäßig hellen Lichtfleck wegfällt.

Bild 353. Leuchtwirkung von Scheinwerfern mit mattierter Lampe, parabolischem Spiegel und klarer Scheibe (noch brauchbare Streuung. Vgl. Bilder 325 u. 326)

Die seitliche Lichtverteilung ist erheblich besser geworden, so daß die abzweigenden Wege besser zu erkennen sind. Auch vor dem Wagen ist die Beleuchtung verbessert, wenn auch noch nicht die vorzügliche

Lichtverteilung nach Bild 326 erzielt ist. Auf die darin zutage tretende Wirkung der Streuscheibe werden wir gleich zurückkommen.

Neben den bisher besprochenen Hauptlampen werden in den Scheinwerfern vielfach noch Hilfslampen von geringer Leuchtwirkung für die sogenannte „Standbeleuchtung" verwendet. Diese Lampen sitzen meist neben den Hauptlampen in der Nähe des Scheitels im Scheinwerferspiegel oder auch bei gewissen Bauarten am Rande des Spiegels. Für diese Standbeleuchtung werden also die Eigenschaften des Spiegels nur in geringem Maße in Anspruch genommen. Die Hilfslampen haben in der Regel Röhrenform (Bild 354a und b) oder auch Kugelform (Bild 354c). Sie sind nicht mit Gas gefüllt, sondern luftleer.

Wie wir schon durch die Bilder 353 und 325 gezeigt haben, kann eine vollbefriedigende Beleuchtung der Fahrstraße durch geeignete Ausbildung von Spiegel und Lampe allein nicht erzielt werden. Es

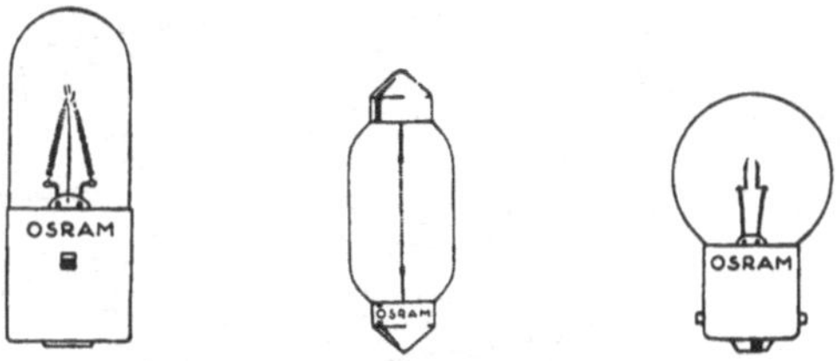

a b c

Bild 354. Hilfslampen für Scheinwerfer

muß vielmehr die durch Bild 326 erläuterte Wirkung einer richtig ausgebildeten Scheinwerfer-Abschlußscheibe hinzukommen. Bei klarer Scheibe und klarer Lampe und auch noch bei klarer Scheibe und matter Lampe sind die Lichtstrahlen zu sehr in die Ferne gerichtet und nicht genügend über die Fahrstraße verteilt. Besonders das unmittelbare Vorfeld des Wagens ist verhältnismäßig dunkel. Weit bessere Ergebnisse erzielt man, wenn man die Abschlußscheibe des Scheinwerfers als Streuglas ausbildet.

Die Streuwirkung kann durch auf der Scheibe angebrachte oder in sie eingeschliffene (eingepreßte) Prismen und Zerstreuungslinsen (Konkavlinsen) erreicht werden. Das Grundsätzliche über die Ablenkung von Lichtstrahlen durch Prismen und über die Zerstreuung durch Konkavlinsen ist so bekannt, daß eine nähere Erläuterung sich hier erübrigt. Zur Vereinfachung unserer Betrachtungen nehmen wir an, daß die vom Scheinwerferspiegel ausgehenden Lichtstrahlen parallel auf das Streuglas fallen, auch lassen wir die unmittelbar von der Lichtquelle kommenden Strahlen unberücksichtigt. Bei der Verwendung von Prismen treten dann die parallel in eine brechende Fläche eintretenden Lichtstrahlen wieder parallel unter einem bestimmten Winkel gegenüber der Eintrittsrichtung aus der Streuscheibe aus, während bei Verwendung von Streulinsen die parallel in eine Linsenfläche eintretenden Lichtstrahlen fortlaufend über einen bestimmten Winkel nach beiden Seiten von der Eintrittsrichtung verstreut wieder austreten. Infolgedessen läßt sich mit Linsen leichter ein gleichmäßig verteiltes, streifenfreies Licht erzielen als mit Prismen.

Bild 355 zeigt einen grundsätzlichen Aufbau einer mit Prismen versehenen Streuscheibe in einem Horizontalschnitt durch

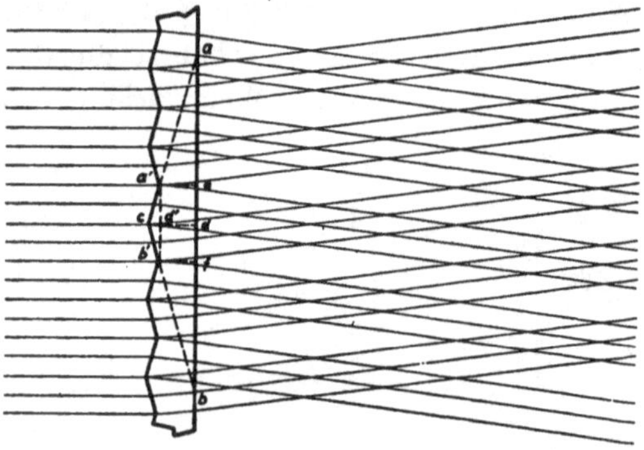

Bild 355. Grundsätzlicher Aufbau einer mit Prismen versehenen Streuscheibe (Horizontalschnitt)

die Scheibe. Wir können uns eine solche Scheibe aus Teilen (a′ c d e und b′ c d f) von vollständigen Prismen (a c d und b c d) aufgebaut denken oder auch annehmen, daß auf eine planparallele Scheibe kleine Prismen (a′ c d′ und b′ c d′) gelegt sind. Wie das Bild zeigt, werden die in eine solche Scheibe eintretenden parallelen Strahlen in eine der Zahl der brechenden Flächen entsprechende Zahl von einander kreuzenden Bündeln paralleler Strahlen zerlegt. Bei den auf Kanten treffenden Strahlen ist in der Darstellung angenommen, daß an jeder Kante zwei einander sehr naheliegende Strahlen auffallen, von denen der eine durch die eine Fläche, der andere durch die andere Fläche gebrochen wird, so daß also nach dem Austritt aus der Scheibe die beiden Strahlen verschiedenen Bündeln angehören. Der Grad der Ablenkung der Strahlen ist außer von der Beschaffenheit des Glases noch von der Neigung der Prismenflächen abhängig.

Den Aufbau einer Streuscheibe aus Konkavlinsen zeigt der Horizontalschnitt Bild 356. Wir können uns eine solche Scheibe aus stabförmigen Plankonkavlinsen (Zylinderlinsen) [a b c d] gebildet denken, von denen jede das auf sie auftreffende Parallelstrahlenbündel fächerförmig auseinanderstreut. Die Streuung ist – abgesehen von dem Einfluß der optischen Eigenschaften des Glases – um so stärker, je stärker die Konkavseite der Linsen gekrümmt ist.

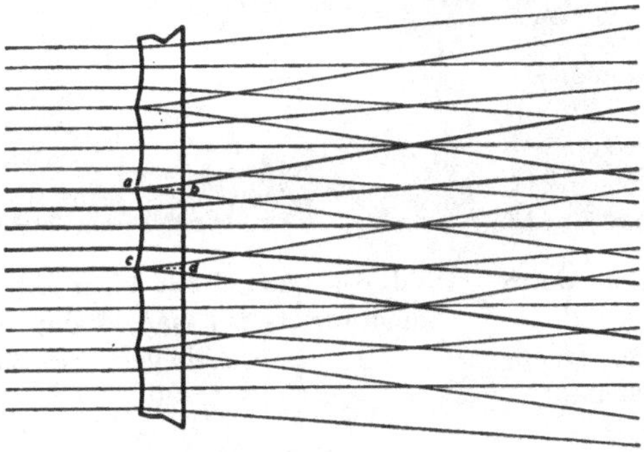

Bild 356. Grundsätzlicher Aufbau einer Streuscheibe aus Konkavlinsen (Horizontalschnitt)

In Bild 357 zeigen wir noch eine Prismenform, die weniger für die Seitenstreuung als für die Ablenkung der Lichtstrahlen nach unten geeignet ist. Für diesen Fall wäre also das Bild als Vertikalschnitt durch eine Scheibe aufzufassen.

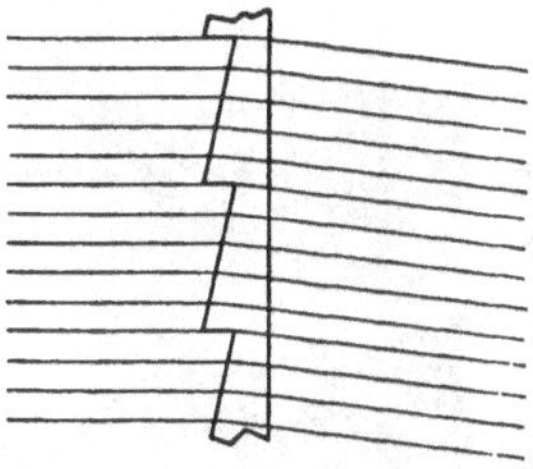

Bild 357. Streuscheibe mit Prismen für die Ablenkung der Lichtstrahlen nach unten (Vertikalschnitt)

Die in den drei Bildern wiedergegebenen Grundformen werden in der Praxis in der verschiedenartigsten Weise ausgestaltet. Um eine geeignete Lichtverteilung zu erzielen, werden zum Beispiel Linsen und Prismen nebeneinander verwendet, wobei vielfach die gleichartigen Elemente unter sich auch noch wieder verschieden gestaltet sind. Die richtige Ausbildung der Streuscheibe gehört jedenfalls zu den schwierigeren Aufgaben des Scheinwerferbaues und erfordert sorgfältige Arbeit sowie umfangreiche Erfahrungen auf diesem Gebiete. Man findet daher neben wenigen guten Erzeugnissen sehr viel Mangelhaftes und ausgesprochen Schlechtes auf dem Markt. Bei manchen Scheiben liegt

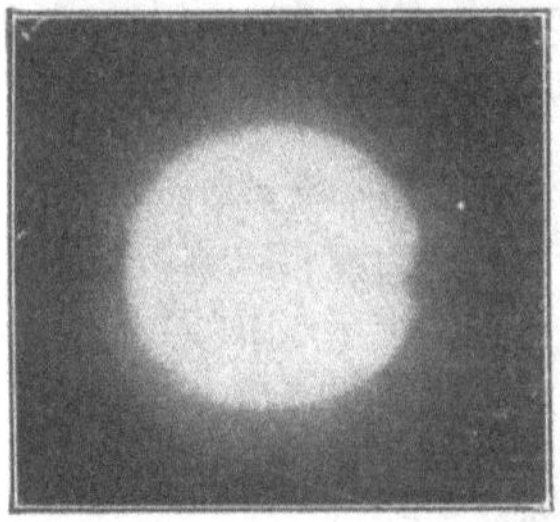

Bild 358. Querschnitt durch das Lichtbündel eines Scheinwerfers mit klarer Lampe und klarer Scheibe

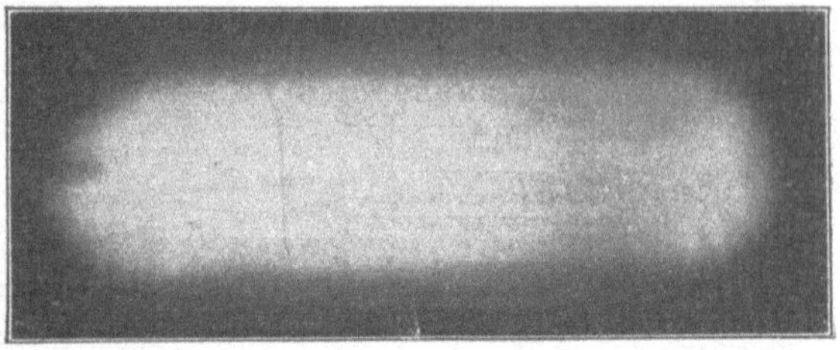

Bild. 359. Querschnitt durch das Lichtbündel eines Scheinwerfers mit klarer Lampe und sogenannter „Riffelscheibe" nach Bild 356

für den Kundigen die Vermutung nahe, daß bei ihrer Ausbildung der Hersteller sich weniger von optischen Gesichtspunkten als von dem Bestreben leiten ließ, sein Erzeugnis äußerlich einer bewährten Scheibe ähnlich zu machen.

Die praktische Wirkung der Streuscheiben sowie einige Beispiele für ihre Ausgestaltung zeigen die nächsten Bilder. Bild 358 und 359 zeigen zunächst den Einfluß einer nach Bild 356 aufgebauten

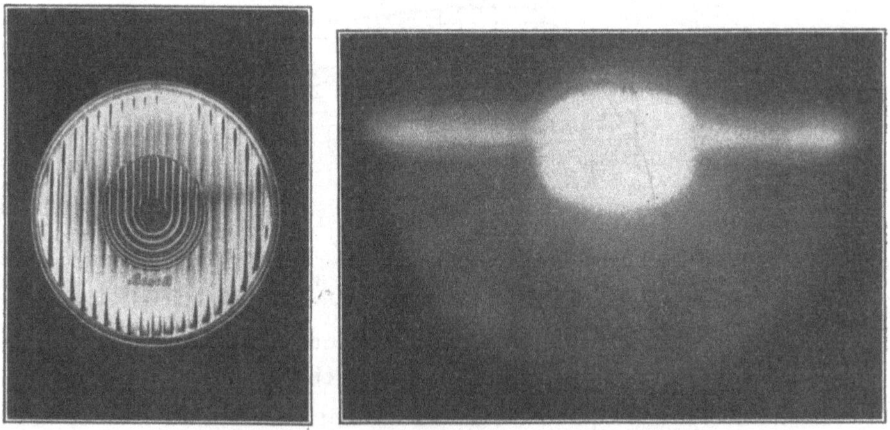

Bild 360. Streuscheibe der Robert Bosch A.-G. und ihre Wirkung auf den Querschnitt des Lichtbündels

einfachen „Riffelscheibe" im Gegensatz zur glatten Scheibe. In beiden Fällen wurde eine klare Lampe verwendet. Man erhält mit der einfachen Riffelscheibe zwar reichlich Seitenlicht zum Kurvenfahren usw., das Bodenlicht vor dem Wagen bleibt jedoch unbefriedigend. Diesen

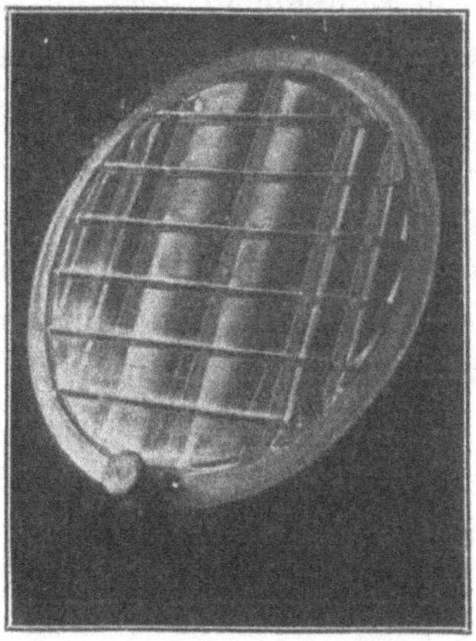

a

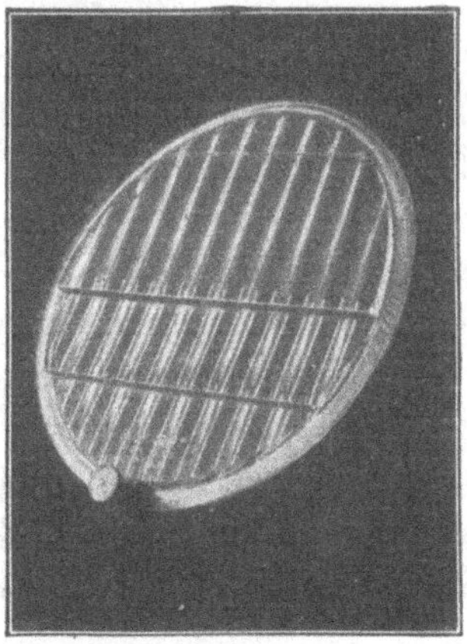

b

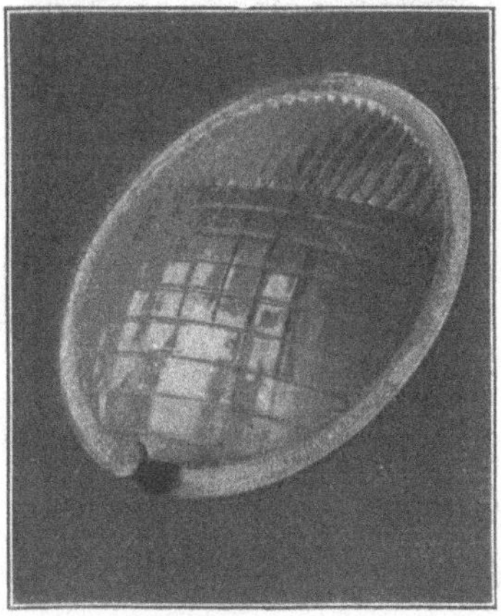

c

Bild 361. Amerikanische Streuscheiben

Mangel behebt die Scheibe nach Bild 360. Das Lichtbündel wird stark in die Breite gezogen, hat aber zugleich einen kräftigen Kern für die Fernwirkung und reichlich nach unten gestreute Strahlen für die Beleuchtung des Vorfeldes vor dem Wagen. Die Wirkung wird erzielt durch die eigenartige Ausgestaltung der Mitte der im übrigen nach

Bild 356 aufgebauten Scheibe. Die mit derartigen Scheiben erzielte günstige Lichtverteilung zeigt Bild 326.

Einige kennzeichnende weitere Beispiele für die Ausnützung der in den Bildern 355–357 wiedergegebenen Grundsätze bietet Bild 361. Die in den Teilbildern a und b dargestellten Scheiben zeigen die Anwendungen von Bild 356 und 357, während im Teilbilde auf dem oberen Teil der Scheibe außerdem noch Prismen nach Bild 355 angebracht sind.

Die bisher gezeigten Beispiele geben Scheiben wieder, die durch Pressen erzeugt werden. Die Glas-Preßverfahren sind heute zu solcher Vollkommenheit durchgebildet worden, daß die damit erzeugten Scheiben bei geringem Preis den an sie in bezug auf optische Wirkung und Aussehen zu stellenden Ansprüchen genügen. Für ausgesprochen auf Eleganz abgestimmte Fahrzeuge stehen neben den Preßglasscheiben aber auch geschliffene Scheiben zur Verfügung, für die in Bild 362 ein bekanntes deutsches Erzeugnis als Beispiel dienen möge. Bei diesem werden durch Einschleifen von Rillen Konkavlinsen und Prismen erzeugt.

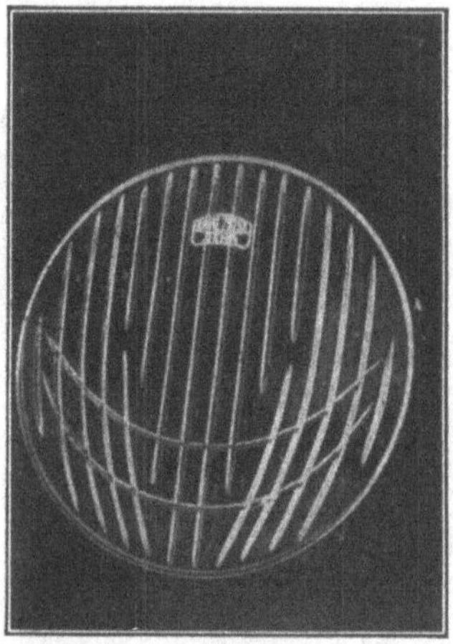

Bild 362. Streuscheibe der Firma Carl Zeiß, Jena

Eine genaue Beurteilung des Einflusses der verschiedenen Streumittel ist selbstverständlich nur im Anschluß an planmäßige Messungen nach den früher geschilderten Verfahren möglich. Wir geben die Ergebnisse derartiger Messungen in Bild 363 wieder. Als Streuscheibe diente eine Scheibe nach Bild 360. Wie Bild 363 zeigt, wird durch die Streuscheibe die Bodenhelligkeit nach dem Rande der Fahrbahn zu außerordentlich gesteigert. Während zum Beispiel bei klarer Lampe und klarer Scheibe der Boden in 100 m Entfernung bis auf 5 m seitlich der Scheinwerferachse mit mindestens 1 Lux beleuchtet wird, haben wir bei matter Lampe und klarer Scheibe die gleiche Beleuchtungsstärke in derselben Entfernung noch bei 6,5 m seitlich der Schein-

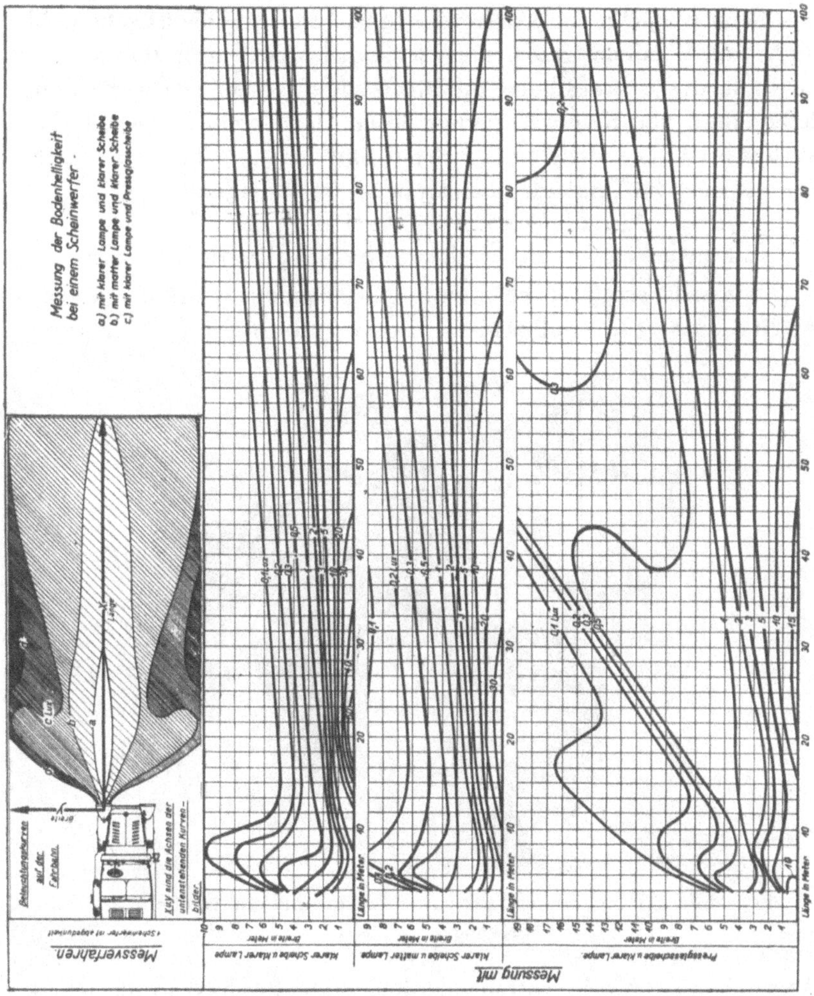

Bild 363

werferachse und bei klarer Lampe und Streuscheibe sogar noch bei annähernd 10 m. Betrachten wir weiter zur Kennzeichnung der Vorfeldbeleuchtung die Verhältnisse 10 m vor dem Wagen, so finden wir in den oben angezogenen Fällen eine Beleuchtung mit mindestens 0,2 Lux bis auf 5; 7,5 und 9 m seitlich der Scheinwerferachse. Selbstverständlich geht die Fernwirkung des Scheinwerfers bei Verwendung einer Streuscheibe rein zahlenmäßig betrachtet zurück. Ein Nachteil entsteht dadurch aber nicht, weil durch die gleichmäßige Lichtverteilung das Sehvermögen des Auges gefördert und nicht mehr durch einzelne hervorstechende Lichtflecke gestört wird.

Beim Vergleich von klarer Scheibe und Streuscheibe ist sehr wohl zu beachten, daß der gesamte aus dem Scheinwerfer austretende Lichtstrom durch die Streuscheibe nur unwesentlich vermindert wird. Z. B. haben Born und Knauer*) nachgewiesen, daß der tatsächliche Lichtverlust bei Verwendung einer Streuscheibe nur 3,5 % beträgt. Dieser Verlust spielt im Vergleich zu anderen Beeinflussungen keine Rolle.

C. Der mechanische Aufbau des Scheinwerfers, Einbau.

Neben der sorgfältigen Durcharbeitung der optisch wirksamen Teile ist eine auch rauhen Betrieben gewachsene mechanische

Bild 364. Scheinwerfer mit parabolischem und mit trommelförmigem Gehäuse

Ausführung von hervorragender Bedeutung für die Leistungsfähigkeit des Scheinwerfers. Auf die in dieser Beziehung zu beachtenden Gesichtspunkte haben wir früher (S. 20) schon kurz hingewiesen.

*) Dr. F. Born und Dr. H. Knauer, Über die Lichtabsorption geriffelter Abschlußscheiben in Autoscheinwerfern. Automobiltechnische Zeitschrift 1930, Heft 8, S. 203.

Das Scheinwerfergehäuse ist meist aus 0,8–1 mm starkem Eisenblech gezogen. Das Formgebungsverfahren verlangt schon ein Blech von guten Festigkeitseigenschaften (Tiefziehblech), das damit zugleich den Ansprüchen des Fahrbetriebs genügt. Nur in geringem Umfange wird heute noch Messingblech als Gehäuse-Werkstoff benützt. Vereinzelt hat man versucht, das Gehäuse in einem Stück mit dem gleich zu besprechenden sogenannten „Fuß" durch Spritzguß herzustellen. In der Form ist das Gehäuse entweder dem Reflektorparaboloid angepaßt oder als Trommel ausgebildet (Bild 364). Gelegentlich wird auch der Reflektor selbst als Gehäuse benützt (Bild 365). Diese Bau-

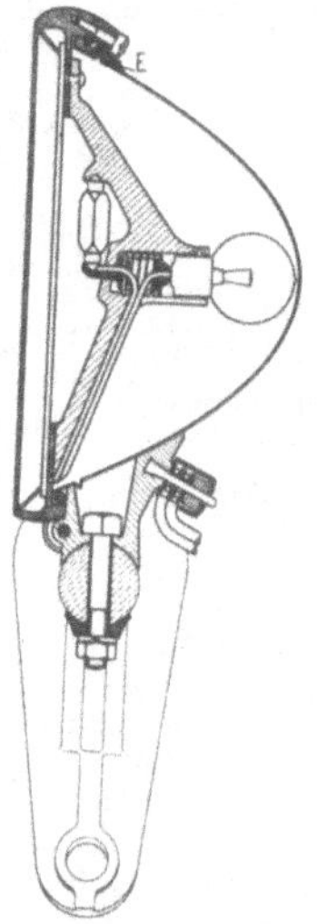

Bild 365. Scheinwerfer mit als Gehäuse benutztem Reflektor

art führt dann aber zu einer umständlichen Lampenbefestigung; auch darf der Fuß nicht unmittelbar am Reflektor angebracht werden, sondern an einem besonderen Ring (E), der den ganzen Reflektor am Rande umfaßt. Würde man die Befestigungsvorrichtung unmittelbar am Reflektor anbringen, so könnte dieser sich im Betrieb verformen.

Bei der Besprechung der optischen Eigenschaften des Spiegels haben wir schon darauf hingewiesen, daß bei dem meist verwendeten Metallspiegel der Schutz der spiegelnden Fläche sehr wichtig ist. Durch diesen Gesichtspunkt wird daher auch vorwiegend der Einbau des Spiegels in das Gehäuse bestimmt. Man verbindet nämlich im sogenannten Deckelring Spiegel und Glasscheibe unter Zwischenlage von dichtenden Mitteln so, daß ein Eindringen von Staub, Wasser und dergleichen von vornherein unmöglich ist. Früher wurde häufig ein geeigneter Kitt als Dichtung benützt. Man kittete zum Beispiel die Glasscheibe in den Reflektorrand und setzte dann beide in den Deckelring ein. Heute wird in der Regel ein Gummiring von U-förmigem Querschnitt um den Rand der Glasscheibe gelegt und dann Glasscheibe und Reflektor durch Einzelfedern oder einen Federring gegen den Rand des Deckelrings gepreßt. Dadurch wird eine vollkommene Abdichtung erzielt (Bild 366). Dem Sinne dieser Abdichtung würde es wider-

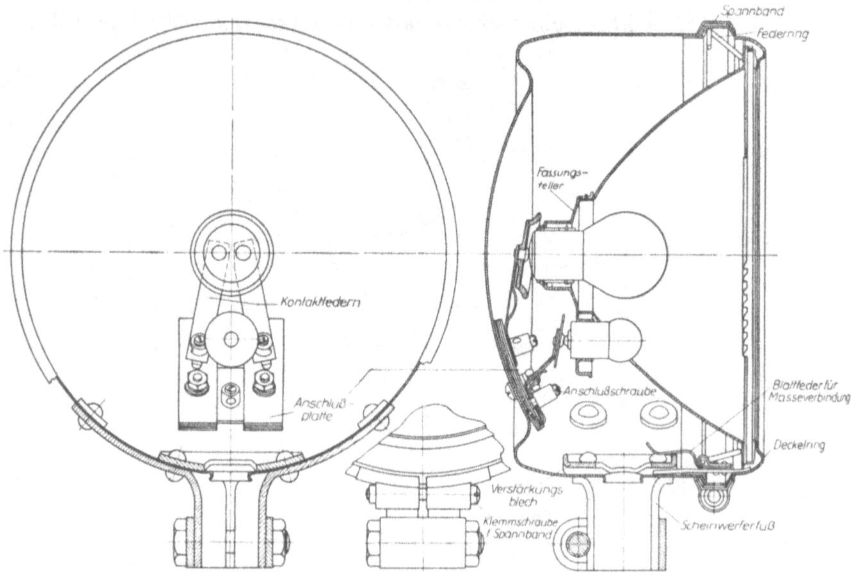

Bild 366. Grundsätzlicher Aufbau des Bosch-Scheinwerfers

sprechen, wenn zum Auswechseln der Glühlampe der Spiegel aus dem Deckelring gelöst werden müßte. Man versieht vielmehr den Spiegel am Scheitel mit einer Öffnung, die so groß ist, daß die Glühlampe von hinten her in den Spiegel eingeführt werden kann. Die Lampenfassung wird dann in einem Fassungsteller (Bild 322 und 366) angebracht, der auf den Spiegel gesteckt wird und mit einer kleinen spiegelnden Zone den großen Spiegel ergänzt. Bei einem weitverbreiteten deutschen Erzeugnis trägt der Fassungsteller außer der Fassung für die Hauptlampe auch noch die Fassung für eine außerhalb des Spiegelbrennpunkts anzuordnende Nebenlampe (Standlampe).*) Dadurch wird die Unterbringung dieser Lampe wesentlich vereinfacht.

*) DRP. 353 133.

Auf den Vorteil, daß der Metallspiegel auch beim Einsetzen einer neuen Glühlampe geschützt ist, verzichtet man bei der Konstruktion nach Bild 367. Hier ist der Spiegel an einen Blechring geschraubt, der durch ausgebogene Lappen im Scheinwerfergehäuse festgehalten wird. Der Deckelring mit der Glasscheibe wird unter Einlage von Stoffdichtungen gegen den Spiegelrand gepreßt. Die Lampenfassung wird bei derartigen Konstruktionen vielfach fest im Scheitel des Spiegels angebracht. In Bild 367 ist sie aber am Scheinwerfergehäuse befestigt und nur am vorderen Ende gleitend im Scheitel des Spiegels gelagert. Da-

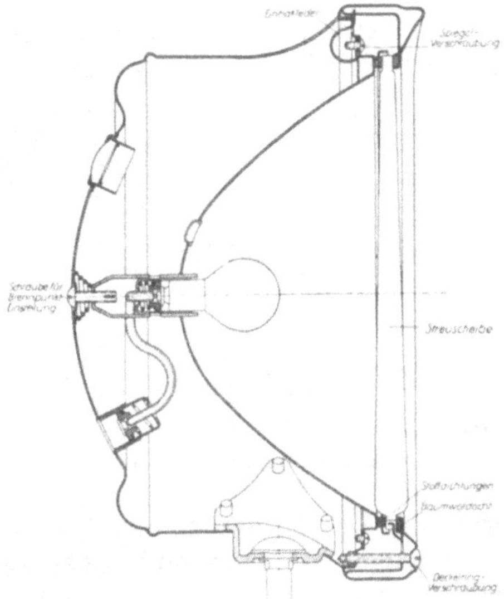

Bild 367. Grundsätzlicher Aufbau eines amerikanischen Scheinwerfers

mit ist in einfacher Weise durch Drehen der Befestigungsschraube ein Verschieben in Richtung der Scheinwerferachse, d. h. ein Einstellen des Glühfadens in den Brennpunkt der Lampe ermöglicht. Über den Wert solcher Einstellvorrichtungen haben wir schon auf Seite 48 gesprochen. In Deutschland sind sie verboten. In dem Beispiel Bild 367 ist übrigens dem Fahrer noch die Möglichkeit gegeben, vom Sitz aus festzustellen, ob die Scheinwerferlampe noch leuchtet. Es ist nämlich über der Lampe im Spiegel und entsprechend im Gehäuse ein durch ein farbiges Glas verschlossenes Fenster angebracht. Praktisch ist diese Vorrichtung bedeutungslos.

Etwas besser als bei Bild 367 ist der Spiegel in der Bauart nach Bild 365 gegen Verletzung beim Einsetzen einer neuen Glühlampe geschützt. Hier sind die Fassungen für Haupt- und Hilfslampe mit zwei Armen am Deckelring befestigt und werden somit beim Öffnen des Scheinwerfers aus dem Spiegel entfernt. Die Vorzüge der zuerst besprochenen Bauart (Bild 366) werden damit aber nicht erreicht.

Glasspiegel werden in der Regel in einem Blechring gefaßt und vermittels dieses im Scheinwerfergehäuse festgeschraubt. Dadurch ergibt sich ein Aufbau ähnlich Bild 367. Die Grundzüge des Aufbaues sind auch aus Bild 384 zu ersehen.

Der Deckelring als wichtigstes Element des vorderen Scheinwerferabschlusses wird meist aus Blech gepreßt, selten gegossen (Aluminiumguß, Bild 365). Für die Befestigung des Ringes am Gehäuse muß als Richtschnur gelten, daß die Verbindung sehr zuverlässig, aber doch

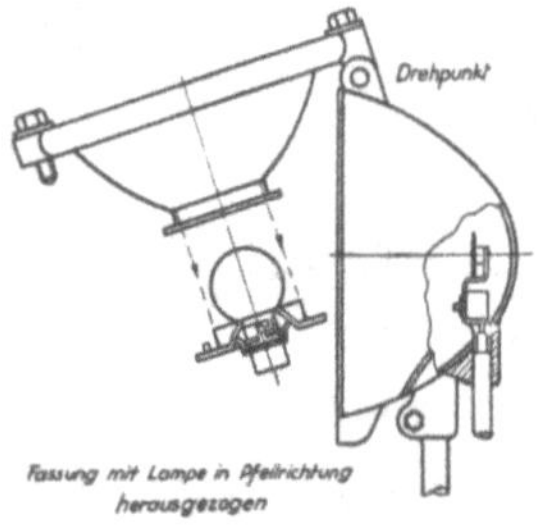

Bild 368. Scheinwerfer mit Befestigung des Deckels durch Scharnier und Schraube

leicht zu lösen sein muß. Früher wählte man in der Regel einerseits ein Scharnier und andererseits eine Schraube (Bild 368). Unter dem Einfluß der Verbilligungsbestrebungen ist man später dazu übergegangen, den Deckel oben und unten durch eine Schraube (Bild 372) oder auch oben durch Einhaken hinter einer Feder und unten durch eine Schraube zu befestigen (Bild 367). Gelegentlich findet man eine Befestigung des Deckels durch einen einfachen Bajonettverschluß. Dieser genügt aber den Beanspruchungen nicht auf alle Fälle. Von namhaften Firmen wird seit einiger Zeit zur Deckelbefestigung ein über Deckel- und Gehäuserand greifendes Spannband (Bild 364 und 366) benützt, das beispielsweise nach Bild 364 in vernickelter Ausführung zugleich als Zierring dient. Um das Anbringen des Deckels zu erleichtern, kann man ihn zunächst durch einen einfachen Bajonettverschluß anhängen und dann durch das Spannband festziehen.

Von hervorragender Bedeutung für das Verhalten des Scheinwerfers im Fahrbetrieb sind die Vorrichtungen zum Befestigen am Fahrzeug. In der Regel wird der Scheinwerfer zu diesem Zwecke mit einem „F u ß" versehen. Dieser ist im wesentlichen ein als Schelle ausgebildeter Rohransatz, der durch einen Flansch am Scheinwerfer befestigt wird und vermittels dessen der Scheinwerfer auf einer Stütze festgeklemmt werden kann (Bild 369) . Nähere Einzelheiten sind aus den Bildern 322, 364, 366 ersichtlich. Der Fuß wird vorwiegend durch Ziehen aus Eisenblech hergestellt. Nur selten findet man noch aus Messing – dem früher für Scheinwerfer sehr beliebten Werkstoff –

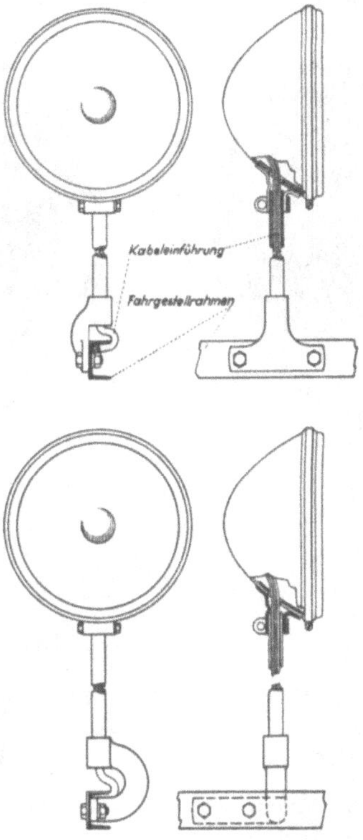

Bild 369. Befestigung der Scheinwerfer am Fahrzeug

gegossene oder gepreßte Füße. Die Verbindung des Fußes mit dem Gehäuse erfolgt durch Nieten. Dabei werden im Innern des Gehäuses zweckmäßige Verstärkungsbleche (siehe Bild 366) eingelegt, um auf jeden Fall ein Ausreißen der Niete bei den heftigen Beanspruchungen im Fahrbetrieb zu verhüten. Neuerdings wird übrigens auch das Punktschweißverfahren zur Befestigung des Fußes angewendet. Dieses erfordert reichlich bemessene Flansche am Fuß, so daß das Gehäuse auf einer großen Fläche liegt. Auch dann wird aber die Sicherheit des Nietens nicht erreicht, weil die an sich durchaus ausreichende Festigkeit der Schweißung in der Massenherstellung nicht immer gewährleistet ist.

Neben der Befestigung vermittels Fußes wird bei größeren Scheinwerfern in wenigen Fällen noch die früher häufig verwendete sogenannte Gabelaufhängung benützt. Bild 370 zeigt diese Bauart. Es werden dabei seitlich am Gehäuse zwei Augen, die in der Regel als Guß- oder Preßstücke in Messing ausgeführt werden, angeschraubt, mit denen das Gehäuse auf die Gabelenden gehängt wird. Die Augen

Bild 370. Scheinwerfer in Gabelaufhängung
(ältere Ausführung der Firma Carl Zeiß)

dienen zugleich zur Deckelbefestigung. Meist ist zu diesem Zwecke das eine Auge als Scharnier ausgebildet, während an dem andern der Deckel durch einen Schraubbolzen festgezogen wird.

Die Stützen, auf denen die Scheinwerfer befestigt werden, stellt man wohl stets aus Rohrmaterial her. Dieses bietet u. a. den Vorteil, daß bei den mit einem Fuß versehenen Scheinwerfern die Kabel für die Zuführung des elektrischen Stromes durch die hohlen Stützen und den Fuß eingeführt und so in bester Weise gegen Beschädigung geschützt werden können. Werden die Scheinwerfer nach Bild 369 und 370 angebracht, so ist wichtig, daß die Höhe der Stützen ein gewisses Maß nicht überschreitet. Bei hohen Stützen können während der Fahrt schädliche Schwingungen auftreten. Allerdings sollen die Scheinwerfer mit der Mitte ihrer Austrittsöffnung etwa 1 m über dem Boden stehen. Werden dadurch lange Stützen erforderlich, so sind Versteifungen vorzusehen, etwa nach Bild 371. Wir dürfen an dieser Stelle wohl auch die bereits auf Seite 46 ausgesprochene Warnung wiederholen, daß an den Scheinwerferstützen nicht das Horn angebracht werden sollte, weil dieses unter Umständen mit seinen schnellen Schwingungen die Glühfäden der Scheinwerferlampen zerstört.

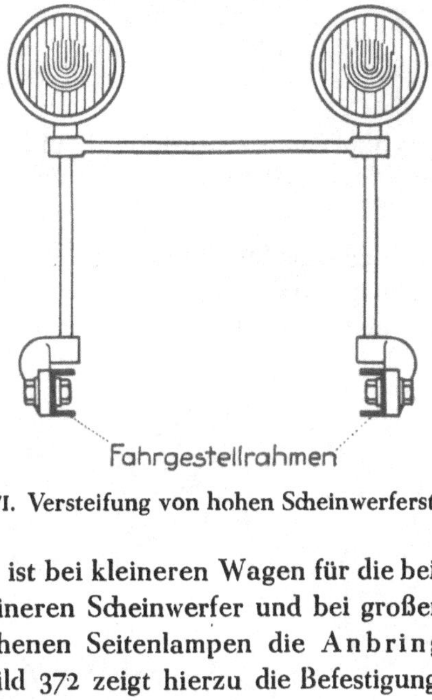

Bild 371. Versteifung von hohen Scheinwerferstützen

Sehr beliebt ist bei kleineren Wagen für die bei diesen durchweg verwendeten kleineren Scheinwerfer und bei großen Wagen für die hier oft vorgesehenen Seitenlampen die Anbringung auf den Kotflügeln. Bild 372 zeigt hierzu die Befestigung eines mit einem Fuß versehenen Scheinwerfers auf einem vermittels Flansch auf dem Kotflügel festgeschraubten Rohrstutzen. Sieht man den Scheinwerfer von vornherein für Kotflügelbefestigung vor, so liegt nahe, den Fuß unten statt mit einer Schelle mit einem Flansch zu versehen, vermittels dessen der Scheinwerfer dann unmittelbar auf dem Kotflügel festgeschraubt werden kann. Eine weitere viel verwendete Befestigungsart gibt Bild 373 wieder. Hierbei wird der Scheinwerfer durch einen in einem einfachen Fuß angreifenden Bolzen auf dem Kotflügel festgezogen.

Bild 374 gibt schließlich einen Arm zur Befestigung des Scheinwerfers an der schrägen Fläche des Kotflügels wieder. Der Scheinwerfer ist an diesem Arm auf einer Kugel gelagert und wird auf dieser mit einem Bolzen festgezogen (siehe auch Bild 365). Man kann infolgedessen der Achse des von dem Scheinwerfer ausgestrahlten

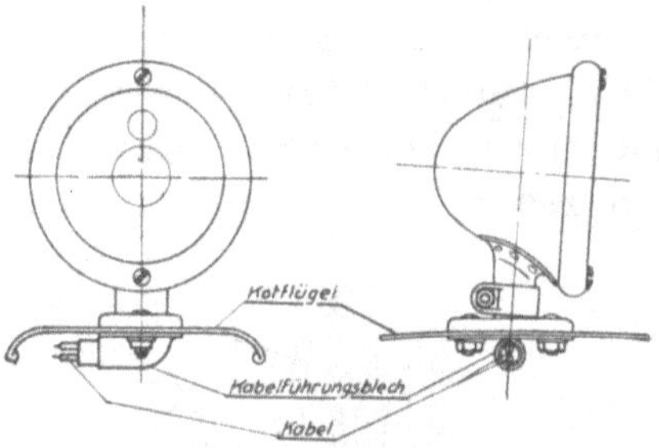

Bild 372. Anbringung von mit Fuß versehenen Scheinwerfern auf den Kotflügeln

Bild 373. Befestigung eines Seheinwerfers auf dem Kotflügel durch Bolzen

Lichtbündels leicht die gewünschte Richtung geben. Im allgemeinen sind derartige Vorrichtungen jedoch unnötig, da man durch richtiges Anbringen der Stützen und nötigenfalls durch leichtes Nachbiegen durch-

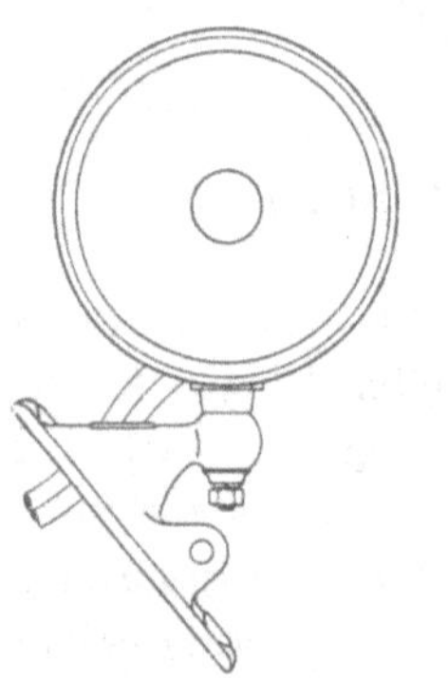

Bild 374. Anbringung eines Scheinwerfers an der schrägen Kotflügelfläche

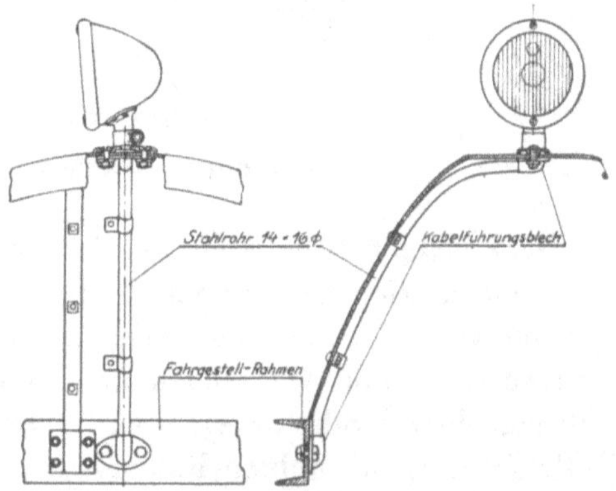

Bild 375. Kabelzuführung zu dem auf dem Kotflügel angebrachten Scheinwerfer

weg die richtige Ausstrahlungsrichtung erreichen kann. Leicht einstellbar sind auch die auf Gabelstützen angebrachten Scheinwerfer, weil bei ihnen der Bügel der Gabel in der Schelle, in der er nach Bild 370 festgeklemmt ist, verdreht werden kann.

Wir haben schon auf die Bedeutung der Rohrstützen und hohlen Scheinwerferfüße für eine geschützte Kabelführung hingewiesen. Bei dieser Einbauart können die Kabel am Rahmen gut geschützt bis an die Stütze herangeführt und dann weiter durch die Stütze bis in den Scheinwerfer geleitet werden. Bei Befestigung auf dem Kotflügel müssen die Kabel nach Bild 375 durch Stahlrohre und geeignet geformte Endbleche geschützt werden. Bei anderen Bauarten (Bild 367, 368), sowie bei Gabelstützen (Bild 370) werden am Scheinwerfer besondere Kabeleinführungen vorgesehen, zu denen die Kabel vom Rahmen aus in der Regel in biegsamen Metallschläuchen geführt werden.

Bild 376. Motorradscheinwerfer (Robert Bosch A.-G.)

501 Scheinwerfergehäuse
501 a Kabeltüllen
502 Bolzen zum Befestigen des Scheinwerfers
502 a Kugelkalotte
511 Spannring (Deckelverschluß)
511 a Spannschraube
513 Bowdenzugschalter

In den Scheinwerfern werden die Kabel zu Klemmschrauben geleitet, die einen einwandfreien Anschluß an die die Verbindung mit den Lampen herstellenden Vorrichtungen sichern. Klemmverbindungen, die lediglich unter dem Druck einer Feder stehen, sind unbedingt zu verwerfen, denn sie können bei den im Kraftfahrzeug auftretenden Erschütterungen nie einen gesicherten Anschluß ergeben. Von den Klemmen ab richtet sich die Ausbildung der leitenden Teile darnach, ob die Lampenfassung mit dem Reflektor am Deckelring sitzt und mit diesem aus dem Gehäuse entfernt werden kann, oder ob die Fassung fest im Gehäuse angebracht ist.

Im ersten Falle wird der Strom von der Klemme aus zu einer Kontaktfeder geführt, die nach Bild 322 und 366 in einem Knopf endet, der so vor der Rückwand des Gehäuses steht, daß er beim Aufsetzen des Deckelrings auf das Scheinwerfergehäuse in feste Berührung mit dem Mittelkontakt der Lampe kommt. Von der Lampe aus fließt dann der Strom über den Metallmantel des Sockels zum Mantel der Fassung und weiter über die Metallteile des Scheinwerfers und des Fahrgestells – die Masse – zur Batterie oder Lichtmaschine zurück.

Sitzt die Fassung fest im Gehäuse, so verbindet man nach Bild 367 in üblicher Weise den Mittelkontakt der Fassung durch ein Kabel

Bild 377 und 378. Ältere Motorradscheinwerfer auf Gabelstütze und auf Doppelstütze (Robert Bosch A.-G.)

mit der Klemme. Die weitere Stromführung ist dann von der Lampe ab dieselbe wie vorher.

Für Motorräder werden die Scheinwerfer heute vielfach nach Bild 376 ausgeführt. Die innere Einrichtung und der allgemeine Aufbau entsprechen den früher angegebenen Richtlinien. Befestigt werden diese Scheinwerfer mittels Schraubbolzen auf einem am Rade angebrachten Winkel. Daneben findet man aber auch die Bauart nach Bild 377 mit Gabelstütze und nach Bild 378 mit Doppelstütze. Bei der Befestigungsvorrichtung nach Bild 376 liegt über dem Schraubbolzen eine Kugelkalotte, auf der der Scheinwerfer zur Erzielung der richtigen Einstellung zur Fahrbahn verschoben werden kann. Ähnliche Einstellmöglichkeiten ergeben sich auch bei den beiden Stützenbefestigungen.

Das Ein- und Ausschalten der Scheinwerferlampen erfolgt beim Kraftwagen durchweg vom Schaltkasten aus. Das Umschalten auf Abblendlicht geschieht teilweise auch vom Schaltkasten aus, teils aber durch besondere Schalter. Darauf kommen wir unten zurück. Bei den Motorradscheinwerfern bringt man zweckmäßig die nötigen Schaltvorrichtungen am Scheinwerfer selbst an. Wir sehen in Bild 376 hinten am Scheinwerfer einen drehbaren Handgriff, durch den die verschiedenen Schaltungen ausgeführt werden können. Auf die Abblendung durch den eingezeichneten Bowdenzug kommen wir ebenfalls unten zurück. Bei den Scheinwerfern nach Bild 377 und 378 erfolgen die Schaltbewegungen durch einen abziehbaren Schlüssel. In seltenen Fällen bringt man bei Motorrädern auch noch Meßinstrumente am Scheinwerfer an, zum Beispiel nach Bild 379 im Drehgriff ein Amperemeter. Eine wesentliche praktische Bedeutung haben derartige Meßinstrumente am Motorrad nicht; sie werden in der Regel sehr bald unter dem rauhen Betrieb leiden.

Bild 379. Motorradscheinwerfer mit Amperemeter (Lucas)

D. Das Einstellen der Scheinwerfer und die Abblendvorrichtungen.

Für die Erzielung der richtigen Beleuchtung der Fahrstraße ist es nicht nur wichtig, daß die Scheinwerfer richtig geformte Lichtbündel aussenden; diese müssen vielmehr auch den richtigen Verlauf im Verhältnis zur Fahrstraße haben. Um das zu erreichen, müssen die Scheinwerfer richtig eingestellt werden. Dabei darf man nun aber nicht etwa die größtmögliche Reichweite anstreben und die Achsen der Strahlenbündel parallel zur Fahrstraße richten. Damit würde man nicht die richtige Bodenbeleuchtung bekommen. Man muß sich vielmehr mit der erforderlichen Reichweite, die wir zu Anfang dieser Besprechung mit 200 m angaben, begnügen und dafür die

Bodenbeleuchtung möglichst gut gestalten. Danach sind also die Scheinwerfer so einzustellen, daß die Mitten der Lichtbündel die Fahrstraße in 200 – 250 m Entfernung treffen. Nach den Vorschriften der Firma Bosch empfiehlt es sich zum Beispiel, die Scheinwerfer auf 250 m Entfernung einzustellen, wenn die Mitte des Spiegels 1,0 m über dem Boden liegt.

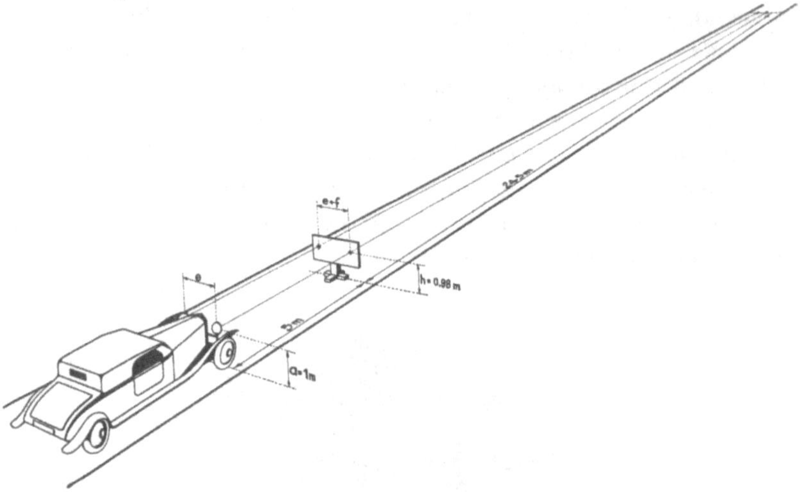

Bild 380. Verfahren für das Einstellen der Scheinwerfer am Kraftwagen

Praktisch wird man nicht mit diesen Entfernungen arbeiten, sondern die Einstellung unter Berücksichtigung des Höhenunterschiedes auf kurze Entfernung vornehmen. Stellen wir nämlich in kurzer Entfernung einen Schirm in den Strahlengang (Aufstellung des Fahrzeugs vor einer Hauswand, dem Garagentor usw.), so zeichnen sich auf diesem die Lichtkegelquerschnitte ab (Bild 358), deren Mitten wir leicht bestimmen können. Wir brauchen dann die Scheinwerfer nur so einzustellen, daß die Mittelpunkte der hellen Flächen die richtige Lage erhalten. Diese Einstellung ist auch bei Streuscheiben bei einiger Aufmerksamkeit durchzuführen. Wir nehmen zum Beispiel an, daß die Tafel 5 m vor dem auf ebenem Boden aufgestellten Fahrzeug steht (Bild 380). Dann gilt unter Benützung der in der Figur gewählten Bezeichnungen:

$$a : h = 250 : 245$$

$$h = \frac{245}{250} \cdot a = 0{,}98 \cdot a.$$

Für a = 1 m ergibt sich also

$$h = 0{,}98 \text{ m}$$

als Höhe, in der die Achsen der Lichtkegel den Schirm treffen sollen. Nach den Seiten sind die Scheinwerfer am besten so einzustellen, daß die Achsen der Lichtkegel etwas auseinanderlaufen. Wenn e die Entfernung der Mittelpunkte der Scheinwerferöffnungen ist, so wird man die Entfernung der Mittelpunkte der Lichtflecke auf dem Schirm mit $e + f$ annehmen, wobei f je nach Scheinwerfergröße zu 0,12 – 0,15 m gewählt wird. Selbstverständlich muß diese Seitenabweichung nach

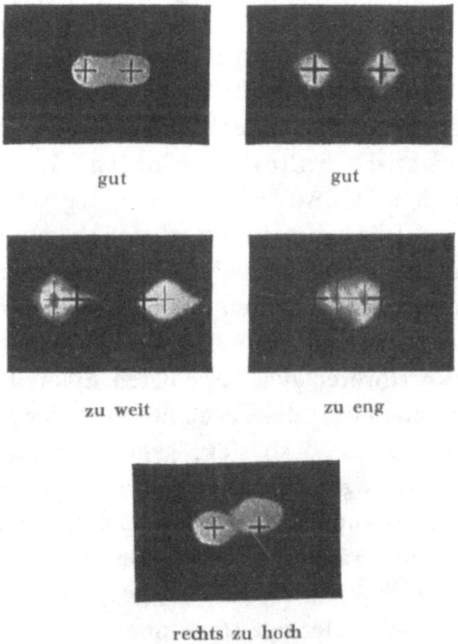

Bild 381. Richtige und falsche Lage der Lichtbündelquerschnitte beim Einstellverfahren nach Bild 380

beiden Seiten, von der Längsachse des Wagens aus gerechnet, gleich sein, d. h. wenn die Längsachse den Schirm in der Mitte trifft, so müssen die Mittelpunkte der Lichtflecke $\frac{e + f}{2}$ von der Mittelsenkrechten des Schirms entfernt sein. Am einfachsten kommt man zum Ziel, wenn man die anzustrebende Richtung der Lichtkegelachsen durch Kreuze auf dem Schirm angibt. Bild 381 zeigt, wie sich bei diesem Verfahren die richtige und falsche Einstellung der Scheinwerfer dem Auge darstellt. Wichtig ist noch, daß die Einstellung der Scheinwerfer bei normaler Belastung des Fahrzeugs (etwa 50 – 60 kg für jeden Sitz) vorgenommen wird. Beim Motorrad arbeitet man sinngemäß nach Bild 382.

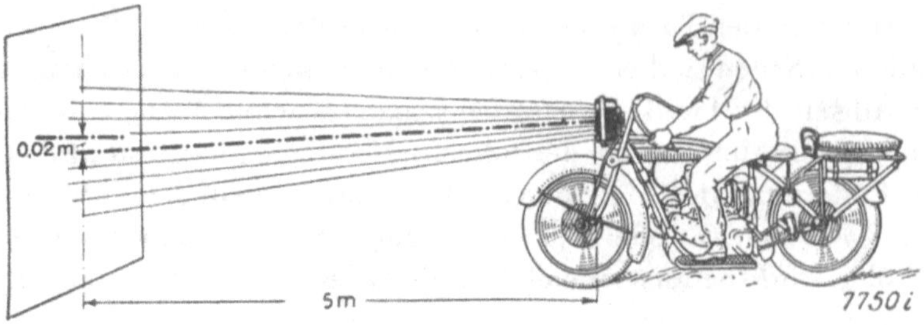

Bild 382. Verfahren für das Einstellen des Scheinwerfers am Motorrad

Haben wir durch eine derartige Einstellung der Scheinwerfer die richtige Beleuchtung der Fahrstraße für freie Fahrt auf offener Straße erreicht, so ist weiter noch die gesetzliche Forderung zu erfüllen, daß stark wirkende Scheinwerfer in Ortschaften und beim Begegnen mit anderen Fahrzeugen abgeblendet werden müssen. Wir haben früher schon (Abschnitt I, 2, S. 6 ff) auf die wesentlichen Unterschiede zwischen den europäischen und amerikanischen Beleuchtungsvorschriften hingewiesen. Es ist bisher nicht gelungen, einen weitreichenden Scheinwerfer, der zugleich nicht blendet, zu bauen. Die Vorschriften der Vereinigten Staaten können daher unter Verzicht auf ausreichendes Fernlicht nur dadurch erfüllt werden, daß die Lichtkegel dauernd so stark gegen die Fahrbahn geneigt werden, daß keine kräftigen Strahlen mehr in die Augen der Entgegenkommenden gelangen können. Es liegt nahe, daß man die Neigung der Lichtkegel nur so stark wählt, daß auf ebener Straße gerade ein Blenden vermieden wird (Bild 383, oben). Bei Begegnungen auf ansteigender und abfallender Straße oder auf stark unebener Straße werden sich dann häufig die in den beiden andern Teilbildern von Bild 383 gezeigten gefährlichen Wirkungen einstellen. Ähnliche Erscheinungen können bei Änderung der Belastung des Fahrzeugs eintreten.

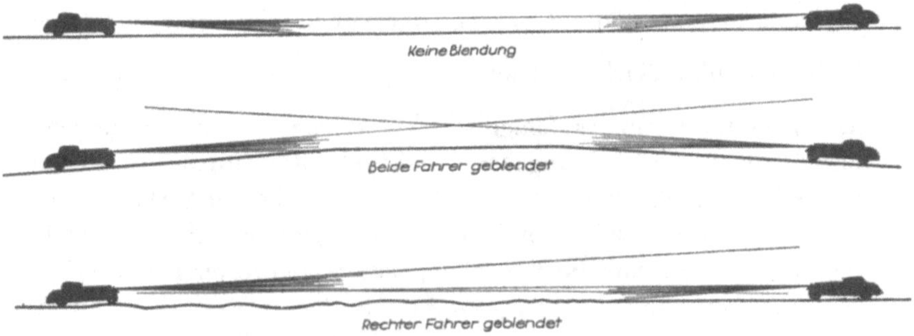

Bild 383. Blendungsgefahr bei amerikanischen Scheinwerfern

Befriedigen kann bisher nur das in Europa übliche Verfahren: kräftiges Licht für freie Fahrt, Abblendung bei Begegnungen und in Ortschaften. Lange umstritten war nur die Frage, wie abgeblendet werden soll.

Früher hat man vielfach einen naheliegenden Weg eingeschlagen, der sich aber in der Praxis als geradezu unbrauchbar erwiesen hat: Herabsetzung der Lichtstärke der Lichtquelle durch Einschalten eines Widerstandes in den Lampenstromkreis. Damit wird nämlich nicht nur das blendende Fernlicht geschwächt, sondern zugleich

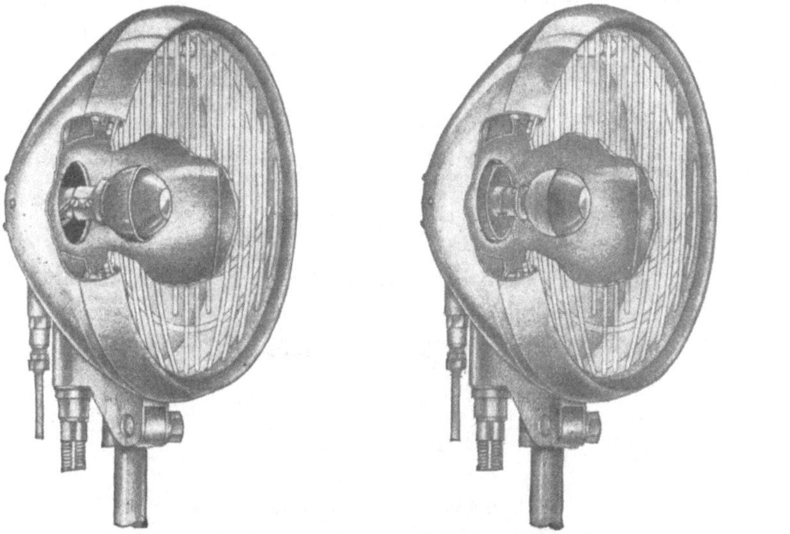

Bild 384. Zeiß-Scheinwerfer mit Gelblicht-Abblendung

auch das selbst bei verlangsamter Fahrt unbedingt nötige Nahlicht. Diese Abblendung kann daher geradezu zu einer Gefährdung des Verkehrs führen, und zwar um so mehr, als das Auge sich bei Begegnungen dem Übergang von Hell zu Dunkel nicht schnell genug anpassen kann. Zudem ist das Verfahren unwirtschaftlich, weil in dem vorgeschalteten Widerstand nutzlos Energie verbraucht wird. Man kann diese Bauart heute als völlig veraltet ansehen.

Brauchbar kann nur eine Abblendung sein, die zwar das blendende Fernlicht beseitigt, das unschädliche Nahlicht aber mindestens in voller Stärke erhält. Die Lösung dieser Aufgabe ist durch eine ganze Reihe von Konstruktionen angestrebt worden. Als schon recht brauchbar darf man die bekannte Zeiß-Gelblichtabblendung ansehen. Bei dieser wird die Abblendung zu einem Teil durch Dämpfung des von der Lampe ausgestrahlten Lichts vermittels eines nach Bild 384 über die Lampe geschobenen mattierten Gelbglasfilters erreicht. Dieses wirkt, da es wie eine Vergrößerung des leuchtenden Körpers wirkt, jedoch außer dämpfend auch stark streuend, so daß der Teil des Nahlichts, der durch die Dämpfung verloren geht, durch die starke Streuung ersetzt wird. Zugleich wird durch die Gelbfärbung des Lichtes nicht nur die Blendwirkung weiter vermindert, sondern außerdem bei Nebel für den Fahrer selbst eine bessere Sicht erreicht. Die Verschiebung der Filterkappe erfolgte früher durch Bowdenzug, neuerdings elektromagnetisch. Bei der neuesten Bauart ist die Kappe nicht mehr mattiert, sondern aus lichtbrechenden Ele-

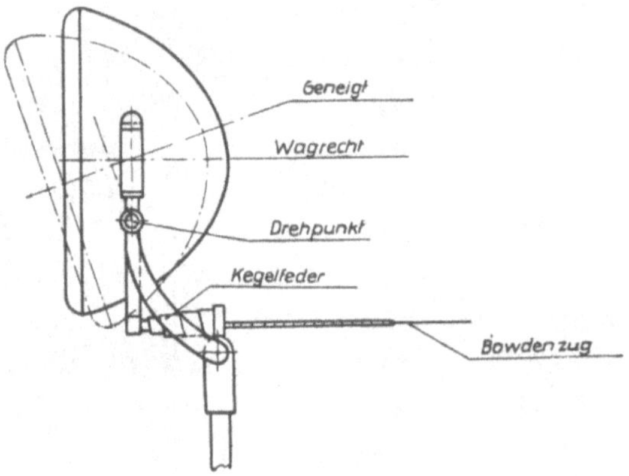

Bild 385. Neigbarer Scheinwerfer

menten zusammengesetzt, die eine besondere, nichtblendende Lichtführung ergeben.

Auf den Kernpunkt der Abblendung: Beseitigung des blendenden Fernlichtes bei Erhaltung des Nahlichts, steuern zweifellos am schärfsten die Verfahren los, die durch Neigen des Scheinwerfers oder des Reflektors oder durch Verwendung von verschiedenen Lichtquellen oder Beleuchtungskörpern den Strahlengang in der gewollten Richtung beeinflussen. Das Neigen und Wiederaufrichten der Scheinwerfer kann zum Beispiel nach Bild 385 durch Bowdenzug und Rückzugfeder erfolgen. Andere Bauarten führen die Drehbewegung durch starke Hebelübersetzung oder durch Unterdruckzylinder aus, in denen ein mit dem Scheinwerfer verbundener Kolben in bekannter Weise durch den äußeren Luftdruck bewegt werden kann. Den erforderlichen Unterdruck erhält man durch Verbindung des Zylinders mit dem Ansaugrohr des Motors. Diese mehr oder weniger kostspieligen Lösungen sind aber nicht genügend betriebssicher. Die Gelenke der Hebelübertragungen schlagen sich aus und klappern dann; Bowdenzüge haben die bekannten anderen Nachteile. Alle derartigen Vorrichtungen sind zudem sehr den Witterungseinflüssen ausgesetzt, verschmutzen, rosten ein und vereisen im Winter. Bauarten, die diese Fehler beseitigen würden, kommen des Preises wegen nicht in Betracht.

Man kann daran denken, die aufgeführten Übelstände dadurch zu vermeiden, daß man nicht den ganzen Scheinwerfer, sondern nur den Reflektor, der ja für den Strahlengang in erster Linie bestimmend ist, bewegt. Die dazu nötige Vorrichtung könnte gegen Staub und Witterungseinflüsse geschützt im Scheinwerfergehäuse untergebracht werden. Auch diese Lösung scheitert an der Kostenfrage.

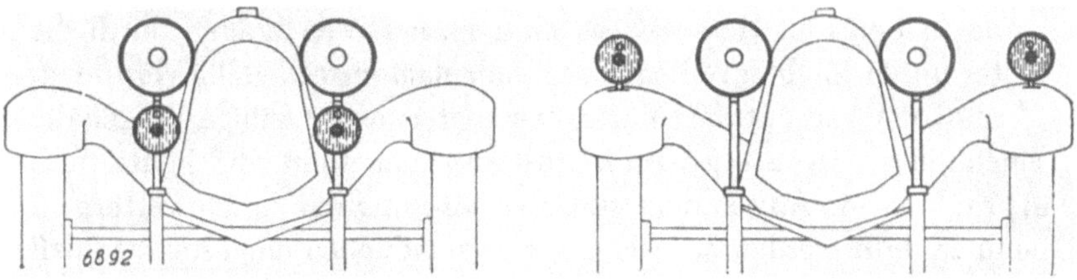

Bild 386. Verwendung von Hilfsscheinwerfern zum Abblenden

Überdies kann durch diese Verfahren nie eine ganz befriedigende Abblendung erreicht werden, weil auch bei starker Neigung noch starke Lichtstrahlen über der durch die Scheinwerfermitten gelegten Horizontalebene ausgesandt werden. Außerdem liegt – namentlich bei nassem Wetter – die Gefahr vor, daß in der Nähe des Wagens eine übermäßige Lichtfülle auf die Straße geworfen wird, die auf den Fahrer selbst blendend wirkt.

Eine vom technischen Standpunkt aus als gut zu bezeichnende Lösung der Abblendfrage hat man schon früher in der Verwendung von besonderen Hilfsscheinwerfern neben den Hauptscheinwerfern gefunden. Diese sogenannten Abblendscheinwerfer werden unter den Hauptscheinwerfern an deren Stützen festgeklemmt oder auch auf den Kotflügeln angebracht (Bild 386). Sie sind in der Regel mit Riffelscheiben versehen und enthalten neben einer im Brennpunkt des Spiegels stehenden Hauptlampe von 20–25 W eine Hilfslampe von 5–10 W für das Standlicht. Diese Hilfslampe kann dauernd leuchten, wenn nach den gesetzlichen Vorschriften die Wagenbegrenzung durch besondere Lampen angegeben werden muß. Die *Abblendscheinwerfer* werden so *eingestellt*, daß die Achse ihres Lichtkegels die Fahrbahn in einer Entfernung von nicht mehr als 15 m vor dem Wagen trifft. Wenn dann bei Begegnungen oder in Ortschaften von den Hauptscheinwerfern auf die Abblendscheinwerfer umgeschaltet wird, so ist jede Blendungsgefahr beseitigt, und der Fahrer hat doch noch genügend Licht vor dem Wagen, um mit gemäßigter Geschwindigkeit weiterfahren zu können. Das Abblenden und Zurückschalten auf die Hauptscheinwerfer erfolgt durch besondere Schalter oder auch vom Schaltkasten aus. Darauf werden wir weiter unten (S. 84) zurückkommen.

Leider hat das Abblenden durch Umschalten auf ein zweites Scheinwerferpaar einen sehr ins Gewicht fallenden Nachteil: Es ist verhältnismäßig teuer und kam daher auch früher schon für billigere Wagen kaum in Betracht. Heute ist es auch an besseren Wagen durch die weiter unten zu besprechende Zweifadenlampe fast völlig verdrängt.

Bevor diese auf den Markt kam, hat man für billige Wagen die sogenannte *einseitige Abblendung* eingeführt, die heute noch in Frankreich in Anwendung ist. Dabei wird nur *ein* Scheinwerferpaar benützt, doch werden die Scheinwerfer verschieden eingestellt, so daß der eine das für freie Fahrt erforderliche *Fernlicht* und der *andere* das dauernd gebrauchte *Nahlicht* gibt. Der letztere ist zu diesem Zweck mit einer Riffelscheibe versehen und so stark geneigt, daß die Lichtkegelachse die Fahrbahn in einer Entfernung von nicht mehr als 15 m trifft. Er erhält außerdem eine schwächere Lampe als der andere Scheinwerfer, der mit klarer Scheibe und leicht mattierter Lampe ausgerüstet wird. Beide Scheinwerfer enthalten neben der Hauptlampe eine Hilfslampe als Standlicht. Zum Abblenden wird im Fernscheinwerfer von der Hauptlampe auf die Hilfslampe umgeschaltet. Das Licht des zweiten Scheinwerfers genügt dann, um die Fahrt mit gemäßigter Geschwindigkeit fortsetzen zu können; die Hilfslampe im andern Scheinwerfer dient nur zum Anzeigen der Wagenbegrenzung. Zu der einseitigen Abblendung muß allgemein gesagt werden, daß eine voll befriedigende Beleuchtung der Fahrstraße mit diesem System nicht erreicht werden kann. Es war als Behelf brauchbar, solange noch kein billiges und gutes Abblendsystem gefunden war.

Wenn man volles Licht und Abblendlicht auf zwei verschiedene Scheinwerferpaare verteilt, so hat man neben dem hohen Preis noch den Nachteil, daß beide Scheinwerferpaare genau für ihren Zweck eingestellt werden müssen. Diese Einstellung kann sich nun im Betrieb ändern. Ändert sich die Einstellung der Hauptscheinwerfer, so wird der Fahrer im eigenen Interesse dafür sorgen, daß bald die richtige Einstellung wieder hergestellt wird, denn nur dann hat er gutes Licht zum Fahren. Bei den Abblendscheinwerfern ist das Interesse an der richtigen Einstellung schon geringer, denn unmittelbar werden durch schlechte Abblendung ja nur die Entgegenkommenden, mittelbar allerdings auch das Fahrzeug mit schlecht abgeblendeten Scheinwerfern selbst gefährdet. Diese Schwierigkeit wird behoben, wenn man Abblendlicht und volles Licht in einem Scheinwerferpaar so vereinigt, daß bei richtiger Einstellung der Scheinwerfer auf volles Licht das Abblendlicht zwangläufig richtig liegt. Dann wird auch der rücksichtslose Fahrer richtig abblenden.

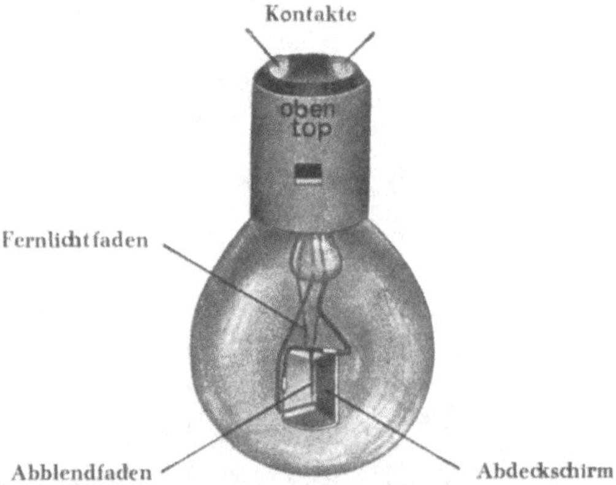

Bild 387. Biluxlampe

In gewissem Sinne wird dieses Ziel schon von der Zeiß-Abblendung verfolgt. Da diese aber weniger mit richtiger Führung der Lichtstrahlen als mit Dämpfung und allgemeiner Streuung des Lichts arbeitet (wenigstens in der früheren Ausführung), kann sie das Ziel nicht voll erreichen. Man hat nun versucht, die richtige Lichtführung dadurch zu erreichen, daß man für das Abblendlicht neben die Hauptlampe eine zweite Lampe von gleicher oder wenig geringer Lichtstärke setzte. Als dritte Lampe kam dann die schwach leuchtende Standlampe dazu. Eine befriedigende Lichtverteilung konnte bei dieser Bauart für die Abblendlampe ohne besondere optische Hilfsmittel (besondere Linsen vor der Abblendlampe, besondere Reflektoren) nicht erzielt werden. Erst die Zweifadenlampe mit unter dem Abblendfaden angebrachten Abdeckschirm, insbesondere die deutsche Biluxlampe, brachte eine gute Lösung der wichtigen Aufgabe.

Bei der Biluxlampe, die übrigens nur mit Gas gefüllt geliefert wird, sind in einem tropfenförmigen Glaskolben zwei Glühfadengebilde untergebracht, die in üblicher Weise aus zu einer „Wendel" aufgewickelten Drähten hergestellt sind. Wie Bild 387 zeigt, hat der sogenannte „Fernlichtfaden" die in Bild 344c angegebene Form.

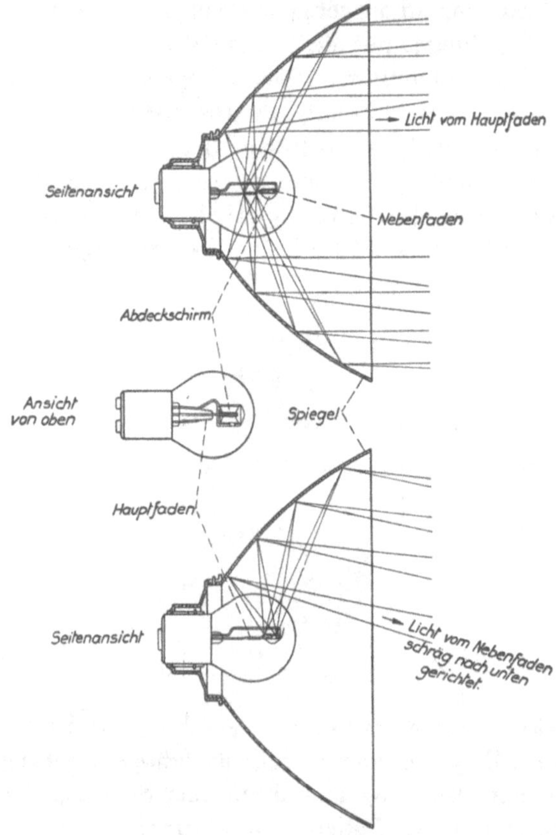

Licht des Nebenfadens ist nach unten abgeschirmt und kann daher nur in die obere Spiegelhälfte fallen.

Bild 388. Wirkungsweise der Biluxlampe

Er ist in bezug auf die Bajonettstifte des Sockels so angeordnet, daß er beim Einsetzen der Lampe in den Scheinwerfer in den Spiegelbrennpunkt kommt. Vor dem Hauptfaden und etwas über der Spiegelachse liegt der weniger Licht gebende „Abblendfaden" als gerade, in Richtung der Spiegelachse verlaufende Wendel. Während der Fernlichtfaden das übliche, nur wenig gestreute Lichtbündel annähernd nach Bild 350a liefert, gibt der Abblendfaden ein Lichtbündel annähernd nach Bild 350 d, wobei die Streuwirkung durch die Lage des Fadens über der Achse noch nach Bild 350 b unterstützt wird. Bei dieser Anordnung würde an sich ein wesentlicher Anteil des Lichts nach oben geworfen und somit das Gegenteil von der beabsichtigten Wirkung erreicht werden, wenn nicht durch einen kleinen, in der Glasglocke unter dem Abblendfaden angebrachten Schirm verhindert würde, daß überhaupt Lichtstrahlen auf die untere Reflektorhälfte fallen. Wir bekommen infolge der Abdeckung einen Strahlengang nach Bild 388. Da der Abdeckschirm in seinem vorderen Teil über die Achse hinaus nach oben gezogen ist, fängt er auch die vom Abblendfaden ohne Reflexion am Spiegel unmittelbar ausgestrahlten Strahlen ab, so daß sicher jede Belästigung eines entgegenkommenden Fahrstraßenbenützers vermieden werden kann.

Die Bilder 389 a und b zeigen die Wirkung der Biluxlampe in einem Bosch-Scheinwerfer. In Bild 389 a haben wir das weitreichende, durch die Streuscheibe gut über die ganze Fahrstraße und die angrenzenden Streifen der Landschaft verbreitete Fernlicht, das nicht nur in der Ferne auftauchende Hindernisse, sondern auch die Beschaffenheit der Fahrstraße in der Nähe des Wagens erkennen läßt. Bild 389 b gibt dagegen das in geringer Höhe über dem Boden scharf abgeschnittene Abblendlicht wieder, daß in Augenhöhe eines Entgegenkommenden nur noch ein schwaches Streulicht strahlt, die Fahrstraße selbst aber bis in angemessene Entfernung vor dem Wagen mit mindestens derselben, teils aber auch mit etwas größerer Helligkeit überflutet, wie zuvor das Fernlicht. Das Ergebnis ist so, daß das Auge des Fahrers einen Unterschied in der Beleuchtung vorm Wagen kaum bemerkt, jedenfalls aber nicht als störend empfindet und daher denselben guten Überblick über die Vorgänge in der Nähe des Fahrzeugs hat wie bei Fernlicht. Zahlenmäßig werden die Verhältnisse durch die Schaulinien in Bild 390 wiedergegeben.

Die Abschirmung des Abblendfadens nach unten ist von grundlegender Bedeutung für die Wirkung einer Zweifadenlampe, denn erst dadurch wird die Verwendung eines Abblendfadens von angemessener Leistungsaufnahme (20 Watt für Wagen) in solcher Anordnung möglich, daß die in Bild 389 b wiedergegebene gute Vorfeldbeleuchtung entsteht. Eine unbefriedigende Lösung ergibt zum Beispiel die amerikanische Zweifadenlampe nach Bild 391.*) Man mußte

*) Dr. F. Born, Das amerikanische Zweilichtsystem im Vergleich mit modernen europäischen Kraftwagen-Beleuchtungsanlagen. Licht und Lampe, 1929, Heft 7, S. 385.

in Amerika die Blendungsgefahr, die trotz der verhältnismäßig eng gefaßten amerikanischen Vorschriften besteht (vgl. S. 74), unbedingt weiter herabsetzen, durfte aber andererseits die Fahrsicherheit durch allgemeine Verminderung der Reichweite des Scheinwerferlichts nicht

Bild 389. Abblendung durch Biluxlampen in Bosch-Scheinwerfern
Oben: Fernlicht, unten: Abblendlicht

beeinträchtigen. Somit mußte man neben dem gesetzlich vorgeschriebenen Fahrlicht ein Abblendlicht schaffen. Man ordnete zu diesem Zweck in einer Glashülle zwei Leuchtfäden von *gleicher* Leistungsaufnahme an. Im Scheinwerfer sollen diese übereinanderstehen, und zwar in gleichmäßigem Abstand über und unter dem Brennpunkt. Der untere Leuchtkörper gibt dann im genau parabolischen Spiegel ein stark nach oben streuendes Lichtbündel (vgl. Bild 350 c), das den amerikanischen Vorschriften bei weitem nicht genügen kann. Man muß daher durch besonders ausgebildete Spiegel oder durch geeignete Abschlußscheiben die richtige Beleuchtung herstellen. Das Licht des über dem Brennpunkt stehenden Abblendfadens ist dagegen stark nach unten abgelenkt (vgl. Bild 350 b). Es entspricht zwar den Beleuchtungsvorschriften nicht, wird aber in den meisten Staaten zugelassen, weil es die Blendgefahr wirksam beseitigt. Man nimmt dabei allerdings den Nachteil in Kauf, daß das Licht dem Fahrer selbst lästig werden kann. Da nämlich der Abblendfaden dieselbe Leistungsauf-

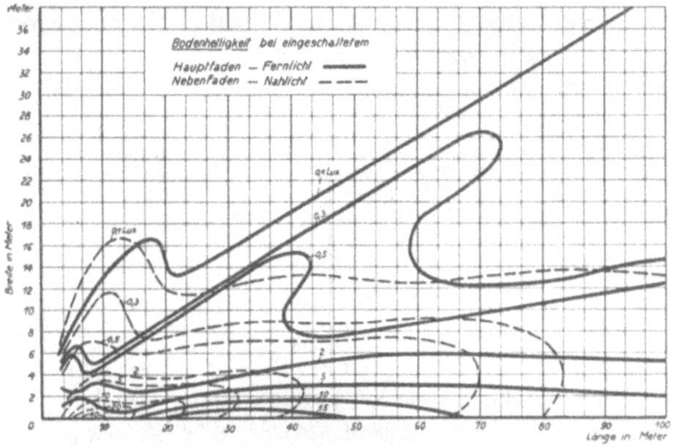

Bild 390. Bodenbeleuchtung bei Verwendung von Biluxlampen

nahme hat wie der Hauptlichtfaden, so ist das vor dem Wagen zusammengefaßte Licht viel stärker als das mehr zerstreute Fernlicht. Infolgedessen entstehen beim Umschalten zu starke Beleuchtungsänderungen im Blickfeld des Fahrers, die diesen merklich stören können (vgl. dazu S. 17). Das ist ein Mangel, der bei der deutschen Bilux-Lampe glücklich vermieden worden ist.

Weil es blendungsfrei und doch hell ist, ist das Abblendlicht der Zweifadenlampe auch als Stadtlicht gut geeignet, denn bei oft mangelhafter Straßenbeleuchtung in kleineren Städten und Dörfern ist für die Sicherung der Fahrt durch Ortschaften eine gute Beleuchtung der Straße vom Fahrzeug aus von Wichtigkeit.

Schließlich leistet das Abblendlicht auch bei Fahrten im Nebel ausgezeichnete Dienste. Die annähernd parallel zur Fahrbahn verlaufenden Strahlen des Fernlichts werden beim Auftreffen auf die Nebelwand teilweise in derselben Richtung zurückgeworfen, treffen also die Augen des Fahrers und blenden ihn. Die zur Fahrbahn geneigten Strahlen des Abblendlichtes werden dagegen vom Nebel so zurückgeworfen, daß sie den Fahrer nicht blenden. Infolgedessen kann er auch bei nicht zu dichtem Nebel die Straße so weit übersehen, daß er seine Fahrt, wenn auch mit verringerter Geschwindigkeit, durchführen kann.

Das Umschalten zwischen Fern- und Abblendlicht erfolgt am Kraftwagen bei der Zweifadenlampe wie beim Abblenden mit Hilfsscheinwerfern durch eine Schaltvorrichtung am Schaltkasten oder durch einen besonderen Schalter. Das Grundsätzliche über diese beiden Lösungen wird bei der Besprechung der Schaltkästen behandelt werden. Hier wollen wir nur den Aufbau der ausschließlich für das Abblenden vorgesehenen Hand- und Fußschalter sowie der über

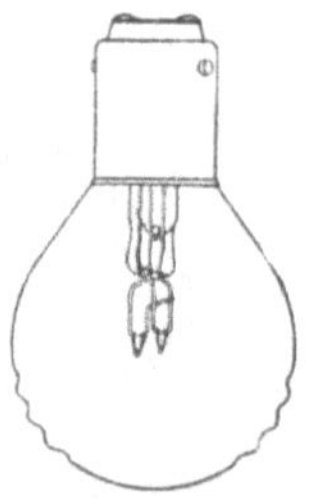

Bild 391. Amerikanische Zweifadenlampe
(Aus einem Katalog der National Lamp Works)

einen von Hand betätigten Druckknopf elektromagnetisch gesteuerten Schalter besprechen.

Die Sicherheit des Verkehrs verlangt, daß es bei den Abblendumschaltern eine Mittelstellung, in der sowohl das Fernlicht als auch das Abblendlicht ausgeschaltet ist, nicht geben darf. Das wird am einfachsten dadurch erreicht, daß die Kontakte für die beiden Stromkreise einander überdecken, d. h. daß der Fernlichtstromkreis erst unterbrochen wird, wenn der Abblendlichtstromkreis bereits geschlossen ist und umgekehrt. Beim Übergang aus der einen in die andere Schaltstellung sind also für einen kurzen Augenblick beide Lichtarten eingeschaltet. Diese Sicherungsmaßnahme bietet den Vorteil, daß der Umschalter billig hergestellt werden kann, sie schließt aber zugleich einen gewissen Nachteil ein. Wird nämlich der Schalter nur bis in die Mittelstellung bewegt und bleibt dann zufällig längere Zeit so stehen, so führt der erheblich erhöhte Stromverbrauch zur Entladung der Batterie und unter Umständen zu schädigender Überlastung der Lichtmaschine. Bei der Biluxlampe kommt es durch die enge Vereinigung von Fernlicht- und Abblendlichtfaden in einer Glashülle zu Überhitzung und Zerstörung.

Im Grundsatz besser sind Abblendumschalter, bei denen das Stehenbleiben in einer Mittelstellung dadurch verhindert wird, daß die Kontaktteile auch bei unvollendeter Bewegung des Schalthebels oder -knopfes stets in die eine oder in die andere Endstellung gehen.

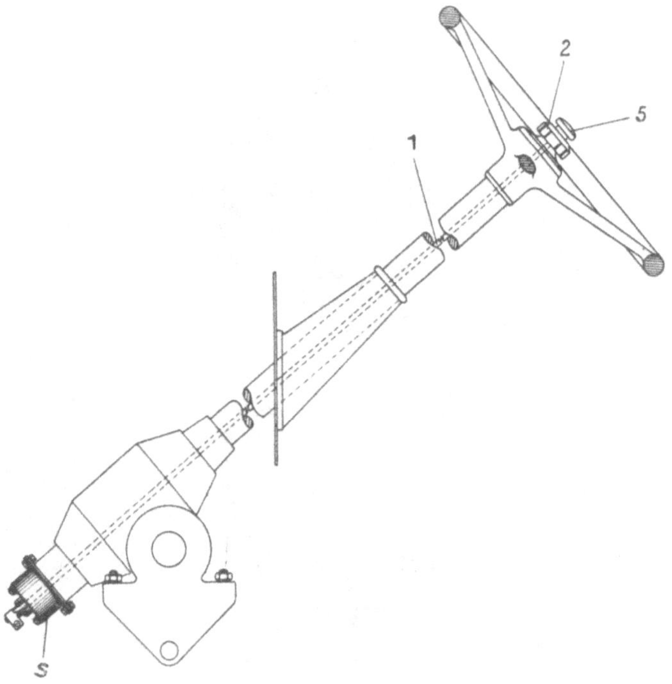

Bild 392. Anordnung eines Abblendumschalters am Lenkstock

Die Unterbringung eines nach diesen Gesichtspunkten aufgebauten Handumschalters im Schaltkasten hat den Nachteil, daß die Bedienung des am Instrumentenbrett angebrachten Schalters während der Fahrt unbequem ist. Daher kommt auch die Verwendung eines besonderen Handumschalters am Instrumentenbrett, der nicht den Vorteil des Einbaues in den Schaltkasten bietet, nicht in Frage. In neuerer Zeit haben sich aber vielfach am Lenkstock untergegebrachte Abblendschalter eingeführt, deren grundsätzliche Anordnung Bild 392 zeigt. Der eigentliche Schalter S wird so am unteren Ende des Lenkgehäuses befestigt, daß er über eine in der Lenksäule hochgeführte Stange 1 vermittels eines über der Lenkradnabe angebrachten Griffes 2 gesteuert werden kann. Eine einfache Ausführungsform des Schalters zeigt Bild 393. Der Schalter wird vermittels des Flansches 6 am Lenkgehäuse befestigt. Die Stange 1 wird zur Erzielung einer einfachen Kupplung mit den beweglichen Schalterkontakten durch den Schalter hindurchgeführt. Unterhalb von diesem wird dann ein Mitnehmer 3 auf ihr festgeklemmt, der mit Klauen in den rohrförmigen Träger 4 der im Schalterinnern untergebrachten beweglichen Kontakte

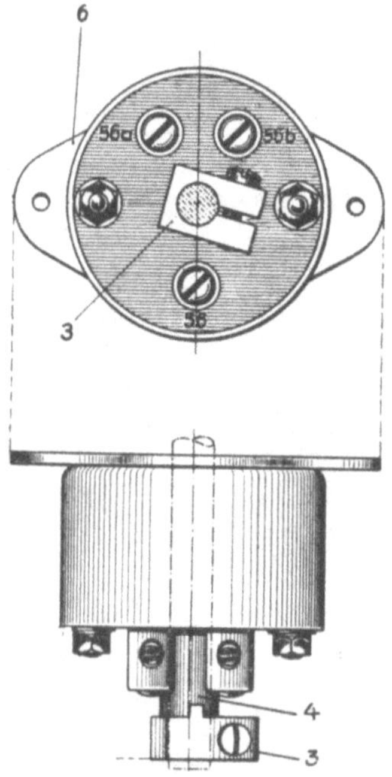

Bild 393. Lenkstock-Abblendumschalter (Robert Bosch A.-G.)

eingreift. Der Einbau des eigentlichen Schalters am unteren Ende des Lenkgehäuses bietet gegenüber der Vereinigung der gesamten Schaltvorrichtung über der Lenkradnabe den Vorteil, daß man keine Kabel sondern nur die unverletzliche Stange 1 in der Lenksäule hochführen muß. Damit sind Schwierigkeiten bei Kabelstörungen im Innern der Lenksäule vermieden. Höchstens führt man das Hornkabel durch das dann an Stelle der Stange 1 verwendete Rohr zu einem über dem Griff 2 sitzenden Druckknopf 5, doch zieht man vielfach vor, auch dieses Kabel nur bis zu einem unter dem Abblendschalter angebrachten Druckknopf zu verlegen und diesen dann durch Niederdrücken der

Stange 1 zu betätigen. Bild 394 zeigt, wie der Lenkstockumschalter in die Scheinwerferstromkreise eingeschaltet wird.

Bevor der Lenkstockschalter sich einführte, wurden als Ersatz für den im Schaltkasten untergebrachten Handumschalter elektromagnetische Schalter, die durch in bequemer Reichweite des Fahrers, in der Regel wohl auch am Lenkrad angebrachte Druckknöpfe gesteuert wurden, sowie besonders auch Fußschalter verwendet. Beide Schalterarten werden auch heute noch vielfach eingebaut. Das Schaltwerk kann für beide Schalter gleich sein; es wird dann bei der einen Bauart durch einen druckknopfartigen Elektromagnet-

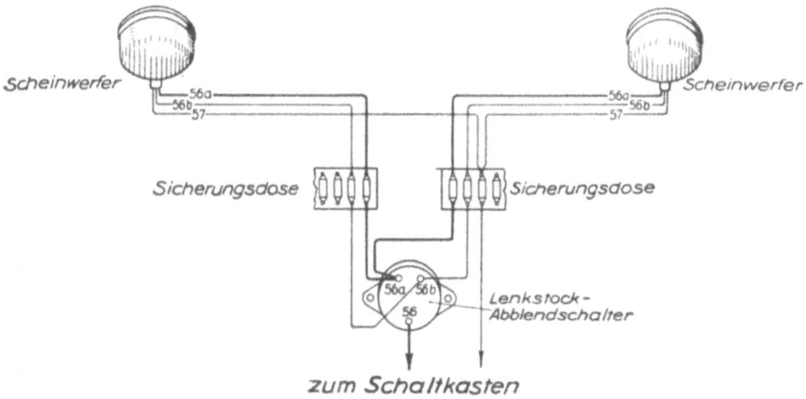

Bild 394. Schaltbild zum Lenkstock-Abblendumschalter

anker, bei den andern durch einen vom Fahrer mit dem Fuß niedergedrückten Druckknopf betätigt. Ein Beispiel für einen Elektromagnetschalter gibt Bild 395. Hier ist vorausgesetzt, daß im Schaltkasten oder in einer zwischen dem Schaltkasten und dem Umschalter eingefügten Sicherungsdose für jeden Scheinwerfer eine besondere Sicherung vorgesehen ist; deshalb haben wir in den Klemmen 3a und 3b zwei getrennte Stromzuführungen. Diese stehen über Schleiffedern mit je vier auf den aus Isolierstoff bestehenden Enden einer Schaltwalze angebrachten Kontaktstreifen in Verbindung. Auf den Schaltwalzenenden schleift je ein Paar Kontaktfedern, die zu Anschlußklemmen 1a und 2a sowie 1b und 2b führen. An diese werden die Scheinwerfer angeschlossen, wie aus dem mit Schnitt C—D verbundenen Schaltbild zu ersehen ist.

Die Schaltfedernpaare sind so gegeneinander versetzt, daß entweder das Paar 1 oder das Paar 2 auf Kontaktstreifen, das andere Paar aber auf der Isoliermasse der Schaltwalzenenden liegt. Dabei sind jedoch aus dem früher angegebenen Grunde die Kontaktstreifen so breit gehalten, daß beim Übergang aus der einen in die andere Schaltstellung für kurze Zeit beide Federnpaare auf Kontaktstreifen schleifen. Das

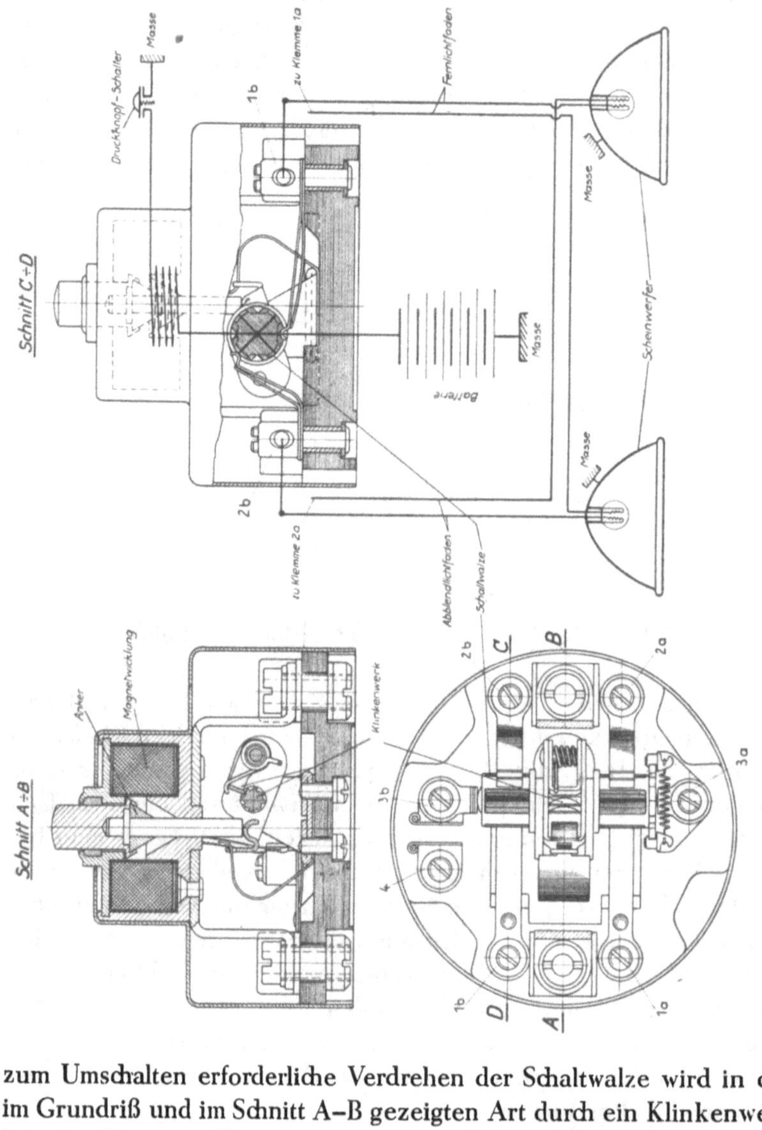

Bild 395. Aufbau und Schaltung eines elektromagnetischen Abblendumschalters (Robert Bosch A.-G.)

zum Umschalten erforderliche Verdrehen der Schaltwalze wird in der im Grundriß und im Schnitt A–B gezeigten Art durch ein Klinkenwerk bewirkt. Dieses stellt in seinen Grundzügen einen einarmigen Hebel dar, der mit einer federbelasteten Klinke an dem gezahnten Mittelstück der Schaltwalze angreift und durch die an seinem freien Ende eingehakte Blattfeder in die Ruhelage gezogen wird. Auf dem freien Ende des Hebels ruht der druckknopfartige Anker des über der Schaltvorrichtung angeordneten Elektromagnets, dessen Wicklung zwischen die Klemmen 3b und 4 geschaltet ist. Sobald der Elektromagnet durch Schließen des an die Klemme 4 angeschlossenen Druckknopfes erregt wird, wird der Anker nach unten gezogen und damit durch Niederdrücken des Klinkenwerks die Schaltwalze um eine Schaltstellung gedreht. Bei Nachlassen des Magnetzuges geht das Klinkenwerk leer in seine Ruhelage zurück.

Um eine Mittelstellung der Schaltwalze, die bei unvollendetem Elektromagnethub möglich wäre, auf alle Fälle zu vermeiden, kann die

Bild 396. Elektromagnetischer Abblendumschalter (Robert Bosch A.-G.)

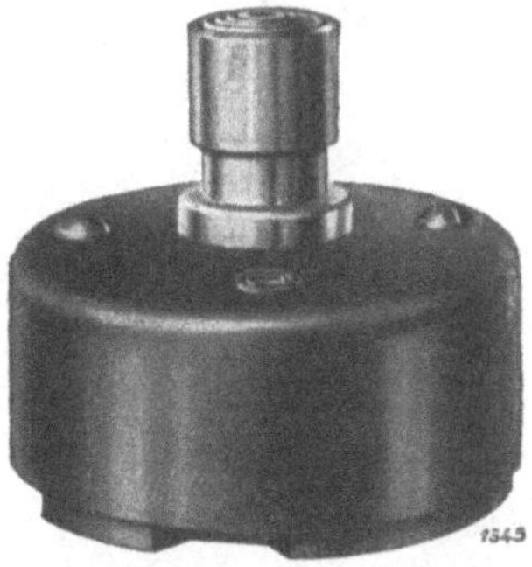

Bild 397. Fuß-Abblendumschalter (Robert Bosch A.-G.)

im Grundriß zwischen der Klemme 3a und der Schaltwalze eingefügte einfache Vorrichtung angebracht werden. Am Ende der Schaltwalze ist eine mit spitzzähnigen Rasten versehene Scheibe befestigt, in die von jeder Seite her ein kleiner Hebel mit einer Rolle eingreift. Die beiden Hebel werden durch eine Schraubenfeder zusammengezogen. Verdreht jetzt der Elektromagnet die Schaltwalze etwa nur bis in eine Zwischenstellung, so wird die Schaltwalze durch den Druck der Rollen auf die Zahnflanken der Rastenscheibe in die eine oder in die andere Endstellung gedreht.

Bild 396 zeigt das Äußere eines derartigen Schalters, der an beliebiger Stelle, zweckmäßig an der Spritzwand, befestigt werden kann.

Bei dem Schalter nach Bild 397 ist der Elektromagnet durch einen Fuß-Druckknopf ersetzt. Dieser wird außer durch die früher erwähnte Blattfeder des Klinkenwerks noch durch eine besondere kräftige

Schraubenfeder in seine Ruhelage gedrückt. Er kann daher nur bei bewußtem, wenn auch für den Fuß geringen Kraftaufwand niedergedrückt werden, so daß ein Schalten bei unbeabsichtigter Berührung, die bei der Unterbringung in der Nähe der Pedale immerhin leicht möglich ist, in der Regel nicht eintreten wird.

Einen sehr einfachen Aufbau zeigt der neuere Umschalter nach Bild 398. Bei diesem ist ein aus Isolierstoff gebildetes Prisma a von quadratischem Querschnitt drehbar in einem Bügel b aufgehängt, der durch einen Druckknopf c gegen den Druck einer Feder nach unten gedrückt werden kann. Das Prisma ist in der Mitte von einem Kontaktstreifen umgeben, an den sich nach den Enden des Prismas zu auf zwei

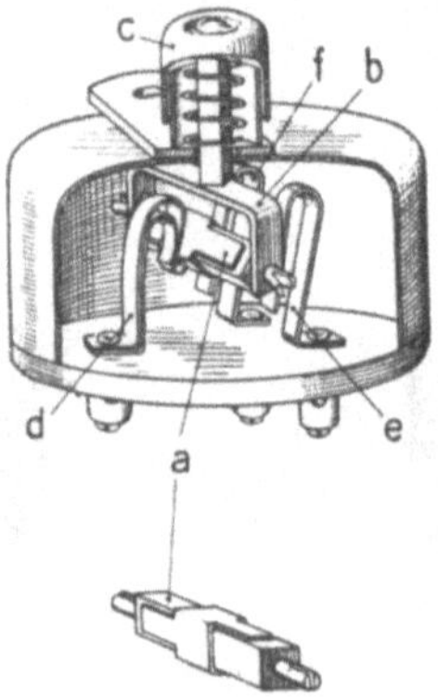

Bild 398. Neuerer Abblendumschalter
(Robert Bosch A.-G.)

einander gegenüberliegenden Seiten je zwei kreuzweise gegeneinander versetzte Kontaktstreifen anschließen. Auf dem mittleren Teil des Kontaktstückes liegt die Feder d, auf den Enden des Prismas die Federn e und f. Jede Feder ist an eine Klemme angeschlossen, und zwar wird d mit der Stromquelle und e und f mit Fernlicht- und Abblendfäden der Scheinwerfer verbunden. Die Schaltung entspricht der nach Bild 394. Wegen der kreuzweisen Versetzung der Kontaktstreifen auf den Enden des Prismas ist jeweils nur eine Lichtart eingeschaltet. Die Feder d ist am freien Ende mit einer Wulst versehen, die in der Ruhestellung unter die Kante des Prismas greift. Infolgedessen fängt sich beim Niederdrücken das Prisma an der Wulst und erfährt eine Drehbewegung. Sobald diese bis zu einem gewissen Grade vorgeschritten ist, schnappt das Prisma voll in die um 90° verdrehte Lage. In der neuen Lage liegt, wenn beispielsweise zuerst e mit d verbunden war, f an d. Ein Hängenbleiben des Prismas in einer Zwischenstellung ist bei richtiger Ausbildung der Federn ausgeschlossen.

Als weiteres Beispiel bringen wir noch den Schalter nach Bild 399. Bei diesem werden die Schaltungen durch eine Kippbrücke bewirkt. Die Stromzuführung erfolgt über den in der Mitte sichtbaren Aufhängebock für die Brücke, während Fernlicht- und Abblendlichtfäden an die rechte und linke Kontaktfeder angeschlossen werden. Das Umschalten erfolgt beim Niederdrücken des Druckknopfes durch das in der Mitte herabhängende Gelenkstück, das je nach der Stellung der Kippbrücke in ohne weiteres ersichtlicher Weise auf den rechten oder den linken Arm der Brücke drückt.

Am Kraftrad ist bei stark wirkenden Scheinwerfern selbstverständlich auch abzublenden. Man verwendete hier früher vorwiegend

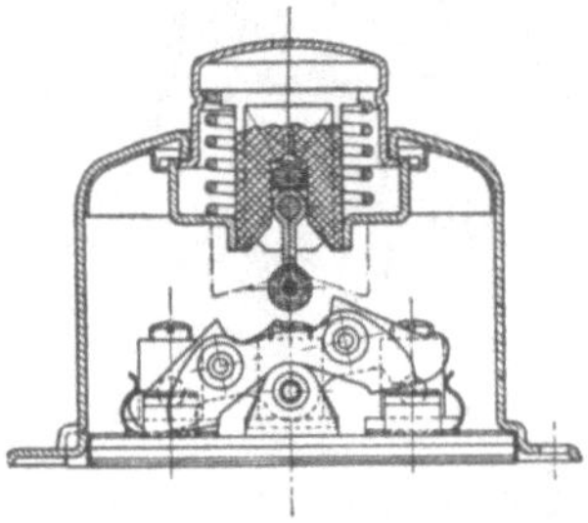

Bild 399. Abblendumschalter der Firma Hermann Riemann

und teilweise auch heute noch Scheinwerfer, die zum Abblenden von Hand geneigt wurden. Zum Beispiel erhalten die am Scheinwerfer sitzenden Gelenke der Aufhängung nach Bild 377 und 378 Rasten, in die der Scheinwerfer bei geneigter und bei horizontaler Stellung einschnappt.

In beschränktem Umfange verwendet man bei Motorradscheinwerfern auch neigbare Reflektoren, die durch Bowdenzüge vom Handgriff der Lenkstange aus bewegt werden. Man erreicht damit den Vorteil, daß zum Abblenden die Hand nicht von der Lenkstange genommen werden muß.

Wie beim Kraftwagen, so gilt aber auch beim Kraftrad die Zweifadenlampe als die bis jetzt gefundene beste Abblendvorrichtung. Das Verfahren selbst ist hier dasselbe wie beim Kraftwagen. Die Umschaltung erfolgt vorteilhaft vom Handgriff an der Lenkstange aus. Wie beim Kraftwagen, so ist auch hier wichtig, daß der Umschalter sehr zuverlässig arbeitet. Insbesondere muß er so gebaut sein, daß er nicht zufällig in einer Zwischenstellung, in der beide Fäden ausgeschaltet wären, stehen bleiben kann, sondern stets sicher in einer Endstellung – volles Licht oder Abblendlicht – einschnappt. Dabei müßte aber dieser Schalter für die Befestigung an der Lenkstange des Motorrades recht klein sein. Eine bewährte Überwindung der darin liegenden Schwierigkeiten bietet der Scheinwerfer nach den Bildern 376 und 400

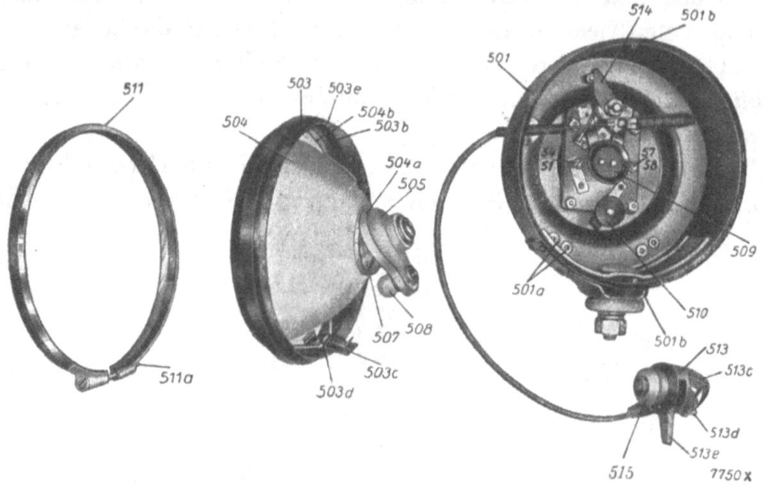

Bild 400. Der innere Aufbau, insbesondere der Abblendumschalter des Motorrad-Scheinwerfers der Robert Bosch A.-G.

501 = Gehäuse
501a = Kabeltüllen
501b = Stift für Bajonettverschluß
503 = Scheibenfassung
503b = Nut für den Sprengring
503c = Führungsblech
503d = Öse zum Einhängen des Sprengrings
503e = Bajonettschlitz
504 = Spiegel
504a = Nase für Fassungsteller
504b = Sprengring
505 = Fassungsteller
507 = Hauptlampe
508 = Hilfslampe
509 = Anschlußplatte für Hauptlampe
510 = Anschlußplatte für Hilfslampe
511 = Spannring
511a = Spannschraube
513 = Bowdenzugschalter
513c = Spannband
513d = Spannschraube
513e = Schalthebel
514 = Abblendumschalter
515 = Horndruckknopf

bei dem der eigentliche Abblendumschalter ebenso wie der durch den Drehgriff bediente Hauptschalter in den Scheinwerfer gelegt ist. Man hat hier hinter dem Reflektor genügend Platz für eine durchaus betriebsichere Bauart. Die Schaltbewegungen werden durch einen Bowdenzug vom Handgriff an der Lenkstange aus ausgelöst. Wie das Beispiel zeigt, gibt die Befestigungsvorrichtung des Bowdenzughebels zugleich die Unterlage für den Horndruckknopf, so daß der Fahrer die Handgriffe für die wichtigsten elektrischen Schalter in bequemer Reichweite hat.

E. Sonderbauarten von Scheinwerfern.

Neben den besprochenen, der Beleuchtung der Fahrstraße dienenden Scheinwerfern haben wir noch einige Bauarten zu berücksichtigen, die gewissen Sonderzwecken dienen. Als sehr angenehmes Hilfsmittel ist zunächst der Suchscheinwerfer, vielfach kurz „Sucher" genannt, zu erwähnen (Bilder 401 – 405). Dieser dient in erster Linie dazu, außerhalb des Bereichs der Scheinwerfer gelegene Gegenstände, z. B. Wegweiser, Straßenschilder, Hausnummern und dergleichen, vom Wagen aus anzuleuchten. Eine Verwendung zum Beleuchten der Fahrstraße ist nach den neuesten Vorschriften verboten. Wohl aber wird der Sucher noch mit Vorteil beim Rückwärtsfahren (Einfahren in den

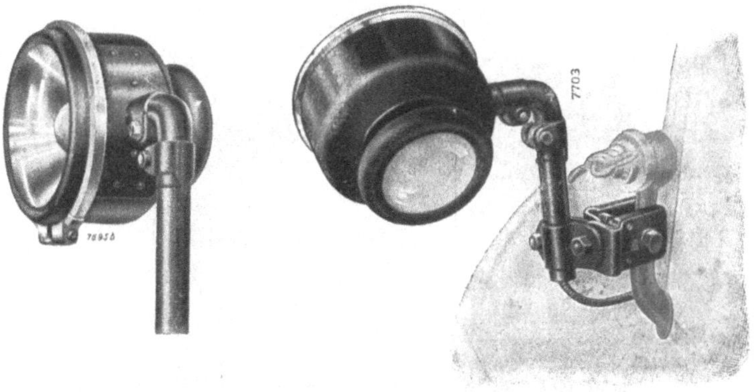

Bild 401. Suchscheinwerfer der Robert Bosch A.-G.

Wagenschuppen), sowie bei Ausbesserungsarbeiten benützt. Entsprechend seinem Zweck, einen sehr begrenzten Raum kräftig zu beleuchten, ist der Sucher so zu bauen, daß er ein eng zusammengefaßtes Lichtbündel aussendet. Man verwendet also bei ihm klare Lampen und glatte Scheinwerferabschlußscheiben, sowie einen möglichst eng zusammengefaßten Leuchtkörper (Bild 345). Manchmal benützt man Lampen mit verspiegelter Kappe, um auch noch den Teil des Lichts, der sonst direkt vom Leuchtkörper in den Raum gestrahlt wird, auf den Spiegel zu reflektieren. Auf jeden Fall empfiehlt es sich, Lampen mit einer undurchsichtigen Kappe (aufgespritztes Metall) zu benutzen, damit alles nicht vom Spiegel gerichtet ausgestrahlte Licht abgeblendet wird. Geschieht das nicht, so kann das vom Faden unmittelbar ausgestrahlte Licht durch Reflexion an der Motorhaube zu unangenehmer

Blendung des Fahrers führen. Die neuere Fadenform nach Bild 345 sendet allerdings so wenig Licht nach vorn, daß die beschriebene Blendung nicht mehr zu befürchten ist. Die Leistungsaufnahme der Sucherlampe beträgt 15–25 W.

Im mechanischen Aufbau unterscheidet sich der Sucher in seinen Grundlagen nicht von den üblichen Scheinwerfern. Besondere Überlegung fordern bei ihm aber die Vorrichtungen für Befestigung und Handhabung. Diese Vorrichtungen müssen so sein, daß man mit dem Sucher vom Sitz aus einen möglichst großen Raumwinkel bestreichen kann. Man wird damit also schon zwischen Suchern für offene und für geschlossene Wagen unterscheiden müssen. Beim offenen Wagen befestigt man den Sucher in wagrechter und senkrechter Richtung ver-

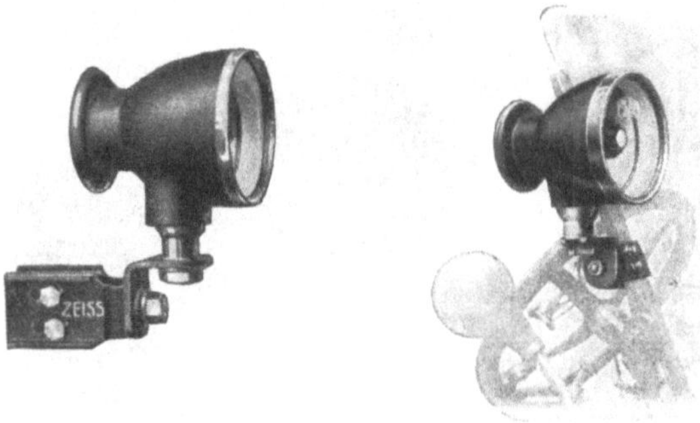

Bild 402. Suchscheinwerfer der Firma Carl Zeiß

drehbar an einer Stütze und klemmt ihn dann in der Regel seitlich vom Führersitz an der Stütze der Windschutzscheibe oder sonst in geeigneter Weise fest (Bilder 401 und 402). Zur bequemen Handhabung ist bei dieser Sucherbauart meist hinten am Gehäuse ein Handgriff angebracht, der entweder selbst zugleich als Handhabe für den Schalter benützt wird, oder aber an dem der Schaltergriff sich befindet. Außerdem bietet der Handgriff in seiner Rückfläche Gelegenheit zum Anbringen eines Rückspiegels.

Etwas schwieriger wird die Konstruktion des Suchers, wenn man bei Verwendung an geschlossenen Wagen verlangt, daß der Sucher vom Wageninnern aus ohne Öffnen der Fenster bedienbar sein soll. Man sieht für diesen Zweck manchmal recht umständliche Hebelkonstruktionen. Vor allem im Ausland werden auch Bauarten verwendet, bei denen der einigermaßen leicht gehaltene Sucher vermittels eines Kugelgelenks in der Windschutzscheibe selbst gelagert ist (Bild 403). Interessant ist auch die Lösung nach Bild 404. Hier ist der halbkugelförmige Sucher in einer Gabel aufgehängt, deren Stiel die

Bild 403 und 404. Innenlenker-Sucher
der Aero-Motor- und Auto-Zubehör A.-G. (Currus)

Windschutzscheibe durchsetzt und in dieser drehbar gelagert ist. Die dadurch ermöglichte Drehung der Gabel ergibt die eine Bewegungsrichtung. Senkrecht zu dieser kann der Sucher um seine Aufhängungspunkte in der Gabel gedreht werden. Diese Bewegung wird über eine durch den Gabelstiel gehende Welle bewirkt, die innen in einem Handrad, außen in einer gegen das Suchergehäuse gedrückten Gummischeibe endigt. Wird das Handrad gedreht, so rollt die Gummischeibe auf dem Sucher ab und verdreht ihn infolgedessen in der Gabel.

Bild 405.
Zeiß-Sucher mit Kabelrolle

Bei manchen Bauarten ist der Sucher leicht von seiner Befestigung lösbar und über ein von einer Rolle abziehbares Kabel von mindestens 4 m Länge an die Stromquelle angeschlossen. Er kann dann als kräftig wirkende Handlampe bei Arbeiten am Wagen benützt werden (Bild 405).

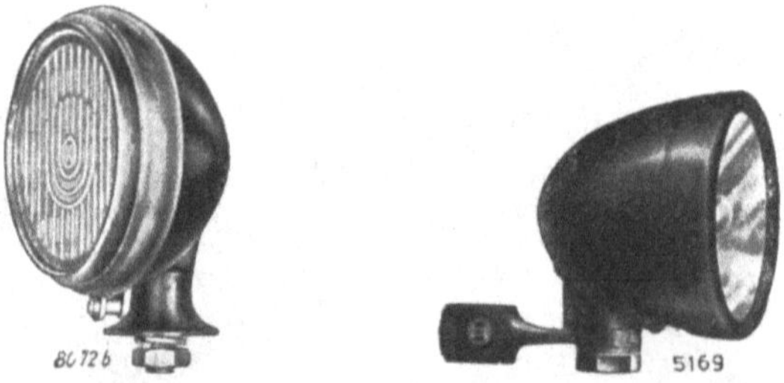

Bild 406. Seitenlampen (Robert Bosch A.-G.)

Als weitere Sonderbauart von Scheinwerfern wären die sogenannten Seitenlampen zu nennen (Bild 406). Sie sind im Grunde genommen verkleinerte Scheinwerfer. Die Ansprüche an ihre optische Ausrüstung sind jedoch geringer als bei den Scheinwerfern, denn sie dienen in der Regel nur dazu, nach dem Gesetz die seitliche Begrenzung des Wagens anzuzeigen oder das Standlicht zu geben. Nur selten werden sie neben den heutigen guten Scheinwerfern als sogenannte Kurvenlampen noch dazu benützt, die Ränder der Fahrstraße zu beleuchten. Die Seitenlampen werden heute fast stets auf den vorderen Kotflügeln, seltener an besonderen Haltern seitlich an der Karosserie angebracht. Sie finden nur noch an teureren Wagen Verwendung.

Ziemlich ungeklärt ist noch die Benützung von Scheinwerfern an Motorbooten und Flugzeugen. Hier wird die Elektrizität vor-

Bild 407. Motorboot-Scheinwerfer (Robert Bosch A.-G.)

wiegend erst für die Innenbeleuchtung ausgenützt. Auf Motorbooten findet man neben elektrisch gespeisten Positionslaternen Scheinwerfer, die nach dem Grundsatz der Suchscheinwerfer aufgebaut sind und zum Beleuchten von bestimmten Punkten, Landeplätzen, engen Durchfahrten usw., dienen (Bild 407). Sie sind, wie die Bilder zeigen, allseitig verdrehbar auf einem Fuß befestigt und können mit diesem an einem geeigneten Platz festgeschraubt werden.

Aussichtsreich erscheint noch die Verwendung von Scheinwerfern zur Beleuchtung des Landungsplatzes vom Flugzeug aus. Man muß hier sehr darauf achten, daß der Luftwiderstand der Geräte möglichst vermindert wird. Am besten baut man natürlich die Scheinwerfer in die Tragflächen ein, doch ist das nicht immer möglich.

Eine mit Rücksicht auf den Luftwiderstand entwickelte Form zeigt Bild 408, und zwar hat dieser Scheinwerfer einen beweglichen Reflektor zur Erzeugung eines lenkbaren Lichtkegels. Auch bei diesen Scheinwerfern kommt es im allgemeinen darauf an, den Lichtkegel möglichst zusammenzuhalten. Wie bei den Motorbooten kommen nur Lampen mit größerer Leistungsaufnahme (bis 100 Watt) in Frage.

Bild 408. Zeiß-Flugzeugscheinwerfer

4. Beleuchtungskörper ohne optische Ausrüstung

Neben den Scheinwerfern werden am Kraftfahrzeug noch eine Reihe von elektrisch betriebenen Beleuchtungskörpern verwendet, in denen besondere optische Hilfsmittel nicht benützt werden. Als wichtigste ist hier die Nummerlaterne zu erwähnen, die zur Beleuchtung des gesetzlich vorgeschriebenen Kennzeichens dient.

Man hat bei der Konstruktion dieser Laterne vor allem darauf zu achten, daß sie wegen ihrer freien Lage gut gegen Eindringen von Wasser und Staub geschützt sein muß. Einen bewährten Aufbau zeigt Bild 409. Die Glühlampe hat die im Bild gezeigte Röhren- oder auch die bekannte Soffitenform. Die Leistungsaufnahme beträgt durchweg 5 W, bei 12 V gelegentlich auch 10 W.

Die Laterne ist so anzubringen, daß der aus dem Fenster austretende Lichtstrom das Kennzeichen gleichmäßig beleuchtet. Bei quadratischen Schildern wird sie im allgemeinen an der oberen Kante, bei länglichen Schildern seitlich angebracht. Vielfach dient die Nummerlaterne gleichzeitig als Schlußlicht. Dann wird an der Stirn oder auch seitlich ein rotgelbes, in manchen Ländern ein rotes Fenster eingebaut.

Neuerdings werden vielfach Nummerlicht, Schlußlicht und das sogenannte „Stoplicht" miteinander verbunden. Die Laterne enthält dann

2 Glühlampen, von denen die untere als Lichtquelle für Nummer- und Schlußlicht dient, und die obere jeweils bei Bedienung der Bremsen das in einem besonders abgeteilten Raum liegende Stopzeichen be-

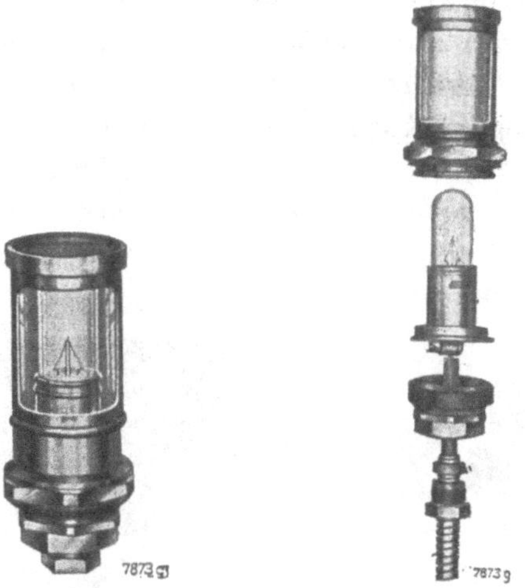

Bild 409. Nummerlaterne (Robert Bosch A.-G.)

leuchtet (Bild 410). Auf das „Stoplicht" kommen wir im einzelnen später noch zurück.

Viel verwendet wird am Wagen die Instrumentenlaterne. Ihre Form wird sich im allgemeinen dem in Bild 411 dargestellten Bei-

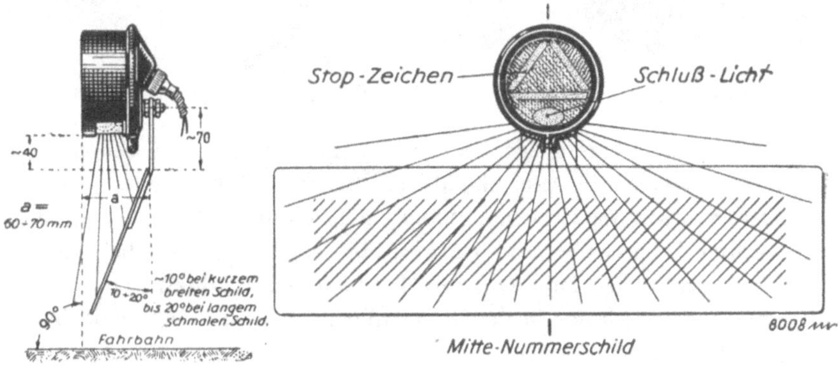

Bild 410. Nummer- und Stoplaterne vereinigt
(Das Bild zeigt zugleich den Einbau)

spiel annähern. Bei der Konstruktion muß maßgebend sein, daß die Lichtquelle gegen den Fahrer völlig abgedeckt ist, und daß das Instrumentenbrett nur so beleuchtet sein darf, daß die Instrumente abgelesen werden können. Keinesfalls darf die Beleuchtung so stark sein, daß der Fahrer in der Sicht auf die Fahrstraße gestört wird. Vielfach wird das Licht durch farbige Gläser (blau) gedämpft. Manchmal macht man die Instrumentenlaterne zum Gebrauch als Handlampe abnehmbar und verbindet sie durch ein abrollendes Kabel mit der Stromquelle. Das Kabel kann beim Abrollen eine Feder spannen, die elektromagnetisch gesperrt ist, solange die Lampe eingeschaltet ist. Wird der Strom ausgeschaltet, so löst die Sperre aus und die Feder rollt das Kabel wieder auf. Bei einheitlich aufgebauten Instrumentenbrettern findet man neuerdings in der Regel eine Beleuchtungsvorrichtung eingebaut (vgl. Abschnitt „Meßinstrumente").

Bild 411. Instrumentenlaterne

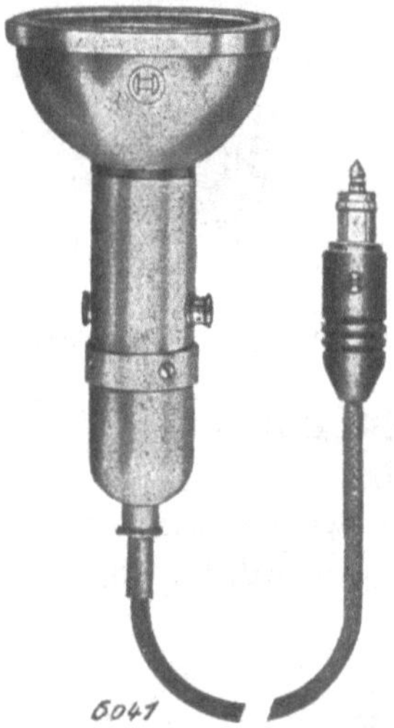

Bild 412. Handlaterne

Wird dem Fahrzeug eine besondere Handlaterne beigegeben, so wird sie etwa dem Beispiel Bild 412 entsprechen. Zur Erzielung einer guten Leuchtwirkung ist sie mit einem einfachen Reflektor zu versehen. Das Kabel, das an eine Steckdose angeschlossen wird, muß so lang sein, daß man das ganze Fahrzeug mit der Lampe ableuchten kann. Der Leistungsverbrauch der in der Regel röhrenförmigen Glühlampe beträgt 5–10 W.

Eine gewisse Rolle spielen bei der zunehmenden Verbreitung der geschlossenen Wagen und daneben auch für Flugzeuge und Motorboote die Innenlampen, die in Form von Deckenlampen, Ecklampen, Leselampen und dergleichen angewendet werden. Eine einfache Deckenlampe zeigt Bild 413. Der Bau der Lampen stellt keine besonderen Ansprüche. Er hat sich den allgemeinen elektrotechnischen Richtlinien anzupassen und im übrigen in erster Linie kunstgewerbliche Forderungen zu erfüllen. Als Lichtquelle dienen Röhren- und Soffittenlampen. Die Leistungsaufnahme soll zur Schonung der Lichtanlage möglichst beschränkt werden; man wird mit 5–10 W pro Lampe rechnen. Zu dem Gesamtaufwand für die Innenbeleuchtung, insbesondere auch bei größeren Fahrzeugen (Omnibussen), bei denen besondere Gesichtspunkte maßgebend sind, haben wir uns im II. Teil dieses Werks auf S. 9 bereits geäußert.

Bild 413. Deckenlaterne

Ergänzung zu „2. Gesetzliche Vorschriften" (Seite 6)

Nach der im Reichsgesetzblatt Nr. 29 vom 22. Juli 1930 veröffentlichten „Neufassung der Verordnung über Kraftfahrzeugverkehr" ergeben sich gegenüber den auf Seite 7 bis 9 angeführten Vorschriften folgende Änderungen:

Nach § 4, Abs. 1, Nr. 5 ist jedes Kraftfahrzeug zu versehen

> „bei Dunkelheit oder starkem Nebel mit zwei in gleicher Höhe und in gleichem Abstand von der Fahrzeugmitte angebrachten, mit farblosem oder gelblichem Glase versehenen Scheinwerfern; diese müssen in eingeschaltetem Zustande gleich hell brennen und die Fahrbahn derart beleuchten, daß sie vom Führer bei Fahrzeugen, deren Geschwindigkeit auf ebener Bahn 30 Kilometer in der Stunde übersteigen kann, auf mindestens 100 Meter vor dem Fahrzeug, bei Fahrzeugen mit geringerer Höchstgeschwindigkeit auf mindestens 25 Meter vor demselben, soweit die Sicht nicht durch Nebel beeinträchtigt ist, übersehen werden kann. Die Unterkante des Spiegels der Scheinwerfer darf höchstens 1 Meter über der Fahrbahn liegen. Übermäßig stark wirkende Scheinwerfer und solche elektrische Scheinwerfer, bei denen die während der Abblendung (§ 17 Abs. 3) benutzte Glühlampe in ihrer Lage zum

Brennpunkt des Spiegels jederzeit verstellt werden kann, dürfen nicht angebracht werden. Werden stark wirkende elektrische Scheinwerfer verwandt, so muß das Fahrzeug außerdem mit zwei Standlichtern versehen sein; dies gilt ferner bei Verwendung von Scheinwerfern anderer Art, deren Spiegelaußenkante mehr als 40 Zentimeter von der Außenkante des Fahrzeugs entfernt ist, so daß dessen seitliche Begrenzung nicht mehr genügend durch die Scheinwerfer angezeigt wird.

Als Standlichter gelten nach vorn auf die Fahrbahn gerichtete Lichter von geringer Leuchtkraft mit farblosem oder gelblichem Glase, bei denen die Außenkante der leuchtenden Fläche in keinem Falle mehr als 40 Zentimeter von der Außenkante des Fahrzeugs entfernt sein darf. Es können als Standlichter entweder zwei in gleicher Höhe angebrachte besondere Laternen oder besondere nur als Standlichter dienende Hilfslampen in den Scheinwerfern verwendet werden."

Bei Krafträdern

„genügt ein Scheinwerfer der in Nr. 5 bezeichneten Art; wird ein stark wirkender elektrischer Scheinwerfer verwandt, so muß außerdem ein Standlicht der in Nr 5 bezeichneten Art vorhanden sein; wird von dem Kraftrad ein Beiwagen mitgeführt, so muß ferner auf der dem Kraftrad abgewandten Seite des Beiwagens ein Standlicht der in Nr. 5 bezeichneten Art angebracht sein."

Die Ergänzung dieser Vorschriften in § 17, Abs. 3 hat jetzt folgende Fassung:

„Der Führer hat für die vorschriftsmäßige Beleuchtung des Fahrzeugs zu sorgen. Bei Dunkelheit müssen während der Fahrt die Scheinwerfer und, falls deren Spiegelaußenkante mehr als 40 Zentimeter von der Außenkante des Fahrzeugs entfernt ist, außerdem die Standlichter brennen; bei Krafträdern mit Beiwagen muß auch das auf der dem Kraftrad abgewandten Seite des Beiwagens angebrachte Standlicht brennen. Stark wirkende Scheinwerfer müssen jedoch während der Fahrt innerhalb geschlossener Ortsteile, soweit diese hinreichend beleuchtet sind, ferner überall da, wo es die Sicherheit des Verkehrs erfordert, insbesondere beim Begegnen mit anderen Wegebenutzern, abgeblendet werden; dies gilt auch, wenn das Kraftfahrzeug auf einem Wege längs eines besonderen Bahnkörpers fährt und einem diesen benutzenden Schienenfahrzeuge begegnet; die Ortsbeleuchtung gilt als hinreichend, wenn sie ein Sehen auf mindestens 25 Meter gewährleistet. Nach dem Abblenden dürfen stark wirkende Scheinwerfer erst wieder eingeschaltet werden, wenn die sich Begegnenden auf gleicher Höhe sind. Wenn das Abblenden durch Umschalten auf besondere abgeblendete Scheinwerfer erfolgt, darf auch bei diesen die Unterkante des Spiegels höchstens 1 Meter über der Fahrbahn liegen. Auch die beiden abgeblendeten Scheinwerfer müssen gleich hell brennen und die Fahrbahn derart beleuchten, daß sie vom Führer auf noch mindestens 25 Meter vor dem Fahrzeug, soweit die Sicht nicht durch Nebel beeinträchtigt ist, übersehen werden kann. Während der Fahrt in starkem Nebel sowie innerhalb geschlossener Ortsteile, soweit sie gut beleuchtet sind, genügt es, wenn an Stelle der Scheinwerfer die Standlichter brennen; die Ortsbeleuchtung gilt als gut, wenn sie ein Sehen auf mindestens 50 Meter gewährleistet. Der Reichsverkehrsminister bestimmt, welche Scheinwerfer als übermäßig stark wirkend und welche als stark wirkend gelten, ferner, welchen weiteren Anforderungen das Abblendlicht und die Abblendvorrichtung genügen und welchen lichttechnischen Bedingungen die Standlichter entsprechen müssen; er kann auch Bestimmung darüber treffen, welche Lichter als sogenannte Nebellichter verwendet werden dürfen."

Als Absatz 4 kommt hinzu:

„Suchscheinwerfer gelten nicht als Scheinwerfer im Sinne der Vorschriften des Abs. 3, des § 4, Abs. 1, Nr. 5 und des § 28, Abs. 3; sie müssen mit farblosem oder gelblichem Glase versehen sein und dürfen nicht zum Beleuchten der Fahrbahn benutzt werden. Auch zu Suchzwecken ist ihre Benutzung nur vorübergehend zulässig."

Neu ist ferner die Vorschrift § 28, Abs. 3:

„Wenn bei Dunkelheit oder starkem Nebel ein Kraftfahrzeug zum Stillstand gelangt ist, das nach § 4 mit Standlichtern ausgerüstet sein muß, müssen diese eingeschaltet werden oder eingeschaltet bleiben und die Scheinwerfer ausgeschaltet werden; bei anderen Kraftfahrzeugen müssen die Scheinwerfer abgeblendet werden; in beiden Fällen muß das hintere Kennzeichen beleuchtet sein. Wenn auf Droschkenhalteplätzen mehrere Kraftdroschken hintereinander halten, genügt es, wenn bei der vordersten die Strandlichter brennen und bei der hintersten das hintere Kennzeichen beleuchtet ist. Auf Parkplätzen, die von öffentlichen Wegen leicht erkennbar abgetrennt und beleuchtet sind, und auf ebensolchen

Droschkenhalteplätzen, sowie überall dort, wo zuverlässige fremde Lichtquellen eine ausreichende Beleuchtung des stillstehenden Fahrzeugs gewährleisten, bedarf es keiner eigenen Beleuchtung des Kraftfahrzeugs (auch keiner Beleuchtung des hinteren Kennzeichens)."

Die „Anweisung für die Beurteilung von Scheinwerfern und Standlichtern" heißt jetzt nach der Bekanntmachung im Reichsministerialblatt Nr. 32 vom 22. 7. 1930, Seite 465:

I. Als übermäßig stark wirkend und deshalb unzulässig gelten:

a) mit Gas betriebene und mit Glühkörpern versehene Scheinwerfer, bei denen dem Gas verdichtete Luft oder Sauerstoff zugefügt wird;

b) elektrische Scheinwerfer mit Glühlampen von mehr als 20 bis 35 Watt (entsprechend 40 bis 70 Hefnerkerzen), wenn weder die Glühlampen mattiert, noch die Scheiben mattiert oder geriffelt, noch ähnliche Dämpfungsmittel angewandt sind;

c) elektrische Scheinwerfer mit Glühlampen von mehr als 35 Watt (entsprechend 70 Hefnerkerzen).

II. Als stark wirkend gelten und deshalb mit einer Abblendvorrichtung zu versehen sind:

a) Azetylenscheinwerfer mit einem Brenner von mehr als 10 Liter Stundenverbrauch, wenn die Lichtkegelmitte die Fahrbahn in einer Entfernung von mehr als 20 Meter vor dem belasteten Fahrzeug trifft;

b) elektrische Scheinwerfer mit Glühlampen von höchstens 20 Watt bei einer Spannung bis zu 24 Volt oder von höchstens 25 Watt bei einer Spannung über 24 Volt (jeweils entsprechend 40 Hefnerkerzen), wenn die Lichtkegelmitte die Fahrbahn in einer Entfernung von mehr als 20 Meter vor dem belasteten Fahrzeug trifft;

c) elektrische Scheinwerfer mit Glühlampen von mehr als 20 bis 35 Watt (entsprechend 40 bis 70 Hefnerkerzen), wenn zwar die Glühlampen mattiert oder die Scheiben mattiert oder geriffelt oder ähnliche Dämpfungsmittel angewandt sind, aber entweder die Lichtkegelmitte die Fahrbahn in einer Entfernung von mehr als 20 Meter vor dem belasteten Fahrzeug trifft, oder ihre Lichtstärke nicht auf mindestens die Hälfte herabgesetzt ist.

III. Als abgeblendet (nicht mehr stark wirkend) gelten:

a) Azetylenscheinwerfer mit einem Brenner von mehr als 10 Liter Stundenverbrauch, wenn die Lichtkegelmitte die Fahrbahn in einer

Entfernung von höchstens 20 Meter vor dem belasteten Fahrzeug trifft;

b) elektrische Scheinwerfer mit Glühlampen von höchstens 20 Watt bei einer Spannung bis zu 24 Volt oder von höchstens 25 Watt bei einer Spannung über 24 Volt (jeweils entsprechend 40 Hefnerkerzen), wenn die Lichtkegelmitte die Fahrbahn in einer Entfernung von höchstens 20 Meter vor dem belasteten Fahrzeug trifft;

c) elektrische Scheinwerfer mit Glühlampen von mehr als 20 bis 35 Watt (entsprechend 40 bis 70 Hefnerkerzen), wenn die Glühlampen mattiert oder die Scheiben mattiert oder geriffelt oder ähnliche Dämpfungsmittel angewandt sind, vorausgesetzt, daß die Lichtkegelmitte die Fahrbahn in einer Entfernung von höchstens 20 Meter vor dem belasteten Fahrzeug trifft und außerdem die Lichtstärke gleichzeitig auf mindestens die Hälfte herabgesetzt ist;

d) elektrische Scheinwerfer, bei denen keine erkennbare Lichtkegelmitte, dagegen eine deutlich ausgeprägte waagerechte Grenzlinie zwischen einer unteren hellen und einer oberen dunklen Zone des Lichtstroms vorhanden ist, beispielsweise solche mit Zweifadenlampen mit Abdeckschirm, wenn die Grenzlinie in der Entfernung von 5 Meter vor dem belasteten Fahrzeug wenigstens 5 Zentimeter unter der parallel zur Fahrbahn durch die Glühlampenmitte gehenden Ebene liegt.

Auch in abgeblendetem Zustand müssen die Scheinwerfer die Erfordernisse von § 17, Abs. 3, Satz 6 der Verordnung über Kraftfahrzeugverkehr noch erfüllen.

IV. Als Lichtquellen für Standlichter können verwendet werden:

a) elektrische Glühlampen von 2 bis höchstens 10 Watt;

b) elektrische Glühlampen von mehr als 10 bis 35 Watt, wenn sie nur mit halber Spannung gespeist werden;

c) Azetylenlampen mit einem Brenner von 5 bis 10 Liter Stundenverbrauch;

d) Öllaternen mit Kerzen.

Wenn die Standlichter parallel gerichtete Lichtstrahlen aussenden, so muß ihre Lichtkegelmitte in den Fällen zu a) in einer Entfernung von weniger als 10 Meter vor dem Fahrzeug die Fahrbahn treffen, in den Fällen zu b) bis d) innerhalb weniger als 20 Meter."

II. Anlasser

1. Geschichtliches

Der Verbrennungsmotor hat gegenüber anderen Kraftmaschinen den Nachteil, daß er nicht mit eigener Kraft anlaufen kann. Das „Anwerfen“ oder „Andrehen“ von Hand ist aber, zumal bei stärkeren Motoren und kaltem Wetter, anstrengend oder sogar unmöglich und birgt bei ungeschickter Handhabung der Andrehkurbel außerdem gewisse Gefahren. Dieser Nachteil trat wenig in Erscheinung, solange die Motoren als ortsfeste Maschinen und im Kraftfahrzeug von berufsmäßig dafür ausgebildeten Personen bedient wurden. Mit der wachsenden Verbreitung des Kraftfahrzeugs und der Steigerung der Motorgröße stellte sich aber das Bedürfnis ein, den Motor unabhängig von der Muskelkraft des Fahrers oder von Hilfspersonen „anlassen" zu können. Die ersten Versuche zur Lösung dieser Aufgabe wurden schon Ende des vorigen Jahrhunderts gemacht. Zum Beispiel ist im amerikanischen Patent Nr. 657662 von la Roche vom 11. 9. 1900 der Gedanke festgelegt, in das Schwungrad des Fahrzeugs eine elektrische Maschine einzubauen, die bei Betrieb des Wagens als Stromerzeuger eine Batterie aufladen sollte, aus der dann bei stehendem Verbrennungsmotor Strom entnommen werden konnte, um dieselbe elektrische Maschine als Anlaßmotor zu betreiben. In der Hauptsache erstreckten sich aber die ersten Bestrebungen zur Schaffung einer Anlaßvorrichtung auf die Ausnützung nichtelektrischer Mittel, weil die Verwendung der Elektrizität dem Kraftfahrzeugbauer noch fern lag. Wir dürfen hier zur geschichtlichen Entwicklung der elektrischen Kraftfahrzeugausrüstung im allgemeinen vielleicht nochmals auf die bereits früher angezogene Arbeit von Towle*), sowie bezüglich der Entwicklung der Anlasser im besonderen auf eine Arbeit von Schirmbeck**) hinweisen. In der zuletzt genannten Veröffentlichung werden auch die nichtelektrischen Anlaß-

*) H. L. Towle: The Development of Ignition, Lighting and Starting, Aut. Trade Journal, 1924, Nr. 6, S. 303; 1925, Nr. 7, S. 89.

**) K. Schirmbeck: Anlaßvorrichtungen für Automobilmotoren, Automobil-Rundschau 1913, Nr. 17, S. 377, Nr. 19, S. 429; Nr. 22, S. 491; Nr. 24, S. 542; 1914, Nr. 4, S. 69; Nr. 7, S. 133; Nr. 10, S. 201.

vorrichtungen – d. h. Hebel-, Feder-, Druckluftanlasser und dergleichen – sehr eingehend besprochen.

Diese brachten keine befriedigende Lösung der Aufgabe. Sie waren vielfach schwerfällig und durchweg unzuverlässig. Auch die Anlaßzünder (vgl. Teil I, S. 196), die man schon zu den elektrischen Vorrichtungen zählen muß, überließen das Anspringen des Motors bis zu einem gewissen Grade dem Zufall. Der Weg zu einer brauchbaren Lösung ergab sich erst mit Einführung der elektrischen Lichtanlagen, durch die die Verwendung von Elektromotoren als Anlasser ermöglicht wurde. Darüber, und über die weitere Entwicklung der Licht- und Anlasseranlagen haben wir bereits im II. Teil unseres Werkes, „Lichtmaschine und Batterie", auf S. 2 ff. alles Erforderliche gesagt.

2. Die Anlaßarbeit nach Art und Größe

Bevor wir auf den Anlaß-Elektromotor im einzelnen eingehen, wollen wir allgemein die vom Anlasser zu leistende Arbeit nach Art und Größe betrachten.

Die zum Anlassen eines Verbrennungsmotors benötigte Leistung ist von Motor zu Motor und beim gleichen Motor je nach dessen jeweiligem Zustand stark veränderlich. Sie ist gegeben durch das Drehmoment, das zum Durchdrehen des Verbrennungsmotors an der Kurbelwelle angreifen muß, und durch die Drehzahl, auf die der Motor bis zum Anspringen gebracht werden muß. Diese Drehzahl ist beim Vergasermotor dadurch gegeben, daß der Motor fähig sein muß, ein zündfähiges Gemisch zu bilden und mit seinem Zünder einen zur Zündung ausreichenden Funken an der Kerze zu erzeugen. Sie ist also bestimmt durch die Güte des Vergasers, die Ausbildung der Ansaugleitung und der Zylinderköpfe sowie die Leistungsfähigkeit des Zünders. Über den letzten Punkt ist im ersten Teil unseres Buches, „Zündung", auf S. 26 bereits gesprochen worden. Da die Gemischbildung in hohem Maße durch die Temperatur beeinflußt wird, ergibt sich hier schon eine merkliche Abhängigkeit des Anlaßvorgangs von der Temperatur des Motors, die weiter unten bei Betrachtung des zum Anlassen erforderlichen Drehmoments in ganz besonderem Maße zum Ausdruck kommen wird. Allgemein kann für Vergasermotoren angenommen werden, daß auch bei einer Motortemperatur von 0 bis –10° C ein in gutem Zustand befindlicher Motor mit mittleren Andrehzahlen von 60–80 U/min, gemessen an der

Kurbelwelle, in Gang zu setzen ist. Bei günstiger Anordnung der die Zerstäubung des Brennstoffes, die Durchwirbelung des Gemisches und die Bildung eines gleichmäßigen Gasstromes beeinflussenden Motorelemente genügt vielfach eine mittlere Anwerfdrehzahl von weniger als 60 U/min, die unter besonders günstigen Umständen oder bei Verwendung besonderer Hilfsmittel wie Einspritzvorrichtungen selbst auf 40 U/min im Mittel sinken kann. Gelegentlich mag sogar bei geschickter Handhabung der Einspritzvorrichtung und der Luftklappe sowie genauer Kenntnis des Motors das Anwerfen bei noch niedrigeren Drehzahlen gelingen, doch dürfen solche Werte für die praktischen Verhältnisse der Berechnung des Anlassers nicht zugrunde gelegt werden.

Beim Dieselmotor ist die Anwerfdrehzahl von der Temperatur abhängig, die erforderlich ist, um den Brennstoff, der in die im Zylinder verdichtete und durch die Kompressionswärme erhitzte Luft eingespritzt wird, zur Selbstentzündung zu bringen. Bei ungenügender Drehzahl wird während des Kompressionshubs durch den Zylinderkopf, die Zylinderwandungen und den Kolben soviel Wärme abgeführt, daß die Lufttemperatur den Selbstzündungspunkt des Brennstoffes nicht mehr erreicht. Aus diesem Grunde wird auch beim Dieselmotor der Anlaßvorgang durch die Temperatur der Außenluft und des Motors sowie durch die Ausbildung des Verbrennungsraums erheblich beeinflußt. Wesentlich ist, daß bei den Dieselmotoren die Drehzahl ferner für die Arbeit der Einspritzpumpen und Düsen eine Rolle spielt. Bei zu geringer Drehzahl ist der Druckanstieg in der Brennstoffförderung nicht mehr steil genug, um den Brennstoff mit genügender Durchschlagskraft und ausreichend zerstäubt in den Zylinder zu spritzen. Nach den bisher vorliegenden Erfahrungen können für Dieselmotoren je nach Konstruktion bei 0° C und voller Kompression die folgenden Anwerfdrehzahlen als sicher ausreichend der Berechnung des Anlassers zugrunde gelegt werden:

Motor mit direkter Strahlzerstäubung ohne Hilfszündeinrichtung 100 U/min,

Motor mit Vorkammer oder Luftspeicher ohne Hilfszündeinrichtung 200 U/min,

Motor mit Vorkammer oder Luftspeicher mit Hilfszündeinrichtung 150 U/min.

Die beim Durchdrehen eines Verbrennungsmotors durch das an der Kurbelwelle angreifende Drehmoment des Anlassers zu überwindenden Widerstandsmomente sind im einzelnen gegeben durch das Hubvolumen, die Kompression, die Reibung an den Kolben und in den Lagern des Motors und seiner Hilfsapparate, die Widerstände bei Bewegung der Ventile und endlich durch die sogenannten Beschleunigungswiderstände, die durch die Trägheit der in Bewegung zu setzenden Massen des Motors bedingt sind. Am größten sind natürlich die Widerstände beim „Losbrechen" des Motors aus dem Ruhezustand. Im übrigen schwanken sie beträchtlich mit der Konstruktion und Zylinderzahl des Motors, dem Schmiermittel und der Temperatur.

Überlegen wir uns die Vorgänge beim Durchdrehen eines Einzylinder-Viertaktmotors und beginnen etwa mit dem Ansaughub, so werden zunächst die Haftreibung und die Beschleunigungswiderstände

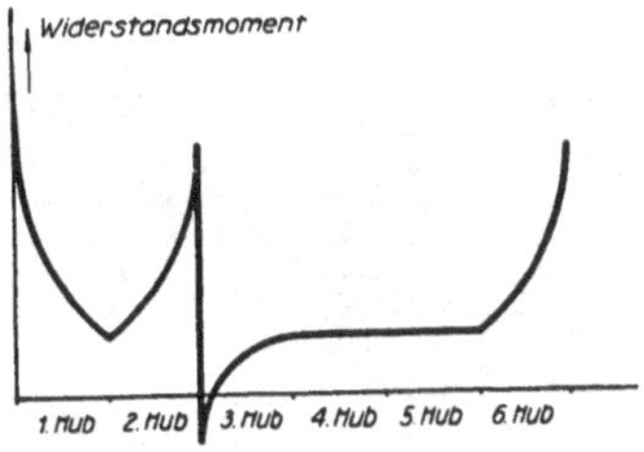

Bild 414. Verlauf des Widerstandsmoments beim Durchdrehen eines Einzylinder-Viertaktmotors

beim Anlaufen aus der Ruhe eine ausschlaggebende Rolle spielen. Im 2. Hub macht sich dann die Kompression geltend, während im 3. Hub eine gewisse Entlastung durch die Expansion eintritt. Wir nehmen zunächst an, daß in diesem 3. Hub eine Zündung und somit eine Arbeitsleistung noch nicht eintritt. Im 4. (Auspuff-) Hub und im 5. (Ansaug-) Hub sind außer den Reibungswiderständen keine merklichen Widerstände vorhanden. Im 6. Hub ist wieder der Kompressionswiderstand zu überwinden. Weiterhin wiederholen sich die beschriebenen Vorgänge. Man erhält somit theoretisch etwa den Verlauf des Drehmoments, wie er in Bild 414 dargestellt ist. Je nach Art des Motors können sich die Werte in den einzelnen Punkten stark gegeneinander verschieben.

Beim Vier- und Mehrzylinder-Motor ändert sich das Bild sinngemäß, weil sich die Vorgänge in den einzelnen Zylindern überdecken. Beim Vierzylinder-Motor zum Beispiel erfolgt bei jeder halben Umdrehung eine Kompression und eine Expansion. Wir bekommen daher nach Überwinden des ersten Widerstandes beim Losbrechen und Beschleunigen ein verhältnismäßig wenig um einen gewissen Mittelwert schwankendes Widerstandsmoment. Der Mittelwert ist durch die Reibungswiderstände und den im Expansionshub zurückgewonnenen Teil der Kompressionsarbeit bestimmt, die relative Größe der Schwankungen selbst durch das Verhältnis dieser Größen, die Zylinderzahl und das Schwungmoment des Schwungrads. Je niedriger die Temperatur und je strammer die Lagerung, um so mehr sind die Reibungsverluste ausschlaggebend für die Größe des Mittelwertes und um so mehr tritt der Einfluß der Kompression zurück. Die niedrige Temperatur macht sich dabei nicht nur in dem Zustand des Schmiermittels geltend, sondern auch durch ihren Einfluß auf die Lagerpassung. Die Größe dieses Einflusses ist abhängig von dem für die Lager gewählten Metall und der gegebenen Lagerluft.

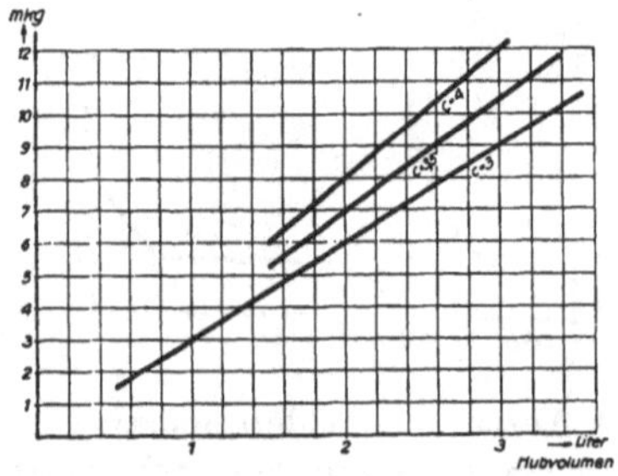

Bild 415. Mittlere Anwerfdrehmomente nach der Formel
M = c · L mkg
c = 3 für übliche Vierzylinder-Motoren
c = 3,5 für Vierzylinder-Motoren mit hoher Kompression
c = 3,5–4 für Sechs- und Achtzylinder-Motoren

Bei der Bestimmung des vom Anlasser aufzubringenden Drehmoments wird allgemein von diesem Mittelwert ausgegangen. Die Tatsache, daß im Augenblick der höchsten Kompression, d. h. im Augenblick der Zündung, das Widerstandsmoment einen größeren Wert hat und infolgedessen die Winkelgeschwindigkeit der Kurbelwelle zurückgeht, wird bei der Angabe der erforderlichen mittleren Drehzahl für das Durchdrehen auf Grund praktischer Erfahrungen berücksichtigt. Neben dem mittleren Drehmoment für das Durchdrehen ist das größte, zum Losbrechen des Motors aus der Ruhe erforderliche Drehmoment von Bedeutung, doch werden wir sehen, daß die in dieser Hinsicht zu stellenden Anforderungen bei dem für Anlaßzwecke fast ausschließlich verwendeten Hauptstrommotor immer erfüllt sind, sofern für die Berechnung der Anlasserleistung das richtige mittlere Drehmoment und die richtige Drehzahl zugrunde gelegt wurden.

Für die Bestimmung des zum Anwerfen von Vergasermotoren erforderlichen mittleren Drehmoments hat sich aus zahlreichen Messungen eine Beziehung zum Hubvolumen des anzuwerfenden Motors ergeben. Wir bezeichnen mit

M_d das gesuchte mittlere Drehmoment an der Kurbelwelle,

L das Hubvolumen sämtlicher Zylinder in Litern,

c eine für die betreffende Motorenklasse geltende Konstante die sogenannte Volumziffer.

Dann ist bei einer Motortemperatur von 0° C

$$M_d = c \cdot L \text{ mkg.}$$

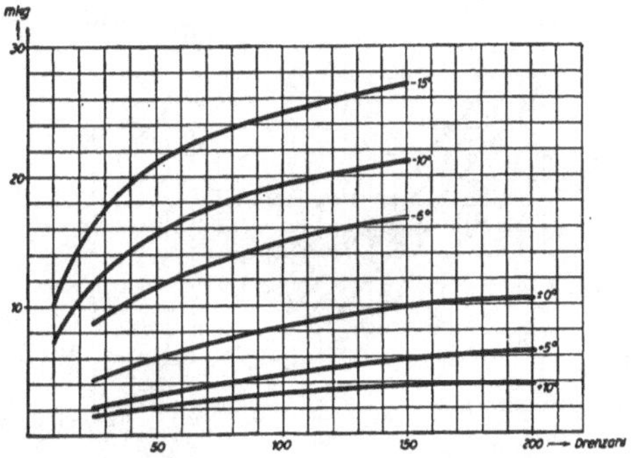

Bild 416. Mittlere Drehmomente zum Durchdrehen eines Sechszylinder-Vergasermotors von 1,93 l Hubvolumen bei verschiedenen Temperaturen in Abhängigkeit von der Drehzahl

Hierin ist bei Verwendung von Winteröl mit einer Viskosität von etwa 6–8 Englergraden (bei 50° C) und einer mittleren Drehzahl von etwa 60–80 U/min

für Vierzylinder-Motoren mit üblicher Kompression c = 3,

für Vierzylinder-Motoren mit hoher Kompression c = 3,5,

für Sechs- und Achtzylinder-Motoren c = 3,5–4

zu rechnen. Der Wert c = 4 gilt insbesondere für Sechs- und Achtzylinder-Motoren mit vielfacher Lagerung der Kurbelwelle und großem Lagerdurchmesser. Aus der angegebenen Beziehung ergeben sich gute Durchschnittswerte (Bild 415), von denen allerdings die praktisch gefundenen Werte unter Umständen erheblich – um 25% und mehr – besonders nach oben abweichen können. Diese Abweichungen sind durch die jeweilige Ausführungsart der Motoren, insbesondere die mehr oder weniger stramme Passung der Kurbel- und Nockenwellenlager sowie der Pleuelstangenlager, die Passung der Kolben, die Verwendung von Wälz- oder Gleitlagern und schließlich durch den Betriebszustand des Motors bedingt. Zum Beispiel wird vielfach ein Anlasser, der am neuen Motor gerade zum Anwerfen ausreicht, nach Einlaufen der Lager und Kolben vollauf befriedigen.

Die Abhängigkeit des zum Durchdrehen eines Vergasermotors von 1,93 l Hubvolumen erforderlichen mittleren Drehmoments von der Drehzahl ist für verschiedene Temperaturen des Öls in Bild 416 dargestellt. Bei gleichbleibender Temperatur ergeben die Messungen parabelähnliche Kurven. Eine Steigerung der Drehzahl von etwa 60 auf 100 U/min ergibt eine Zunahme des Drehmoments

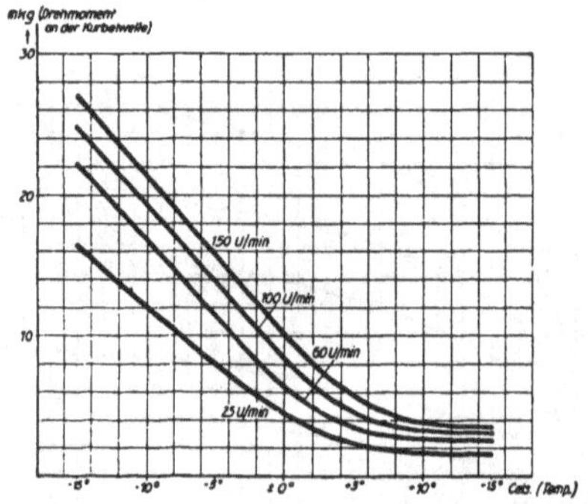

Bild 417. Mittlere Drehmomente des Motors nach Bild 416 bei verschiedenen Drehzahlen in Abhängigkeit von der Temperatur

um rund 15–30 %, wobei der erste Wert für die Kurve bei -15° C, der zweite Wert für die Kurve bei 0° C gilt.

Die erforderliche Anlasserleistung bei 0° C kann aus den Drehmomenten folgendermaßen berechnet werden:

Ist $\omega = \frac{2\,\pi\,n}{60}$ die Winkelgeschwindigkeit der Kurbelwelle, so berechnet sich die Anlasserleistung aus dem Drehmoment M_d zu

$$N = \omega\, M_d = \frac{2\,\pi\,n}{60} \cdot M_d \text{ mkg/s}$$

$$= \frac{\pi\,n}{30 \cdot 75} \cdot M_d = \frac{c \cdot \pi \cdot n \cdot L}{30 \cdot 75} \text{ PS.} \qquad (1)$$

Daraus erhalten wir

für Vierzylinder-Motoren

mit $c = 3$ bei $n = 60$ U/min $N = \frac{3 \cdot \pi \cdot 60 \cdot L}{30 \cdot 75} = 0{,}25\,L$,

mit $c = 1{,}30 \cdot 3$ bei $n = 100$ U/min $N = \frac{3{,}90 \cdot \pi \cdot 100 \cdot L}{30 \cdot 75} = 0{,}55\,L$;

für Mehrzylinder-Motoren

mit c = 4 bei 60 U/min $N = \frac{4 \cdot \pi \cdot 60 \cdot L}{30 \cdot 75} = 0{,}335\ L,$

mit c = 1,30 · 4 bei 100 U/min $N = \frac{5{,}2 \cdot \pi \cdot 100 \cdot L}{30 \cdot 75} = 0{,}725\ L.$

Die Abhängigkeit des Drehmoments von der Temperatur ist aus den Bildern 416, 417 und 418 ersichtlich. Das Drehmoment steigt mit sinkender Temperatur außerordentlich stark. Dabei ist die prozentuale Zunahme bei verschiedenen Motoren recht ver-

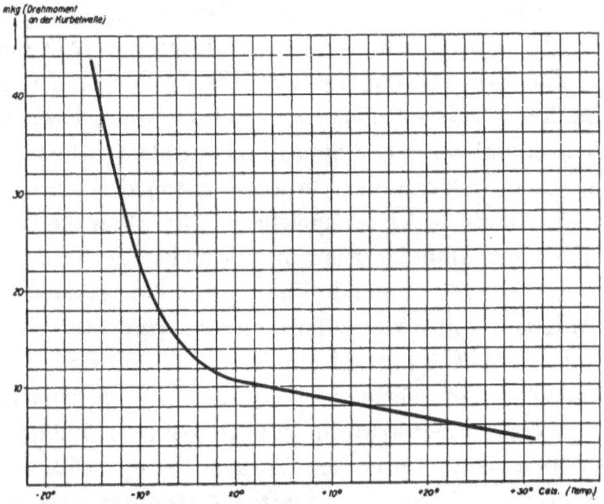

Bild 418. Mittlere Drehmomente zum Durchdrehen eines Sechszylinder-Vergasermotors von 4 l Hubvolumen bei n = 50 U/min in Abhängigkeit von der Temperatur

schieden, wie zum Beispiel ein Vergleich von Bild 417 und 418 zeigt. Diese Verschiedenheit ist auf die verschiedene Lagerpassung und die Verwendung von Lagermetallen mit verschiedenen Ausdehnungskoeffizienten zurückzuführen. Im allgemeinen kann bei einer Erniedrigung der Temperatur von 0 °C auf – 5 °C mit einer Erhöhung des Drehmoments um etwa 50 %, bei einer Temperaturerniedrigung auf – 10 °C mit einer solchen um mindestens 100 % gerechnet werden. Bei kleiner Lagerluft und großem Ausdehnungskoeffizienten des Lagermetalls erfolgt bei sinkender Temperatur ein Festpressen der Lager. Gegenüber der dadurch bewirkten Erhöhung der Reibung tritt der Einfluß der Veränderung des Öles zurück.

Diese Verhältnisse kommen bei Verwendung verschiedener Ölsorten oft dadurch scharf zum Ausdruck, daß bei niedrigen Temperaturen, die aber immer noch weit über dem Stockpunkt des Öles liegen, das zum Anwerfen eines Motors erforderliche Drehmoment bei Verwendung von Winteröl kaum geringer ist als bei Sommeröl, während in der Gegend von 0° Winteröl eine Erniedrigung des Drehmoments um 20–30 % ergibt.

3. Der elektrische Anlaßmotor

Wir haben schon erwähnt, daß der Elektromotor sich als der am besten geeignete Anlasser erwiesen hat. Dies beruht einmal darauf, daß sich während des Betriebs des Verbrennungsmotors in sehr einfacher Weise ein geringer Teil der vom Motor erzeugten mechanischen Energie in der Lichtmaschine in elektrische Energie umwandeln und dann weiter in der Form von chemischer Energie im Akkumulator für Anlaßzwecke aufspeichern läßt. Über die in einer üblichen Anlage im Akkumulator aufspeicherbare und für Anlaßzwecke ausnutzbare Energie gibt folgende Überlegung einen gewissen Anhalt:

Zum Anlassen eines Vierzylindermotors von 2,6 l Hubvolumen brauchen wir bei 0° C im Mittel ein Drehmoment von 7,8 mkg. Der entsprechende Anlasser würde einen mittleren Anlaßstrom von 250 A aufnehmen und mit einer Batterie von 40 Ah (10stündiger) Kapazität zu betreiben sein. Unter der Voraussetzung, daß der Anlaßvorgang bei der niedrigen Temperatur 5 s dauert und mit jeweils etwa 5 s Pause wiederholt wird, könnten wir bei der vorliegenden Stromstärke etwa 10 Ah aus der Batterie nutzbar entnehmen. Das heißt aber, wir könnten mit dem unter den obwaltenden Umständen in der Batterie verfügbaren Energievorrat 29mal anlassen.

Um einen Vergleich mit anderen Anlaßvorrichtungen zu ermöglichen, können wir noch folgende Rechnung durchführen:

Bei einer mitteren Drehzahl von 80 U/min der Kurbelwelle und einem Drehmoment von 7,8 mkg müßte der Anlasser eine Leistung von

$$N = \frac{7{,}8 \cdot 2\pi \cdot 80}{60} = 65{,}5 \text{ mkg/s oder } 0{,}88 \text{ PS}$$

liefern. Bei einer Dauer von 5 s würde somit bei jedem Anlaßvorgang an der Kurbelwelle eine Arbeit von $0{,}88 \cdot 735 \cdot 5 = 3200$ Ws zu leisten sein. Bei einem Wirkungsgrad von 30 % für Anlasser und Getriebe würden dem Anlasser also 10700 Ws elektrische Arbeit zuzuführen sein. Die Entladung der Batterie würde unter den oben angegebenen Bedingungen bei einer mittleren Spannung von 8 Volt erfolgen, so daß 80 Wh = $29 \cdot 10^4$ Ws nutzbar entnommen werden könnten. Nach dieser Rechnung würden wir also unter den vorliegenden Bedingungen 27mal anlassen können.

Zieht man die Unsicherheiten in den Annahmen zum Beispiel über Wirkungsgrad und mittlere Entladespannung in Betracht, so stimmt dieses Ergebnis gut mit dem oben erhaltenen überein.

Die Umsetzung von elektrischer Energie in mechanische mit Hilfe eines Elektromotors ist heute auch für den auf elektrotechnischem Gebiete nicht Bewanderten ein durchaus alltäglicher Vorgang. Wir möchten hier daher nur kurz einiges über die Grundlagen des Elektromotors vorausschicken, bevor wir im besonderen auf seine Verwendung als Anlasser eingehen.

Schicken wir durch eine drehbar in einem feststehenden Magnetfeld angeordnete Drahtschleife oder durch eine aus mehreren Draht-

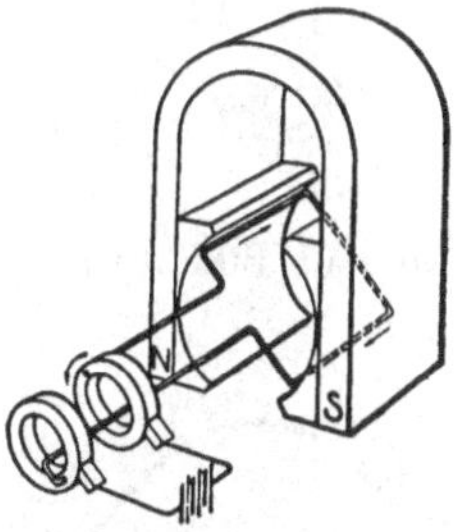

Bild 419. In einem Magnetfeld drehbar aufgehängte Drahtschleife als einfachstes Modell eines Elektromotors

windungen bestehende Spule einen elektrischen Strom aus irgendeiner Stromquelle, zum Beispiel einer Batterie, so entsteht zwischen dem feststehenden Feld und dem in der Drahtschleife durch den Strom erzeugten Feld eine Kraftwirkung, die die Schleife derart zu drehen sucht, daß die Richtung beider Felder zusammenfällt (Bild 419). Die Kraftwirkung ist ein Maximum, wenn die Ebene der Drahtschleife mit der Richtung der Kraftlinien des feststehenden Feldes zusammenfällt, also feststehendes Feld und Feld der Drahtschleife aufeinander senkrecht stehen. Die Kraftwirkung wird Null, wenn die Ebene der Drahtschleife senkrecht zur Richtung der Kraftlinien geworden ist, die beiden Felder also gleich gerichtet sind und die beiden Seiten der Schleife sich in der neutralen Zone befinden. Die Drahtschleife kommt dann in dieser Stellung zum Stillstand.

Eine dauernde Weiterdrehung der Drahtschleife im Sinne der Drehrichtung ist nicht möglich, da nach Überschreiten der Nullage, etwa unter der Wirkung der Bewegungsenergie, die Drahtschleife einen Antrieb in entgegengesetzter Richtung erfährt. Führt man jedoch der Schleife den Strom über einen Stromwender zu, derart daß die Richtung des in der Schleife fließenden Stromes gerade dann umgekehrt wird, wenn ihre Seiten in der neutralen Zone angelangt sind, so bleibt die Richtung des auf die Drahtschleife wirkenden Drehmoments erhalten, und es ergibt sich eine fortdauernde Drehung (Bild 420). Dabei schwankt allerdings das Drehmoment dauernd zwischen einem Höchstwert und Null, entsprechend der jeweiligen Lage der Schleife gegenüber dem feststehenden Feld (Bild 421).

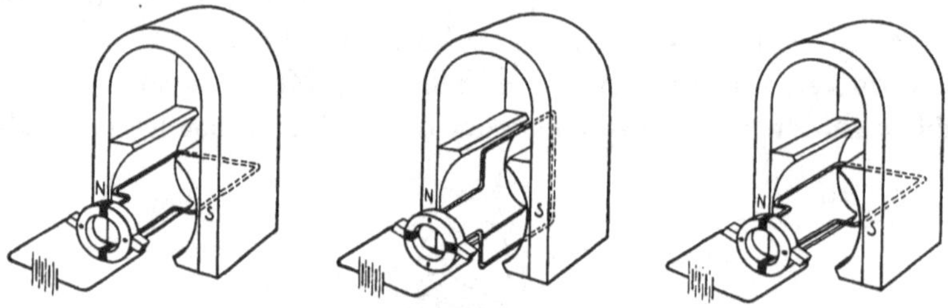

Bild 420. Anordnung nach Bild 419, aber mit Stromwender

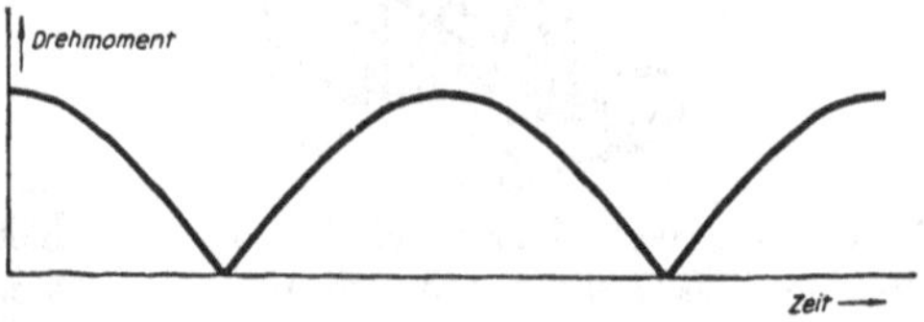

Bild 421. Verlauf des Drehmoments an der Welle einer Anordnung nach Bild 420

Um ein möglichst gleichmäßiges Drehmoment während einer Umdrehung zu erzielen, wird bei der Anordnung der Ankerwicklung des Elektromotors in ganz gleicher Weise verfahren wie bei der Lichtmaschine (vergleiche dazu die Darstellung im II. Teil unseres Buches „Lichtmaschine und Batterie", Seiten 16–19), d. h. es wird auch hier eine fortlaufende, sogenannte geschlossene Ankerwicklung angeordnet mit räumlich gleichmäßig auf dem Ankerumfang verteilten Windungen, deren zeitlich gegeneinander verschobene Drehmomente in ihrer Zusammensetzung ein nur wenig schwankendes resultierendes Drehmoment ergeben.

Wir kommen somit beim Elektromotor zu demselben grundsätzlichen Aufbau wie bei der Lichtmaschine, und wir können auch jeden Gleichstromerzeuger durch Anschluß an eine Stromquelle als Motor betreiben. Zu beachten ist, daß beim Umlauf des Ankers des Motors sich ebenso wie bei der Lichtmaschine dauernd das die einzelne Ankerspule durchsetzende magnetische Feld ändert; es wird infolgedessen in diesen Ankerspulen ebenfalls eine elektromotorische Kraft oder Spannung erzeugt. Während aber bei der Lichtmaschine der Strom, der seine Entstehung der erzeugten elektromotorischen Kraft verdankt, selbstverständlich mit dieser gleich gerichtet ist, ist beim Motor die erzeugte elektromotorische Kraft dem von außen in den Anker gesandten Strom und der an die Klemme gelegten Spannung der Stromquelle entgegengerichtet. Sie ist eine elektromotorische Gegenkraft. Die Umsetzung der elektrischen Energie in mechanische erfolgt dadurch, daß die äußere Klemmenspannung, entgegen dieser inneren elektromotorischen Gegenkraft, den Strom durch die Ankerwindungen treibt, unter gleichzeitiger Überwindung ihres Widerstandes. Wir werden auf diese für den Betrieb des Elektromotors äußerst wichtige elektromotorische Gegenkraft gleich noch zurückkommen. Zuvor soll aber noch kurz einiges über das vom Elektromotor aufgebrachte Drehmoment sowie über seine Drehzahl und seine Leistung, d. h. über die nach unseren früheren Darlegungen für den Anlasserbetrieb besonders wichtigen Größen gesagt werden.

Bezeichnet bei einem Motor bestimmter Größe und Bauart J_a den gesamten im Anker fließenden Strom, Φ das von dem Magnetsystem erzeugte Feld, n die Drehzahl des Ankers, k_1 und k_2 durch die Bauart des Motors bestimmte konstante Werte, wobei $k_1 : k_2 = \frac{30}{9{,}81 \cdot \pi}$ ist, M_d das von dem Anker erzeugte Drehmoment, E_g die in dem Anker erzeugte elektromotorische Gegenkraft, so gelten die folgenden Beziehungen:

$$M_d = k_1 \cdot J_a \cdot \Phi \qquad (2)$$

$$E_g = k_2 \cdot n \cdot \Phi. \qquad (3)$$

Bezeichnen wir weiter mit U die angelegte Spannung der Stromquelle, mit R_a den Widerstand der Ankerwicklung, so tritt als weitere Gleichung die Beziehung hinzu

$$U = E_g + J_a \cdot R_a. \qquad (4)$$

Aus diesen Gleichungen ergibt sich die weitere Beziehung

$$n = \frac{U - J_a \cdot R_a}{k_2 \cdot \Phi} \qquad (5)$$

und die Beziehung für die Leistung

$$\begin{aligned} N &= M_d \cdot \frac{\pi \cdot n}{30}\ \text{mkg/s} = M_d \cdot \frac{\pi \cdot n}{30} \cdot 9{,}81\ \text{W} \\ &= \frac{k_1}{k_2} \cdot \frac{J_a \cdot \Phi (U - J_a \cdot R_a)}{\Phi} \cdot \frac{\pi}{30} \cdot 9{,}81\ \text{W} \\ &= J_a \cdot U - J_a^2 \cdot R_a\ \text{W} \\ &= J_a \cdot E_g. \end{aligned} \qquad (6)$$

Es stellt somit das Produkt aus Strom und elektromotorischer Gegenkraft die von dem Anker erzeugte Leistung dar, die vermindert um die Leistung für Lager- und Luftreibung und die bei der Ummagnetisierung des Eisens entstehenden Verluste die an der Ankerwelle nutzbar zur Verfügung stehende Leistung ergibt.

Wie der Anlaßmotor im allgemeinen Aufbau mit der Lichtmaschine übereinstimmt, so gelten auch sinngemäß die früher für diese gemachten Angaben über Kommutierung, Feldverzerrung, Verluste usw. Ein wesentlicher Unterschied besteht nur bei der Erregung des magnetischen Feldes. Schon bei der Lichtmaschine kommen Dauermagnete als Feldmagnete nur für die kleinsten Leistungen in Betracht; beim Anlasser, bei dem derartige kleine Leistungen

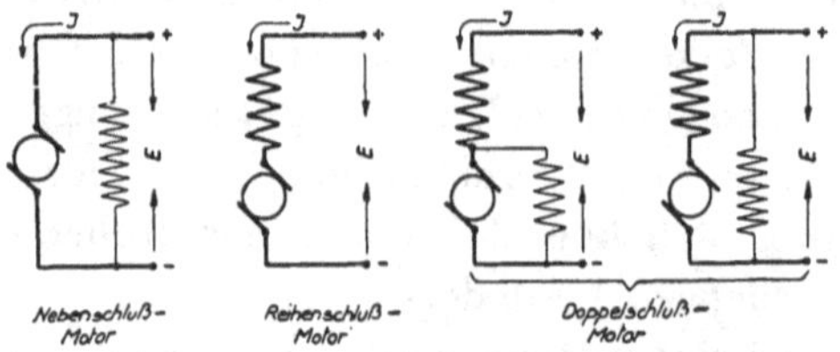

Bild 422. Die verschiedenen Schaltungen der Erregerwicklung beim Elektromotor

nicht vorkommen, scheiden sie völlig aus. Es bleibt also nur die Benützung von Elektromagneten und damit die Wahl zwischen Nebenschluß-, Reihenschluß- (Hauptstrom-) und Doppelschluß- (Compound-) Erregung. Wir geben die dabei möglichen Schaltungen der Magnetwicklung in Bild 422 an.

Während für die Lichtmaschine die Nebenschlußwicklung allein oder allenfalls noch die Doppelschlußwicklung brauchbar ist, kommt für den Anlasser in erster Linie die Hauptschlußwicklung und daneben im Ausnahmefall die Doppelschlußwicklung in Betracht. Wie wir früher gesehen haben, kommt es beim Anlassen darauf an, große Drehmomente, namentlich große Anlaufmomente, zu erzeugen, und dem paßt sich der Hauptstrommotor am besten an. Zur Bestätigung dieser Behauptung ziehen wir nochmals die Gleichungen

$$M_d = k_1 \cdot J_a \cdot \Phi \qquad (2)$$

$$n = \frac{U - J_a \cdot R_a}{k_2 \cdot \Phi} \qquad (5)$$

heran. Da die Batteriespannung bei steigender Stromentnahme stark zurückgeht, ergibt die reine Nebenschlußwicklung bei wachsender Ankerstromstärke einen abnehmenden magnetischen Kraftfluß, so daß das Produkt von Ankerstrom und Kraftfluß mit wachsender Stromstärke nur noch wenig zunimmt. Infolgedessen ist das zum ersten Losbrechen und Beschleunigen des Verbrennungsmotors erforderliche Anwurfdrehmoment nur noch mit großem Materialaufwand zu erreichen. Demgegenüber ergibt die H a u p t s t r o m w i c k l u n g mit zunehmender Stromstärke immer noch, je nach dem Grade der Sättigung im Eisenkreis, eine Zunahme des magnetischen Kraftflusses, so daß das Pro-

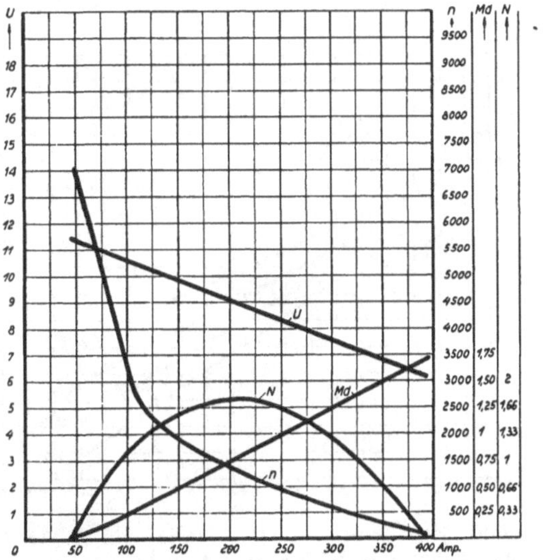

Bild 423. Betriebskennlinien eines Hauptstrommotors
U = Betriebspannung in V   N = abgegebene Leistung in PS
n = Drehzahl U/min   Md = Drehmoment in mkg

dukt $J_a \cdot \Phi$ mit zunehmendem Strom unter allen Umständen eine kräftige Steigerung, und zwar in höherem Maße als proportional dem Strom erfährt. Der Unterschied zwischen beiden Schaltungsarten wird durch die ungünstige Beeinflussung der Batteriespannung durch niedrige Temperaturen und die Abhängigkeit des erforderlichen Anwurfdrehmoments von der Temperatur noch wesentlich verschärft. Dazu tritt noch der Umstand, daß die Anordnung einer Erregerwicklung mit hoher Windungszahl und kleinem Erregerstrom gegenüber der umgekehrten Anordnung mit geringer Windungszahl und hohem Erregerstrom größeren Raumbedarf und größere Herstellungskosten zur Folge hat.

Die Betriebskennlinien eines Hauptstrommotors zeigt Bild 423.

Die **Arbeitsweise eines solchen Motors** geht aus den folgenden Überlegungen hervor, die zugleich die **Bedeutung der elektromotorischen Gegenkraft** erkennen lassen. Beim Einschalten erzeugt der zunächst stillstehende Motor das maximale, durch den augenblicklichen Spannungs- und Ladezustand der Batterie gegebene sogenannte **Kurzschlußdrehmoment**, welches dazu dient, die Reibungswiderstände des Verbrennungsmotors zu überwinden und gleichzeitig die Masse seiner beweglichen Teile zu beschleunigen. Dabei ist zunächst eine elektromotorische Gegenkraft nicht vor-

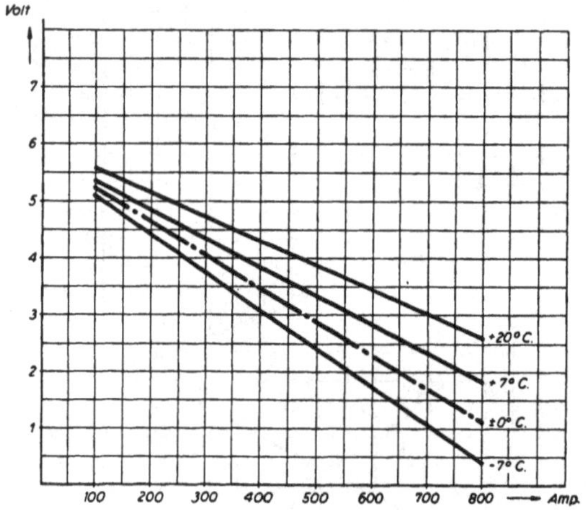

Bild 424. Spannungslage einer 6-Volt-Batterie von 75 Ah (zehnstündiger) Kapazität in Abhängigkeit von der Stromstärke bei verschiedenen Temperaturen und stoßweiser Belastung (halbvolle Batterie)

handen, da der Anlasser im ersten Augenblick noch still steht. Die Kurzschlußstromstärke ist daher nach der Gleichung

$$J_a = \frac{U - E_g}{R_a} \qquad (7)$$

gegeben als

$$J_k = \frac{U}{R}, \qquad (7')$$

worin R beim Hauptstrommotor die Summe der Widerstände von Anker und Feldwicklung darstellt. Mit dem Anlaufen des Motors wird sofort eine elektromotorische Gegenkraft erzeugt, die ein Zurückgehen des Stromes und des Drehmoments zur Folge hat, bis ein Gleichgewichtszustand zwischen dem tatsächlich zur Überwindung der Widerstandsmomente am Motor erforderlichen Drehmoment und dem vom Anlasser erzeugten nutzbaren Drehmoment sich eingestellt hat. Diesem

Gleichgewichtszustand entspricht dann ein ganz bestimmter Anlasserstrom, der allerdings entsprechend dem mit Kompressions- und Explosionshub wechselnden Widerstandsmoment um einen gewissen Mittelwert schwankt. Da nach unseren früheren Überlegungen mit Rücksicht auf die Gemischbildung und die Zündung eine gewisse Mindestdrehzahl zum Anlassen erforderlich ist, so müssen die Verhältnisse derart gewählt sein, daß bei dem eben beschriebenen Gleichgewichtszustand und Strom wenigstens diese Mindestdrehzahl erreicht wird.

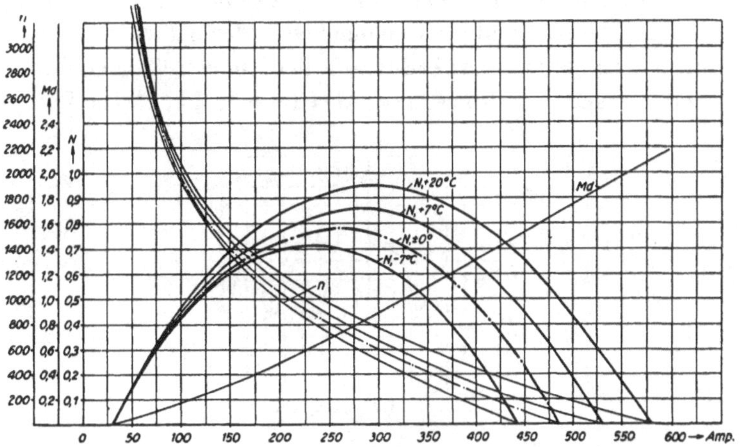

Bild 425. Betriebskennlinien eines Hauptstrommotors bei verschiedenen Temperaturen, aufgenommen auf Grund der Spannungslage der Batterie nach Bild 424
n = Drehzahl U/min
Md = Drehmoment in mkg
N = Leistung in PS

Wie wir in den späteren Ausführungen sehen werden, wird zur Erzielung eines möglichst niedrigen Gewichts und Preises für den Anlasser zwischen diesen und die Kurbelwelle des anzuwerfenden Motors eine Übersetzung eingeschaltet. Diese Übersetzung ist derart zu wählen, daß der Anlasser bei dem erwähnten Gleichgewichtszustand und einer Temperatur von 0 bis −10° C ungefähr in dem Maximum seiner Leistungsabgabe arbeitet. Nur in diesem Fall wird die bestmögliche Ausnutzung des Anlassers erreicht. Dabei ist die verschiedene Leistungsabgabe des Anlassers bei verschiedenen Temperaturen der Batterie zu berücksichtigen. Bild 424 zeigt die Spannungslage der Batterie für einen gewissen Ladezustand in Abhängigkeit von der Temperatur bei verschiedener stoßweiser Belastung*) und Bild 425 die

*) Vgl. dazu Teil II, S. 70.

auf Grund dieser Spannungslage gemessene Leistungskurve eines Anlassers. Bei der Wahl der Übersetzung ist jedoch noch ein weiterer Punkt zu beachten. Meist ist die Anordnung derart getroffen, daß nach erfolgter Zündung die Kupplung zwischen Anlasser und Kurbelwelle des Verbrennungsmotors selbsttätig gelöst wird dadurch, daß ein für den Anlaßvorgang in einen auf dem Schwungrad angebrachten Zahnkranz eingespurtes Ritzel selbsttätig wieder ausspurt. Es zeigt sich nun, daß – abgesehen von den Eigentümlichkeiten des Verbrennungsmotors – das Ausspuren bedingt ist durch das beim Durchdrehen des Motors erforderliche mittlere Drehmoment, oder mit anderen Worten bei einem bestimmten Anlasser durch die bei dem betreffenden Betriebszustand erforderliche Stromstärke. Arbeitet man bei diesem Betriebs-

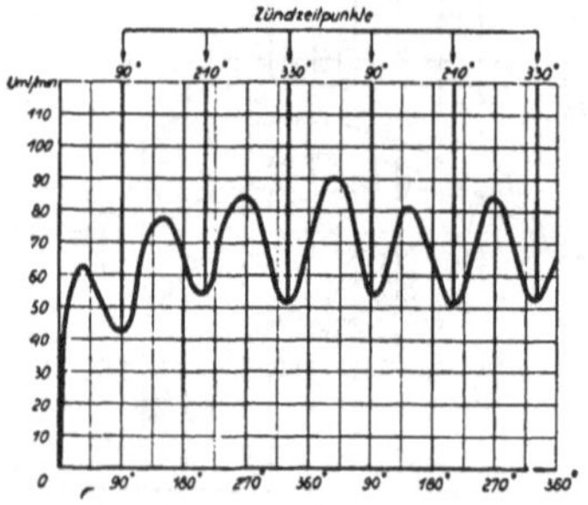

Bild 426. Schwankungen der Drehgeschwindigkeit der Kurbelwelle beim Durchdrehen eines Sechszylinder-Motors von 4000 cm³ Hubvolumen bei 0 ° C

zustand mit geringer Stromstärke, d. h. diesseits des Punktes der maximalen Leistung gegen den Leerlauf zu, so besteht die Gefahr eines vorzeitigen Ausspurens, sobald auch nur eine Zündung erfolgt. Die Erfahrung hat gelehrt, daß es fast bei jedem Motor eine bestimmte Temperatur gibt, bei welcher diese Gefahr nahe gerückt ist. Um dieser Gefahr zu begegnen, darf die Stromstärke beim Durchdrehen des Verbrennungsmotors nicht zu klein gewählt werden, oder anders ausgedrückt, die Übersetzung zwischen Anlasser und Kurbelwelle darf nicht über ein gewisses Maß gesteigert werden. Es empfiehlt sich aus dem angegebenen Grund, die Übersetzung derart zu wählen, daß der Anlasser nicht im Maximum seiner Leistung, sondern um ein geringes jenseits dieses Punktes gegen den Kurzschlußpunkt hin arbeitet.

Bei der Betrachtung der erreichten Drehzahlen ist noch zu berücksichtigen, daß dadurch nur Mittelwerte gegeben sind. Tatsächlich schwankt aber die Drehgeschwindigkeit wegen der Schwankungen des Widerstandsmoments bei jeder Umdrehung der Kurbelwelle mehrfach, wie zum Beispiel Bild 426 für einen Sechszylinder-Motor angibt. Gerade im Zündzeitpunkt ist jeweils die Drehgeschwindigkeit am geringsten (vgl. S. 97).

4. Der Aufbau des Anlassers im Zweimaschinensystem

Für den Bau des elektrischen Anlaßmotors ist zunächst eine wichtige grundsätzliche Entscheidung zu treffen: Soll man das Einmaschinen-, das Zwillings- oder das Zweimaschinensystem wählen? Lichtmaschine und Anlasser haben in ihren wesentlichen Bauteilen sowie in ihrer Arbeitsweise soviel Gleichartiges, daß man nicht an der Erwägung vorbeigehen kann, ob nicht die Lichtmaschine durch zweckmäßige Umgestaltung zugleich als Anlasser benützt werden könnte. Man wird sich dabei vornehmlich von der Überlegung leiten lassen, daß bei einem derartigen Einmaschinensystem die beim Kraftfahrzeug stets angestrebte Ersparnis an Gewicht und Zahl der Antriebe erreicht werden könnte. Wie wir später sehen werden, ist die Gewichtersparnis nicht unbedingt vorhanden und jedenfalls nur gering; sie wird zudem häufig durch einen verwickelten Aufbau und geringere Betriebssicherheit erkauft. Da überdies die heute meist ausschlaggebende Verbilligung nicht erreicht wird und die verhältnismäßig großen Abmessungen der Maschine beim Einbau Schwierigkeiten bereiten können, so hat das Einmaschinensystem in den bisher gefundenen Bauarten nur in sehr beschränktem Umfang Verwendung gefunden.

Beim Zwillingsmaschinensystem hat man zwei elektrisch voneinander getrennte Einheiten für Stromerzeugen und Anlassen mechanisch miteinander vereinigt. Man kommt damit dem Motorenbauer insofern entgegen, als dieser nur einen Antrieb vorzusehen braucht. Die Maschine selbst aber wirkt durch ihre großen Abmessungen und den meist unsymmetrischen Aufbau störend. Außerdem stellt das notwendige selbsttätig umschaltende Getriebe eine Komplikation und Verteuerung dar. Daher hat das Zwillingsmaschinensystem keine Verbreitung gewinnen können.

Den für Lichtmaschine und Anlasser verschiedenen Betriebsbedingungen entspricht in jedem Falle ohne Kompromisse am besten das Zweimaschinensystem. Es hat daher auch eine bei weitem überwiegende, man könnte fast sagen ausschließliche Verbreitung gefunden. Da außerdem an ihm die Grundfragen des Anlasserbaues am klarsten hervortreten, soll es bei der folgenden Besprechung der Anlasserbauarten in den Vordergrund gerückt werden.

Das hervorstechende Unterscheidungsmerkmal der verschiedenen Anlassertypen liegt in der Art, wie die Kupplung mit dem anzuwerfenden Motor erfolgt. Die eingehende Besprechung der dafür benützten Getriebe wird später erfolgen. Hier möge nur kurz vorausgeschickt werden, daß beim Zweimaschinensystem die Kupplung heute wohl ausschließlich durch zeitweiliges Einspuren eines auf der Anlasserwelle sitzenden oder mit ihr durch ein Getriebe verbundenen Ritzels in einen auf dem Umfang des Schwungrades des Verbrennungsmotors angebrachten Zahnkranz erfolgt. Das Einspuren wird bewirkt:

1. Durch mechanisches Einschieben des Ritzels in den Zahnkranz vermittels einer durch den Fuß oder die Hand betätigten Hebelanordnung.
2. Heute weitaus überwiegend durch den sogenannten Bendix-Trieb, bei dem das Ritzel beim Anlaufen des Anlassers infolge seiner Trägheit auf einem Steilgewinde in Richtung der Achse vorgeschraubt und in den Schwungradzahnkranz eingespurt wird.
3. Durch zwischen Erregerfeld und Anker wirkenden elektromagnetischen Zug, durch den der in der Ruhelage durch eine Feder aus dem Feld gezogene Anker in der Längsrichtung nach dem Schwungrad zu verschoben und das auf der Ankerwelle sitzende Ritzel zum Einspuren in den Schwungradzahnkranz gebracht wird.
4. Durch Längsverschieben des Ritzels ohne Anker-Verschiebung vermittels eines elektromagnetischen Relais.
5. Durch Schwenken des Ritzels in einer zur Ankerwelle senkrechten Ebene.

Praktische Bedeutung haben heute nur noch die Verfahren 1–3, vor allem 2. Kennzeichnende Vertreter dieser Typen geben die Bilder 427, 428 und 429 wieder.

Die Grundform der Anlasser ist durch das heute ausschließlich zylindrische Polgehäuse gegeben. Der Grundsatz, durch sorgfältige Auswahl und weitgehende Ausnützung des Werkstoffes an Raum, Gewicht und Energie zu sparen, schreibt, wie bei der Lichtmaschine, das in magnetischer Beziehung günstige Flußeisen als Werkstoff für das Polgehäuse vor. Näheres darüber, besonders auch über die Herstellung des Gehäuses, findet sich im II. Teil unseres Buches auf Seite 35 und 36.

Die Zahl der Pole beträgt fast stets vier, während bei der Lichtmaschine häufig auch die zweipolige Bauart verwendet wird. Der Grund für diesen Unterschied ist beim Anlasser in dem Vorteil der vierpoligen Bauart bezüglich Anordnung und Abmessung der Wicklungen begründet, die mit Rücksicht auf die Leistung auf kleinsten

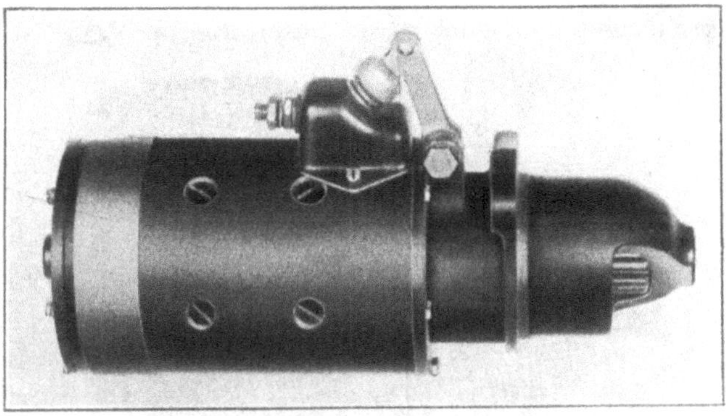

Bild 427. Anlasser mit Einspurung des Ritzels durch Pedal (Delco)

Widerstand zu bemessen sind; daneben sprechen Rücksichten auf Ankerrückwirkung, Feldverzerrung und Kommutierung ebenfalls für die vierpolige Bauart. Wir verweisen wegen dieser Erscheinungen auf das im II. Teil, S. 21, über die Lichtmaschine Gesagte,

Bild 428. Anlasser mit Bendix-Getriebe (Robert Bosch (A.-G.)

bemerken aber zur Ankerrückwirkung, daß beim Motor (gerade umgekehrt gegenüber der Lichtmaschine) an der Eintrittskante des Poles eine Feldverstärkung, an der Austrittskante eine Feldschwächung durch das Ankerfeld herbeigeführt wird. Da infolge der Sättigung des Eisens die an der Eintrittskante erzielte Feldverstärkung die an der Austrittskante erfolgende Schwächung nicht auszugleichen vermag, versucht man gelegentlich die Verhältnisse dadurch zu bessern, daß man durch unsymmetrische Ausbildung der Pole nach Bild 430 eine Sättigung des Eisens an der Eintrittskante möglichst verhindert. Dabei ergibt sich aber der Nachteil, daß die Drehrichtung des Ankers nicht mehr durch eine einfache Umkehrung der Stromrichtung im Anker oder Feld umgekehrt werden kann. Sonderformen der Pole, die durch die Arbeitsweise der verschiedenen Anlasserbauarten gegeben sind, werden später im Zusammenhang mit diesen besprochen werden.

Bild 429. Anlasser mit Einspurung des Ritzels durch selbsttätigen Ankervorschub (Robert Bosch A.-G.)

Im übrigen werden die Pole, wie bei der Lichtmaschine, teils massiv, teils aus Blechen aufgebaut. Die ersteren geben einen guten effektiven Eisenquerschnitt und eine größere mechanische Festigkeit an den Pollappen, allerdings auch eine Vergrößerung der durch Ummagnetisierung entstehenden Eisenverluste. Eine saubere Anlagefläche der Pole am Gehäuse ist eine selbstverständliche Forderung.

Bild 430. Unsymmetrischer Polschuh zur Verbesserung der Feldausbildung

Die fertiggewickelt auf die Pole gesteckten Erregerspulen werden durchweg aus Flachkupfer hergestellt (Bild 431). Wegen der zur Verwendung kommenden starken Ströme sind für die Erregung der Pole nur wenige Windungen erforderlich. Diese werden in der Regel durch Preßspanbänder, die man beim Wickeln mit dem Kupferband auflaufen läßt, gegeneinander isoliert. Nach außen wird die Spule durch Bewickeln mit Baumwollband und Lackieren abgeschlossen.

Die Schaltung des Feldes erfolgt meist nach Bild 432a so, daß je zwei Feldspulen hintereinander gelegt und dann die Spulenpaare parallel vor oder hinter die Ankerwicklung geschaltet werden. Nur selten findet man Hintereinanderschaltung der vier Feldspulen nach Bild 432b. Weiter werden gelegentlich auch nur zwei Pole bewickelt, wobei sich die Gegenpole als Folgepole ausbilden (Bild 432c).

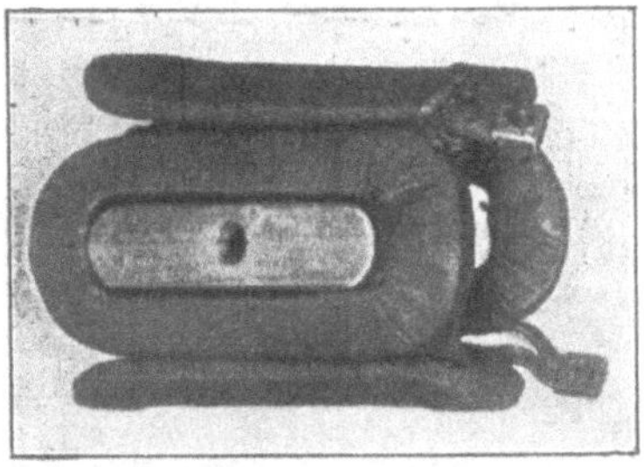

Bild 431. Erregerspulen für Anlasser

Beim Aufbau des Ankers muß man in mechanischer Hinsicht den großen Kräften, die sich beim Anlassen an ihm auswirken, Rechnung tragen. Für die Befestigung der Bleche auf der Welle genügen im allgemeinen die bei der Lichtmaschine gebräuchlichen Verfahren,

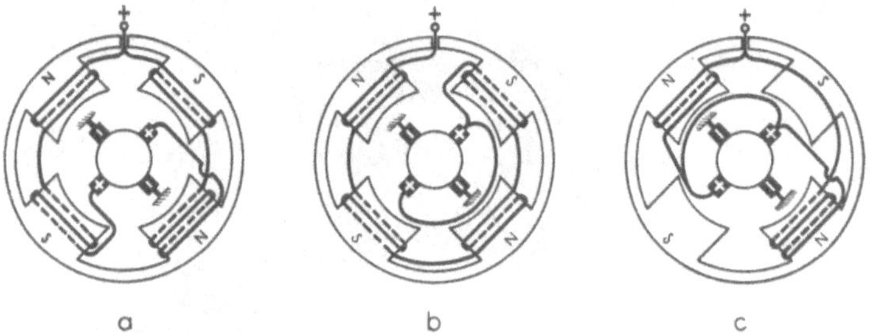

Bild 432. Schaltungen der Erregerspulen beim vierpoligen Anlasser

d. h. sie werden gegen Verdrehung durch eine am Rande des mittleren Loches ausspringende Nase, die in eine in die Welle eingefräste Längsnut eingreift, geschützt oder auch dadurch, daß man die mit einem glattrandigen Mittelloch versehenen Bleche auf eine geriefelte Welle preßt. Diese Befestigung genügt bei kleineren Anlassern auch gegen längsschiebende Kräfte. Bei größeren Maschinen drückt man das Blechpaket auf der einen Seite gegen einen Bund der Welle und sichert es auf der anderen Seite durch eine federnde Endscheibe, die nach dem

Aufziehen mit dem aufgebogenen inneren Rand in eine in die Welle eingedrehte Nut gepreßt wird. (Vgl. Teil II, S. 41–42.)

Die Ankerwicklung wird, wie bei der Lichtmaschine, in Nuten untergebracht, die in die Ankerbleche gestanzt sind. Sie wird entweder, ähnlich wie bei der Lichtmaschine, aus mit Baumwolle isoliertem Runddraht als „Zopfwicklung" oder aber neuerdings vorwiegend aus

Bild 433. Anlasseranker mit Zopfwicklung aus Runddraht

blankem Flachkupfer als Stabwicklung aufgebaut (Bild 433 und 434). Die Isolierung gegen das Ankereisen sowie die Isolierung der Flachkupferstäbe unter sich erfolgt durch Preßspan oder ähnliche Stoffe. Die Verwendung von mit Baumwolle isolierten Flachkupferstäben

Bild 434. Anlasseranker mit Stabwicklung

kommt wegen des schlechten Füllfaktors kaum in Betracht. Die Stabwicklung bietet gegenüber der Drahtwicklung neben dem besseren Füllfaktor und geringeren Herstellungskosten noch den Vorteil, daß die Stäbe leicht in axialer statt in radialer Richtung in die Nuten eingeschoben werden können. Daraus ergibt sich die Möglichkeit, halbgeschlossene Nuten anwenden zu können.

Die schweren Leiter unterliegen bei raschem Umlauf des Ankers (Leerlauf) erheblichen Zentrifugalkräften. Sie müssen daher, wenigstens bei größeren Anlassern, durch **Bandagen auf den Wickelköpfen** und unter Umständen auch in der Mitte des Ankers festgelegt werden.

Bei der Bestimmung der Nutzahl und damit der auf dem Anker unterzubringenden Leiterzahl sind verschiedene Gesichtspunkte zu beachten. Die Anlasserleistung ist gegeben durch das Produkt von Drehmoment und Drehzahl. Bei einer gewissen Anlasserleistung ist nun die Aufteilung dieses Produktes in Drehmoment und Drehzahl und damit die Zahl der Ankerleiter bestimmt durch die für die betreffende Anlasserkonstruktion in Aussicht genommene Übersetzung zur Kurbelwelle. Dabei ist die günstigste Materialausnutzung mit zu berücksichtigen. Ob Wellen- oder Schleifenwicklung verwendet wird, ist wiederum durch die Stromstärke und den Kupferquerschnitt bedingt. Im übrigen verweisen wir auf die allgemeine Literatur.

Als wichtigsten Teil des Ankers haben wir noch den **Kollektor** zu erwähnen. Er gleicht in seinem Aufbau durchaus dem Lichtmaschinenkollektor (s. Teil II, S. 44), ist aber natürlich wegen der beträchtlich stärkeren Ströme, die beim Anlasser über ihn fließen, reichlicher zu bemessen als bei der Lichtmaschine. Bei gestanzten Kollektorlamellen muß man im allgemeinen zwei oder drei Stanzteile zusammenlegen, um zu der erforderlichen Lamellenbreite zu kommen. Das Einlöten der Ankerleiter in die Kollektorfahnen bedarf bei den großen Stromstärken besonders sorgfältiger Ausführung. Bei dem Anker nach Bild 434 sind die Enden der Wicklungsstäbe in Blechschleifen eingelötet. Diese sind aus Blechstreifen gebogen, deren Enden zu beiden Seiten jeder Kollektorlamelle eingefügt sind.

Die **Lagerschilde** nehmen beim Anlasser je nach der Bauart mannigfaltige Formen an. Der Lagerschild auf der Antriebsseite richtet sich in der Regel nach der Befestigungsart des Anlassers. Sehr verschiedenartige Formen nimmt der Antriebslagerschild beim Anlasser mit Bendix-Trieb an (Bild 435 und 436). Dabei findet man Einbau in einem Einstecklager, Flanschbefestigung, Festklemmen in einem Halslager usw. Beim Bendix-Anlasser mit „einziehendem" Ritzel ist in dem Antriebslagerschild meist nur eine Lagerstelle für die Ankerwelle vorgesehen. Beim Bendix-Anlasser mit „ausstoßendem" Ritzel läuft dagegen der Antriebslagerschild in der Regel in einen schalenartigen Tragarm aus, der an seinem Ende ein weiteres Lager für die Ankerwelle trägt. Das mittlere Lager im eigentlichen Lagerschild ist hierbei nur als Stützlager ausgebildet, durch das übermäßige Durchbiegungen der Ankerachse vermieden werden sollen. Teilweise bleibt das mittlere

Lager auch ganz weg. Der Kollektorlagerschild ist dagegen beim Bendix-Anlasser recht einfach ausgebildet. Er hat meist eine Form nach Bild 437. Wir haben hier als Grundform eine niedrige zylindrische Haube, an

Bild 435. Verschiedene Ausführungen von Anlassern mit Bendix-Trieb (ausstoßendes Ritzel)

deren Deckel innen die Bürsten befestigt sind. Um eine leichte Überwachung der Bürsten zu ermöglichen, sind im Mantel der Haube

Bild 436. Anlasser mit Bendix-Trieb (einziehendes Ritzel)

Schlitze angebracht. Bei Anlassern mit elektromagnetischer Ritzeleinspurung haben die Lagerschilde auf der Antriebsseite in der Regel eine tellerartige Form (Bild 429 und 454), auf der Kollektorseite dagegen finden wir meist eine ähnliche Form wie bei spannungsregelnden Lichtmaschinen (s. Teil II, Bilder 183 und 191). Unter der den Lagerschild nach außen abdeckenden Blechhaube (Bilder 429 und 454) wird dann der elektromagnetische Schalter, der bei Bedienung des am Instrumentenbrett angebrachten Druckknopfes den Anlaßstrom einschaltet, oder das elektromagnetische Relais, welches das Anlasserritzel in den Schwungradzahnkranz einschiebt, untergebracht. Die Lagerschilde werden in der Regel aus Grauguß, gelegentlich auch als Spritzguß aus Leichtmetall hergestellt.

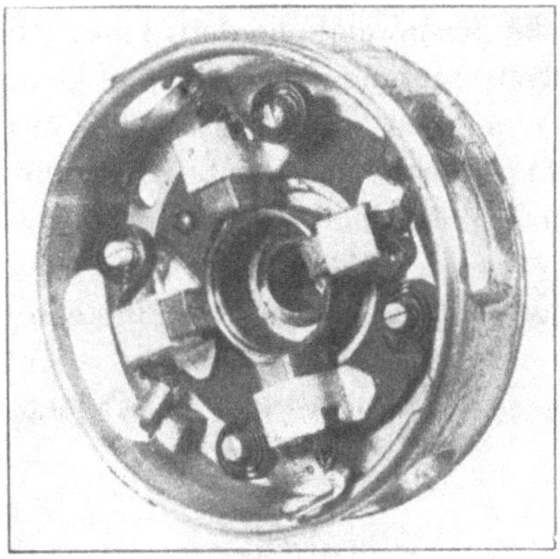

Bild 437. Kollektorlagerschild für einen Bendix-Anlasser

Besondere Beachtung verdienen die in den Lagerschilden sitzenden Lager für die Ankerwelle. Man verwendet aus Preisgründen fast ausschließlich Gleitlager. Sorgfältige Ausbildung erfordert vor allem das stark belastete Lager auf der Antriebsseite, das reichliche Abmessungen erhalten muß. Bei Gleitlagern werden vielfach Bronzebüchsen als Lager in die Schilde eingepreßt; nur bei Grauguß läßt man die Welle auch unmittelbar im Lagerschildmetall laufen. Die Schmierung ist in der Regel als Dochtschmierung, die aus kleinen Ölgefäßen versorgt wird, vorgesehen. Bei der kurzen Betriebszeit der Anlasser genügen verhältnismäßig geringe Ölmengen für lange Zeit. Namentlich in Amerika haben sich auch öllose Lager eingeführt.

Bei der Ausbildung der an den Kollektorlagerschilden untergebrachten Stromzuführungsvorrichtungen sind die zuzuleitenden starken Ströme besonders zu berücksichtigen. Wie bei den Lichtmaschinen werden sowohl Hebel- als auch Kastenbürstenhalter verwendet (vgl. Teil II, S. 50 ff.). Der Aufbau der Bürstenvorrichtung ist ganz ähnlich wie dort. Zu beachten ist die ganz außergewöhnlich hohe Querschnittsbelastung der Kohlen beim Anlasser. Um jeden unnötigen Spannungsverlust in der Kohle, der bei den in den Kraftfahrzeugausrüstungen verwendeten geringen Spannungen um so schwerer wiegt, zu vermeiden, verwendet man Kohlen mit sehr hohem Metallgehalt (Kupfer, Bronze), und zwar werden diese Kohlen aus pulverförmigen Bestandteilen gepreßt. Da derartige Kohlen außer dem erstrebten geringen Längswiderstand selbstverständlich auch einen geringen Querwiderstand haben, verschlechtern sie leider auch die Bedingungen für die Stromwendung, doch kann man diesen Nachteil bei der auf eine Kollektorlamelle entfallenden kleinen Windungszahl zugunsten eines geringeren Spannungsabfalles in der Längsrichtung in Kauf nehmen. (Vgl. hierzu auch Teil II, S. 24 und 30.) Große Aufmerksamkeit erfordert der Übergangswiderstand zwischen Kohle und Kollektor. Um ihn klein zu halten, geht man beim Anlasser über die sonst im Elektromotorenbau verwendeten Bürstendrücke teilweise um ein Mehrfaches hinaus. Trotzdem muß man aber bei den üblichen Anlassern mit einem Übergangsverlust am Kollektor von 0,2 bis 0,5 Volt rechnen.

5. Das Anlassergetriebe

Auf Seite 107 haben wir Angaben über Drehzahl, Drehmoment und Leistung beim Anlassen gemacht und sind dabei zu verhältnismäßig niedrigen Drehzahlen des Verbrennungsmotors gekommen. Nun fallen aber für eine bestimmte Leistung die Größe, das Gewicht und der Preis eines Elektromotors um so kleiner aus, je höher die Drehzahl und je kleiner das Drehmoment gewählt wird. Daher wird der Anlasser im allgemeinen für eine wesentlich höhere Drehzahl entworfen, als an sich für das Anlassen nötig wäre, und zwischen Anlasser und Kurbelwelle des anzuwerfenden Motors eine Übersetzung vorgesehen. Diese Übersetzung gewinnt man meist auf recht einfache Weise dadurch, daß der Kranz des Motorschwungrades mit einer Verzahnung für den Eingriff eines auf der Anlasserwelle angeordneten Ritzels versehen wird (vgl. S. 124). Der größte erreichbare Wert dieser Übersetzung und damit die Größe des Anlassers ist bei einer gewissen Anlasserleistung bestimmt durch die Größe des Schwungrades und die bei einer bestimmten Konstruktion praktisch erreichbare Herabsetzung der Zähnezahl des Anlasserritzels. Auf die

Gefahr vorzeitigen Ausspurens bei zu großer Übersetzung, besonders bei Motoren mit hoher Zylinderzahl, kleinem Schwungrad und ungünstigen Vergasungsverhältnissen wurde bereits hingewiesen. Die üblichen Übersetzungen bewegen sich zwischen 1:8 bis 1:20.

Würde man Anlasser und Verbrennungsmotor bei dieser Übersetzung dauernd miteinander kuppeln, so würde der Anlasser, wenn der Verbrennungsmotor nach dem Anspringen auf normale Drehzahlen von beispielsweise 2000 U/min kommt, auf 16 000 und mehr U/min getrieben werden. Den dabei auftretenden Beanspruchungen würden aber die Baustoffe nicht gewachsen sein. Es ist daher die Kupplung zwischen Anlasser und Verbrennungsmotor lösbar zu gestalten, am besten derart, daß der Anlasser wohl auf den Verbrennungsmotor ein Drehmoment zu übertragen vermag, umgekehrt aber ein Antreiben des Anlassers durch den Verbrennungsmotor ausgeschlossen wird.

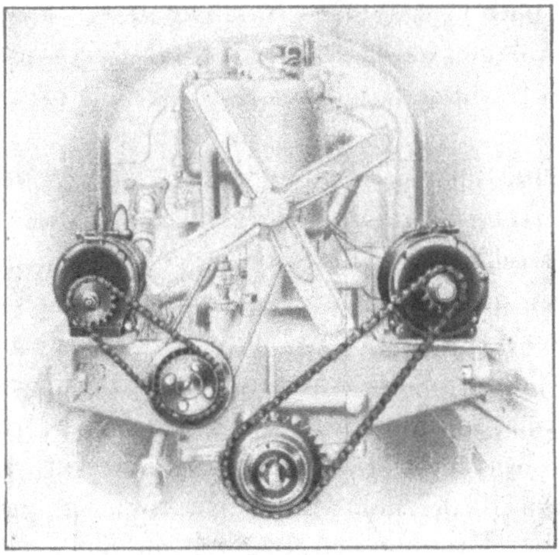

Bild 438. Freilauf-Anlasser (Robert Bosch A.-G.)

Als naheliegende Lösung wurde bei den ersten praktisch verwendeten Anlassern ein Freilauf zwischen Anlasser und Verbrennungsmotor eingeschaltet. Bild 438 zeigt eine derartige Vorrichtung, die heute nur noch geschichtliches Interesse hat. Wir haben links die von der Steuerwelle angetriebene Lichtmaschine, rechts den Anlasser, der vermittels Kette an der Kurbelwelle angreift. Die ganze Anordnung verrät, daß der Einbau der elektrischen Maschinen bei Konstruktion des Motors noch nicht vorgesehen war. Das Kettenrad auf der Kurbelwelle enthält den Freilauf, der im besonderen von der

Firma Bosch so ausgebildet wurde, daß er nach dem Anwerfen vollständig und reibungsfrei ausgeschaltet war. Um auf die nötige Übersetzung zu kommen, war an den hier gezeigten Anlassern ein Planetengetriebe angebaut. Das Einschalten erfolgte in zwei Stufen. Auf der ersten Stufe wurde der Stromkreis über einen Widerstand geschlossen, so daß der Anlasser mit geringem Drehmoment anlief. Dabei wurde durch elektromagnetische Bremsung der Freilauf zum Eingriff gebracht und die Kette gespannt, so daß, wenn auf der zweiten Stufe der Anlasser den vollen Strom erhielt, das volle Drehmoment stoßfrei auf die Kurbelwelle übertragen wurde. Der Freilauf verhinderte nach erfolgtem Anspringen, daß der Anlasser vom Motor angetrieben wurde; nach Freigabe des Anlaßschalters wurde er völlig ausgeschaltet. Die Anlagen waren in dieser Bauart durchaus betriebssicher, hatten aber den Nachteil, daß sie sehr teuer und oft schwierig einzubauen waren.

Sie sind heute allgemein durch die Anlasser für Schwungradantrieb ersetzt worden, bei denen man, wie wir bereits auf Seite 132 erläuterten, ohne weiteres die erwünschte große Übersetzung zwischen Anlasser und Verbrennungsmotor bekommt. Gewisse Schwierigkeiten bereitet das richtige Ein- und Ausspuren des Ritzels, doch hat man dafür verschiedene brauchbare Lösungen gefunden. Es ist selbstverständlich nicht möglich, das Ritzel dauernd in Eingriff zu lassen und ein Antreiben des Anlassers nach Anspringen des Verbrennungsmotors durch einen hinter dem Ritzel eingefügten Freilauf zu verhindern. Bei den hohen Drehzahlen, auf die das Ritzel bei dieser Anordnung kommen würde, wären störende Geräusche und rasche Zerstörung unvermeidlich.

Zur kurzzeitigen Sicherung des Anlassers gegen hohe Drehzahlen ist eine derartige Anordnung aber verwendbar, wenn das Antriebsritzel über mechanische Zwischenglieder von Hand oder mit dem Fuß ein- und ausgespurt wird. Bild 439 zeigt einen derartigen Schwungradanlasser. Das Ritzel wird hier durch einen Fußhebel in den Schwungradzahnkranz eingespurt. Dabei wird zugleich im richtigen Augenblick der Anlaßschalter geschlossen. Um ein sicheres Einspuren des Ritzels zu erreichen, wird es vor dem Eingriff mit geringer Drehzahl, die zum Beispiel durch Vorschalten eines Widerstandes erreicht wird, in Umlauf gesetzt. Zu diesem Zweck ist der Anlaßschalter dreistufig ausgebildet. Die zwangläufige Verbindung von Ritzelvorschub und Schaltvorgang kann natürlich auf mannigfaltige Art erfolgen. Die Reihenfolge der Schalt- und Schiebbewegungen ist aber stets gleich, und zwar:

Ruhestellung: Ritzel außer Eingriff, Schalterkontakte offen.

Anlaufstellung: Ritzel wird axial verschoben, zugleich wird der Anlasserstromkreis über einen Vorschaltwiderstand geschlossen, so daß das Ritzel mit kleiner Drehzahl umläuft.

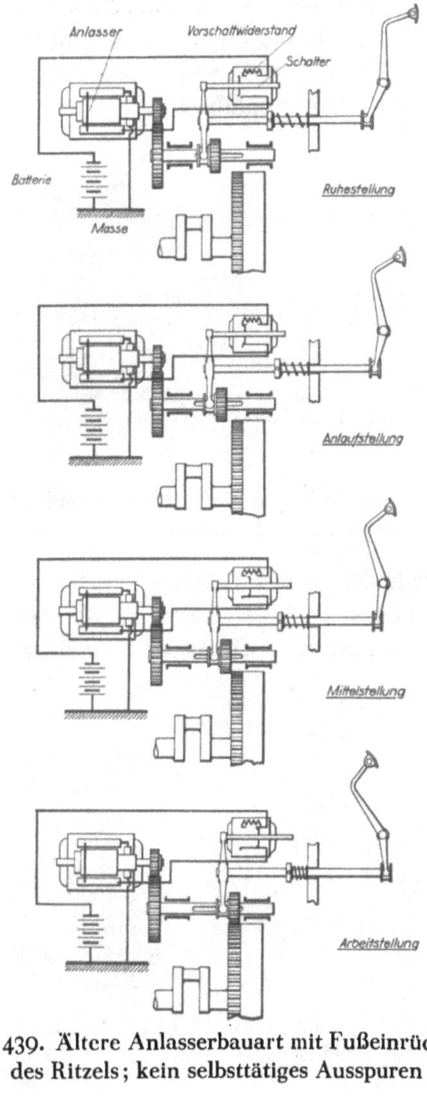

Bild 439. Ältere Anlasserbauart mit Fußeinrückung des Ritzels; kein selbsttätiges Ausspuren

Mittelstellung: Beim Weiterschieben des Ritzels wird der Stromkreis wieder geöffnet. Das mit dem erhaltenen Schwung sich langsam weiter drehende Ritzel spurt leicht in die Schwungradverzahnung ein.

Arbeitstellung: Das Ritzel ist voll eingespurt und der Anlaßschalter über die Hauptkontakte ohne Vorschaltwiderstand geschlossen, so daß der Anlasser den vollen Arbeitstrom erhält und das Schwungrad antreiben kann.

Ruhestellung: Nachdem der Verbrennungsmotor angesprungen ist, wird der Fußhebel freigegeben. Durch eine Rückzugfeder wird dann das Ritzel aus dem Schwungradzahnkranz herausgezogen und zugleich der Schalter geöffnet.

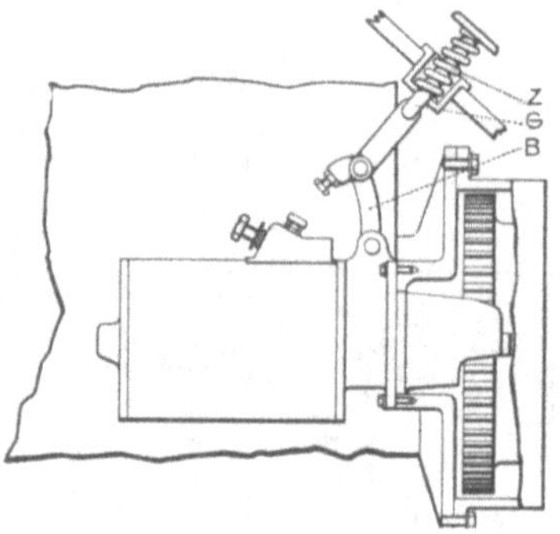

Bild 440. Neuere Anlasserbauart mit Fußeinrückung des Ritzels. Kein selbsttätiges Ausspuren. Gesamtanordnung

Um eine Beschädigung des Anlassers nach dem Anspringen des Verbrennungsmotors zu vermeiden, ohne mit der Aufmerksamkeit und Geschicklichkeit des Führers rechnen zu müssen, ist zwischen Ritzel

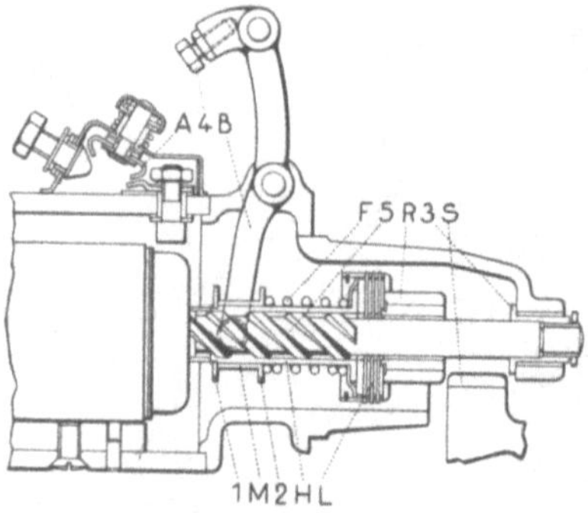

Bild 441. Neuere Anlasserbauart nach Bild 440; Aufbau des Getriebes. Ausgerückter Zustand

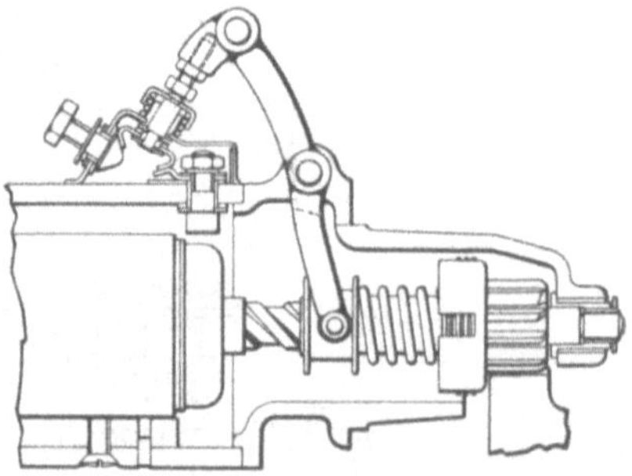

Bild 442. Neuere Anlasserbauart nach Bild 440; Aufbau des Getriebes. Eingerückter Zustand

und Anlasser ein Freilauf eingeschaltet, der in bekannter Weise bei einsetzendem Kraftrichtungswechsel wirksam wird.

In der hier geschilderten Bauart erscheint die Anlaßvorrichtung schwerfällig und schwierig einzubauen. Dieselbe Wirkung ist aber auch ohne Vorgelege zu erreichen; dabei sitzt dann das Ritzel längs verschiebbar auf der Ankerachse und wird unmittelbar in die Schwungradverzahnung eingespurt. Mit der Ankerachse ist es durch einen Freilauf gekuppelt. Wir kommen damit zu der Ausführung nach den Bildern 427, 440, 441 und 442, wie sie in Amerika zu beschränkter Verwendung gelangt ist. Wir sehen hier Anlaßmotor, Schalter und Getriebe zu einer eng zusammengefaßten Einheit vereinigt. Das Getriebe sitzt auf einer Verlängerung der Anlasserwelle. Es ist auf der Hülse H aufgebaut, die mit einem kurzen, steilen Muttergewinde auf dem auf einem Teil der Ankerwelle angebrachten Bolzengewinde 5 gleiten kann. Am hinteren Ende ist die Hülse durch den Endflansch 1 begrenzt, vorn trägt sie unter Zwischenschaltung der Lamellenkupplung L das Ritzel R, das in den Schwungradzahnkranz S eingespurt werden kann. Zwischen Lamellenkupplung und Endflansch 1 gleitet auf der Hülse eine einseitig durch einen Flansch 2 begrenzte Muffe M, die durch die Feder F gegen den Endflansch 1 gedrückt wird. Zwischen die Flansche 1 und 2 greift der Hebel B mit einer Gabel ein. B kann nach Bild 440 vermittels des Gestänges G durch Fußdruck so verschoben werden, daß die Gabelenden gegen den Flansch 2 drücken und dadurch den gesamten Trieb unter gleichzeitiger leichter Drehung auf dem Steilgewinde 5 nach dem Schwungrad S zu verschieben. Gleitet das Ritzel bei dieser Bewegung glatt in den Zahnkranz ein, so schließt der Hebel B, kurz bevor die Einspurbewegung durch den mit der Ankerwelle umlaufenden Flansch 3 begrenzt wird, durch die an seinem oberen Ende angebrachte Einstellschraube 4 den Schalter A (Bild 441), der im Gegensatz zum Schalter in Bild 439 nur einstufig ist, so daß der Anlasser sogleich den vollen Strom erhält und der Anker energisch anläuft.

Da das Ritzel bereits im Zahnkranz festliegt und die Lamellenkupplung L infolge des – wenn auch schwachen – Drucks der Feder F nicht widerstandslos gleiten kann, wird jetzt das Gewinde 5 wirksam und schiebt die Hülse mit dem Ritzel weiter nach dem Ende der Ankerwelle zu, bis das Ritzel an dem Flansch 3 anliegt. Da der durch das Gewinde erzeugte Schub weiterwirkt, wird jetzt die Lamellenkupplung fest zusammengepreßt, so daß sie das zum Anlassen erforderliche große Drehmoment auf das Ritzel und das Schwungrad übertragen kann. Der dabei auftretende axiale Reaktionsdruck wird einerseits von dem Steilgewinde auf der Ankerachse, andererseits von dem mit der Ankerachse fest verbundenen Flansch 3 aufgenommen, so daß nach außen, etwa auf die Lager, keinerlei Kräfte wirksam werden. Sobald der Verbrennungsmotor angesprungen ist, übt das Schwungrad eine treibende Kraft auf das Ritzel aus und dieses eilt der Ankerwelle voraus. Damit hört aber die Schubwirkung des Gewindes 5 auf, die Lamellenkupplung löst sich und das Ritzel kann nahezu frei umlaufen, bis das Gestänge G freigegeben wird und die Feder Z den ganzen Trieb in seine Ruhelage zurückzieht.

Trifft beim Vorschieben des Triebes Zahn auf Zahn, so bleibt die Hülse H natürlich zunächst stehen. Da aber die Muffe M gegen die Spannung der Feder F auf der Hülse vorgeschoben werden kann, läßt sich der Hebel B weiterbewegen, bis der Anlasserschalter geschlossen ist. Der Anker läuft an, das Ritzel dreht sich und spurt, sobald Zahn auf Lücke kommt, unter der Wirkung der gespannten Feder F in den Zahnkranz ein. Der weitere Vorgang vollzieht sich dann wie im ersten Fall.

Die eben geschilderte Anordnung hat zwar gegenüber der Anordnung nach Bild 439 den Vorteil der Einfachheit, da der eine langsame Drehung des Ritzels beim Einspuren bewirkende Vorschaltwiderstand wegfällt und die Verwendung des einfach herzustellenden und im Betrieb unempfindlichen Lamellenfreilaufs möglich wird. Dafür erfordert sie aber eine Abschrägung der Zähne von Ritzel und Schwungrad, ähnlich wie in Bild 446 für eine andere Anlasserkonstruktion dargestellt, um das Einspuren überhaupt zu ermöglichen. Außerdem muß die Kraft der Feder F in einem bestimmten Verhältnis zu Drehmoment und Masse des Anlassers stehen, damit beim Zusammentreffen von Zahn auf Zahn das Ritzel nach erfolgtem Einschalten des Stromes eine im Verhältnis zur Drehbeschleunigung genügend große axiale Beschleunigung erhält und ein Vorbeiratschen am Schwungrad vermieden wird. Schließlich hat diese Bauart wie die in Bild 439 dargestellte den Nachteil, daß das Ausspuren des Ritzels von der Art der Bedienung des Gestänges G abhängt und das Ritzel unter Umständen zu lange in Eingriff mit dem Schwungkranz belassen wird, so daß der Freilauf übermäßig beansprucht wird. Andererseits ist durch das willkürliche Ausspuren des Ritzels ein vorzeitiges Ausspuren vermieden. Bei zu langsamer Freigabe des Pedals, wie sie praktisch allerdings nur selten eintreten wird, besteht die Gefahr gegenseitiger Schlagwirkungen zwischen Ritzel und Schwungradzahnkranz, da infolge der Abschrägung der Zähne die richtige Abwälzung an den Enden der Zähne gestört ist. Für die Behebung dieser Schwierigkeit hat man die verschiedensten Vorschläge gemacht, die in zahlreichen, vor allem amerikanischen Patenten zum Ausdruck kommen.

Wir wollen hier den Grundsatz der meisten derartigen Anordnungen an Hand eines einfachen Beispiels*) nach den Bildern 443 und 444 erläutern. Die Verschiebung des Triebes erfolgt hier durch einen zweiteiligen Hebel B_1 und B_2, dessen beide Teile in der Ruhe und der Einschubbewegung durch die Klinke K gekuppelt sind. Die Gabel von B_2 greift zwischen zwei Flansche 1 und 2 einer Hülse H, die hier ohne Gewinde auf d e r V e r l ä n g e r u n g d e r A n k e r w e l l e gleitet. An die Hülse schließt sich ein Federgehäuse E für eine Schraubenfeder F an. In dem Gehäuse ist gegen den Druck der Feder F verschiebbar das Ritzel R gelagert, dessen Auswärtsbewegung durch einen Flansch 3 begrenzt ist. Das Ritzel ist in seiner Bohrung mit einem steilen Mutter-

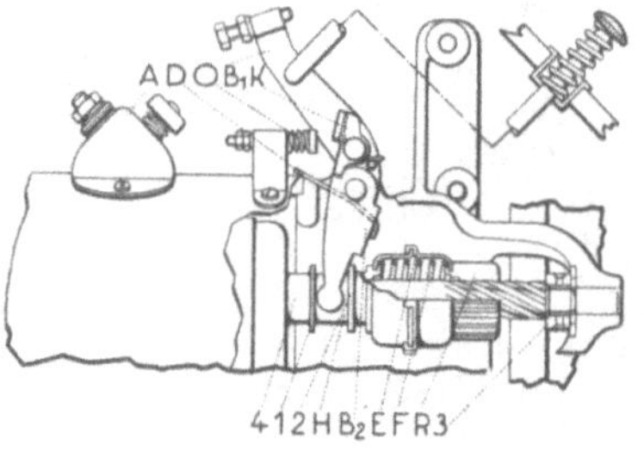

Bild 443. Neuere Anlasserbauart mit Fußeinrückung des Ritzels und selbsttätigem Ausspuren. Ausgespurter Zustand

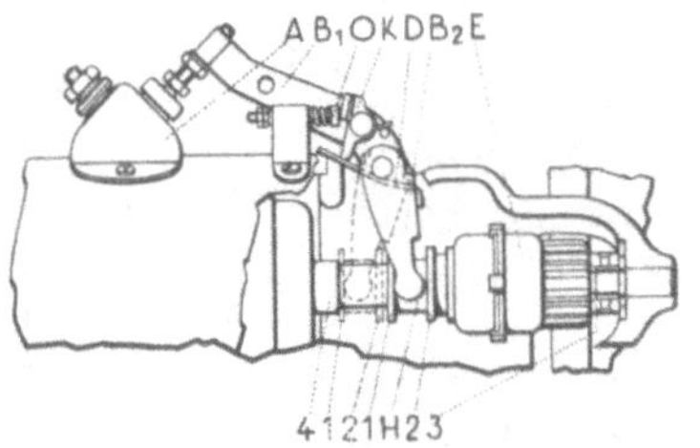

Bild 444. Anlasserbauart nach Bild 443; eingespurter Zustand

gewinde versehen, das auf einem entsprechenden Steilgewinde der Ankerwelle verschraubt werden kann. Spurt beim Niederdrücken des Hebels B_1, B_2 das Ritzel glatt ein, so wird der Schalter A geschlossen und der Motor in bekannter Weise angeworfen. Beim Niedergehen des Hebels B_1 hat sich die Klinke K gegen einen federbelasteten Bolzen O gelegt. Sie kann aber noch nicht ausrasten, weil die Raste im Hebel B_2 so ausgebildet ist, daß ein Ausrasten erst nach Entlastung von B_2 möglich wird. Diese Entlastung und damit die Freigabe von B_2 bei niedergedrücktem Pedal tritt ein, sobald das Ritzel nach dem Einspuren ins Schwungrad beim Anlaufen des Anlassers gegen den Flansch 3 der Ankerwelle geschraubt wird. Wenn der Verbrennungsmotor angesprungen ist, so beschleunigt das Schwungrad das Ritzel gegenüber der Ankerwelle. Das Gewinde bewirkt dann, daß das Ritzel außer Eingriff gezogen wird und mit dem ganzen Trieb an dem rückwärtigen Anschlag 4

*) DRP 440303, U. S. A. Pat. 1577, 795.

der Ankerwelle wieder seine Ruhelage einnimmt. Unterstützt wird diese Bewegung durch die Wirkung der Feder D auf der Drehachse des Hebels B_2.

Spurt das Ritzel nicht glatt ein, so kann wegen der Nachgiebigkeit der Feder F der Hebel B_1, B_2 doch bis zur Betätigung des Schalters A niedergedrückt werden. Das Ritzel weicht dabei in das Federgehäuse zurück, wird dann aber, wenn beim Anlaufen des Anlassers seine Zähne auf Lücken des Schwungradzahnkranzes gedreht werden, vorgeschnellt und der übrige Vorgang vollzieht sich wie zuvor.

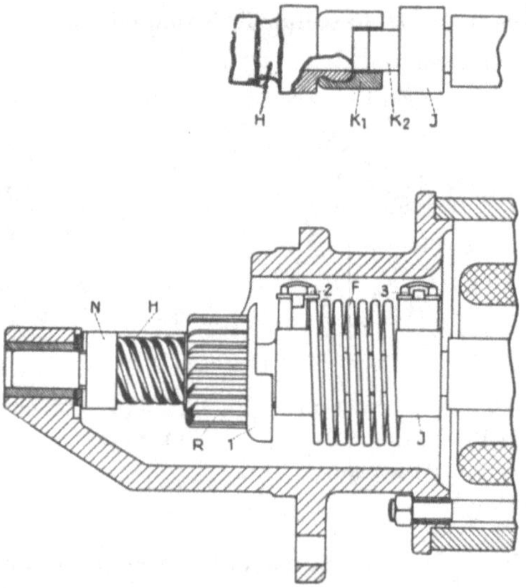

Bild 445. Grundsätzlicher Aufbau des Bendix-Triebes

Der Grundsatz, der bei dem eben geschilderten Anlaßtrieb zum Ausspuren des Ritzels angewandt wird, wird in weitestem Umfange beim B e n d i x - T r i e b auch zum Einspuren des Ritzels ausgenützt. Den grundsätzlichen Aufbau des Bendix-Triebes zeigen die Bilder 445 und 448. Wir haben als Grundlage des Triebes eine auf einer Verlängerung der Ankerachse frei gleitende Hülse H, die außen mit einem steilgängigen Bolzengewinde versehen ist. Auf diesem sitzt mit einem entsprechenden Muttergewinde das Ritzel R, das mit einer einseitigen Schwungmasse 1 versehen ist. Am Ende des Bolzengewindes ist die Hülse durch einen ringförmigen Anschlag N begrenzt. Die Drehbewegung des Anlasserankers wird durch eine kräftige Schraubenfeder F nachgiebig von der Ankerachse auf die Hülse H übertragen. Die Feder ist durch einen kräftigen Bolzen bei 2 mit der Hülse H und bei 3 mit der Ankerachse verbunden. Sobald der Anlasser eingeschaltet wird, läuft der Anker mit starkem Ruck an. Das Ritzel setzt der Drehbewegung infolge seiner Trägheit einen ziemlich großen Widerstand entgegen und dreht sich n i c h t mit der Hülse. Damit wird aber das Gewinde wirksam, und das Ritzel wird nach dem Schwungrad zu vorgeschraubt. Um das glatte Einspuren zu erleichtern, schrägt man die Zähne sowohl des Ritzels als auch des Schwungrades an der Stirnfläche ab, und zwar nur an der der Arbeitsflanke entgegengesetzten Kante, an der sogenannten Überholflanke (Bild 446). Gleitet das Ritzel frei in den Schwungradzahnkranz ein, so liegt es bald fest an dem Anschlag N. Jetzt wird die Feder F angespannt, bis sie imstande ist, das erforderliche Drehmoment zu übertragen. Durch

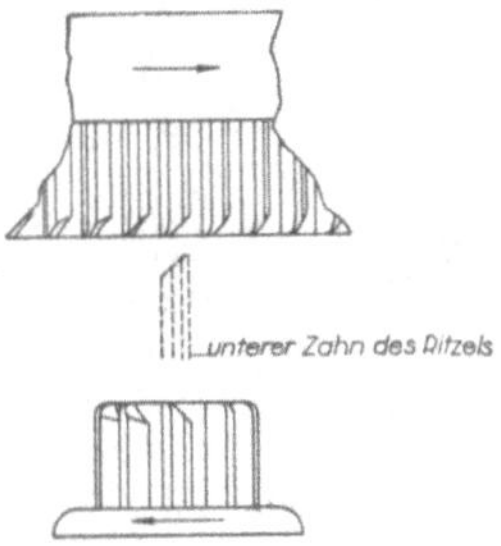

Bild 446. Abschrägung der Einspurkanten der Zähne vom Ritzel und Schwungrad

die Einschaltung der Feder wird verhütet, daß der Anlasser nach dem Einspuren des Ritzels schlagartig festgebremst wird. Trifft beim Vorgleiten des Ritzels Zahn auf Zahn, so ist in der Feder ein elastisches Zwischenglied geschaffen, das ein axiales Ausweichen des Ritzels mit der Hülse gestattet. Die Feder wird dann nämlich in axialer Richtung etwas zusammengedrückt, bis das Ritzel so weit verdreht ist, daß es unter dem Druck von F in die Schwungradverzahnung einspuren kann. Um zu verhindern, daß die Feder, wenn sie angespannt wird, mit ihren mittleren Windungen zwischen der Hülse H und dem Ring J, auf dem die anderen Endwindungen aufliegen, eingeklemmt wird, sind nach der Teilzeichnung Bild 445 an die Hülse H und den Ring J Klauen K_1 und K_2 gefügt, die mit reichlich Spiel ineinandergreifen und den Raum zwischen H und J überbrücken, ohne aber die freie gegenseitige Beweglichkeit der beiden Teile zu stören. Um auf jeden Fall eine Übertragung des Drehmoments durch die Klauen statt durch die Feder zu verhüten, sind die Klauen K_1 mit der Hülse durch Bördelung drehbar verbunden. Das Ausspuren des Ritzels erfolgt nach Anspringen des Verbrennungsmotors in der bereits früher geschilderten Weise dadurch, daß das Ritzel durch das Schwungrad gegenüber der Gewindehülse beschleunigt wird und sich infolgedessen selbst außer Eingriff schraubt. Um zu verhüten, daß das Ritzel aus der Ruhestellung, in die es unter Umständen mit ziemlicher Kraft geworfen wird, wieder vorschnellt oder bei Erschütterungen bei hohen Drehzahlen des Motors und niedrigem Gang sich vorarbeitet, ist es nach Bild 448 oft mit einem federbelasteten Bolzen O versehen, der in der Ruhestellung in eine in die Hülse eingedrehte ringförmige Nut einschnappt und das Ritzel leicht festhält. Das Einspuren wird durch die Sicherung nicht behindert, da der runde Bolzen durch den kräftigen Ruck beim Anlaufen des Anlassers ohne weiteres aus der Nut gedrückt wird.

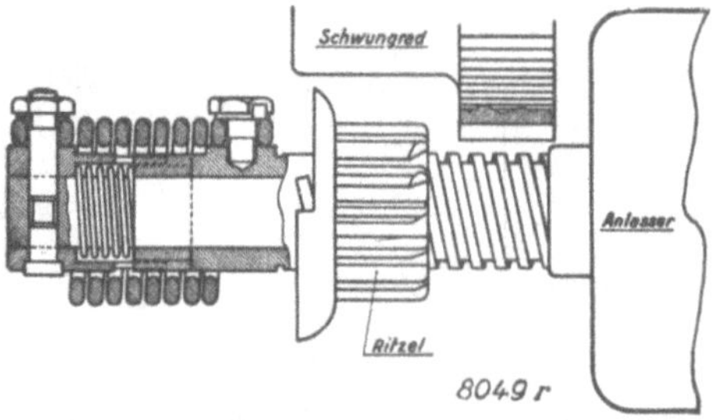

Bild 447. Bendix-Trieb mit einziehendem Ritzel

Neben dem in Bild 445 und 448 gezeigten Bendix-Trieb mit ausstoßendem Ritzel haben wir bereits in Bild 436 die Bauart mit einziehendem Ritzel gezeigt, die in Bild 447 nochmals genauer wiedergegeben ist. Die Wahl zwischen den beiden Bauarten ist durch die Einbaumöglichkeiten für den Anlasser gegeben.

Der Anlasser mit Bendix-Trieb hat gegenüber anderen Anlasserbauarten den Vorzug großer Einfachheit. Da er zum Einspuren des Ritzels keinerlei Gestänge und Hebel bedarf, läßt er sich auch sehr einfach und billig einbauen. Aus diesen Vorzügen erklärt sich die außerordentliche Verbreitung, die der Bendix-Trieb gewonnen hat. Über den Vorzügen darf man aber die Nachteile nicht übersehen. Diese sind in erster Linie in der schlagartigen Wirkung beim Einspuren zu erblicken.

Trotz der erwähnten Abschrägung der Zähne von Ritzel und Schwungkranz wird ein Auftreffen von Zahn auf Zahn immer noch verhältnismäßig häufig vorkommen. Dabei sind dann Verletzungen der

Zähne zu befürchten, die allmählich das richtige Arbeiten des Triebes in Frage stellen. Da das Ritzel wegen seiner großen Beanspruchung unbedingt gehärtet werden muß, darf für den Zahnkranz des Schwungrades nur hochwertiges Material verwendet werden, weil sonst die Zähne des Zahnkranzes sehr rasch durch die Ritzelzähne beschädigt werden. Vielfach wird auch der Zahnkranz gehärtet. Die in Amerika teilweise übliche Verwendung von Gußkränzen ist nicht empfehlenswert, da nach den an amerikanischen Wagen gemachten Erfahrungen bereits nach kurzer Zeit eine Auswechslung nötig wird. Andererseits ist die Herstellung von guten Zahnkränzen in Amerika besonders weit entwickelt; sie werden dort von manchen Fabriken als ausgesprochenes Spezialerzeugnis geliefert.

Die durch das vorschnellende Ritzel an der Stirnseite der Schwungkranz- oder Ritzelzähne entstehenden Verletzungen wirken sich in unangenehmer Weise dahin aus, daß die Zähne sich in den Kerben unter der hinzutretenden Wirkung des Steilgewindes gegenseitig derart festbeißen, daß ein Verdrehen auf Zahnlücke und damit das Einspuren unmöglich ist. Durch das Drehmoment des Anlassers wird dann das Ritzel so fest gegen das Schwungrad geschraubt, daß das Ritzel sich auch nach dem Ausschalten des Anlasserstromes nicht mehr löst und damit das ganze Fahrzeug festgelegt ist. Diese Erscheinung ist unter der Bezeichnung „Blockierung" unliebsam bekannt. In vielen Fällen gelingt es, das Ritzel durch leichtes Hin- und Herbewegen des Wagens bei eingeschaltetem Gang zu lösen. Manchmal ist man aber auch gezwungen, den Wagen durch Ausbauen des Anlassers wieder bewegungsfähig zu machen. Der aufgeführte, in der Arbeitsweise des Bendix-Triebes begründete Mangel kann durch mangelhaften Einbau des Anlassers noch verstärkt werden. Es sollten deshalb die von den Herstellerfirmen gegebenen Einbauvorschriften und besonders auch die Vorschriften für die Abschrägung der Schwungradzähne und die Materialwahl genau beachtet werden.

Um eine durch das Bendix-Ritzel verursachte Blockierung des Fahrzeugs leichter beheben zu können, ist man neuerdings dazu übergegangen, die Anlasserwelle an dem meist leicht zugänglichen Kollektorende durch den Lagerschild nach außen zu führen. Man versieht sie dann an dieser Verlängerung mit einem Vierkant, Sechskant oder auch nur mit zwei Flächen, an denen man bei etwaigem Festklemmen des Ritzels einen Schraubenschlüssel ansetzen und durch Rückwärtsdrehen der Welle den Druck des Bendix-Gewindes auf das Ritzel lösen kann.

S e h r h e f t i g e B e a n s p r u c h u n g e n erleidet beim Anlaufen des Anlassers d i e F e d e r F. Sie muß daher aus bestem Werkstoff und nach besten Arbeitsverfahren hergestellt werden. Eine genaue Untersuchung der Anlaßvorgänge beim Bendix-Ritzel läßt erkennen, daß die Feder nicht allein auf Verwindung im Sinne der Übertragung des Drehmomentes beansprucht wird, sondern daß sie auch in erheblichem Maße im umgekehrten Sinne über ihre Nullage ausschwingt und dadurch sehr ungünstig beansprucht wird.*) Die weitaus größte Zahl von Beanstandungen an Bendix-Federn ist auf eine von innen ausgehende Rißbildung durch diese Beanspruchung zurückzuführen.

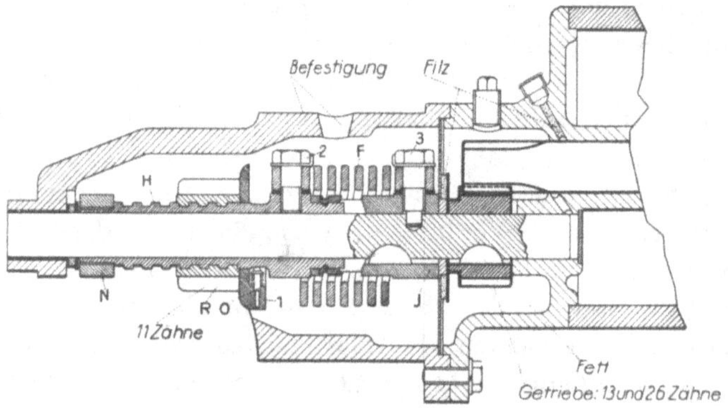

Bild 448. Anlasser mit Übersetzung zwischen Ankerwelle und Bendix-Trieb

An die Wartung stellt der Bendix-Trieb nur geringe Ansprüche. Bis zu einem gewissen Grade wird er in vielen Fällen nach den Bildern 435, 445 und 448 durch das schalenartige Lager vor starker Verschmutzung geschützt. Trotzdem ist eine Ablagerung von Staub auf dem Gewinde unvermeidlich. Im allgemeinen ist es nicht nötig, das Gewinde regelmäßig zu schmieren. Es genügt, wenn es bei gelegentlichen Überholungen des Motors mit einem Öl von geringer Viskosität leicht gefettet wird.

Ein gewisser N a c h t e i l d e s B e n d i x - T r i e b e s besteht auch darin, daß mit ihm oft n i c h t e i n e g e n ü g e n d g r o ß e Ü b e r s e t z u n g zwischen Anlasser- und Kurbelwelle erzielt werden kann. Da zwischen Anlasserwelle und Ritzel noch die Gewindehülse eingeschaltet ist, ist bei der normalen Bauart die kleinstmögliche Zähnezahl des Ritzels 11 Zähne bei Modul 3 oder 3,175, während bei den später zu besprechen-

*) Vgl. hierzu R. L. Smith-Rose und R. S. J. Spilsbury, Some Oscillograph Tests on Electric Startors for Motor-Cars. The Journal of the Institution of Electrical Engineers, Vol. 67 No. 385, January 1929.

den Anlassern mit elektromagnetischer Einspurung des Ritzels, bei denen das Ritzel unmittelbar auf der Anlasserwelle sitzt, die Zähnezahl auf 7 bis 9 Zähne vermindert werden kann. Dies bedeutet, daß für gleiches Drehmoment am Motor der Bendix-Anlasser für höheres Drehmoment bemessen werden muß. Zwecks Vergrößerung der Übersetzung wird vielfach zwischen Ankerachse und Trieb ein Vorgelege eingeschaltet. Nach Bild 448 läßt sich ein solches Zwischengetriebe sehr einfach durch Einschneiden von Zähnen in das Antriebsende der Ankerachse und ein auf die besonders gelagerte Ritzelwelle gesetztes Zahnrad ausbilden. Immerhin wird dadurch der Anlasser aber verlängert und schwerer. Eine Verminderung der Zähnezahl auf 9 Zähne ist bei der in Bild 449 dargestellten Bauart eines Bendix-Anlassers dadurch ermöglicht, daß die Ankerachse nicht mehr bis zu dem

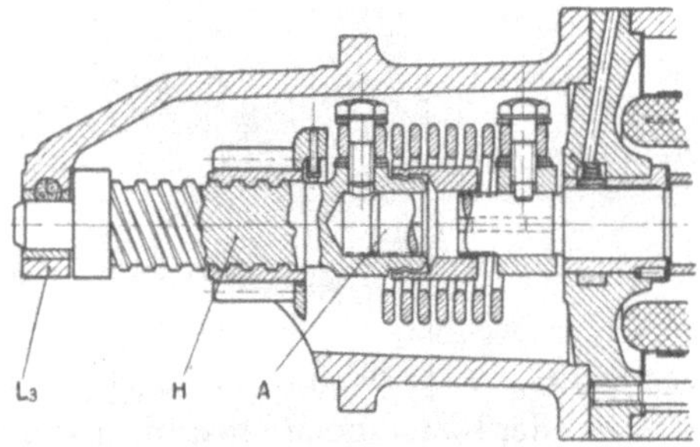

Bild 449. Bendix-Trieb mit verminderter Zähnezahl des Ritzels

äußeren Lager L_3 durchgeführt ist. Die in ihrem Durchmesser verkleinerte massive Getriebespindel H ist einerseits in diesem äußeren Lager, andererseits auf der verkürzten Ankerachse A gelagert. Diese Bauart erfordert besondere Herstellungsgenauigkeit an den Lagerstellen. Teilweise hat man dabei auch die äußere dritte Lagerstelle am Anlasser selbst fortgelassen und dafür ein entsprechendes Lager im Schwungradgehäuse angeordnet. Diese Bauart setzt aber selbstverständlich erst recht eine hohe Herstellungsgenauigkeit voraus.

Ein anderer Weg zur Verkleinerung der Zähnezahl des Ritzels ergibt sich beim Bendixtrieb dadurch, daß man das Gewinde in die hohle Ankerwelle verlegt. Diese Bauart wurde zeitweise von verschiedenen Firmen angewandt. Wir bringen in Bild 450 als gutes Beispiel den früher von der Firma Marelli gebauten Trieb.

A ist die hohle Ankerwelle, in der die mit einem steilgängigen Innengewinde versehene Hülse H gegen den Druck der Federn F_1 und F_2

axial verschiebbar gelagert, aber durch Nut und Feder zum Mitdrehen gezwungen ist. Der Druck der Federn F_1 und F_2 wird durch ein Zwischenstück Z auf H übertragen. Nach außen wird die Bewegung von H durch die in die Ankerachse eingeschraubte ringförmige Mutter M begrenzt. In der Hülse H verschraubt sich der mit einem entsprechenden Außengewinde versehene Bolzen B, der am einen Ende das Ritzel R trägt und am andern Ende in einen dünnen Schaft ausläuft, auf dem die Feder F_3 sitzt und am Ende durch einen Sprengring festgelegt ist. Nach innen zu liegt F_3 an Z an. Sobald der Anlasser anläuft, wird der Bolzen B mit dem Ritzel wegen seiner Trägheit vorgeschraubt. Begrenzt wird diese Bewegung bei glattem Einspuren in den Schwungradzahnkranz durch Anschlagen des Ansatzes N auf dem Ritzelbolzen an die Mutter M. Das Ausspuren beruht wieder auf dem beim Anspringen des Verbren-

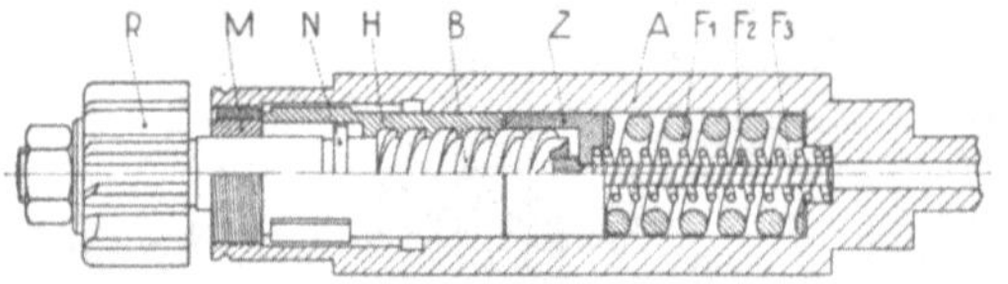

Bild 450. Im Innern der Ankerwelle gelagerter Bendix-Trieb (Marelli)

nungsmotors entstehenden Kraftrichtungswechsel. Es wird unterstützt durch den Druck der Feder F_3, die beim Einspuren zusammengedrückt wird. F_3 ist zugleich eine Sicherung dagegen, daß das Ritzel durch Erschütterungen usw. allmählich vorgeschraubt und vom umlaufenden Schwungrad beschädigt wird. Spurt das Ritzel nicht glatt ein, so kann die Hülse H zunächst gegen den Druck von F_2 und dann von F_1 zurückweichen. Durch die zweistufige Federung wird hartes Aufschlagen auf den Schwungradzahnkranz vermieden. Das weitere Einspuren des Ritzels findet in der beim normalen Bendix-Trieb besprochenen Weise statt.

Bei dieser Ausführung des Bendix-Triebes sitzt das Ritzel auf dem Ende des Gewindebolzens, das natürlich nicht stärker zu sein braucht als das Ende der üblichen Anlasserwelle. Daraus ergibt sich die Möglichkeit, ein Ritzel von geringerer Zähnezahl zu verwenden als beim üblichen Bendix-Trieb. Allerdings wird der Trieb in dieser Bauart verhältnismäßig kompliziert und teuer; er ist unseres Wissens heute von allen Firmen, die ihn verwendeten, zugunsten des üblichen Bendix-Triebs aufgegeben worden.

Als weitere Anlasserbauarten mit axialem Ritzelvorschub sind früher neben den bisher genannten, mit mechanischen Mitteln einspurenden Anlasserbauarten in erheblichem Umfange solche verwendet worden, bei denen das Ritzel auf elektromagnetischem Wege verschoben wurde. Bei diesen läßt sich ein weicheres Einspuren als beim Bendix-Trieb erreichen. Der Anlasser wird aber etwas teurer. Wenn auch der Bendix-Trieb aus Preisgründen eine große Verbreitung gefunden hat, so wird in vielen Fällen das weichere Einspuren, die Vermeidung der Blockierungsgefahr und die Möglichkeit, nicht angeschrägte Schwungradverzahnung anwenden zu können, zur Verwendung des Anlassers mit elektromagnetischem Ritzelvorschub führen. Besonders an großen Anlassern führen die Federbrüche beim Bendix-Trieb zu unüberwindlichen Schwierigkeiten.

Man unterscheidet bei den Anlassern mit elektromagnetisch eingerücktem Ritzel zwei Grundbauarten: solche, bei denen das

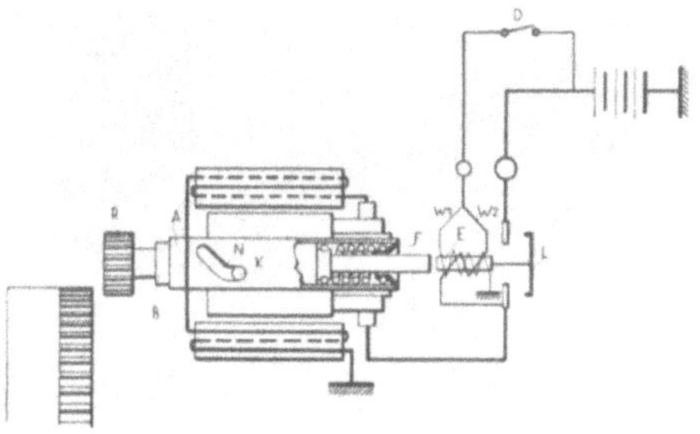

Bild 451. Grundsätzlicher Aufbau eines Anlassers mit Einspurung des Ritzels durch Relais (Pöge)

Ritzel auf einer besonderen Welle in der hohlen Ankerwelle axial verschiebbar gelagert ist und durch ein besonderes Einspurrelais in den Schwungradzahnkranz eingespurt wird, und solche, bei denen der gesamte Anker mit dem auf der Ankerwelle sitzenden Ritzel durch den von den Feldmagneten auf ihn ausgeübten Zug aus einer unsymmetrischen Ruhestellung ins Feld gezogen wird, wodurch dann das Ritzel eingespurt wird. Die erste Bauart wird unseres Wissens nicht mehr hergestellt, die zweite hat als der bekannte Bosch-Anlasser große Verbreitung gewonnen und wird von der Firma auch heute noch neben dem Anlasser mit Bendix-Trieb hergestellt.

Als Beispiel für die erste Bauart zeigen wir in Bild 451 schematisch den Aufbau des Anlassers der Firma Pöge. Bei diesem gleitet das Ritzel R mit einer besonderen Welle B im Innern der hohlen Ankerwelle A. Die Ritzelwelle ist mit der Ankerwelle durch einen Mitnehmerstift K, der in einer schraubenförmigen Nut N gleiten kann, bis zu einem gewissen Grad nachgiebig gekuppelt. In der Ruhe ist die Ritzelwelle durch die Feder F nach rechts gezogen. Vor dem Ende einer Verlängerung der Ritzelwelle liegt der Eisenkern E eines Solenoid-Relais, der an seinem äußeren Ende zugleich die Schließkontakte für einen Schalter L im Hauptstromkreis des Anlassers trägt. Die Wicklung des Relais besteht aus einer Nebenschlußwicklung W_1 und einer Stromwicklung W_2, die mit Anker- und Feldwicklung des Anlassers in Reihe geschaltet ist. Schließt man durch den Anlaßdruckknopf D den Relaisstromkreis, so wird der Kern E in die Spule hineingezogen und verschiebt die Ritzelwelle nach links. Spurt das Ritzel glatt ein, so wird am Ende des Ritzelvorschubs der Hauptschalter L geschlossen, der Anlasser erhält den vollen Anlaßstrom und dreht den Verbrennungsmotor in üblicher Weise durch. Solange dabei die Kraftwirkung vom

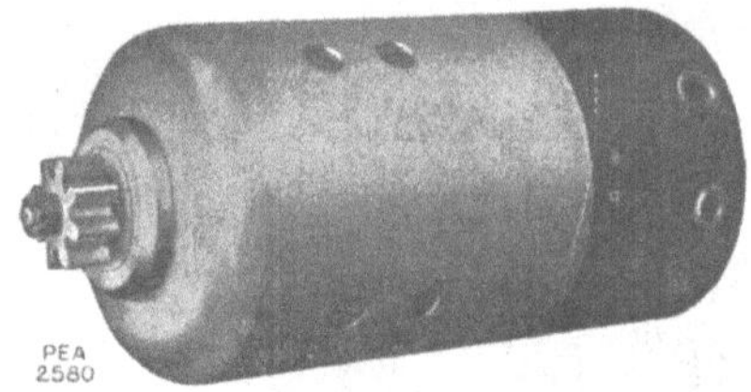

Bild 452. Anlasser mit Relais-Einspurung (Pöge)

Anlasser zum Schwungrad geht, wird das Ritzel durch den Druck der schrägen Nut N auf den Stift K der Ritzelwelle sicher in Eingriff gehalten. Trifft beim Vorschieben des Ritzels Zahn auf Zahn, so bleibt der Schalter L zunächst offen. Durch die Spule W_2 fließt aber ein geringer Strom durch den Anlasser, der infolgedessen in langsame Drehung versetzt wird. Die Ritzelwelle wird dabei sofort mitgenommen, weil der Keil noch im geraden Teil der Nut liegt. Sobald das Ritzel auf eine Lücke im Schwungradzahnkranz gedreht ist, schiebt das Relais das Ritzel in Eingriff und das Anlassen vollzieht sich wie oben geschildert. Tritt nach Anspringen des Verbrennungsmotors Kraftrichtungswechsel zwischen Motor und Anlasser ein, so wird das Ritzel durch den in der schrägen Nut auf die Ritzelwelle ausgeübten Zug außer Eingriff gezogen und der Schalter L geöffnet. Zugleich läßt die Wirkung des Relais nach, weil der Anlasser auf höhere Drehzahlen gekommen ist und wegen der dabei im Anker entwickelten elektromotorischen Gegenkraft der Strom durch die Spule W_2 abgenommen hat. Infolgedessen kann die Feder F den Anker entgegen der nun geschwächten Zugkraft von E ganz zurückziehen und außer Eingriff halten, bis nach Öffnen des Schalters D der Ruhezustand hergestellt ist. Bild 452 zeigt das Äußere des Anlassers.

Als kennzeichnendes Beispiel für Anlasser mit Ritzeleinspurung durch elektromagnetisch verschobenen Anker bringen wir den Bosch-Anlasser. Dieser ist nach dem von Rushmore angegebenen Grundsatz aufgebaut. In Bild 453 a ist A der in der Ruhelage axial aus dem Feld gezogene Anker. Das Feld ist vierpolig ausgebildet. Nach dem Schema 453 b liegt auf zwei diametral gelegenen Polen eine dünndrähtige Hilfswicklung J von höherer Windungszahl und auf den beiden anderen Polen eine Hauptwicklung U mit verhältnismäßig wenig starken Leitern. Bei L haben wir einen elektromagne-

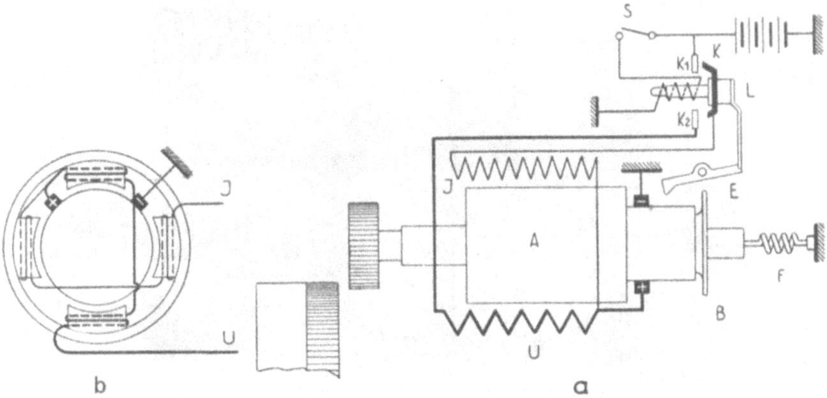

Bild 453. Schematische Darstellung des Bosch-Anlassers

tischen Schalter, der durch Schließen des Druckknopfes S erregt werden kann. L hat eine Kontaktbrücke K mit zwei verschieden langen Armen. Schließen wir S, so wird KK_1 geschlossen; ein weiteres Anziehen von L ist zunächst durch die Klinke E versperrt. Über K_1K fließt dann ein verhältnismäßig schwacher Strom durch J und weiter durch den Anker A. Der Anker beginnt infolgedessen sich langsam zu drehen. Zugleich suchen die zwischen Anker und Feld wirkenden magnetischen Kräfte den Anker gegen den Zug der Felder F axial in die Symmetrielage zu ziehen. Dabei wird das Ritzel in den Schwungradzahnkranz eingespurt, und zwar wird wegen der langsamen Drehung des Ankers auf jeden Fall ein Einspuren ermöglicht. Sobald das Ritzel auf einer gewissen Tiefe in den Zahnkranz eingegriffen hat, löst der Anker bei der weiteren Einspurbewegung durch die Scheibe B die Klinke E aus, so daß L nunmehr durch eine Kippbewegung auch K, K_2 schließen kann. Damit erhält der Anlasser über die Hauptwicklung U vollen Strom und kann den Verbrennungsmotor anwerfen. U und J sind dann parallel geschaltet; das Ritzel wird aber in erster Linie unter der Wirkung der Hauptstromwicklung U in Eingriff gehalten, da der Widerstand von U wesentlich kleiner als der von J ist und daher der weitaus größte Teil des Anlasserstroms durch U und nur noch ein geringer Teil durch J fließt. Ist der Motor angesprungen, so geht der Anlasserstrom unter der einsetzenden Entlastung zurück, damit auch die magnetische Wirkung von U und J auf den Anker, so daß der magnetische Zug nicht mehr imstande ist, das Ritzel entgegen der Feder F

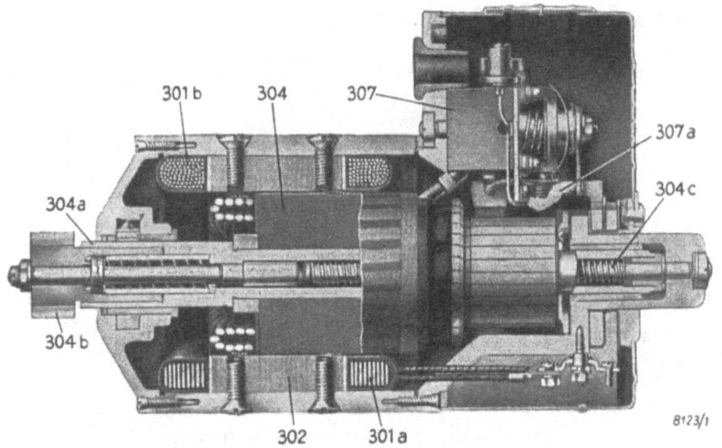

Bild 454. Bosch-Anlasser im Schnitt

301 a	= Hauptstromwicklung	304 b	= Ritzel
301 b	= Hilfswicklung	304 c	= Rückzugfeder
302	= Polschuh	307	= Magnetschalter
304	= Anker	307 a	= Sperrklinke
304 a	= Ankerwelle		

in Eingriff mit dem Zahnkranz zu halten. Das Ritzel spurt infolgedessen nach erfolgtem Anwerfen selbsttätig aus, und der Anlasser läuft in dieser Stellung leer weiter, bis der Schalter S geöffnet wird.

Den tatsächlichen Aufbau eines derartigen Anlassers zeigt Bild 454. Die Einzelheiten dürften nach dem bisher Gesagten und den Erläuterungen des Bildtextes ohne weiteres verständlich sein. Nur auf eine Sonderheit möchten wir noch hinweisen. Das Ritzel ist bei diesem Beispiel nicht starr, sondern über einen Freilauf mit der Ankerachse verbunden. Mit Erhöhung der Zylinderzahl ist das Schwungrad bei neuzeitlichen Motoren immer kleiner geworden, so daß diese dazu neigen, mit schlagartiger Beschleunigung anzuspringen. Dadurch können bei starrem Ritzel infolge des Trägheitsmoments des Anlasserankers bei der hohen Übersetzung schädigende Schlagwirkungen zwischen Schwungrad- und Ritzelzähnen eintreten, die zu einer raschen Zerstörung der Zähne führen. Durch den eingefügten Freilauf kann das Ritzel der schlagartigen Beschleunigung folgen. Der Ritzelfreilauf bietet außerdem den Vorteil wesentlich geringeren Geräusches, so daß man das starre Ritzel heute nur noch bei kleinen 4-Zylinder-Motoren anwendet. Im System des Anlassers ist der Freilauf aber nicht begründet. Er ist in verschiedenen Ausführungen durchgebildet worden. Die größte Verbreitung hat der Federfreilauf nach Bild 454 sowie der Lamellenfreilauf gefunden; der letztere findet hauptsächlich bei großen Anlagen Anwendung.

Zur Verstärkung des Zuges zwischen Feld und Anker kann man Ankereisen und Pole etwa auf halber Länge um ein Geringes stufenförmig absetzen. Dadurch wird dann unbedingt sicheres Einspuren des Ritzels erreicht. Die Anordnung von besonderen Einzugspulen, wie sie gelegentlich vorgeschlagen wird, ist entbehrlich.

Neben den bisher geschilderten Bauarten mit axial in den Schwungradzahnkranz einspurendem Ritzel sind noch die Anlasser mit in radialer Richtung in Eingriff gebrachtem Ritzel zu erwähnen. Sie haben zwar nur geringe praktische Bedeutung erlangt und werden heute nicht mehr gebaut, sollen aber des Interesses wegen, das sie immerhin verdienen, hier kurz beschrieben werden.

Der Grundsatz dieser Bauart ist im DRP Nr. 145 018 der Elektrizitäts-Akt.-Ges. vorm. W. Lahmeyer & Co. angegeben, dem wir Bild 455 entnehmen. Wir haben bei M den Anlaßmotor, der über den mehrstufigen Anlaßwiderstand A in Betrieb gesetzt werden kann. Seine Antriebsscheibe S_1 treibt mit beliebiger Übersetzung die Scheibe S_2 an, die mit dem Zahnrad Z_2 fest gekuppelt ist. Z_2 steht wiederum mit dem Zahnrad Z_3 in dauerndem Eingriff. Das letztere ist an einem Hebel H gelagert, der sich um eine zur Achse des Zahnrades Z_2 konzentrische Achse drehen kann. Auf der Achse des Schalthebels h für den Anlaßwiderstand A sitzt ein Zahnrad Z_1, das in ein Zahnsegment m eingreift. Dieses ist durch die Feder f mit dem Hebel H gekuppelt. In seiner durch die volle Einschaltstellung von h gegebenen Endlage wird m durch Einklinken der Klinke k in eine am feststehenden Arm a vorgesehene Rast festgehalten. Z ist ein Zahnkranz am Schwungrad des anzuwerfenden Verbrennungsmotors. Die Vorrichtung arbeitet folgendermaßen:

Wird der Hebel h des Anlaßwiderstandes A in die im Bild angegebene Endstellung bewegt, so wird durch die Vermittlung des Zahnrades Z_1 das Segment m nach links geschoben. Über die Feder f wird dadurch der Hebel H mit dem Zahnrad Z_3 nach rechts geschwenkt und Z_3 mit Z in Eingriff gebracht. Wegen der Nachgiebigkeit von f können h, Z_1 und m weiterbewegt werden, bis der Anlaßmotor M voll eingeschaltet ist und den Verbrennungsmotor anwirft. Durch den von Z_3 gegen die Zähne von Z ausgeübten Druck hält sich Z_3 selbst in Eingriff. Sobald aber mit dem Anspringen des Verbrennungsmotors Z_3 von Z angetrieben wird, wird Z_3 nach links außer Eingriff geschleudert. Dabei löst H mit seinem oberen Ende die Klinke k aus, so daß die

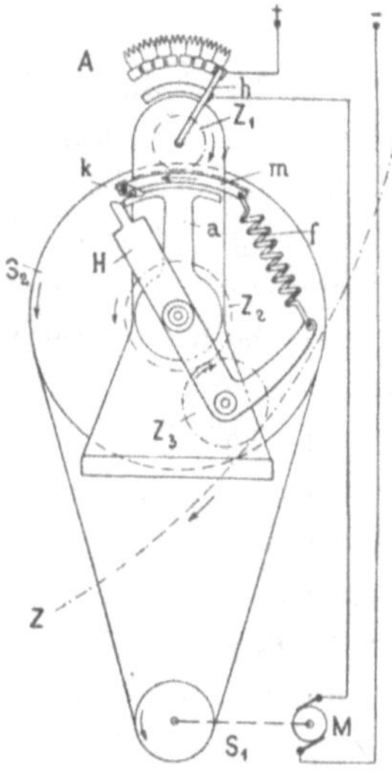

Bild 455. Grundsatz des Anlassers mit radial in Eingriff geschwenktem Ritzel
(El. Akt.-Ges. vorm. W. Lahmeyer & Co.)

gespannte Feder f den Hebel h durch die Vermittlung von m und Z_1 in seine Nullstellung ziehen und damit den Anlaßmotor M ausschalten kann.

Nach dem hierin niedergelegten Grundsatz hat die Firma Pallas früher den Anlasser nach Bild 456 gebaut, der im einzelnen im DRP Nr. 324163 beschrieben ist. Das Einschwenken des Zwischenritzels wird durch Fußdruck auf das an geeigneter Stelle einzubauende Pedal über einen Bowdenzug und die im Bild sichtbare Klinke bewirkt. Zugleich wird dadurch ein am Anlaßmotor sitzender zweistufiger Schalter geschlossen, so daß der Anlasser zunächst langsam und nach vollendetem Einschwenken des Ritzels mit voller Kraft umläuft. Sobald das Ritzel voll in Eingriff ist, klinkt die Klinke aus und das Ritzel wird nur noch durch den Zahndruck in Eingriff gehalten. Das Ausschwenken erfolgt nach Anspringen des Verbrennungsmotors, wie früher beschrieben. Darauf wird dann das Ritzel durch eine beim Einschwenken gespannte Feder voll in die Ruhelage gezogen und dort festgehalten.

Bekannter als der Pallas-Anlasser ist der jetzt allerdings in dieser Form auch nicht mehr hergestellte Scintilla-Anlasser mit radial einschwenkbarem Ritzel geworden. Er entspricht in seiner Arbeitsweise völlig dem oben erläuterten Grundsatz. Man hat hier aber auf ein mechanisches Zwischenglied zum Einspuren des Ritzels verzichtet. Wird der Anlaß-Druckknopfschalter geschlossen, so wird

Bild 456. Anlasser mit Ritzeleinrückung nach Bild 455 (Palles)

über einem Hilfsstromkreis elektromagnetisch eine Kupplung zwischen Anlasserwelle und schwenkbarem Ritzelarm hergestellt und zugleich unter Vorschaltung eines Widerstandes der Anlasserstromkreis geschlossen. Der Anker läuft somit langsam an und das Ritzel wird in Eingriff mit dem Schwungradzahnkranz geschwenkt. Nach dem Eingreifen des Ritzels wird auf einer zweiten Stufe der Vorschaltwiderstand kurz geschlossen und zugleich der Hilfsstromkreis für die elektromagnetische Kupplung des Schwenkarmes ausgeschaltet. Beim Anwerfen bleibt das Ritzel wieder durch den Zahndruck in Eingriff. Sobald mit dem Anspringen des Verbrennungsmotors Kraftwechsel eintritt, wird das Ritzel, wie früher beschrieben, aus dem Schwungradzahnkranz in die Ruhelage geschleudert, in der der Schwenkarm durch eine Kugelrast gehalten wird. Bild 457 gibt den Scintilla-Anlasser wieder, den die Firma jetzt auch durch eine Maschine mit Bendix-Trieb ersetzt hat.

Die selbsttätige Herbeiführung eines einwandfreien Eingriffs des Zahnradgetriebes zwischen Anlasser und Verbrennungsmotor bietet immerhin gewisse Schwierigkeiten. Man hat daher gelegentlich vorgeschlagen, statt durch Zahnräder das Drehmoment des Anlassers durch ein Reibradgetriebe auf das Schwungrad zu über-

Bild 457. Anlasser mit Ritzeleinrückung nach Bild 455 (Scintilla)

tragen. Auf den ersten Blick mag dieser Ausweg verlockend erscheinen, und man hat auch Versuche gemacht, ihn in die Praxis umzusetzen. Dabei hat sich dann aber erwiesen, daß ein sicheres Übertragen der beim Anlassen erforderlichen Kräfte auf diesem Wege nicht möglich ist, weil die Reibflächen bei geringstem gegenseitigen Streifen sofort beschädigt werden und die erforderlichen Anpressungsdrücke zu schweren, teuren Konstruktionen führen.

6. Anlaßlichtmaschinen (Lichtanlasser)*)

Bereits auf Seite 18 dieses Buches wurde darauf hingewiesen, daß Lichtmaschine und Anlasser in Aufbau und Wirkungsweise soviel Gleichartiges besitzen, daß die Erwägung sehr berechtigt erscheint, ob nicht durch zweckmäßige Umgestaltung und Anpassung eine einzige Maschine für beide Verwendungszwecke benützt werden könnte. Diese Überlegung ist um so berechtigter, als das Einmaschinensystem dem Bestreben des Motorenbauers nach Beschränkung der Zahl der Antriebe und der Forderung nach möglichster Geräuschlosigkeit beim Anlaßvorgang entgegenkommt. Zudem scheinen, sofern ein auf Trägheitswirkung beruhendes ausrückbares Zwischengetriebe für den Anlasser vermieden wird, die Schwierigkeiten eines einwandfreien Ein- und Ausspurens, wie sie vielfach beim Schwung-

*) Von A. Mattes.

radanlasser vorhanden sind, und die dadurch bedingte Beschädigung der Schwungkranzzähne, sowie die Gefahr vorzeitigen Ausspurens beseitigt. Der Einbau in Verlängerung der Kurbelwelle gestattet gleichzeitig die heute angestrebte glatte Linienführung des Motors; auch die größere Einfachheit einer einzigen Maschine und ihre leichtere Überwachung erscheint verlockend. Diesen Vorteilen gegenüber ist zu erwägen, ob die erstrebenswerte einfachste Maschine mit nur einer Ankerwicklung und einem Kollektor, 2 Feldwicklungen und mit direktem Antrieb in Verlängerung der Kurbelwelle im Gewicht und besonders im Preis mit dem Zweimaschinensystem in Wettbewerb treten kann, zumal die Einzelmaschinen für nur einen Verwendungszweck hinsichtlich Einfachheit und billiger Herstellung zu einer hohen Stufe entwickelt sind. Man kommt mit einer solchen Maschine mit nur einer Ankerwicklung und einem Kollektor tatsächlich, sofern für Anlassen unter schwierigen Verhältnissen sowie in bezug auf Leistung und Drehzahl als Lichtmaschine dieselben Forderungen wie beim Zweimaschinensystem erfüllt werden sollen, zu einem Kompromiß hinsichtlich günstigster Ausnützung des Materials und zu einem größeren Gesamtgewicht gegenüber dem Zweimaschinensystem. Allerdings kommt der Herstellungspreis pro kg bei dem Einmaschinensystem etwas niedriger zu stehen als beim Zweimaschinensystem; außerdem sind die Ersparung der Schwungkranzverzahnung und des Räderantriebs für die Lichtmaschine in Rechnung zu stellen.

Die bisher auf den Markt gekommenen derartigen Maschinen haben tatsächlich, sofern sie wirklich für schwierige Anlaßverhältnisse bei Kälte vorgesehen waren, zu übermäßigen Gewichten und höherem Preis geführt, so daß auch in den typischen Ländern des Einmaschinensystems, wie in Amerika und besonders in Frankreich, in den letzten Jahren die Verwendung solcher Maschinen außerordentlich stark zurückgegangen ist. Erschwerend kommt dabei der Umstand in Betracht, daß die Verwendung dieser Maschinen besondere Vorkehrungen für den Anbau voraussetzt und daher nicht allgemein möglich ist. Beim Anbau an den vorderen Querträger ist mit Rücksicht auf die auftretenden Verwindungen des Rahmens der Kupplung zwischen Anlaßlichtmaschine und Kurbelwelle besondere Beachtung zu schenken; überhaupt ist die Anordnung der Anlaßlichtmaschine an dem freien Ende der Kurbelwelle wohl zu erwägen, weil die in der Kurbelwelle auftretenden Schwingungen bei dieser Bauart sowohl auf die Welle selbst als auch auf die Anlaßlichtmaschine schädlich rückwirken können.

Der gelegentlich versuchte weitere Schritt, mit dieser Anlaßlichtmaschine auch noch Unterbrecher und Verteiler für die Batteriezündung zu vereinigen, erscheint unbedingt falsch, da bei dem erwähnten Antrieb die streng zu fordernde leichte Zugänglichkeit und Überwachung der Zünderteile nicht mehr vorhanden ist.

Bei gleichem elektrischen Aufbau führt die Anordnung einer dauernden Übersetzung sowohl für Anlaß- als auch für Lichtbetrieb wohl zu einem kleineren Gewicht der Anlaßlichtmaschine, bedingt aber die Verwendung eines Ketten- oder Räderantriebs. Der Kettenantrieb erscheint wegen der ruckweisen Beanspruchungen beim Anlassen, bei plötzlichen Verzögerungen und Beschleunigungen des Wagens oder schroffem Kuppeln, sowie wegen der beim Lichtbetrieb auftretenden hohen Kettengeschwindigkeiten bei hohen Drehzahlen nicht genügend betriebssicher. Zudem bedingt er wieder eine gewisse Verteuerung, da die Kette unbedingt in Öl laufen muß. Der Räderantrieb erfordert mit Rücksicht auf Geräuschlosigkeit sehr sorgfältige Herstellung der Zahnräder und Umlaufschmierung, so daß der erstrebte Gewinn wieder verloren geht. Daher hat diese Anordnung ebenfalls nur geringe Verbreitung gefunden.

Die Anordnung eines Getriebes nur für das Anlassen bei direktem Antrieb als Lichtmaschine führt auch wieder zu kleinerem Gewicht, unter gleichzeitiger Vermeidung der eben erwähnten Nachteile der dauernden Übersetzung. Diese Bauart gibt aber einen Teil der Einfachheit preis und nimmt einen unter Umständen wieder eher zu Störungen führenden Konstruktionsteil in Kauf. Jedenfalls erscheint es recht fraglich, ob die mit Rücksicht auf Betriebssicherheit erforderliche genaue Herstellung eines solchen Getriebes nicht letzten Endes wieder zu einer Verteuerung der ganzen Maschine führt. Die Geräuschlosigkeit, wie sie bei unmittelbarem Antrieb in Verlängerung der Kurbelwelle gegeben ist, geht zum mindesten teilweise wieder verloren, und außerdem ist eine genügende Leistung der Lichtmaschine bei niedrigen Drehzahlen nur durch Anordnung einer zweiten Ankerwicklung mit zweitem Kollektor zu erzielen. Die Anordnung eines solchen zweiten Kollektors ist aber recht unangenehm, da bei Einbau der beiden Kollektoren auf verschiedenen Seiten des Ankers der eine Kollektor mit seinen Bürsten schwer zugänglich ist, bei Anordnung beider Kollektoren auf derselben Seite des Ankers die Herstellung aber wesentlich erschwert und verteuert wird.

Zusammenfassend kann gesagt werden, daß die Aussichten für die Durchbildung einer Anlaßlichtmaschine, die in bezug auf Gewicht, Preis und vielseitige Verwendungsmöglichkeit mit den getrennten Maschinen in Wettbewerb treten kann, nur gering sind. Jedenfalls kann eine brauchbare Lösung nur in der einfachsten Anlaßlichtmaschine mit nur einer Ankerwicklung und einem Kollektor gesucht werden. Nach dieser Richtung ist die Entwicklung noch nicht als abgeschlossen zu betrachten.

Im nachfolgenden sind verschiedene Beispiele der bisher auf den Markt gekommenen Anlaßlichtmaschinen aufgeführt, wobei auf deren Eigenarten besonders hingewiesen ist.

Bild 458. Zwillingsmaschine, Außenansicht
(Remy Electric Co.)

Eine recht unvollkommene Lösung der Aufgabe stellte das Zwillingsmaschinensystem dar, das lediglich eine räumliche Vereinigung zweier Einzelmaschinen, eines Anlassers und einer Lichtmaschine in einem einzigen Gehäuse bot. In Bild 458–460 ist eine solche von der amerikanischen Remy Electric Co. hergestellte Maschine wiedergegeben. Die Achse der unten angeordneten Lichtmaschine ist unmittelbar mit der Kurbelwelle gekuppelt, während die Achse des oben liegenden Anlassers über eine doppelte Stirnräderübersetzung und einen Freilauf auf die Achse der Lichtmaschine und damit auf die Kurbelwelle wirkt. Diese Bauart bietet wohl den Vorteil, normale Einzelmaschinen mit günstigster Materialausnützung sowie einfachstem Aufbau verwenden zu können und am Motor selbst nur einen einzigen

Antrieb anordnen zu müssen. Ob die Zahnräder und der Freilauf bei einwandfreier Herstellung im Hinblick auf Geräusch und Lebensdauer zu einem Preis führen, der im Wettkampf mit dem Zweimaschinen-system erträglich ist, erscheint immerhin recht fraglich, zumal die Forderung nach Geräuschlosigkeit beim Anlassen voraussichtlich nicht in dem gewünschten Maße zu erfüllen ist. (Vgl. auch Seite 123.)

Für das eigentliche Einmaschinensystem mit nur einem Anker bringen wir als erstes Beispiel lediglich aus historischen Gründen in Bild Nr. 461 eine in dem Buick-Wagen Modell 1923 eingebaute Delco-Anlaßlichtmaschine, bei deren Durchbildung wohl nur der Gedanke

Bild 459. Getriebe der Maschine nach Bild 458

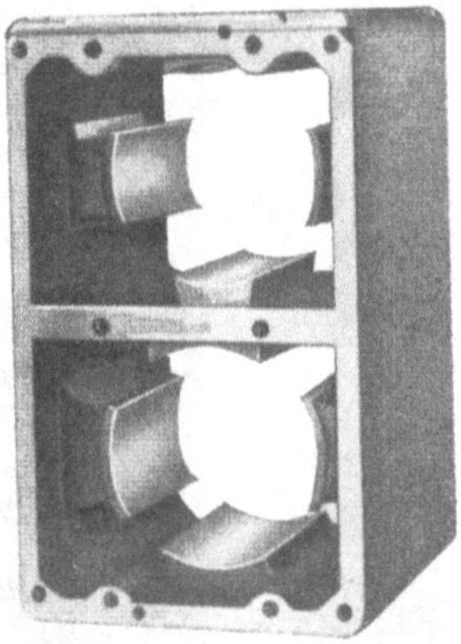

Bild 460. Gehäuse der Maschine nach Bild 458

der Verwendung einer einzigen elektrischen Maschine für beide Zwecke maßgebend war, während die sonstigen für die Einmaschinensysteme wesentlichen Vorteile – Einfachheit, Ersparung von Antrieben – ganz unberücksichtigt blieben. Die Maschine hat 2 Feldwicklungen und auf einem Anker 2 Ankerwicklungen und 2 Kollektoren. Jedes der so entstehenden beiden Wicklungssysteme wird nur für einen Zweck, für Anlassen oder Stromerzeugen, ausgenützt. Die Anordnung zweier Antriebe mit 2 Freiläufen und einer Untersetzung auf der Anlasserseite läßt die Maschine für heutige Forderungen als durchaus unbrauchbar erscheinen. Das Anlassen erfolgt durch Niederdrücken der einen Anlasserbürste auf den zugehörigen Kollektor. Alles weitere geht aus der Abbildung und dem Schaltschema Bild 462 unmittelbar hervor.

Die Bilder 463, 464 und 465 stellen einen **Lichtanlasser** der Société Anonyme pour l'Equipement Electrique des Véhicules (S.E.V.) mit **Untersetzungsgetriebe für das Anlassen und direktem Antrieb für die Lichtmaschine** dar. Die Maschine hat **einen** Anker, aber für Anlaß- und Lichtzwecke **je eine** besondere **Anker-**

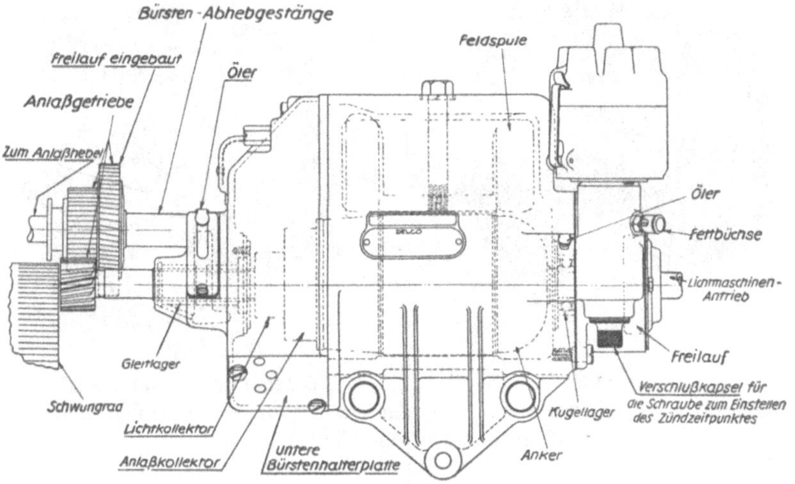

Bild 461. Anlaßlichtmaschine der Dayton Engineering Laboratorics Co. (Delco)

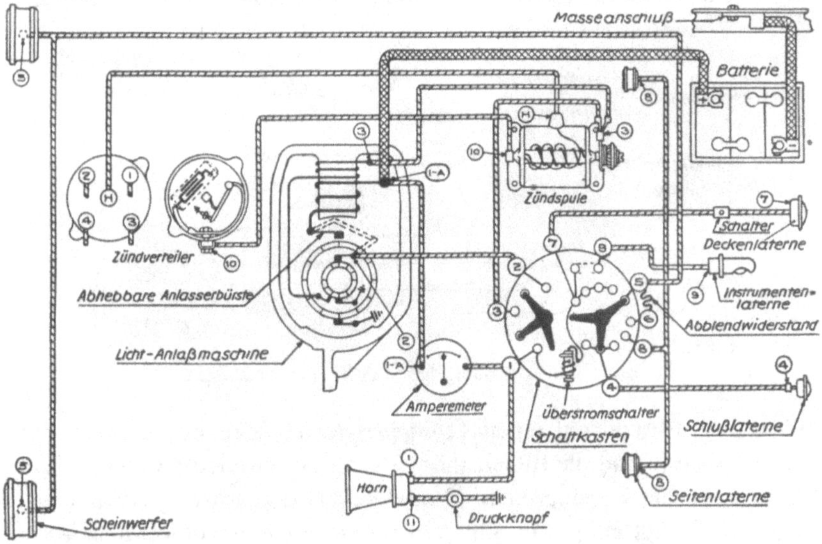

Bild 462. Schaltung der Maschine nach Bild 461

wicklung mit zugehörigem Kollektor. Die Anordnung zweier Kollektoren auf verschiedener Seite des Ankers hat schwere Zugänglichkeit des einen Bürstensatzes zur Folge, zumal bei Einbau der Maschine in Verlängerung der Kurbelwelle.

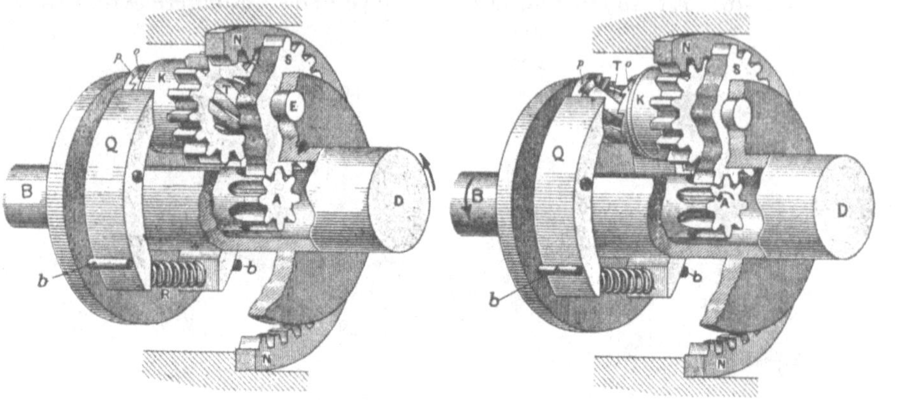

Stellung für Lichtbetrieb — Stellung für Anlaßbetrieb

Bild 463 u. 464. Getriebe des Lichtanlassers der Soc. An. pour l'Equipement Electrique des Véhicules (S. E. V.)

Das Getriebe besteht, wie die Bilder 463 und 464 zeigen, im wesentlichen aus einem ausrückbaren Planetengetriebe, wobei ähnlich wie bei Bendix-Anlassern die Trägheit eines Ritzels dazu ausgenützt

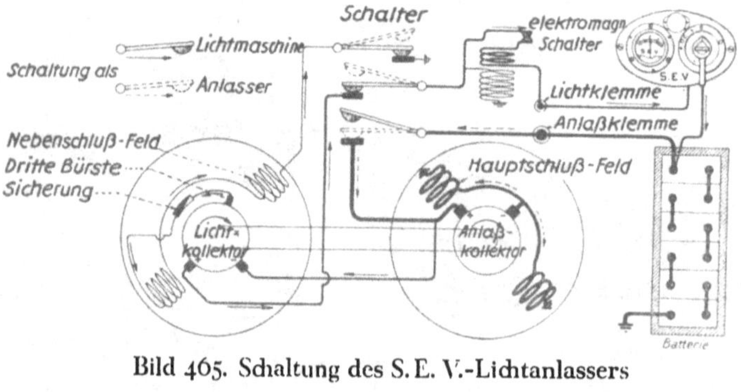

Bild 465. Schaltung des S. E. V.-Lichtanlassers

wird, dieses Ritzel auf einem Steilgewinde axial zu bewegen. In die Ankerachse B sind die Ritzelzähne A eingeschnitten, die in die Zähne eines Zahnrades S eingreifen. Dieses ist auf der Achse E drehbar gelagert und trägt auf seiner Nabe ein Steilgewinde T, auf welchem längs verschiebbar das Planetenrad K angeordnet ist. Die Achse E ist in dem

Planetenteller gelagert, der mit seiner Achse D unmittelbar mit der Motorwelle gekuppelt ist. N stellt das feststehende Sonnenrad des Planetengetriebes dar. Das Planetenrad K trägt am Ende seines Schaftes eine Verzahnung o, die in p eingreifen und dadurch eine Drehung des Rades K und damit auch des Rades S auf der Achse E verhindern kann. Dies ist bei Lichtbetrieb der Fall, wenn das Ritzel K sich auf dem Steilgewinde T in der einen Endlage befindet. Da eine Drehung des Zahnrades S auf der Achse E verhindert ist, sind sämtliche Zahnräder gegeneinander blockiert und die Achse A läuft mit der Achse D wie starr gekuppelt um. Dabei wirkt der Widerstand, den der Anker der Drehung entgegensetzt, über A, S und T so auf K, daß die Verzahnung o sicher in Eingriff mit der Verzahnung p gehalten wird. Beim Anlassen zieht das Steilgewinde T, sobald der Anker und damit auch S anläuft, die Verzahnung o am Planetenrad K außer Eingriff mit p und spurt zugleich K in das feststehende Sonnenrad N ein. Diese Bewegung von K erfolgt, weil K wegen seiner Trägheit und der Wirkung zweier Bremsbacken Q zunächst nicht an der Drehung von T teilnimmt. Ist K aber in N eingespurt, so wird es durch die vom Anker über S und T übertragene Kraft fest gegen S geschraubt, läuft dann natürlich mit um und rollt in N ab. Das Getriebe stellt nunmehr ein Planetengetriebe dar, und das Drehmoment des Ankers wird entsprechend der Übersetzung dieses Planetengetriebes auf die Achse D und damit auf die Motorwelle übertragen. Beim Überholen des Motors nach erfolgter Zündung wird das Ritzel K infolge des auftretenden Kraftrichtungswechsels auf dem Gewinde T wieder axial verschoben und damit außer Eingriff mit dem Sonnenrad N sowie weiterhin in den Zustand für Lichtbetrieb gebracht. Die Bremsbacken Q stehen unter dem Druck der Feder R; ihre Bewegung wird durch die Stifte b, b begrenzt.

Die innere Schaltung der Maschine ist aus Bild 465 ersichtlich. Die Umschaltung von Licht- und Ladebetrieb auf Anlaßbetrieb und umgekehrt erfolgt durch einen Schalter, der zusammen mit dem für den Ladebetrieb erforderlichen elektromagnetischen Schalter in einem Gehäuse auf der Maschine angebracht ist.

Zu umfassender Einführung ist die Maschine nicht gekommen.

Die Herstellung eines Getriebes der hier beschriebenen Art ist recht teuer. Die Geräuschlosigkeit beim Anlassen, die ja mit zu den Gründen für die Einführung des Einmaschinensystems gehört, sowie das einwandfreie Einrücken des Ritzels K in das Sonnenrad ohne die Gefahr von Ritzelbeschädigungen ist nicht gesichert. Vorzeitiges Ausspuren des Ritzels K aus dem Planetenrad ist wie beim Zweimaschinensystem möglich. Die Anordnung zweier getrennter Ankerwicklungen und zweier Kollektoren ist kostspielig, so daß hinsichtlich Herstellungspreis, Einfachheit, Betriebssicherheit und Geräuschlosigkeit die an das Einmaschinensystem zu stellenden Forderungen als nicht erfüllt zu betrachten sind.

Bild 466. Gehäuse der Lichtanlaßmaschine der FENAG-A.G.

Als weiteres Ausführungsbeispiel einer Anlaßlichtmaschine mit Untersetzungsgetriebe zeigen die Bilder 466–468 die von der Firma FENAG auf den Markt gebrachte Maschine. Auch diese Maschine hat nur einen Anker mit 2 getrennten Ankerwicklungen und 2 zu beiden

Bild 467. Anker zur Maschine nach Bild 466

Seiten des Ankers sitzenden Kollektoren sowie 2 getrennte Feldwicklungen. Der Antrieb erfolgt für Anlaß- und Lichtbetrieb über denselben Wellenstumpf durch Kettenrad und Kette.

Beim Anlassen wird zwischen Anker und Wellenstumpf selbsttätig ein Planetengetriebe eingeschaltet, und zwar auf folgende Weise: Der

Anlasseranker greift mit seinem gezahnten Wellenende I_1 (Bild 467) in die Planetenräder P_1 und P_2 (Bild 468) ein und versetzt dadurch beim Anlaufen zunächst das Sonnenrad S in Umdrehung. Infolge der auftretenden Fliehkraft werden sofort zwei Klinken K_1 und K_2, die auf zwei im Sonnenrad festgenieteten Bolzen drehbar gelagert sind, nach

Bild 468. Getriebe des FENAG-Lichtanlassers

außen geschleudert, so daß sie in den Rastenkranz R (Bild 466) im Anlassergehäuse eingreifen und das Sonnenrad festhalten. Infolgedessen können sich dann die Planetenräder im Sonnenrad abrollen und so die gewünschte Übersetzung zwischen Anlasser und Verbrennungsmotor liefern.

Sobald nach Anspringen des Verbrennungsmotors Kraftrichtungswechsel zwischen Motor und Anlasser eintritt, erfährt das Sonnenrad einen entgegengesetzten Antrieb, dem die Klinken nicht widerstreben. Infolge der somit einsetzenden Drehung des Sonnenrades werden zwei Schwunggewichte G_1 und G_2, die auf den Zapfen Z_1 und Z_2 am Sonnenrad drehbar gelagert sind, nach außen geschleudert und gegen die zylindrische Innenwand des Flansches H gepreßt, dessen Nabe I_2 mit einer Innenverzahnung in die Zähne I_1 der Ankerachse eingreift und daher mit dieser starr verbunden ist. Somit ist dann das Sonnenrad mit dem Anker gekuppelt und die am Wellenstumpf W des Lichtanlassers angreifende Kraft wird ohne Zwischengetriebe auf den Anker übertragen. Damit beim Umlauf die Klinken K nicht dauernd über den Rastenkranz R schleifen, werden sie beim Ausschwingen der Schwunggewichte G durch die in den Aussparungen U hinter die Klinkenenden greifenden, an den Schwunggewichten sitzenden Stifte St nach innen gedrückt.

Auch diese zweifellos recht interessante Bauart kann nicht als endgültige Lösung der Aufgabe betrachtet werden. Sie hat jedenfalls keine größere Verbreitung finden können. Für die Beurteilung behalten die früher aufgestellten Gesichtspunkte bezüglich des Ankeraufbaus Gültigkeit. Das Getriebe ist sehr sorgfältig auf guten Wirkungsgrad durchgearbeitet, stellt aber mit seiner Anhäufung von teils recht großen Kugellagern eine äußerst kostspielige Konstruktion dar, so daß die Maschine im Preis über zwei Einzelmaschinen liegt. Auch das Gewicht des Lichtanlassers übersteigt das Gesamtgewicht von zwei Einzelmaschinen erheblich. Die teuren Kugellager dürften außer mit Rücksicht auf den Wirkungsgrad wahrscheinlich auch deshalb erforderlich sein, weil die bei Gleitlagern erforderliche sichere Schmierung Schwierigkeiten bietet. Konstruktiv bedenklich sind die das Sonnenrad abstützenden Klinken, die den beim Anlassen von modernen Motoren auftretenden schlagartigen Verzögerungen und Beschleunigungen wohl kaum gewachsen sein können.

Einen interessanten Versuch, durch Anordnung von zwei Ankerwicklungen, aber nur eines Kollektors zu besserer Ausnutzung der Ankerwicklung zu gelangen, stellt die Tria-Lichtanlaßmaschine dar. Die beiden Wicklungen des Ankers sind zu zwei Kontaktreihen eines Umschalters geführt, dessen mittlere Kontaktreihe mit den Kollektorlamellen in Verbindung steht. Die Verschiebung der ringförmigen Schaltmesser erfolgt durch eine Schnecke, welche auf eine im Innern des Ankers begrenzt drehbare Hülse geschnitten ist. Diese vermittelt gleichzeitig die Kraftübertragung zwischen Anker und Ritzel. Erfolgt der Antrieb vom Anker aus, so schiebt sich der Schalter auf Anlasserstellung, erfolgt dagegen der Antrieb vom Motor aus, so wird auf Generatorstellung umgeschaltet. Der Schalter bewirkt die Parallel- bzw. Serienschaltung der beiden Ankerwicklungen für Anlaß- bzw. Licht-

Bild 469. In das Schwungrad eingebaute Lichtanlaßmaschine der United States Light and Heating Co. (USL), geöffnet und geschlossen

betrieb, doch kann diese Bauart wegen der vielen Kontakte und der beim Anlaßbetrieb vorhandenen hohen Stromstärken keineswegs als betriebssicher angesehen werden. Sie muß vielmehr mit Sicherheit nach kurzem Betrieb große Übergangswiderstände, hohe Erwärmungen und ungleiche Verteilung des Ankerstromes zur Folge haben. Die Maschine ist schon aus diesem Grunde sehr rasch wieder vom Markt verschwunden. Im übrigen war für die in Verlängerung der Kurbelwelle angeordnete Maschine für Anlaßbetrieb ein doppeltes Planetengetriebe, für Lichtbetrieb direkter Antrieb vorgesehen. Außerdem war bei der Maschine noch der Zündverteiler angebaut. (Vgl. Teil I, Seite 167.)

Endlich kommen wir zu den Anlaßlichtmaschinen in ihrer

einfachsten Ausführung, d. h. mit nur einer Ankerwicklung, nur einem Kollektor und gleichbleibender Übersetzung für Anlaß- und Lichtbetrieb.

Aus historischen Gründen ist zunächst in Bild 469 die von der United States Light and Heating Co. (USL) hergestellte Maschine dargestellt, die, auf großen Durchmesser gebaut, gleichzeitig das Schwungrad ersetzen sollte. Eine derartige Maschine ist vollständig unzugänglich, bei Störungen ist der gesamte Wagen für längere Zeit außer Betrieb gesetzt. Schon aus diesen Gründen konnte die Bauart keine Verbreitung finden, zumal außerdem ihr Herstellungspreis sicherlich verhältnismäßig hoch zu stehen kommt.

Eine gewisse, wenn auch verhältnismäßig geringe Verbreitung haben nur die in Verlängerung der Kurbelwelle angeordneten Maschinen mit nur einer Ankerwicklung und einem Kollektor ohne jegliches Getriebe, sowie die gleichartigen Maschinen mit Kettenantrieb gefunden. Als Beispiele führen wir die amerikanische North-East-Maschine sowie die in dem bekannten Morris-Wagen verwendete Lucas-Maschine an, die Kettenantrieb haben. Ob der Antrieb mittels Kette bei stark wechselndem Drehmoment beim Anlassen genügende Betriebssicherheit bietet, erscheint immerhin recht fraglich; auch beim Lichtbetrieb ist bei plötzlichen Verzögerungen und Beschleunigungen sowie besonders bei schroffer Betätigung der Kupplung mit erheblichen Beanspruchungen zu rechnen.

Die Anordnung einer Kette führt aber naturgemäß immerhin zu einer Verminderung des Gewichts der Anlaßlichtmaschine. Trotzdem erscheint es recht fraglich, ob die Bauart mit Kettenantrieb gegenüber dem Zweimaschinensystem wettbewerbsfähig ist.

Die zuerst genannte einfachste und betriebssicherste Ausführung mit Antrieb in Verlängerung der Kurbelwelle scheint nach dem heutigen Stand der Technik vorläufig nur für kleinere, höchstens mittlere Wagen in Betracht zu kommen und führt dann rasch zu unzulässigen Gewichten und Schwungmomenten, die mit Rücksicht auf die Torsionsschwingungen der Kurbelwelle wohl zu beachten sind. Derartige Maschinen sind z. B. von SEV und Paris Rhône auf den Markt gebracht worden. Sie haben nur in Frankreich größere Verbreitung gefunden, sind aber in den letzten Jahren von den maßgebenden Firmen mehr und mehr wieder verlassen worden.

7. Anlaßschalter

Die starken Ströme, die zum Anlassen erforderlich sind, bedingen eine besondere Sorgfalt bei der Ausführung der im Anlaßstromkreis liegenden Leitungen und Schalter. Bei den hohen Stromstärken führt auch ein kleiner Widerstand schon einen erheblichen Spannungsabfall herbei, der um so schwerer wiegt, als die in den elektrischen Anlagen für Kraftfahrzeuge meist verwendeten Spannungen von 6 oder 12 Volt an sich schon gering sind. Wir werden auf die Bedeutung der Spannung im Abschnitt XI „Leitungen, Sicherungen, Schalter, Schaltungen" im Zusammenhang mit der Ausbildung der Leitungen noch zurückkommen. In geschichtlicher Hinsicht haben wir die Frage der Spannungshöhe bereits im II. Teil unseres Werkes auf S. 15 gestreift; eingehend wurde sie von Raßbach in der VDI-Zeitung 1927 behandelt.*)

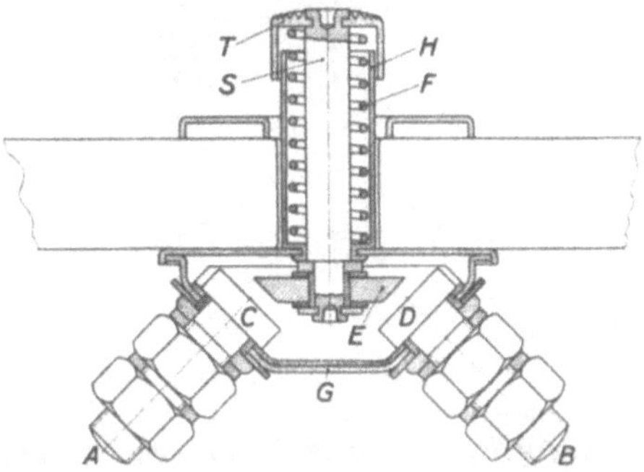

Bild 470. Schalter für Anlasser mit Bendix-Trieb

Bei den **Anlaßschaltern** haben wir zwei Hauptarten zu unterscheiden: den unmittelbar durch Hand oder Fuß betätigten Schalter, wie er vor allem beim Anlasser mit mechanisch eingespurtem Ritzel (Seiten 132–146) verwendet wird, und den elektromagnetisch gesteuerten Schalter, den wir vor allem bei den Anlassern mit elektromagnetisch eingespurtem Ritzel (Seiten 147–151) finden.

In Bild 470 bringen wir einen **Schalter der ersten Art**, wie er beim **Anlasser mit Bendix-Trieb** benutzt wird. Am unteren Teil sitzen rechts und links die beiden starken Anschlußbolzen A und B, an denen der Schalter in die Anlaßleitung eingefügt wird. Die Bolzen

*) Dr. E. C. Raßbach, Die elektrische Ausrüstung von Kraftfahrzeugen, Zeitschrift des Vereins Deutscher Ingenieure, 1927, Nr, 49 und 50, S. 1703 und 1756.

enden innen in kräftigen Kontaktstücken C und D. Beide Bolzen sind isoliert in das Schaltergehäuse G eingesetzt. Die leitende Verbindung zwischen den Kontaktstücken kann durch die Brücke E hergestellt werden, die an dem in der Hülse H geführten Schaft S hängt und durch die Feder F außer Berührung mit C und D gehalten wird. Der Schaft trägt oben die Trittplatte T. Alle stromführenden Teile sind aus massivem Kupfer gearbeitet. Federbündel werden im Stromweg nicht gern verwendet, da nicht mit Sicherheit erreicht werden kann, daß die einzelnen Blätter stets genau gleichzeitig aufliegen. Ist dies nämlich nicht der Fall, so verschmoren bei den hohen Stromstärken die einzelnen Blätter und

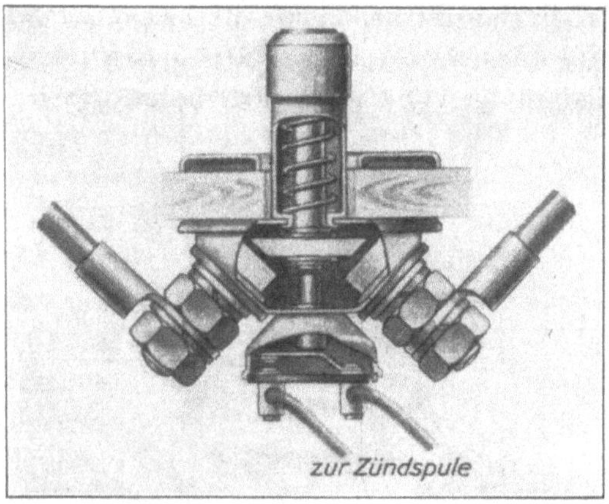

Bild 471. Anlaßschalter nach Bild 470 mit unten angefügtem Schalter zur Überbrückung des Vorschaltwiderstandes der Zündspule

der Schalter versagt. Um nun trotz der starren Kontakte einen sicheren Kontaktschluß zu bekommen, bilden die Kontaktflächen C und D einen Winkel, in den die Strombrücke hineingedrückt wird. Zur Vervollkommnung der Anpassung an den Winkel der Kontaktflächen C–D hat die Strombrücke E noch eine gewisse Beweglichkeit gegenüber dem Schaft S.

Mit Vorteil wird in vielen Fällen nach Bild 471 mit dem Anlaßschalter ein weiterer kleiner Schalter verbunden, durch den bei Batteriezündung der an vielen Zündspulen vorgesehene Vorschaltwiderstand während des Anlaßvorganges überbrückt wird. Dadurch wird erreicht, daß trotz des bei schweranlaufenden Motoren durch die hohe Stromentnahme herbeigeführten recht beträchtlichen Spannungsabfalles der Batterie in der Zündspule ein starker Primärstrom fließt, der an der Kerze einen kräftigen, zündfähigen Funken erzeugt.

Für den Aufbau der Stromwege im **elektromagnetischen Anlaßschalter** gelten dieselben Grundsätze wie für den mechanischen Schalter. Derartige Elektromagnetschalter finden wir stets bei Anlassern nach Bild 453 u. 454 (Seite 149 f.); sie werden aber auch bei Anlassern mit Bendix-Trieb angebaut, weil sie eine Sicherheitsschaltung ermöglichen, die ein Anlassen nur in der Spätzündungslage des Zündverstellgestänges zuläßt, nicht aber bei Frühzündung. Diese Sicherung kann erwünscht sein, weil Anlassen bei Frühzündung häufig infolge von Rückschlägen zu übermäßigen Beanspruchungen der Feder des Bendix-Triebes führt. Der Aufbau des Schalters ist aus den genannten Bildern zu ersehen. Man verzichtet hier auf die geneigten Kontaktflächen, weil durch den Elektromagnet selbstverständlich von vornherein ein besserer Kontakt gegeben ist als bei der Fußbetätigung.

Die Steuerung des Elektromagnetschalters erfolgt durch einen Druckknopf, der in den Schaltkasten eingebaut sein kann (Bild 608 c, d, e), heute aber häufig auch für sich am Instrumentenbrett angeordnet ist (Bild 619). In der Regel genügt in letzterem Falle ein guter Horndruckknopf (Bild 495), jedenfalls so lange der Schalterstrom nicht stärker als etwa 6 Amp. ist. Für stärkere Ströme ist ein entsprechender Schalter vorzusehen.

Eine dritte Schaltmöglichkeit für den Anlaßstrom ist bei der Maschine nach Bild 461 (Seite 159) bereits erwähnt: Einschalten des Stromes durch Aufsetzen einer der Anlasserbürsten, die im Ruhezustand abgehoben ist. Praktische Bedeutung hat dieses Verfahren nicht. Die dazu nötige Vorrichtung ist nicht billiger als ein guter Fußschalter. Außerdem ist das so wichtige saubere Aufliegen der Bürste auf dem Kollektor nicht mehr für alle Fälle gewährleistet.

8. Einbau und Wartung

Der Ort für den Einbau des Anlassers ist durch seine Beziehung zum Schwungrad des Motors gegeben, und zwar legt man den Anlasser sowohl vor dem Schwungrad neben das Kurbelgehäuse des Motors (Bilder 472–475) als auch hinter dem Schwungrad neben das Wechselgetriebe (Bilder 476 und 477). Die Befestigung des Anlassers erfolgt heute bei den in der Regel gekapselten Schwungrädern vorzugsweise an der Wand des Schwungradgehäuses (Bilder 472, 473, 474, 476, 477), in manchen Fällen aber auch am Kurbelgehäuse des Motors (Bild 475). Bei den großen Kräften, die beim Anlassen wirksam werden, ist auf durchaus sicheres Festlegen des Anlassers in axialer und radialer Richtung zu sehen. Wie bei den Lichtmaschinen so ist auch hier die Befestigung vermittels Flansches sehr beliebt (Bilder 473 und 476), doch findet man daneben vielfach auch den Einbau in einem Einstecklager, das entweder das Polgehäuse umfaßt (Bild 472) oder aber beim Anlasser mit Bendix-Trieb oder Fußeinrückung nur das Gehäuse des Triebes (Bild 474, 477; s. a. Bild 435). Als dritte Möglichkeit zeigen wir in Bild 475 die Befestigung vermittels Spannbändern in einem Sattellager. Bei dieser letzten Einbauart ist besonders darauf zu achten, daß der beim

Bild 472. Anlassereinbau am Mercedes-2,6-Liter-Sechszylindermotor

Anlassen auftretende beträchtliche Zahndruck in solcher Richtung wirkt, daß der Anlasser gegen die feste Unterlage gedrückt wird und nicht die Spannbänder den Druck aufzunehmen haben. Bei größeren Anlassern ist ein Verzicht auf Spannbandbefestigung zu empfehlen. Falls Flansch- oder Einsteckbefestigung nicht in Betracht kommt, tritt an Stelle des Spannbandes eine Befestigung durch starke, lagerartige Spannstücke.

Die richtige Lage des Anlassers zum Schwungrad ist für das Einspuren des Ritzels von größter Bedeutung. Ihr ist daher beim Einbau im Anschluß an die von den Anlasserfabriken herausgegebenen Vorschriften größte Beachtung zu schenken. Unrichtige Lage des Ritzels

Bild 473. Anlassereinbau an einem NAG-Lastwagenmotor

zum Schwungradzahnkranz führt nicht nur zu schneller Abnutzung der Zähne, sondern bringt auch geräuschvolles Anlassen mit sich und verhindert oft überhaupt das Einspuren des Ritzels. Beim Bendix-Trieb

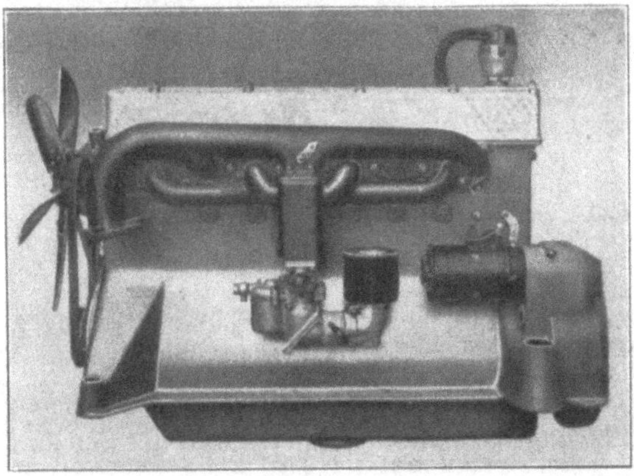

Bild 474. Anlassereinbau am Horch-5-Liter-Achtzylindermotor

verursacht ungenauer Einbau häufig das unangenehme Festklemmen des Ritzels.

In Bezug auf die Wartung stellt der Anlasser fast keine Ansprüche. Zur Vermeidung von Unglücksfällen durch unvorhergesehenes

Anlassen ist bei Arbeiten an der Anlasseranlage oder am Schwungrad grundsätzlich das Kabel am positiven Pol der Batterie zu lösen. Die Wartung des Anlassers beschränkt sich darauf, daß gelegentlich (etwa alle 4 Monate) Bürsten und Kollektor geprüft und gegebenenfalls gesäubert oder ersetzt werden, sowie auf ebenfalls nur in größeren Zeitabständen (alle 3–6 Monate) zu wiederholendes Schmieren der Lager. Über das Schmieren geben die Vorschriften der Hersteller der

Bild 475. Anlassereinbau am Junkers-Fahrzeug-Dieselmotor

Anlasser nähere Auskunft; bei manchen Bauarten genügt zum Beispiel ein Nachschmieren bei größeren Überholungen des Fahrzeugs.

Von Vorteil für die Erhaltung der Verzahnung ist es, wenn Anlasserritzel und Schwungradzahnkranz gelegentlich mit Benzin abgebürstet und dann wieder eingefettet werden. Beim Bendix-Trieb kann im allgemeinen auf ein Schmieren des Gewindes, auf dem das Ritzel sich verschiebt, verzichtet werden. Verschmutzt das Getriebe, zum Beispiel bei ungeschütztem Schwungrad, stark, so kann eine Reinigung des Gewindes von Zeit zu Zeit erforderlich werden; im allgemeinen reinigt es sich aber in genügendem Maße selbst. Wird ein leichtes Fetten für nötig erachtet,

Bild 476. Anlassereinbau am Sunbeam-3,3-Liter-Motor

so ist Öl von geringer Viskosität zu nehmen, das auch im Winter nicht so fest wird, daß es den Vorschub des Ritzels hemmt.

Bei Gebrauch des Anlassers ist zu beachten, daß häufig wiederholtes und lang ausgedehntes Anlassen die Batterie stark entlädt. Das ist besonders auch in Verbindung mit Batteriezündung wichtig, weil hier bei absinkender Spannung das Anlassen durch mangelhafte Zündung weiter erschwert werden kann. Weiter ist Einschalten des Anlassers

Bild 477. Anlassereinbau am Wanderer-6/30-PS-Motor

bei laufendem oder auspendelndem Schwungrad zu vermeiden, weil dadurch die Zähne des Ritzels oder Schwungrades beschädigt werden können. Bei niedrigen Temperaturen bleibt der Motor manchmal infolge Abreißens des Gasstromes nach einigen Zündungen wieder stehen, so daß erneutes Anlassen nötig wird. Bevor aber der Anlasser in solchen Fällen wieder eingeschaltet wird, ist unbedingt darauf zu achten, daß zuvor Schwungrad **und** Anlasser zum Stillstand gekommen sind.

Über diese wenigen Punkte hinaus ist bei Gebrauch und Wartung des Anlassers kaum noch etwas zu beachten, es sei denn, daß bei Sonderbauarten kleine Besonderheiten zu berücksichtigen sind.

III. Schallzeichengeber (Elektrische Hupen)

1. Gesetzliche Vorschriften. Entwicklungsgang

Nach der Verordnung über Kraftfahrzeugverkehr muß in Deutschland jedes Kraftfahrzeug u. a. versehen sein:

§ 4 4. „mit einer am Fahrzeug befestigten Hupe zum Abgeben von Warnungszeichen; falls die Hupe mehrtonig ist, müssen die verschiedenen Töne gleichzeitig in einem harmonischen Akkord anklingen; Hupen sind als vorschriftsmäßig zu betrachten, wenn ein klarer, von Nebengeräuschen freier Ton oder Akkord durch Schwingungen von Metallzungen, Platten (Membranen) oder anderen Teilen erzeugt wird. An jedem Fahrzeug muß mindestens eine Hupe vorhanden sein, mit der auch bei stillstehendem Motor Warnungszeichen abgegeben werden können."

§ 19 „Der Fahrer hat überall dort, wo es die Sicherheit des Verkehrs erfordert, durch deutlich hörbare Warnungszeichen rechtzeitig auf das Nahen des Kraftfahrzeugs aufmerksam zu machen.

Das Abgeben von Warnungszeichen ist sofort einzustellen, wenn Pferde und andere Tiere dadurch unruhig oder scheu werden. Innerhalb geschlossener Ortsteile dürfen Warnungszeichen nur mit der in § 4 Abs. 1 Nr. 4 vorgeschriebenen Hupe abgegeben werden; die Warnungszeichen müssen kurz, ihre Klangfarbe und Klangstärke so beschaffen sein, daß im Gefahrbereich befindliche Personen gewarnt, im weiteren Umkreis befindliche Personen aber nicht belästigt werden. Außerhalb geschlossener Ortsteile darf auch eine Pfeife benützt werden. Die Benützung von Signalinstrumenten zur Abgabe von andern als Warnungszeichen ist innerhalb geschlossener Ortsteile verboten.

Das Abgeben langgezogener Warnungszeichen, die Ähnlichkeit mit Feuersignalen haben, und die Anbringung und Verwendung anderer als der im Abs. 3 genannten Signalinstrumente ist verboten."

Ähnliche gesetzliche Bestimmungen finden wir auch in den übrigen wichtigeren Staaten.

Das Hauptsignalinstrument ist demnach die Hupe, die seit einigen Jahren – vorwiegend bei elektrischer Kraftquelle – vielfach Horn genannt wird. Die Pfeife kommt nur in Ausnahmefällen zur Anwendung. Nach der deutschen Vorschrift soll die Hupe einen klaren, von Nebengeräuschen freien Ton oder Akkord durch Schwingungen von Metallzungen, Platten (Membranen) oder anderen Teilen erzeugen. Das Antriebsmittel für den schwingenden Körper ist freigestellt. Die Technik hat infolgedessen die drei Möglichkeiten: mechanischen, pneumatischen und elektromagnetischen Antrieb, ausgenützt, wobei wir unter „Antrieb" nur die letzte Stufe zur Erregung des schwingenden Teiles verstehen wollen, so daß also bei mechanischem Antrieb als Kraftquelle z. B. neben einer Handkurbel auch ein Elektromotor in Betracht kommen kann.

Nach dem Entwicklungsstande der technischen Akustik kam in den Anfangszeiten des Kraftfahrwesens vorwiegend die durch einen Luftstrom angeblasene Zungenpfeife als Signalinstrument in Betracht. Zur Erzeugung des Luftstromes diente ein Gummiball. Dieses Instrument erwies sich aber mit fortschreitender Entwicklung des Kraftfahrwesens, d. h. mit wachsender Geschwindigkeit der Fahrzeuge und zunehmender Verkehrsdichte, als unzureichend. Die Ballhupe war zu schwach, um sich im Verkehrslärm oder auf große Entfernungen durchsetzen zu können; und die Notwendigkeit zu derartigem, in gewissem Sinne rücksichtslosem Gebrauch der Hupe ergibt sich im heutigen Verkehr trotz aller Gegenbestrebungen leider doch häufiger, als dem rücksichtsvollen Fahrer lieb ist. Auf der andern Seite ist der Klang der Ballhupe, wie u. a. Ohrenarzt Prof. Karl L. Schäfer in einem interessanten Gutachten *) feststellt, nicht unwesentlich von der Behandlung des Balles abhängig. Je nachdem der Fahrer den Ball schnell oder langsam und nur wenig oder völlig zusammendrückt, wird der Ton unangenehm krächzend oder rein und nicht störend. Die Güte des Tones sollte aber nicht von der Handhabung der Hupe abhängen. Endlich ist der Fahrer auch gezwungen, zur Bedienung der Ballhupe eine Hand vom Lenkrad zu nehmen, d. h. also gerade dann, wenn er vor einem Hindernis sein Fahrzeug ganz beherrschen sollte.

Man hat wohl versucht, die Nachteile der angeblasenen Hupen durch Verwendung von kleinen Gebläsemaschinen zu beseitigen, ist

*) Prof. Dr. K. L. Schäfer, Versuche eines Ohrenarztes mit Signalinstrumenten für Kraftfahrzeuge. Allgem. Autom. Zeitung, Berlin, Nr. 5, 29. 1. 27, S. 26. – ADAC Motorwelt Nr. 5, v. 4. 2. 27, S. 18. – Mitteilungen des D.A.H.V. Nr. 4, v. 27.1.27, S. 86. – Motorrad-Sport-Verkehr und Technik Nr. 7, v. 12. 2 27, S. 7. – Das Auto, Nr. 5, v. 15. 2. 27, S. 128.

dann aber vorwiegend auch zugleich von der Zungenpfeife zur Sirene übergegangen, d. h. zum angeblasenen Tonrad. Das Gebläse wurde in der Regel im Bedarfsfalle mit seinem Antriebsrad an das Schwungrad des Fahrzeugmotors gedrückt. Eingerückt wurde es durch einen Bowdenzug, dessen Bedienungshebel am Lenkrad des Fahrzeugs saß, so daß der Fahrer ihn, ohne die Hand vom Lenkrad zu nehmen, bewegen konnte.

Für Hupen mit Zungenpfeifen lohnte sich dieser Aufwand nicht, denn ihre Wirksamkeit konnte höchstens in bezug auf Länge des erzeugten Tones, nicht aber in bezug auf Reichweite und Durchdringungskraft wesentlich gebessert werden. In dieser Beziehung wirkten die Sirenen besser, doch gaben sie unangenehm heulende Töne, weil die den Ton erzeugenden Räder bei jedem Signal aus der Ruhe anlaufen und mit Abstellen der Druckluft wieder abfallen mußten, so daß der Ton von unten zu seiner üblichen Höhe anstieg und wieder abfiel. Sie würden infolgedessen heute wahrscheinlich überhaupt nicht mehr zulässig sein. Außerdem aber scheiterte ihre Einführung von vornherein am hohen Preis.

Eine größere Luftmenge gewinnt man bei Zungenpfeifenhupen, wenn man den Gummiball durch eine von Hand betriebene Kolbenpumpe ersetzt (s. die Fahrzeuge der Reichspost). Man kann bei dieser Bauart den Raum über und unter den Kolben, also im Gegensatz zum Ball Hin- und Rückgang für die Erzeugung der Druckluft ausnützen. Bei der Reichspost dient diese Möglichkeit zur Erzeugung eines charakteristischen zweistimmigen Signals, indem man bei Hin- und Rückgang zwei verschiedene Stimmen anbläst. Die Beschaffenheit des Tones an sich wird dadurch aber nicht berührt.

Zu erwähnen sind weiterhin die Hupen, bei denen der eine Zunge in Schwingungen versetzende Luftstrom nicht durch Blasen, sondern durch Saugen erzeugt wird. Man hat vorgeschlagen, solche Hupen an das Ansaugrohr oder an die Auspuffleitung (Injektorwirkung des ausströmenden Auspuffgases!) anzuschließen, ist aber damit nicht zu befriedigenden Ergebnissen gekommen, weil die Druckverhältnisse in beiden Rohren stark vom Betrieb des Motors abhängen. Zu erwähnen sind auch noch die in der Regel durch den Druck der im Zylinder verbrennenden Gase angeblasenen sogen. Kompressionspfeifen und die vom Auspuff angeblasenen Auspuffpfeifen, die als Lippenpfeifen gebaut sind. Sie sind nach dem Gesetz außerhalb geschlossener Ortschaften zulässig, aber neben den elektrischen Hörnern kaum noch gebräuchlich, da diese den Zweck, ein durchdringendes

Signal zu erzeugen, allein erfüllen, so daß die früher bei den Ballhupen oft notwendige Ergänzung durch eine Pfeife unnötig ist.

Man darf heute überhaupt sagen, daß alle oben genannten Zeichengeber fast vollständig vom elektrischen Horn verdrängt sind, so daß sich ein näheres Eingehen, abgesehen von dem Zweck dieses Buches, erübrigt. Es sei jedoch auf die ausführliche Arbeit von Hentschel*) über alle akustischen Signalmittel des Kraftfahrzeugs hingewiesen.

Die Benützung elektroakustischer Signalmittel am Kraftfahrzeug wurde durch die Einführung zuverlässiger Stromversorgungsanlagen begünstigt. Man hat zwar auch früher schon daran gedacht, besondere Batterien oder auch die Zündbatterien zur Stromlieferung für eine elektrische Hupe auszunützen. Da aber mit diesen Batterien eine zuverlässige Versorgung der Zeichengeber nicht gesichert war, konnte sich der elektrische Antrieb für diesen Zweck noch nicht durchsetzen, denn zuverlässiges Arbeiten ist eine selbstverständliche Grundbedingung für die Warnmittel. Sobald aber mit der Entwicklung zuverlässiger Lichtanlagen die Stromversorgung gesichert war, stand auch der Einführung elektroakustischer Zeichengeber nichts mehr im Wege. Sie haben jetzt wegen ihrer einfachen und sicheren Bedienung sowie wegen der mit ihnen zu erreichenden guten Klangwirkung allgemeine Verwendung gefunden. Das Schaltorgan kann am Lenkrad und an der Lenkstange selbst oder an anderer Stelle in bequemer Reichweite des Fahrers angebracht werden, so daß der Fahrer, die Hände am Lenkrad, seine ganze Aufmerksamkeit auf die Vorgänge auf der Straße vereinigen kann. Der Ton derartiger Signalgeber kann leicht regel- und einstellbar gemacht werden, so daß z. B. für die Fahrt in geschlossenen Ortschaften und auf freier Landstraße verschiedene Tonarten zur Anwendung kommen können. Zu dieser Erhöhung der Einfachheit und Sicherheit des Kraftfahrzeugbetriebes kommt, daß die Herstellungskosten für elektroakustische Zeichengeber niedriger gehalten werden können als für gleichwertige Apparate, die auf anderer Grundlage aufgebaut sind.

---

*) Hentschel, Die akustischen Signalmittel für Kraftfahrzeuge. Allg. Automobilzeitung, Berlin, 1925, Nr. 27, S. 32; Nr. 30, S. 24; Nr. 33, S. 26.

2. Grundsätzliche Anforderungen an die akustischen Zeichengeber

Ehe wir im einzelnen auf die Wirkungsweise und den Aufbau der elektroakustischen Zeichenvorrichtungen eingehen, sollen hier allgemein die Forderungen, die an einen guten Schallzeichengeber zu stellen sind, zusammengefaßt werden.

Der Ton des Zeichengebers soll sofort bei Bedienung des Schaltorganes ohne Verzögerung in voller Stärke einsetzen. Er darf nur in der Länge, aber nicht in seiner Art von der Betätigung des Schaltorganes abhängig sein. Dabei soll er genügend weittragend und laut sein, um starken Verkehrslärm, zum Beispiel beim Überholen von Lastwagen, zu übertönen; andererseits aber soll der Ton in geschlossenen Ortschaften, wo er durch die Häuser zusammengehalten wird, nicht belästigend wirken und die zu Warnenden nicht in Verwirrung bringen. Das wird leicht erreicht, wenn mit dem Signalinstrument ganz kurze Töne abgegeben werden können, die auch bei größerer Stärke nicht belästigen.

Weiter soll der Ton erkennen lassen, aus welcher Richtung er kommt, wie weit die Schallquelle entfernt ist, mit welcher Geschwindigkeit und in welcher Richtung sie sich bewegt.

Weittragend und somit laut und doch nicht erschreckend wirken kann nur ein mitteltiefer, klangvoller Ton, während die an zweiter Stelle genannten Forderungen nur durch ein Tongemisch, das auch höhere Töne enthält, erfüllt werden kann. Daraus folgt, daß ein Signalinstrument von befriedigender Leistung zweierlei Töne erzeugen muß. Es muß einen Grundton von kleiner und Obertöne von höherer Schwingungszahl abgeben. Der Grundton gibt die große Reichweite; die Obertöne klingen schneller ab und sind daher in größerer Ferne nicht hörbar. Hier fehlt infolgedessen dem Hörenden das Gefühl für die Richtung, aus der der Ton kommt. Das schadet in diesem Falle nicht, da der Gewarnte ja Zeit hat, um sich über die Annäherung der Tonquelle zu unterrichten. Bei größerer Nähe kann man allerdings die schärfere Mahnung durch die hohen Töne nicht entbehren. Sie drängen dem Gewarnten die Erkenntnis für die Richtung, aus der die Gefahr kommt, auf und geben ihm zugleich durch ihr Anschwellen oder Abklingen die Möglichkeit, ohne Sicht zu erkennen, ob sich die Schallquelle langsam oder schnell nähert oder ob sie sich entfernt. Selbstverständlich müssen Grundton und Obertöne so aufeinander abgestimmt sein, daß keine unangenehmen Interferenztöne entstehen.

Die günstigste Zusammensetzung des Hupentones war Gegenstand der bereits angeführten Untersuchungen (S. 176) von Prof. Dr. K. L. Schäfer, die dieser im Auftrage des Reichsverkehrsministeriums anstellte. Schäfer faßt die Ergebnisse seiner Untersuchungen wie folgt zusammen:

„Aus den im vorstehenden beschriebenen Versuchen im Freien geht unzweifelhaft hervor, daß eine gewisse Schärfe des Hupenklanges für die Verkehrssicherheit unbedingt erforderlich ist, daß man also mit reinen, sonoren Grundtönen ohne merkliche Oberschwingungen nicht auskommt. Letzteres ist nun freilich im gesundheitlichen Interesse bedauerlich. Aber abgesehen davon, daß die Verkehrssicherheit vorgeht, darf auch gesagt werden, daß die bei uns zur Zeit üblichen Hupensignale nicht überlaut und vor allem nicht andauernd genug sind, um organische Schädigungen des Ohres hervorzurufen, wie sie beispielsweise von den Betrieben in Kesselschmieden her bekannt sind. Es können sich wohl nur nervöse oder akustisch stark empfindsame Personen durch die üblichen Hupensignale ernstlich belästigt fühlen. Sehr erfreulich wäre es immerhin, wenn die künftigen Fortschritte in der Hupenkonstruktion sich in der Richtung bewegen sollten, daß alles Schnarren, Krächzen und sonstige ähnliche Nebengeräusche vermieden und ein reiner Klang, aus einem Grundton und harmonisch abgestimmten Obertönen bestehend, erzeugt würde, wobei die höheren Töne durch gleichgestimmte und selbständig mitschwingende Membranen oder Zungen zu verstärken wären."

Unsere weiteren Ausführungen werden zeigen, daß diese von sachverständiger Seite aufgestellten Forderungen mit geeignet gebauten elektrischen Hupen zu erfüllen sind.

3. Aufbau der elektrischen Hupen

Nach dem Aufbau ergeben sich zwei Hauptarten von elektrischen Hupen:

a) Hupen mit elektromagnetischem Antrieb des schwingenden Organes. Der Elektromagnet wird über einen vom schwingenden Organ gesteuerten Unterbrecher erregt und versetzt das schwingende Organ – fast ausnahmslos eine Membran – entweder unmittelbar durch magnetischen Zug (Summerhupen) oder durch Anstoßen vermittels eines starren Zwischengliedes (Trommelhupen) in Schwingungen.

b) Hupen, bei denen das schwingende Organ durch einen Elektromotor angetrieben wird. Der Antrieb erfolgt über starre Teile (Rätsche) oder durch einen Luftstrom, ist also im Sinne unserer Anmerkung auf Seite 176 mechanisch. Im letzten Fall kann das schwingende Organ ein fester Körper, in der Regel eine Membran, aber auch eine Luftsäule (bei der Sirene) sein.

Der Grundgedanke der Summerhupe wurde schon vor langen Jahren bei Rufvorrichtungen in Telegraphenanlagen benützt. Perlewitz*) führt als ältesten derartigen Apparat in einem interessanten

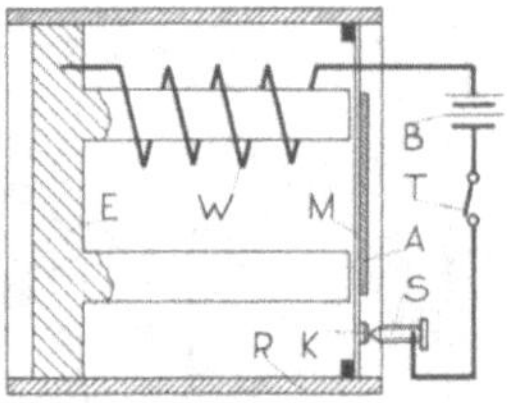

Bild 478. „Zigang"-Trompete, schematisch

Aufsatz über elektrische Signalhupen die „Zigang"-Trompete an, deren einfachen Aufbau wir in Bild 478 als Grundform der Summerhupe wiedergeben. M ist die Stahlmembran, auf die zur Erzielung besserer magnetischer Leitfähigkeit ein Weicheisenplättchen A genietet ist. Die Membran liegt vor den Schenkeln eines Elektromagnets E mit der Wicklung W. Diese ist einerseits an den Körper des Elektromagnets und andererseits an die Batterie B angeschlossen. Vervollständigt wird der Stromkreis durch eine Leitung, die vom andern Pol der Batterie über den Schalter T zur Kontaktschraube S und weiter über den an der Membran sitzenden Kontakt K zum Gehäuse der Vorrichtung und zum Körper des Elektromagnets führt. Wird T geschlossen, so zieht E die Membran an, trennt dabei aber K von S und unterbricht den Strom durch W, so daß die Membran wieder zurückschnellt. K und S schließen wieder, E zieht M und A wieder an, usw. Man sieht, daß die Erregung von E im Tempo der Eigenschwingung von M erfolgt und diese sich ohne Störung ausschwingen kann. Die mechanische Berührung zwischen K und S verändert die Verhältnisse kaum, denn die Bewegung ist in der Nähe des Randes der Membran nur gering.

Nach den gleichen Gesichtspunkten durchgebildet war das früher ziemlich bekannte Roland-Horn der Firma Siemens & Halske, von

*) K. Perlewitz, Elektrische Signalhupen, ETZ, 1908, Heft 18, S. 445.

dem Bild 479 den grundsätzlichen Aufbau zeigt. Dieser wird an Hand der Bildunterschrift nach dem bisher Gesagten ohne weiteres verständlich sein. Neben dieser hier als Beispiel angeführten Hupe gab es früher noch verschiedene andere Erzeugnisse ähnlicher Bauart.

Die in ihnen verwendete einfache Membran gab im wesentlichen einen kräftigen Grundton ohne merkliche Obertöne. Diese Hupen konnten daher in den wichtigsten Punkten keinen Fortschritt gegenüber den Ballhupen bringen, wenn sie auch in anderen wesentliche Verbesserungen brachten.

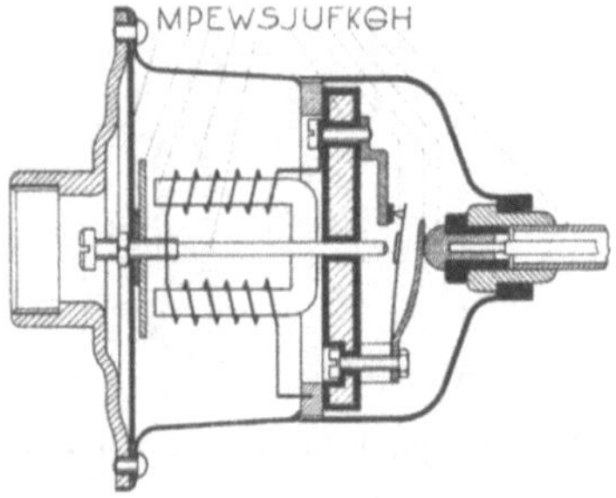

Bild 479. „Roland"-Horn (Siemens & Halske)

E = Elektromagnet
F = Blattfeder als Stromzuführung
G = Gehäuse
H = Anschlußkabel
J = isolierende Grundplatte
K = Kabelklemme
M = Membran
P = Anker
S = Unterbrecherstößel
U = Unterbrecher
W = Wicklung

Ein voller Erfolg war erst dem Bosch-Horn beschieden, das im Jahr 1921 auf den Markt kam. An ihm wurden die verkehrswichtigen Forderungen verwirklicht, wie sie Schäfer später in seinem weiter oben erwähnten Gutachten zusammengefaßt hat. Wir geben in Bild 480 die bekannte Urform des Boschhorns und in Bild 481 seinen Innenaufbau schematisch im Schnitt wieder. Als feststehenden Teil des tonerzeugenden Mechanismus haben wir einen M-förmigen, flachen Elektromagneten, der im Gehäuse des Horns befestigt ist. Über dem Elektromagneten schwebt der Anker, der durch die sogenannte Ankerachse mit der unter dem Elektromagneten liegenden Grundschwingungsmembran fest verbunden ist. Die Membran ist am Umfang fest eingespannt. Der Anker wird übrigens oben durch eine der Übersichtlichkeit halber ausgelassene Führungsfeder gestützt. Wird nun der Elektromagnet durch die Wicklung erregt, so wird der Anker angezogen und damit die Grundschwingungsmembran nach unten gedrückt. Bei dieser Bewegung öffnet aber der Anker vermittels des auf ihm angebrachten Bügels die Kontakte des Unterbrechers, der Zug des Elektromagnets hört auf und Anker und Membran schwingen unter dem Einfluß der Membranspannung frei zurück. Damit schließt aber auch der Unterbrecher wieder, Anker und Membran werden wieder nach unten gezogen, usw. Die Membran schwingt frei in der aus ihrer Grundschwingung und dem an ihr hängenden Anker gegebenen Schwingung. Die in der Membran wirksamen Kräfte sind gegenüber dem beim

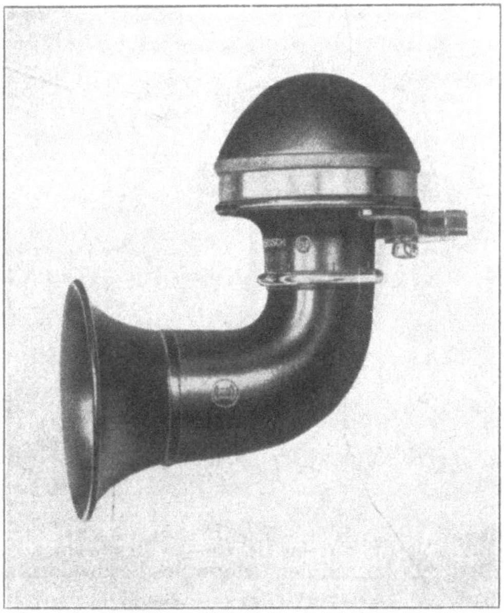

Bild 480. Bosch-Horn, Urform

Unterbrechen zu überwindenden Kontaktdruck des Unterbrechers so groß, daß eine merkliche Störung der Schwingung durch die Steuerung des nicht in seiner Eigenschwingung, sondern in der durch die Membran erzwungenen Schwingung schwingenden Unterbrechers nicht eintritt. Bei großen Hörnern beträgt die rücktreibende Kraft der Membran im normal durchgebogenen Zustand etwa 20 kg, während der Kontaktdruck etwa 1,5 kg beträgt. Zur Vermeidung von störender Funkenbildung ist in üblicher Weise ein Kondensator parallel zum Unterbrecher gelegt.

Zur Erzeugung einer kräftigen Oberschwingung ist unter der Grundschwingungsmembran eine zweite, die sogen. Oberschwingungsmembran, eingespannt. Sie hat als Eigenschwingung die Oktave zur Grundschwingung und wird durch Anschlag von der Grundschwingungsmembran angeregt. Zusammen ergeben die beiden Membranen den bekannten, wirksamen Boschhornton. Damit die von der Grundschwingungsmembran ausgehenden Schwingungen sich frei ausdehnen können, ist die untere Membran durchlöchert.

Bei richtiger Abstimmung der beiden Membranen können Störungen der Schwingungen nicht eintreten, weil dann zwangläufig die Ober-

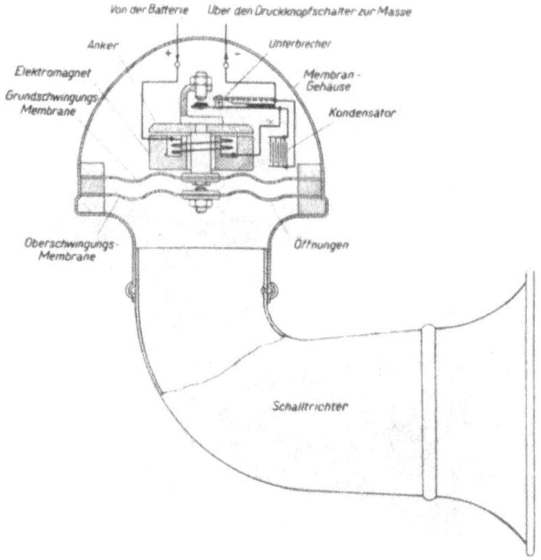

Bild 481. Aufbau der Urform des Bosch-Hornes

schwingungsmembran bei jeder zweiten Schwingung, während sie selbst nach unten durchschwingt, von der Grundschwingungsmembran angeschlagen wird (Bild 482). Erfolgt dagegen bei schlechter Abstimmung der beiden Membranen der Anschlag in falscher Phase, so wird der Ton schlecht und die Energieausnützung mangelhaft.

Die Schwingungszahl der Membranen oder mit anderen Worten die Tonhöhe hängt ab von ihrer Spannung, der sogen. „Steifigkeit", sowie dem Gewicht der schwingenden Masse, d. h. also für den Grundton vom Gewicht der Membran und der mit ihr verbundenen Teile (Anker, Unterbrecherbügel, usw.). Die Steifigkeit der Membran kann durch eine konzentrische Wellung beeinflußt werden. Die Schwingungszahl ist um so höher, je steifer die Membran und je kleiner die schwingende Masse ist. Man kann also durch diese Größen den Ton des Hornes bestimmen. Praktisch wählt man den Grundton zwischen 280 und 500 Schwingungen in der Sekunde. In Deutschland bestehen jetzt keine Vorschriften über die Tonhöhe bei den verschiedenen Fahrzeugen mehr, doch sind im Ausland teilweise für Wagen tiefe, für Krafträder hohe Töne vorgeschrieben.

Die Tonstärke hängt in erster Linie von der Stärke des Membranausschlages ab. Diese ist ungefähr proportional der Stromstärke in der Wicklung des Elektromagnets, wird aber außerdem noch vom Abstand des Ankers vom Elektromagneten beeinflußt. Die Stromstärke in der Elektromagnetwicklung hängt außer von der angelegten Spannung und dem Widerstand der Wicklung auch von deren Selbstinduktion ab sowie von der Schließungsdauer des Unterbrechers, die in

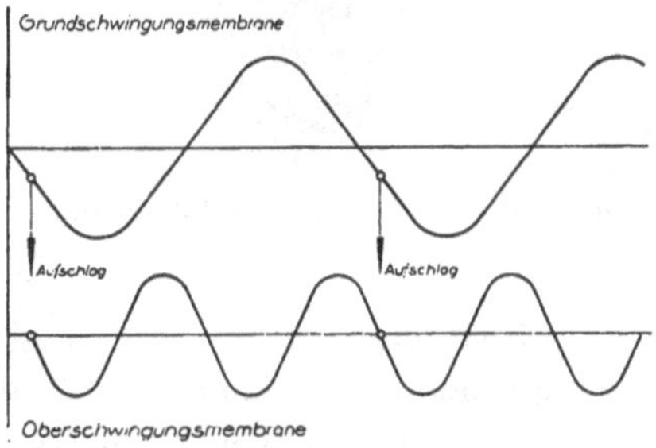

Bild 482. Schwingungsbild der Bosch-Horn-Membranen

leicht ersichtlicher Weise durch die Stellung der Schraube im Unterbrecherbügel des Ankers geregelt werden kann.

Die vom Ohr empfundene Tonstärke hängt aber außer von der Schwingungsweite der Membranen auch ab von dem Maße, in dem die Membranschwingung auf die Luft und durch diese auf das Trommelfell übertragen wird. Die Luftschwingung wird besonders kräftig, wenn die im Horntrichter enthaltene Luftsäule möglichst kräftig angeregt wird. Das ist der Fall, wenn ihre Eigenschwingung auf die Schwingung der Grundton-Membran abgestimmt ist, wenn sie mit dieser „in Resonanz" ist. Wir möchten hier gleich bemerken, daß es je nach der Form des Horntrichters nicht immer möglich ist, diese Resonanz zu erreichen. Auch ist sie von der Luftdichte und damit von der Lufttemperatur abhängig. Bei sehr kaltem Wetter kann man beobachten, daß ein sonst wohlabgestimmtes Horn plötzlich „überschnappt", weil zwischen Membran und Luftsäule keine Resonanz mehr besteht. Durch die höhere Dichte der kalten Luft hat sich die Eigenschwingung der im Horntrichter stehenden Luftsäule so verlangsamt, daß sie der Membranschwingung nicht mehr folgt. Es treten gewisse Wechselwirkungen zwischen beiden Schwingungen, das „Überschnappen" des Tones, ein. Praktisch kann dieses Verhalten des Hornes keine Bedenken geben, da derartig tiefe Temperaturen nur selten vorkommen. Soweit in gewissen Landstrichen häufiger damit zu rechnen ist, kann man durch entsprechende Abstimmung oder Verkürzung des Trichters darauf Rücksicht nehmen. Ebenso wird auch bei besonders hohen Temperaturen die Resonanzlage verschoben. Hierbei ändert sich aber nur die Stärke des Grundtones; ein Überschnappen tritt nicht ein. (Vgl. hierzu auch S. 193.)

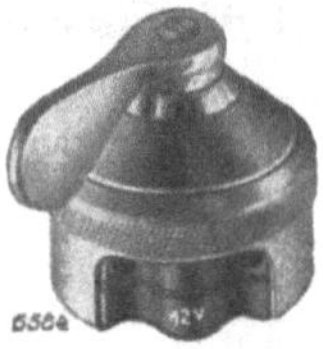

Bild 483. Tondrossel zum Bosch-Horn

In geschlossenen Ortschaften, in denen der Ton des Horns durch die Häuser zusammengehalten wird, kann es sich als nötig erweisen, den Ton zu schwächen. Das geschieht nach unserer bisherigen Schilderung in einfacher Weise durch Herabsetzen der Stromstärke in der Wicklung. Man kann diese Verminderung des Stromes nicht nur durch Vorschalten eines Widerstandes, sondern auch durch Vorschalten einer Selbstinduktion, einer „Drossel", bewirken. Diese besteht aus einer kleinen Spule mit Eisenkern, die vermittels eines mit ihr zusammengebauten einfachen Schalters in den Hornstromkreis eingeschaltet wird und den Anstieg des Stromes in bekannter Weise (vgl. die Schilderung der Wirkungsweise des Spannungsreglers, Teil II, Seite 106) verlangsamt, so daß er in der gegebenen Schließungsdauer des Unterbrechers zu geringerer Stärke anwächst als ohne Drossel. Bild 483 zeigt eine solche Tondrossel.

Das Bosch-Horn, das zu vielen mehr oder weniger ähnlichen Schöpfungen Anlaß gegeben hat, machte im Laufe der Zeit, wie wohl die meisten technischen Neuheiten, eine auf Vereinfachung gerichtete Entwicklung durch. Wir zeigen eine neuere Form in Bild 484. Vor allem fällt dabei auf, daß die Oberschwingungsmembran, die gelegentlich Abstimm-Schwierigkeiten ergab, durch einen fest mit der Grundschwingungsmembran gekoppelten „Schwingungsteller" ersetzt ist.

Ferner ist der Anker unter den Elektromagneten gelegt worden, und der Unterbrecher wird durch eine einfache seitliche Verlängerung des Ankers gesteuert. In seinen Einzelheiten erklärt sich das Bild selbst.

Bei den schnellen Schwingungen des Ankers entstehen in den Eisenwegen der Elektromagnetanordnung des Horns schnell wechselnde

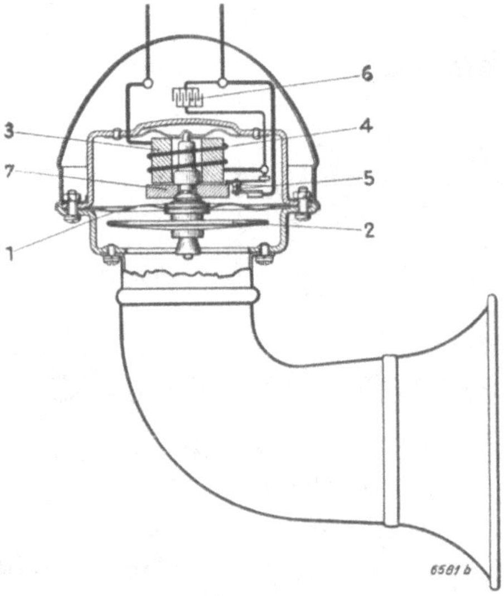

Bild 484. Aufbau des neueren Bosch-Hornes

1 = Grundschwingungsmembran
2 = Schwingungsteller
3 = Elektromagnet
4 = Wicklung
5 = Unterbrecher
6 = Kondensator
7 = Anker

Kraftlinienflüsse. Bei massiven Eisenwegen entstehen erhebliche Energieverluste durch Wirbelströme. Man kann diese in üblicher Weise durch Blätterung der magnetisch beanspruchten Teile herabsetzen, muß aber infolge des Preisdruckes heute in der Regel auf diese Verbesserung verzichten. Von erheblichem Einfluß auf die Tonbildung kann die Art der Anbringung der Hupe am Fahrzeug sein. Wir werden darauf später unter „Einbau der Hupen" zurückkommen (Seite 194).

In Bild 485 und 486 bringen wir eine von der oben geschilderten abweichende Bauart des Doppelmembranhorns. Hier ist die gesamte Magnetanordnung zwischen Grundschwingungs- und Oberschwingungsmembran eingebaut. Damit bei dieser Bauart beide Membranen in derselben Richtung strahlen, wird der Schall der Grundschwingungsmembran durch eine eigenartige Trichterform um 180° umgeleitet. Da aber bei den Oberschwingungen auf Zusammenfassen durch einen Trichter verzichtet wird, können sie neben dem Grundton nicht genügend zur Geltung kommen.

Einen auf besonders billige Herstellung gerichteten Aufbau hat das Horn amerikanischen Ursprung nach Bild 487. Wir haben hier

Bild 485. „Currus"-Horn

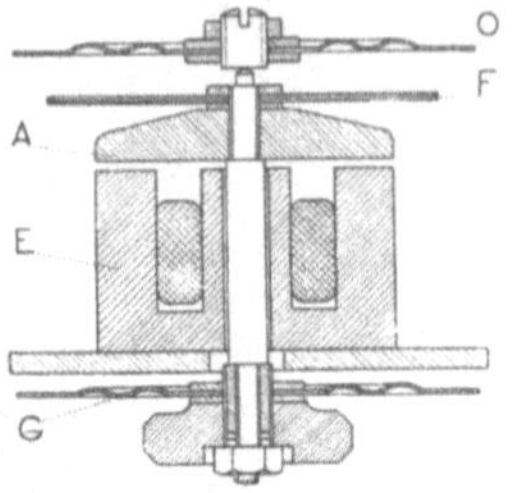

Bild 486. Aufbau des „Currus"-Hornes

A = Anker, E = Elektromagnet
F = Führungsfeder des Ankers
G = Grundschwingungsmembran
O = Oberschwingungsmembran

nur eine Membran M, an der der Anker A befestigt ist. In diesen sind zu beiden Seiten seiner Befestigung Nuten eingefräst, die offenbar die Ausbildung von Eigenschwingungen des Ankers zur Erzielung des Obertones begünstigen sollen. Der Anker steuert durch unmittelbaren

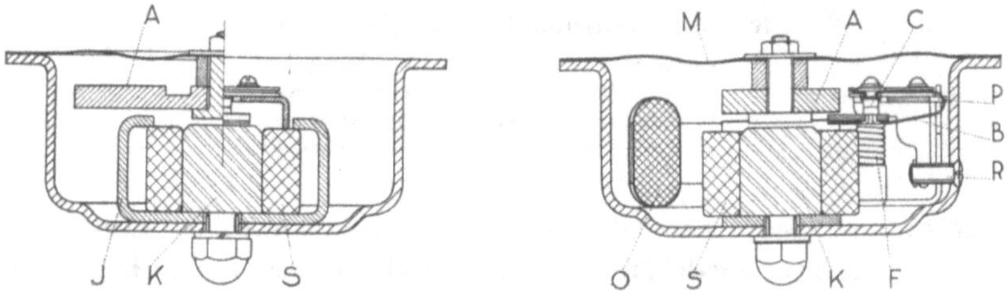

Bild 487. Aufbau eines billigen Hornes amerikanischen Ursprungs

A = Anker
B = Unterbrecherfeder (Kontaktträger)
C = Unterbrecherkontakte
F = Stützfedern der Unterbrecheranordnung
J = Joch } des Elektromagnets
K = Kern } des Elektromagnets
M = Membran
O = Kondensator
P = Drehpunkt } des Unterbrechers
R = Einstellschraube } des Unterbrechers
S = Spule

Anschlag den Unterbrecher. Dieser ist um den Punkt P schwenkbar. Seine Lage zum Anker wird durch die Stellung der Einstellschraube R und die im Bild sichtbaren Schraubenfedern F bestimmt.

Die von uns beschriebenen Doppelmembranhörner sind streng genommen keine reinen Summerhupen nach unserer früher aufgestellten Einteilung, sondern eine Vereinigung von Summer- und Trommelhupen, weil die Oberschwingungsmembran durch Anschlag von der Grundschwingungsmembran angeregt wird.

Eine reine Trommelhupe zeigt Bild 488 in der bekannten Ausführung von Mix und Genest. Wir haben bei A den Anker, der federnd über einem zweischenkeligen Elektromagneten M aufgehängt ist. Zwischen den Schenkeln des Magnets führt vom Anker ein Stoßstift S bis dicht über die Membran E. Sobald der Elektromagnet erregt wird, schlägt der Stift auf die Membran auf und versetzt sie in

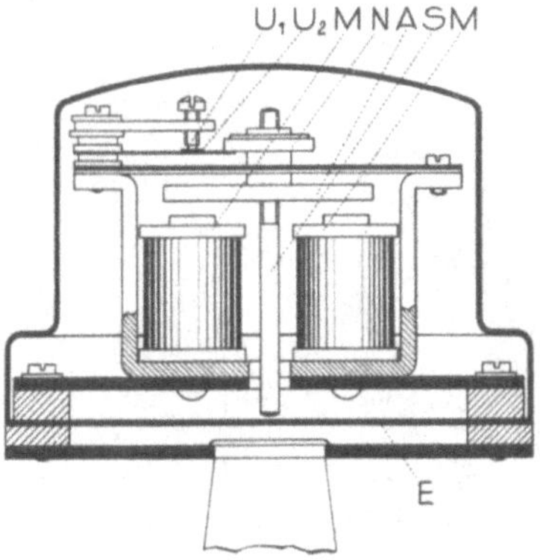

Bild 488. Aufbau einer Trommelhupe (Mix & Genest)

Schwingungen. Er öffnet zugleich durch die Nase N den Unterbrecher U_1, U_2. Durch die federnde Aufhängung und den Rückprall von der Membran geht der Anker wieder zurück, der Unterbrecher schließt wieder, es erfolgt ein neuer Anzug des Ankers und Anschlag der Membran usw.

Die Bedeutung der Trommelhupen ist durch die Entwicklung von leistungsfähigen Summerhupen stark zurückgegangen. Es ist bisher nicht gelungen, mit der Trommelbauart die Leistungen der Summerhupen zu erreichen. Für reinen Stadtverkehr kann die erstere brauchbar sein; insgesamt darf man sie aber doch als für den neuzeitlichen Kraftfahrzeugverkehr nicht ausreichend bezeichnen. In ortsfesten Signalanlagen sind sie jedoch vielfach mit Erfolg in Gebrauch.

Unter den Hupen mit Antrieb des schwingenden Organs durch einen Elektromotor sind die Instrumente des „Klaxon-Typs", bei denen eine Membran durch eine Rätsche angeregt wird, am bekanntesten. Bild 489 zeigt den grundsätzlichen Aufbau. A ist der

Anker des Elektromotors, der im Feld der Pole F umlaufen kann. Die Ankerwelle trägt an dem einen Ende ein aufgekeiltes Rad Z mit geeigneter Verzahnung. Vor diesem Rad liegt die Membran M, in deren Mitte eine Nase N angebracht ist, die mit den Zähnen des Ankerrades in Eingriff steht. Auf der entgegengesetzten Seite der Membran schließt sich an das Motorgehäuse ein in der Regel gerader, schwach konischer Trichter T an. Wird der Anker in Drehung versetzt, so wird die Membran M durch die über die Nase N gleitenden Zähne des Rades Z nach außen gedrückt und schwingt beim plötzlichen Abgleiten der Nase über die steile Flanke zurück. Die Membran schwingt also mit einer von der

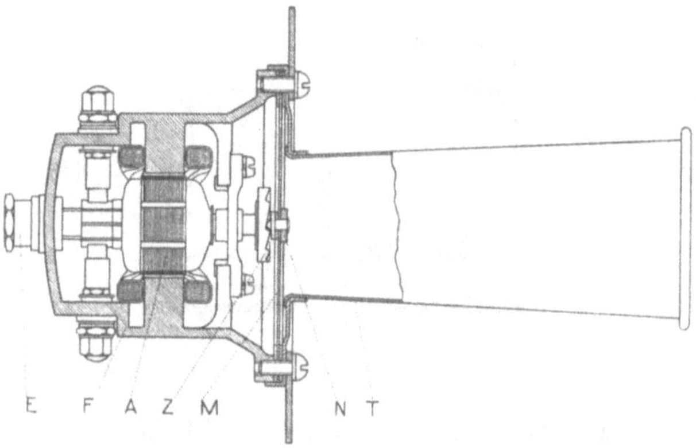

Bild 489. Horn vom „Klaxon"-Typ

Umlaufzahl des Motors abhängenden erzwungenen Schwingung. Man wird selbstverständlich die Eigenschwingung möglichst der aufgezwungenen Schwingung anpassen, doch sind Abweichungen unvermeidlich, da die Drehzahl des Motors mit der angelegten Spannung schwankt.

Die Tiefe des Eingriffs zwischen Membrannase und Zahnrad, durch die die Größe des Membranausschlags und damit die Tonstärke bestimmt ist, ist einstellbar. Der Anker des Motors kann nämlich durch die Schraube E in der Längsrichtung verschoben werden.

Die Stromaufnahme derartiger Hörner entspricht etwa der der elektromagnetischen. Akustisch darf man sie aber als guten Summerhörnern unterlegen bezeichnen. An sich gibt die Anregung der Membran durch die Rätsche schon einen recht scharfen Ton. Dann aber steigt dieser Ton beim Anlaufen des Motors aus der Ruhe von den tiefsten hörbaren Frequenzen an zu der der normalen Umlaufzahl des Motors entsprechenden Höhe, um beim Ausschalten des Stromes wieder abzufallen. Wenn die Anlauf- und Auslaufzeiten des Ankers auch kurz sind, so spielen sie bei dem an sich ja durchschnittlich nur 1 bis höchstens 2 Sekunden dauernden Ton doch eine merkliche Rolle und geben ihm neben der Schärfe noch eine unangenehm heulende Note, die zum mindesten für den Stadtverkehr ungeeignet ist. Soweit die gesetzlichen Vorschriften einen klaren Ton des Signalinstrumentes verlangen, werden auch im allgemeinen derartige Hörner als nicht den Vorschriften entsprechend angesehen. Man hat daher gelegentlich bei derartigen Hörnern für die Anregung der Membran außer dem Elektromotor auf der dem Motor entgegengesetzten Seite der Membran einen Elektromagneten mit Unterbrecher in der früher geschilderten Anordnung vorgesehen, so daß also das Horn im Stadtverkehr als Summerhorn, auf der freien Landstraße dagegen als Motorhorn betrieben werden kann. Nach unseren früheren Darlegungen ist eine befriedigende Lösung damit nicht erreicht, weil der bei Summerbetrieb von hervortretenden Obertönen freie Klang der einfachen Membran für den Verkehr in geschlossenen Ortschaften nicht geeignet ist.

Einen noch unangenehmer heulenden Ton als die oben beschriebenen Hörner haben die allerdings für Verwendung im Kraftfahrzeug wohl kaum noch gebauten Sirenen mit elektromotorischem Antrieb. Als tongebendes Organ haben wir bei diesen Apparaten einen Luftstrom, der in schneller Folge durch zwei mit Lochreihen versehene Scheiben unterbrochen wird. Von den Scheiben kann die eine durch den Motor dicht über der andern in schnelle Umdrehungen versetzt werden. Wird jetzt gegen die Lochreihen, die in bestimmten Stellungen der umlaufenden Scheibe einander decken, ein Luftstrom geblasen, so tritt dieser mit schnellen Stößen durch die Löcher hindurch und versetzt die Luft hinter den Scheiben in hörbare Schwingungen. Der Luftstrom wird in einfachster Weise durch mit der drehbaren Scheibe umlaufende Flügel erzeugt. Bei derartigen Sirenen sind die bei jedem Anlauf zu beschleunigenden Massen (Elektromotoranker, Lochscheibe) sowie der Luftwiderstand groß, so daß das Anlaufen (und entsprechend auch das Auslaufen) verhältnismäßig lange dauert. Dadurch tritt der heulende Charakter des Tones außerordentlich unangenehm hervor und macht die Sirene als Warninstrument unbrauchbar.

Der Nachteil wird wenigstens zum Teil bei den Hupen nach Bild 490 vermieden, bei denen der Ton unabhängig von der Motordrehzahl erst nach Erreichen eines bestimmten Luftdruckes einsetzt. Wir haben hier im Motorgehäuse einen Hauptstrommotor mit senkrecht stehender

Achse, auf der oben der Läufer L einer Flügelpumpe sitzt. Das tongebende Organ ist in die Klasse der Zungenpfeifen einzureihen. Als Zunge dient eine Membran M, welche sich gegen einen auf dem Trichterende verschiebbaren Ring R legt. Dieser Ring kann gegen den Druck einer Feder F in einen abgeschlossenen Raum U hineingleiten, wobei der bewegliche Abschluß zwischen dem Ring und der Wand des genannten Raumes durch eine Ledermanschette E bewirkt wird. Sobald nach Einschalten des Motors der Druck in den als Windkessel W bezeichneten Räumen eine gewisse Höhe erreicht hat, gleitet der Ring R

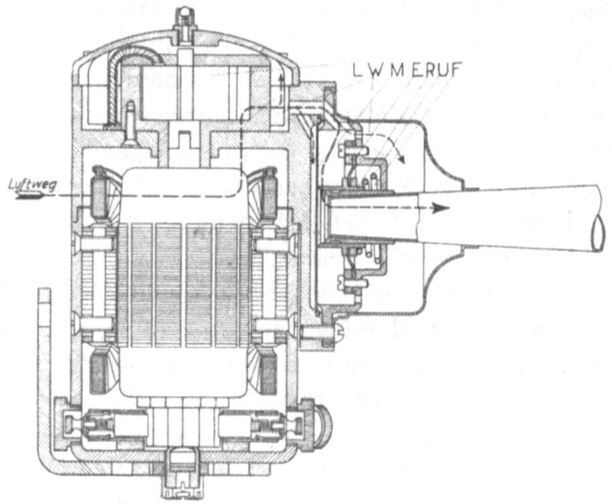

Bild 490. „Cicca"-Horn

in den Raum U hinein, und es öffnet sich zwischen Membran und Ringkante ein Luftspalt. Durch diesen strömt Luft aus und versetzt dabei die Membran in Schwingungen. Dadurch entsteht ein trompetenähnlicher Ton, der in seiner Höhe weniger von den akustischen Eigenschaften der Membran als vielmehr von denen des Trichters abhängt. Bemerkenswert ist an der hier gezeigten Bauart die selbsttätige Einstellung der Luftspaltbreite an der Membran durch den federbelasteten Ring R. Dadurch wird die Empfindlichkeit derartiger Zungenpfeifen gegen Spannungsschwankungen aufgehoben. Die Tonstärke kann durch Verminderung der Motordrehzahl durch Vorschalten eines Widerstandes vor den Motor herabgesetzt werden.

Ein fühlbarer Nachteil dieser Hörner ist, daß der Ton nicht sofort mit Einschalten des Motors einsetzt, sondern erst nachdem ein gewisser

Druck im Windkessel erreicht ist. Diese Verzögerung ist zwar nur nach Bruchteilen einer Sekunde zu bemessen, wirkt aber doch störend. Ebenso geben die Hörner vielfach beim Auslaufen ein unschönes Abflauen des Tones, weil die Membran, nachdem sie einmal schwingt, bei abfallendem Druck noch weiter angeregt bleibt. Gegenüber den Summerhörnern fällt auch ins Gewicht, daß der Energieverbrauch der hier beschriebenen Hörner ohne Steigerung der Tonleistung ganz wesentlich größer ist. Besonders aber ist zu berücksichtigen, daß der technische Aufwand und damit natürlich Gewicht und Herstellungskosten erheblich größer sind als beim Summerhorn. Eine merkliche Verbreitung ist diesen immerhin interessanten Instrumenten daher versagt geblieben.

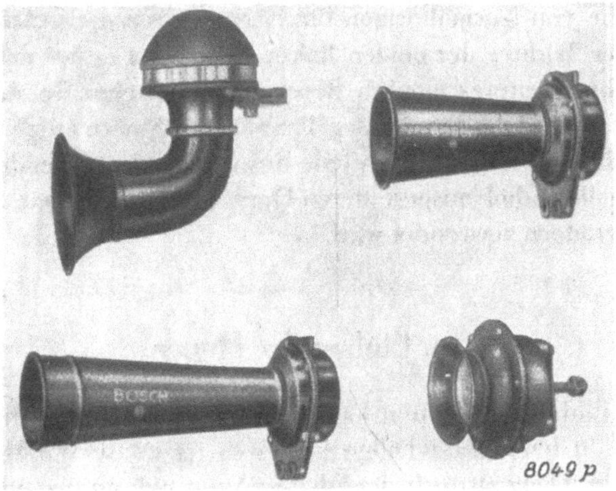

Bild 491. Kennzeichnende Formen elektrischer Hörner (Robert Bosch A.-G.)

Nach der Besprechung des inneren Aufbaus der elektrischen Hupe sind noch einige Worte über ihr Äußeres anzufügen. Die äußere Form wird mehr oder weniger eine Frage des Geschmacks sein. Bei Beurteilung ihres Einflusses auf den Ton müssen wir unterscheiden zwischen dem Gehäuse, das die arbeitenden Teile umgibt, und dem Trichter, durch den der erzeugte Ton in den freien Raum übergeleitet wird. Das zuerst genannte Gehäuse ist zwar nicht ohne Einfluß auf die Tonbildung, wird aber doch vorwiegend frei nach mechanischer Zweckmäßigkeit und nach Geschmack geformt. Wichtiger ist die Ausbildung des Trichters. Auf seine Bedeutung für die Tonleistung haben wir auf S. 185 bei Besprechung der Resonanz bereits hingewiesen. Resonanz auf einen gewissen Ton kann man mit verschiedensten Formen erreichen; es kommt dabei in erster Linie auf die Größe des Luftraumes an. Um für einen tiefen Ton auf nicht zu lange Trichter zu kommen, windet man den Trichter zu mehreren Umgängen auf, so daß die von den Ballhupen bekannte Form entsteht. Bei den elektrischen Hupen wendet man so tiefe Töne nicht an und kommt daher, auch wenn man die Trichter auf Resonanz bemißt, zu einfacheren Formen. Da die Resonanz des Trichters wohl Vorteile in bezug auf die Energieausnützung bringt, andererseits aber auch gewisse Nachteile für die Tonbildung haben kann, verzichtet man beim elektrischen Horn, bei dem im allgemeinen genügend Energie für die Tonbildung zur Verfügung steht, häufig auf die Resonanz. Dazu kann zum Beispiel schon die Größe des möglichen Trichters zwingen. Wir haben in Bild 491 eine Reihe von Normalformen für Hörner zusammengefaßt. Bei der Größe der Trichter der beiden linken Hörner ist es bei den üblichen Tönen ohne weiteres möglich, Resonanz zu erzielen. Bei dem oberen Horn rechts wird das je nach der Tonhöhe auch noch möglich sein, dagegen fehlt selbstverständlich jede Resonanzwirkung bei dem nur mit einer Schallmuschel ausgestatteten Horn unten rechts, wie es vielfach an Motorrädern verwendet wird.

4. Einbau der Hupen

Der Einbau der Hupen kann von erheblichem Einfluß auf ihren Ton sein. In den meisten Fällen werden sie jetzt unter der Motorhaube angebracht. Dadurch wird die Schallwirkung nur unwesentlich beeinträchtigt, wohl aber ein wesentlicher Schutz der Hupe erreicht. Allerdings sollte man darauf achten, daß nicht dicht vor der Hornmündung ein größerer Motorteil steht, sondern daß die aus dem Trichter kommenden Schallwellen sich in dem Raum unter der Haube möglichst frei ausbreiten können. Dann ist auch ausreichende Möglichkeit für weiteres Ausstrahlen in den freien Raum gegeben. Auch außerhalb der Haube kann die Schallwirkung des Horns durch ungünstige Einbauart, zum Beispiel dadurch, daß die Hornmündung unmittelbar vor einem Kotflügel steht, herabgesetzt werden.

Vor allem ist bei Einbau des Horns darauf zu achten, daß der Fahrzeugteil, an dem es befestigt wird, nicht in störendes Mitschwingen gerät. Am besten bringt man es also an widerstandsfähigen Motorteilen, dem Rahmen, der Spritzwand u. dgl. an. Treten trotzdem Schwierigkeiten auf, so ist durch ein federndes Zwischenglied zu verhindern, daß wesentliche Mengen der Schwingungsenergie des Horns auf den Träger übergehen. Nach DRP. 377085 fällt die Richtung, in der das Zwischenglied nachgibt, vorteilhaft mit der Ausschlagsrichtung der Membran zu-

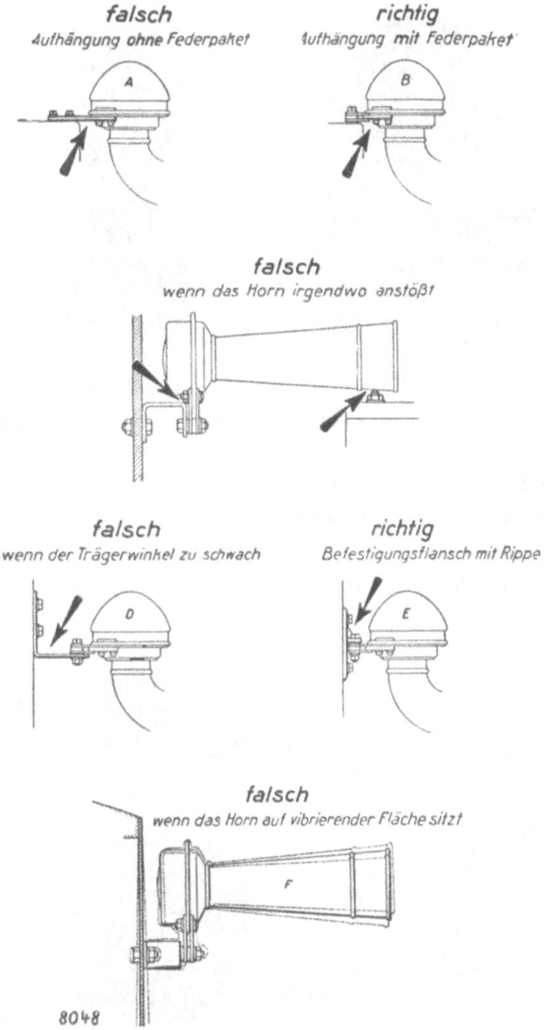

Bild 492. Beispiele für richtige und falsche Hornbefestigung

sammen. Trotz derartiger Maßnahmen kann es – namentlich bei Krafträdern – vorkommen, daß das Horn nicht einwandfrei tönt. Dann genügt es in der Regel, den Befestigungspunkt des Horns um einige Zentimeter zu verschieben.

Übrigens können auch schädigende Rückwirkungen der Hornschwingungen auf Teile seines Trägers vorkommen. Wir möchten hier zum Beispiel an die bereits früher (S. 46) erwähnte Zerstörung der

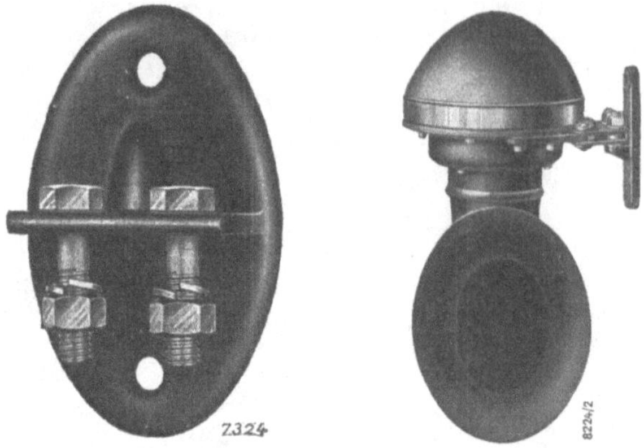

Bild 493. Flansch für Hornbefestigung an ebener Wand

Glühlampenfäden erinnern, die durch an der Scheinwerferstütze befestigte Hörner auftreten können.

Die zur Befestigung des Horns dienenden Teile können natürlich äußerst mannigfaltig gestaltet sein. Als Beispiele zeigen wir in Bild 493

Bild 494. Schelle für Hornbefestigung an runder Stütze

einen Flansch zur Befestigung des Horns an einer ebenen Wand und in Bild 494 eine Schelle zur Befestigung des Horns an einer runden Stütze.

5. Schalter

Eine hervorstechende Eigenschaft der elektrischen Hupe ist ihre bequeme Handhabung. Sie wird einfach durch Schließen eines elektrischen Stromkreises vermittels eines Schalters in Betrieb gesetzt. Dieser Schalter läßt sich stets an einem in bequemer Reichweite des Fahrers gelegenen Ort befestigen. Da nur kurze Schließzeiten in Frage kommen, ist der Schalter stets ein Druckknopf oder druckknopfartig. Großer Wert muß beim Horn darauf gelegt werden, daß der Ton im gewünschten Zeitpunkt voll einsetzt; daher muß der Stromschluß bei jedem Niederdrücken des Druckknopfs sicher hergestellt werden. Man verwendet daher vorwiegend Kontaktbauarten, bei denen durch reibenden Schluß stets gut leitende Berührung gesichert ist.

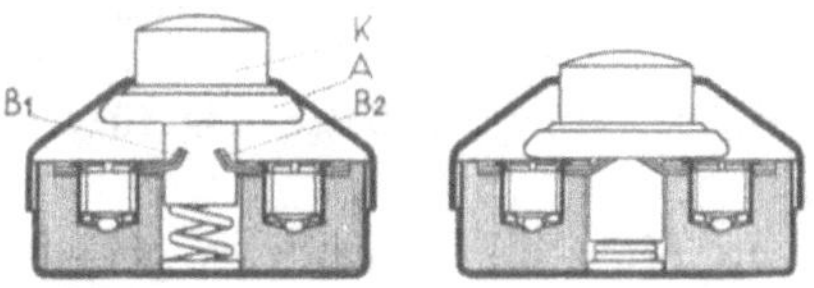

Bild 495. Horndruckknopf mit offenen und geschlossenen Kontakten

Eine beliebte Bauart zeigt Bild 495. Die beiden zu verbindenden Leitungsenden sind je an eine Blattfeder B_1 und B_2 gelegt, zwischen denen beim Niederdrücken des Knopfes K durch die unten an diesem sitzende metallische Fläche A eine leitende Verbindung hergestellt wird. In der Regel liegt die eine Feder B an Masse. Dann braucht auch der Druckknopf oder vielmehr seine untere Fläche nicht gegen das Druckknopfgehäuse isoliert zu sein. Wie leicht ersichtlich ist, findet beim Niederdrücken des Knopfes ein leichtes Durchbiegen der Kontaktfedern statt. Dadurch wird das erstrebte Abschleifen der Berührungsfläche erzielt.

Der Einbau des Druckknopfes erfolgt heute beim Wagen vorwiegend am Lenkrad, beim Kraftrad in der Nähe des Handgriffes an der Lenkstange. Der Einbau am Lenkrad ist so vorzunehmen, daß bei den Lenkbewegungen keine Kabel auf- und abgewickelt werden. Der Strom muß also bei Befestigung des Druckknopfes an den Speichen des Lenkrades nach Bild 496 durch einen Schleifring zugeführt werden. Die Rückleitung erfolgt durch die Metallteile der Lenkvorrichtung. Diese etwas umständliche Leitungsführung darf heute aber nur noch als ein Notbehelf bei nachträglichem Einbau eines Horns angesehen werden.

Bei fabrikmäßigem Einbau wird in der Regel der Horndruckknopf feststehend über der Lenkradnabe eingebaut. Man kann dann entweder in der Lenksäule ein Kabel hochführen oder aber die Kontaktvorrichtung am unteren Ende der Lenksäule befestigen und durch eine in der Lenk-

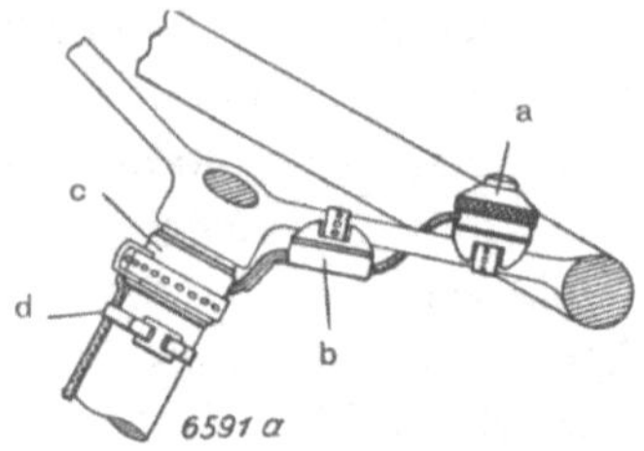

Bild 496. Druckknopfeinbau am Lenkrad

a = Druckknopf c = Schleifring
b = Schleiffeder d = Kabelhalter

säule nach unten geführte Stange betätigen. Darüber sind Einzelheiten auf S. 86 zu finden.

Neben dem in der Mitte des Lenkrades angeordneten Druckknopf erfreuen sich die bekannten Kontaktringe (Bild 497) großer Beliebtheit. Durch sie wird erreicht, daß der Fahrer in jeder Lenkradstellung die Hupe ertönen lassen kann, ohne die Hand vom Lenkrad-

Bild 497. Kontaktring am Lenkrad

kranz zu entfernen. Der Kontaktring besteht, wie Bild 498 zeigt, aus zwei Einzelringen, von denen der eine federnd über dem andern aufgehängt ist. Durch Niederdrücken des oberen Ringes erfolgt der Stromschluß. Die Ausbildung der Kontaktvorrichtungen ist sehr mannigfaltig. Das Hauptaugenmerk ist darauf zu richten, daß bei Niederdrücken des Ringes an beliebiger Stelle der Stromkreis sicher geschlossen wird. Es sind also in der Regel mehrere parallel geschaltete Kontaktvorrichtungen am Umfang zu verteilen. Der Schluß muß auch hier wieder reibend erfolgen, da aus Preisgründen wohl stets auf die Verwendung von Edelmetallen für die Kontakte verzichtet werden muß. Häufig wird auch versucht, dem Kontaktring mehrere Schaltaufgaben zuzuweisen (Schaltung des Horns, der Fahrtrichtungsanzeiger, Abblendung). Es ist aber mit dem Sinn des Ringes nicht vereinbar, wenn man ihn für die Erfüllung der verschiedenen Aufgaben wieder in Segmente unterteilt. Höchstens kann es in Frage kommen, durch Niederdrücken sowie durch Anheben des Ringes zwei verschiedene Schaltaufgaben zu erfüllen. Im einzelnen glauben wir aber zu den verschiedenen Kontaktringbauarten auf die einschlägige Patentliteratur verweisen zu dürfen.

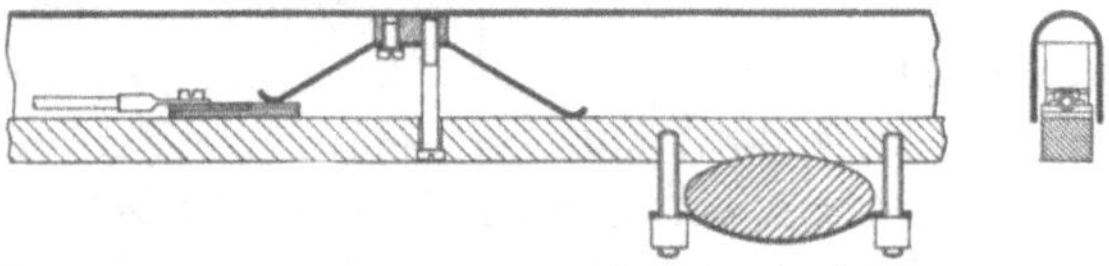

Bild 498. Beispiel für den Aufbau eines Kontaktringes

Beim Kraftrad kommt naturgemäß stets nur ein einfacher Druckknopf zur Verwendung, der vorwiegend mit einem kleinen Spannband an der Lenkstange befestigt wird. Eine bequeme Vereinigung mit dem Abblendschalter des Scheinwerfers zeigt Bild 400 (S. 92) des Abschnittes über „Scheinwerfer".

Ein besonderer Hornschalter wird an Feuerwehrfahrzeugen verwendet. Für diese schafft man ein sehr kennzeichnendes Zeichen durch Einbau von zwei oder drei in bestimmter Weise abgestimmten Hörnern, die in schneller Folge abwechselnd zum Ertönen gebracht werden. Das Schalten erfolgt in diesem Falle durch einen mit einer Kurbel versehenen Drehschalter.

6. Gebrauch der elektrischen Hupe

Die elektrische Hupe hat, seit sie die heutige umfassende Verwendung gewonnen hat, viel Lob erfahren. Sie hat aber mit der stark zunehmenden Zahl der Kraftfahrzeuge neuerdings auch manchen Tadel geerntet, ja, im Ausland ist es sogar zu Verboten gekommen, die die Benützung von elektrischen Hupen in geschlossenen Ortschaften untersagen. Es kann auch keinem Zweifel unterliegen, daß die elektrische Hupe, so gut sie bei vernünftigem Gebrauch ist, von mangelhaft erzogenen Menschen recht mißbraucht werden kann. Andererseits aber kann es keinesfalls richtig sein, die Menschheit gegen Mißbrauch von wertvollen technischen Neuerungen dadurch zu schützen, daß man den Fortschritt durch ein kurzes Verbot unterbindet. Die logische Folge wäre sonst, daß man das Kraftfahrzeug verbieten müßte, weil gelegentlich einzelne wilde Fahrer damit Unheil anrichten. Die Erziehung aller Beteiligten zum richtigen Gebrauch der Hupe bleibt also die vernünftige Richtlinie. Kurze Signale, wo gehupt werden muß, keine überflüssigen Signale als Sicherung für rücksichtsloses Fahren! – Mit der Befolgung dieser kurzen Regel dürfte die Beseitigung der vielbesprochenen Lärmplage eine wesentliche Förderung erfahren. Und für derartigen Gebrauch ist die elektrische Summerhupe, wie aus unseren früheren Ausführungen zu entnehmen ist, vor allen andern Signalvorrichtungen geeignet. Ist der Ton auch bei kurzem Anklingen noch belästigend, kann er durch die Tondrossel weiter gemildert werden. Daneben bleibt dann aber dem Fahrer die für die Sicherheit des Verkehrs nicht gering zu achtende Möglichkeit, auf freier Landstraße sich ein ungefährdetes Überholen von rasselnden Lastwagen zu sichern oder auch gelegentlich den sanft schlummernden Fuhrmann eines Ackergespanns, das die ganze Straßenbreite in Anspruch nimmt, zu wecken.

IV. Sichtzeichengeber (Richtungs- und Halt-Anzeiger)

1. Die Notwendigkeit von Sichtzeichen

Die rasche Entwicklung des Kraftfahrzeugs hat in allen Kulturländern eine beträchtliche Steigerung des Straßenverkehrs hervorgerufen, so daß man sich in manchen Großstädten in den Hauptverkehrsstraßen schon dem paradox anmutenden Zustand nähert, daß durch die angehäufte Verwendung des Kraftfahrzeugs nicht mehr die erstrebte Beschleunigung, sondern eher eine Verzögerung des Verkehrs eintritt. Die flüssige Weiterleitung der in den Straßen sich drängenden Kraftfahrzeuge ist darum eine ernste Sorge der Polizeibehörden geworden, und zwar erstreckt sich diese Sorge selbstverständlich in erster Linie auf die Verkehrsregelung an Straßenkreuzungen und wichtigen Straßeneinmündungen. Klar vorgezeichnet ist die Lösung der Aufgabe für die Straßen, in denen der Verkehr eine solche Dichte erreicht hat, daß eine schematische Regelung in der bekannten Weise gerechtfertigt ist, daß an den Straßenkreuzungen abwechselnd eine Fahrtrichtung freigegeben wird und die andere oder – bei Mehrfachkreuzungen – anderen gesperrt werden. Der Kraftfahrzeugführer hat dabei wie jeder andere Straßenbenutzer nichts weiter zu tun als zu warten, bis seine Richtung freigegeben wird, und dann schleunigst die Kreuzung im Zuge der übrigen in die gleiche Richtung strebenden Fahrzeuge zu überqueren. Bezüglich der Abgabe von Zeichen besteht nur für die Polizei die Aufgabe, eine einwandfreie Verbindung vom Verkehrsposten zum Fahrer herzustellen, d. h. eine Aufgabe, die technisch nicht besonders schwierig ist und vor allem leicht einheitlich gelöst werden kann. Auch der Fußgängerverkehr wird hier vollständig durch die Polizei geregelt, so daß eine Verständigung zwischen Kraftfahrer und Fußgänger ebenfalls entbehrlich ist. Das einzige vom Fahrzeuglenker etwa noch abzugebende Zeichen wäre das nach rückwärts zu richtende „Halt"- oder „Vorsicht"-Zeichen, durch das ein Aufprellen der nachfolgenden Fahrzeuge verhindert werden soll.

Die uns berührende Frage der Abgabe von Verkehrszeichen vom Fahrzeug aus tritt erst hervor, sobald wir mehr oder weniger dichten Einzelverkehr haben, der eine schematische Regelung nach dem oben skizzierten Verfahren nicht mehr rechtfertigt. Hier haben wir zwei Fälle zu unterscheiden:

a) Der Verkehr auf einer Kreuzung oder Einmündung ist noch so dicht, daß die Aufstellung eines Verkehrspostens erforderlich ist, der den herankommenden Fahrzeugen – Kraftfahrzeugen wie Fuhrwerken und dergleichen – einzeln die vom Fahrer durch Zeichen angegebene Fahrtrichtung freigibt. Hier wird also eine beiderseitige Verständigung zwischen Fahrer und Verkehrsposten notwendig. Eine Verständigung zwischen den verschiedenen Fahrzeugen sowie zwischen Fahrer und Fußgänger ist nicht unbedingt erforderlich, weil zunächst die Zeichen des Verkehrspostens für die Abwicklung des Verkehrs maßgebend sind. Immerhin ist es aber auch hier schon erwünscht, daß die vom Fahrer abgegebenen Zeichen außer dem Verkehrsposten auch den übrigen Straßenbenutzern deutlich sichtbar sind, damit sie sich schon auf die vom Verkehrsposten freizugebende Fahrtrichtung vorbereiten können.

b) Der Verkehr auf der Kreuzung ist nicht mehr dicht genug, um die Aufstellung eines Verkehrspostens zu rechtfertigen. Der Verkehr kann an solchen Punkten noch recht lebhaft sein, und man kann die manchmal aufgestellte Behauptung, bei vorsichtigem Fahren seien Fahrtrichtungszeichen entbehrlich, keineswegs widerspruchslos hinnehmen. Gerade der vorsichtige Fahrer wird darauf halten, rechtzeitig seine Absichten, die Fahrtrichtung zu ändern oder die Fahrgeschwindigkeit erheblich zu verringern, den anderen Straßenbenutzern mitzuteilen. Zwar ist es zum Beispiel richtig, daß in allen Ländern, in denen rechts gefahren wird, ein in richtiger Weise erfolgendes Abbiegen nach rechts keine Gefährdung anderer Fahrzeuge bedeuten kann. Aber für den Fußgänger, der an einer Straßenkreuzung oder -abzweigung zum Betreten der Fahrstraße gezwungen ist, bleibt auch in diesem Falle das Zeichen des Fahrers von großem Wert. Und darüber darf sich auch der begeistertste Kraftfahrer nicht hinwegtäuschen: An Kreuzungen und Abzweigungen muß dem Fußgänger das Recht bleiben, die Fahrstraße betreten zu dürfen.

So ist also überall, wo keine schematische Verkehrsregelung stattfindet, die Abgabe von Fahrtrichtungszeichen dringend erwünscht. Trotzdem hat diese Frage bisher in den Verkehrsgesetzen der verschiedenen Länder nur eine allgemeine Würdigung gefunden.

2. Gesetzliche Vorschriften

In Deutschland schreibt die Verordnung über den Kraftfahrzeugverkehr vom 15. 7. 1930 in § 26 vor:

„Der Führer hat anderen Personen die Absicht des Stillhaltens durch senkrechtes Hochhalten des Armes, die Absicht des Umwendens und des Verlassens der bisher verfolgten Fahrtrichtung durch waagerechtes Halten des Armes in der Richtung des Wechsels rechtzeitig zu erkennen zu geben; zum Abgeben der Zeichen kann auch eine mechanische Einrichtung benutzt werden."

Es ist also grundsätzlich die Abgabe von Zeichen vorgeschrieben, näher erläutert sind aber nur die Winkzeichen, die der Fahrer mit dem Arm abgibt. Zufolgedessen bleiben in der Praxis eine ganze Reihe von Fragen offen. Zum Beispiel kann beim geschlossenen Wagen der Fahrer wohl nach vorn – allerdings nur unvollkommen – Zeichen geben. Den nachfolgenden Straßenbenutzern kann er sich aber ohne Vorrichtungen kaum noch verständlich machen. Derartige Vorrichtungen sind nun zugelassen, über ihre Ausführung ist aber nichts gesagt. Man hat daher versucht, zugunsten der verschiedenen Bauarten allerhand aus der Verordnung herauszulesen, hat aber dabei häufig erheblich über das Ziel hinausgeschossen. Man kann wohl sagen, daß die Zeichen neben dem Führer erscheinen sollen, denn die Vorrichtung soll ja den Arm des Führers ersetzen. Keineswegs aber gibt die Verordnung unzweideutig an, daß Zeichen für Rechtsschwenkung nur rechts am Wagen und Zeichen für Linksschwenkung nur links erscheinen dürfen. Der Fahrer im mit Rechtslenkung ausgestatteten Wagen kann seinen Arm nur rechts, nicht links aus dem Wagen herausstrecken. Nach dem Wortlaut der Verordnung kann er auch die Zeichen für rechts und links mit demselben Arm geben, denn er kann sehr wohl den linken Arm vorm Körper nach rechts halten, wenn auch die Deutlichkeit des Zeichens dabei leidet. Man darf also wohl annehmen, daß der Gesetzgeber die Frage der Ausgestaltung der Fahrtrichtungsanzeiger absichtlich vorläufig offen gelassen hat, um der technischen Entwicklung nicht vorzugreifen. Eine gewisse Klärung der Meinungen ist im Laufe der letzten Jahre bereits durch die umfangreiche praktische Verwendung der verschiedenen Systeme erfolgt, und es scheint, als wenn sich die rechts und links neben der Windschutzscheibe angebrachten Winkerarme als am besten den Anforderungen entsprechend erweisen. Die Berliner Droschkenordnung schreibt seit einiger Zeit Winker ausdrücklich vor, und auch das preußische Innenministerium hat Anfang 1929 für die Kraftwagen der Polizei Winker ausdrücklich vorgeschrieben.

In den anderen europäischen Staaten ist die Lage auf dem hier in Frage stehenden Gebiete ähnlich wie in Deutschland. Eine eingehende gesetzliche Regelung der Abgabe von Fahrtrichtungszeichen ist noch nirgends erfolgt. In den meisten Staaten sind Zeichen grundsätzlich vorgeschrieben, die Art, wie sie abzugeben sind, wird aber offen gelassen. Zeichengeber werden unseres Wissens nirgends durch das Gesetz gefordert, höchstens werden sie durch Polizeivorschriften für gewisse Bezirke oder für bestimmte Fahrzeugklassen verlangt.

Überall aber werden Fahrtrichtungsanzeiger mindestens zugelassen. Nach der bisherigen Entwicklung kann man damit rechnen, daß derartige Anzeiger auch im Ausland immer größere Verbreitung finden werden, denn ein Bedürfnis dafür ist bei dem zunehmenden Kraftfahrzeugverkehr, wie wir weiter unten noch nachweisen werden, nicht zu leugnen. Mit der Zeit dürfte sich überall eine Form als die zweckmäßigste durchsetzen, und damit dürfte dann auch überall eine klare gesetzliche Regelung dieser für die Verkehrssicherung doch recht wichtigen Frage erfolgen.

Überraschend ist, daß in Amerika, das doch einen die europäischen Verhältnisse bei weitem übertreffenden Kraftfahrzeugverkehr hat, Fahrtrichtungsanzeiger fast unbekannt sind. Nur „Halt"-Zeiger werden in Form von meist mit der Nummernbeleuchtung verbundenen Lampen vielfach verwendet. Der Grund für das Fehlen von Fahrtrichtungsanzeigern ist nicht etwa, daß drüben keine Zeichen gegeben würden und wegen der guten Fahrdisziplin auch nicht nötig wären, wie manchmal behauptet wird. Es werden vielmehr überall, wo nicht eine schematische Verkehrsregelung stattfindet, von den Fahrern oder Mitfahrern in ausgiebigem Maße Armzeichen abgegeben, und man kann es infolgedessen um so weniger verstehen, daß Zeichengeber so wenig in Gebrauch sind.

3. Armzeichen oder Sichtzeichengeber?

Die bisherigen Ausführungen ergaben, daß in allen Ländern mit nennenswertem Kraftfahrzeugverkehr die Abgabe von Fahrtrichtungs- oder Haltzeichen durch den Fahrer eines Kraftfahrzeugs als nötig erachtet wird. Damit kommt man dann ohne weiteres zu der Frage: Armzeichen oder Zeichengeber? Unbedingt erforderlich ist die Zeichenabgabe an den Stellen, wo Einzelregelung durch Verkehrsbeamte erfolgt, denn auf dieser beiderseitigen Verständigung zwischen Fahrer und Posten beruht ja die ganze Regelung. Schon hier reichen aber einfache Winkzeichen mit dem menschlichen Arm nicht aus, weil sie häufig nicht zu erkennen sind. Um das einzusehen, braucht man nur abends den Verkehr an einer Kreuzung zu beobachten. Man wird dann vom Standort des Verkehrsbeamten aus bei geschlossenem Wagen vielfach den Fahrer kaum sehen, geschweige denn ein von ihm gegebenes Winkzeichen erkennen können. Faßt man aber noch die Abgabe von Zeichen vom fahrenden Fahrzeug aus für die übrigen Straßenbenutzer ins Auge, und die Notwendigkeit läßt sich nun einmal nicht leugnen, so wird die Unwirksamkeit des Armzeichens für viele Fälle überzeugend dargelegt.

Weiter wird in den meisten Fällen die Abgabe des Zeichens dem Fahrzeugführer zufallen. Dieser ist aber vor einer Kreuzung schon mit der Beobachtung des Verkehrs und der Bedienung seines Wagens reichlich in Anspruch genommen. Es wird häufig vorkommen, daß der Verkehrsposten einem herankommenden Fahrzeug erst ziemlich spät seine Aufmerksamkeit zuwenden kann. Der Fahrer hat inzwischen seine Fahrgeschwindigkeit schon so weit verringern müssen, daß er das Getriebe umschalten muß, um den Motor nicht gerade an einer kritischen Stelle zum Stillstand kommen zu lassen. Wie kann er dann noch durch Armzeichen deutlich seine beabsichtigte Richtungsänderung bekanntgeben? Die Entschuldigung, daß der Posten anderweitig in Anspruch genommen gewesen sei, als das Zeichen gegeben wurde, wird nach Gerichtsentscheidungen nicht als stichhaltig angesehen.

So würden sich zahlreiche Fälle aufzählen lassen, in denen Armzeichen vom Fahrzeug aus sich als unzureichend erweisen, d. h. also wo das Bedürfnis nach Verkehrszeichengebern klar zutage tritt. Man hat demgegenüber darauf hingewiesen, daß der Fahrer dann ja noch mehr Apparate zu bedienen hätte als bisher. Es kann aber wohl nicht bestritten werden, daß die Abgabe eines Verkehrszeichens vermittels eines Apparates, der durch eine kurze Hebelbewegung oder einen Druck auf einen Knopf rechtzeitig vor der Richtungsänderung eingestellt wird, den Fahrer sicher weniger beansprucht als ein Armzeichen.

4. Allgemeine Anforderungen an einen Sichtzeichengeber

Nach der Bejahung der Bedürfnisfrage sind weiter die allgemeinen Anforderungen festzustellen, denen ein Verkehrszeichengeber zu genügen hat. Der Fahrer muß durch ihn seine Absichten für jeden Straßenbenutzer verständlich und unzweideutig ausdrücken können. Irgendwelche besonders zu erläuternde Zeichen kommen also nicht in Frage. Die Seitenrichtungszeichen müssen auf genügende Entfernung nach vorn und rückwärts, das „Halt"-Zeichen nur nach rückwärts sichtbar sein. Alle Zeichen müssen bei Tag und Nacht gleich gut erkennbar sein; ihre Betätigung darf den Fahrer in keiner Weise von seinen im lebhaften Verkehr schon hochgesteigerten Pflichten ablenken. Die nötigen Handgriffe müssen also denkbar einfach sein. Gleichzeitig muß sich der Fahrer aber auch auf das richtige Erscheinen seiner Zeichen verlassen können, oder vielmehr er sollte eine sichere und einfache Kontrolle darüber haben. Schließlich darf der Kostenaufwand für eine Anzeigevorrichtung nur gering sein, denn sonst würde ihre Einführung eine unzulässige Erschwerung der Bestrebungen nach möglichster Verbilligung der Kraftfahrzeuge bedeuten. Trotzdem muß andererseits den Anforderungen des guten Geschmacks Rechnung getragen werden.

Die Beantwortung der wichtigen Frage: „Welche Sichtzeichen sind zu geben?" haben wir schon stillschweigend vorausgenommen, müssen ihr hier aber doch noch einige Beachtung schenken. Als wichtigster Grundsatz ist eine möglichst kleine Zahl von verschiedenen Zeichen zu fordern. Nur durch diese Beschränkung ist im Verein mit vernünftigem Fahren die größte Verkehrssicherheit zu erreichen. Erforderlich wären danach lediglich je ein Zeichen für die Absicht des Wechsels der Fahrtrichtung nach links und rechts, sowie ein Zeichen für die Absicht einer Verzögerung der Fahrgeschwindigkeit. Weitere Zeichen sind entbehrlich und können nur die Übersichtlichkeit vermindern. Insbesondere ist ein „Geradeaus"-Zeichen überflüssig. Zwar haben sich auch eifrige Verteidiger dieses Zeichens gefunden, die behaupten, daß eine Unsicherheit in den Verkehr hineinkäme, wenn das geradeaus fahrende Fahrzeug kein Zeichen gäbe. Man wisse dann nie, ob der Fahrer nicht nur vergessen habe, einen beabsichtigten Wechsel der Fahrtrichtung anzuzeigen. Durchweg empfehlen die Verteidiger des „Gerade-aus"-Zeichens dann aber Verkehrszeichengeber, die dauernd dieses Zeichen zeigen und nur bei Wechsel der Fahrtrichtung umgestellt werden. Da muß man dann doch die Gegenfrage stellen: Wenn nun der Fahrer bei einem Fahrtrichtungswechsel vergißt, das „Gerade-aus"-Zeichen umzuschalten? Ist dann die Gefahr nicht noch größer, als wenn er kein Zeichen gibt? Ebensowenig wie das Dauerzeichen ist aber auch ein nach Bedarf einzuschaltendes „Gerade-aus"-Zeichen zu empfehlen, denn es würde für den Fahrer eine erhebliche Belastung bedeuten, weil er es bei jeder

der zahlreichen Seitenstraßen, in die er nicht einbiegen will, einschalten müßte. Man wird also unbedingt an der vor allem auch allgemeinverständlichen Regel festhalten müssen: Kein Zeichen heißt, daß die Fahrtrichtung ungeändert bleibt!

Bei der Berücksichtigung der Forderung, daß der Zeichengeber eine Entlastung des Fahrers bringen soll, kommen wir zu der Frage, ob die Abgabe der Zeichen nicht selbsttätig in Abhängigkeit von der Bewegung des Fahrzeugs erfolgen kann. Bei den Seitenrichtungszeichen müssen wir dabei den Einschalt- und den Ausschaltvorgang unterscheiden. Das selbsttätige Einschalten könnte wohl nur in Abhängigkeit von der Lenkung erfolgen. Das würde aber heißen, daß das Zeichen erst in dem Augenblick erscheinen würde, wo die Schwenkung begonnen ist. Dann ist aber ein Zeichen unnötig geworden. Es gibt somit keine brauchbare Lösung für das selbsttätige Einschalten der Seitenrichtungszeichen. Für das selbsttätige Ausschalten sind drei Wege denkbar: Es kann in Abhängigkeit von der Lenkung, nach Ablauf einer gewissen Zeit oder nach Zurücklegung einer bestimmten Strecke erfolgen. Im ersten Fall erfolgt das Ausschalten, sobald das Lenkrad in die neue Richtung oder sobald nach der Schwenkung das Lenkrad wieder auf gerade Fahrt gedreht wird. Das ist eine an sich durchaus brauchbare Lösung, gegen die aber noch einzuwenden ist, daß kurz vor der Schwenkung durch irgendwelches Hindernis (ein vorausfahrender Wagen hält!) ein Drehen und Zurückführen der Lenkung nötig werden kann. Damit wird dann das eingeschaltete Zeichen ausgeschaltet, der Fahrer muß es im ungeeignetsten Augenblick wieder einschalten und erweckt zudem noch bei den übrigen Straßenbenutzern ein Gefühl der Unsicherheit. Ein in Abhängigkeit von der Zeit arbeitender Ausschalter zeigt diesen Nachteil nicht. Natürlich kann auch hier die Gefahr eines vorzeitigen Ausschaltens auftreten, wenn die Fahrt kurz vor der Schwenkung aus irgendeinem Grunde besonders verzögert wird. Die Laufzeit des Schalters kann nämlich nicht so lang gemacht werden, daß er auch in solchen Ausnahmefällen erst nach der Schwenkung ausschaltet, denn dann würde das Zeichen im Regelfalle zu lange stehenbleiben. Beim richtig gebauten Zeitschalter hat aber der Fahrer die für den Ausnahmefall erträgliche Möglichkeit, den Schalter vor seiner Rückkehr in die Ausschaltstellung nochmals in die Einschaltstellung zu bringen und damit seine Laufzeit zu verlängern, ohne daß der Zwischenfall am Zeichengeber zu erkennen ist. Bei merklicher Verzögerung der Fahrt dürfte er dazu stets Zeit finden. Will sich der Fahrer in bezug auf das Ausschalten des Fahrtrichtungsanzeigers nicht auf seine Aufmerksamkeit verlassen, so ist also die Benützung eines Zeitschalters den in Abhängigkeit von der Lenkung arbeitenden Vorrichtungen vorzuziehen.

Das Ausschalten nach Zurücklegen einer bestimmten Strecke ist schon deshalb nicht zu empfehlen, weil dazu nicht ganz einfache Vorrichtungen gehören, die irgendwie die Verbindung zu den Rädern des Fahrzeugs herstellen. Man könnte u. a. an eine Vereinigung mit dem Kilometerzähler denken. Derartige Einrichtungen sind bisher über Versuche nicht hinausgekommen.

Das Zeichen für die Absicht einer Verzögerung der Fahrgeschwindigkeit – mag es nun als „Halt", „Vorsicht", „Langsam" oder dergleichen gegeben werden – sollte dagegen stets selbsttätig geschaltet werden. Eine Verzögerung wird in vielen Fällen unvorhergesehen nötig. Der Fahrer bedient dann unbedingt zunächst die Bremsen und würde dann erst Zeit für das Zeichen haben, d. h. nachdem unter Umständen schon eine erhebliche Verringerung seiner Fahrgeschwindigkeit stattgefunden hat. Hier ist es daher richtig, wenn das Zeichen selbsttätig beim Bedienen des Bremshebels, also erst bei Beginn der Bewegungsänderung, eingeschaltet wird. Parallel zu der selbsttätigen Vorrichtung ließe sich dann immer noch eine von Hand zu bedienende Schalteinrichtung anbringen, damit sehr rücksichtsvolle Fahrer bei vorauszusehenden Verzögerungen das Zeichen frühzeitig vor Gebrauch der Bremsen einschalten können. Viel Zweck würde aber ein so weitgehender Ausbau voraussichtlich nicht haben, denn auch der rücksichtsvollste Fahrer würde sich bald so an das selbsttätige Erscheinen des Verzögerungszeichens gewöhnt haben, daß er den etwa vorhandenen Handschalter vergessen würde.

Wir wollen nicht unterlassen, hier auf die grundlegenden Untersuchungen hinzuweisen, die Dr. Fritz Giese im Psychotechnischen Laboratorium der Technischen Hochschule Stuttgart über Fahrtrichtungsanzeiger angestellt hat*). Seine Untersuchungen sind bisher die einzigen, die die wichtige Frage unbeeinflußt von wirtschaftlichen Interessen und frei von behördlicher Schwerfälligkeit, die das Neue möglichst in das Schema bestehender Vorschriften pressen will, zu beantworten suchen. Es würde zu weit führen, im einzelnen darauf einzugehen, und wir müssen daher wegen der vielen wertvollen Einzelheiten auf die Orginalveröffentlichung verweisen. Als Psychotechniker betont Giese vor allem die „Sinnfälligkeit" der Fahrtrichtungsanzeiger und

*) Giese, Psychotechn. Eichung von Fahrtrichtungsanzeigern. Verkehrstechnik, 15. 7. 1927, 28. Heft, S. 473.

kennzeichnet einen den Anforderungen entsprechenden Anzeiger folgendermaßen:

„Ein Fahrtrichtungsanzeiger arbeitet sinnfällig, wenn Fahrer, Nachfahrer und Publikum ohne Einschaltung intellektueller Zwischenakte ohne weiteres – mithin unterbewußt und instinktmäßig sicher – die Fahrtweisung des Wagens wahrnehmen und gegebenenfalls sinnentsprechend handeln können."

Diese Ausschaltung möglichst aller Denkprozesse beim Bedienen der Anzeiger sowohl wie beim Ablesen der Zeichen muß in der Tat Grundsatz für die Konstruktion sein.

5. Welche Anzeigemittel sind zu verwenden für *a*) die Seitenrichtungszeichen?

Für die Abgabe der Seitenrichtungszeichen stehen verschiedene Mittel zur Verfügung, die aber nicht sämtlich gut geeignet sind. Die Mittel sind:

a) Farbige Lichter, und zwar entweder je eine Farbe für jede Seitenrichtung oder gleichfarbige Lichter, je eines für „Rechts" und „Links" auf der entsprechenden Wagenseite,

b) Laternen mit transparenten Pfeilen,

c) ein drehbarer Pfeil,

d) je ein Winkarm für jede Seitenrichtung.

a) Im Anschluß an das Signalwesen im Schiffs- und Eisenbahnverkehr hat man die Verwendung von verschiedenfarbigen Lichtern für die Angabe der beabsichtigten Seitenrichtung vorgeschlagen, z. B. entsprechend der Steuerbord- und Backbordbezeichnung der Schiffahrt grün für Rechtsschwenkung und rot für Linksschwenkung. Dagegen besteht von vornherein das ausschlaggebende Bedenken, daß im Straßenverkehr Farbenblinde nicht wie in den verantwortlichen Stellen des Schiffs- und Eisenbahnbetriebes ausgeschlossen werden können. Man hat dann weiter daran gedacht, die Seitenrichtung durch einfarbige Lichter anzugeben, so daß beispielsweise vor einer Rechtsschwenkung auf der rechten Wagenseite und vor einer Linksschwenkung auf der linken Wagenseite ein rotes Licht aufleuchten würde. Bei einer derartigen Lösung würde die Möglichkeit vorliegen, durch geeignete Zusatzvorrichtungen die bereits am Fahrzeug vorhandenen Scheinwerfer zum Zeichengeben auszunutzen. Die manchmal gegen Lichtzeichen geäußerten Bedenken, daß sie bei starker Sonne nicht sichtbar seien, würden sich durch geeignete Konstruktion der Lampen wohl beseitigen lassen, denn bei Eisenbahnen haben sich derartige Tageslichtsignale schon bewährt. Bei Anbringung je eines Lichtes auf jeder Wagenseite würden derartige Zeichengeber auch einer gewissen Sinnfälligkeit nicht ermangeln, aber sie setzen bei dem das Zeichen Aufnehmenden doch noch einen ausgesprochenen Denkprozeß voraus, denn das Licht weist an sich noch nicht in die einzuschlagende Richtung. Jedenfalls hat sich diese Gruppe von Zeichengebern nur beschränkt in der Praxis bemerkbar gemacht.

Bild 499. Fahrtrichtungszeichen durch Laternen mit durchscheinenden Pfeilen

b) Den zuletzt berührten Mangel hat man dadurch beseitigt, daß man den Lichtaustrittsöffnungen der Signallaternen Pfeilform gegeben hat. Hierbei ergeben sich zwei grundsätzliche Bauarten: beide Seitenrichtungspfeile – meist noch mit einem trennenden senkrechten Mittelpfeil, der die gerade Fahrtrichtung angibt, – in einem Gehäuse (Bild 499a) oder für jeden Pfeil ein Gehäuse (Bild 499 b). Die bisher auf den Markt gekommenen Anzeiger dieser beiden Typen haben den Nachteil, daß die Pfeilform schon auf geringe Entfernungen nicht mehr erkannt wird. Typ b, der auf beiden Fahrzeugseiten angebracht wird, hat vor dem über der mittleren Längsachse des Fahrzeugs anzubringenden Typ a den Vorteil, daß bei Nichterkennen der Pfeilform immer noch ein der Schwenkung zugeordnetes farbiges Licht nach Fall a bleibt.

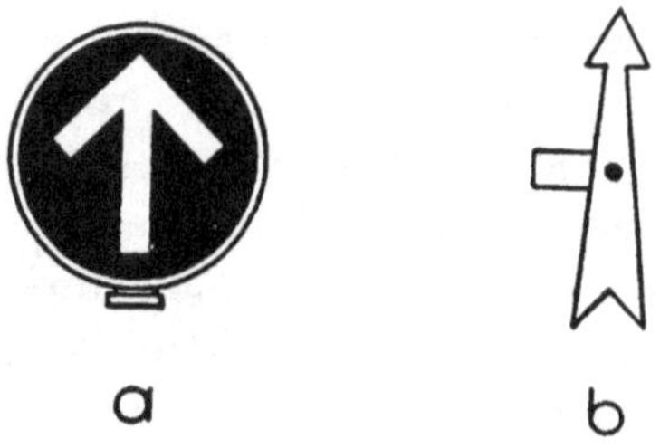

Bild 500. Fahrtrichtungszeichen durch drehbare Pfeile

c) Weite Verbreitung haben Fahrtrichtungsanzeiger mit drehbaren Pfeilen nach Bild 500 gefunden, bei denen ein Pfeil beide

Seitenrichtungen angibt. Vor allem sind Apparate der Art Bild 500a mit trommelförmigem Gehäuse, in dem entweder ein flacher Pfeil auf der Vorderseite oder je ein Pfeil auf Vorder- und Rückseite gedreht werden können, in großer Zahl im Betrieb. Wir bezeichnen diese Apparate im folgenden kurz als Gehäuseanzeiger. Daneben haben plastische Pfeile der Art Bild 500 b, die durch Bowdenzüge gedreht werden, beschränkten Eingang gefunden. Man hat bei diesen Apparaten die Anzeige „Gerade aus" vorgesehen. Dazu wird der Pfeil senkrecht gestellt, sei es nun mit der Pfeilspitze nach oben oder nach unten. Zum Verstehen des „Gerade-aus"-Zeichens bedarf es wieder besonderer Verabredung; es entspricht daher nicht den Voraussetzungen. In der Dunkelheit werden die Vorrichtungen von innen beleuchtet.

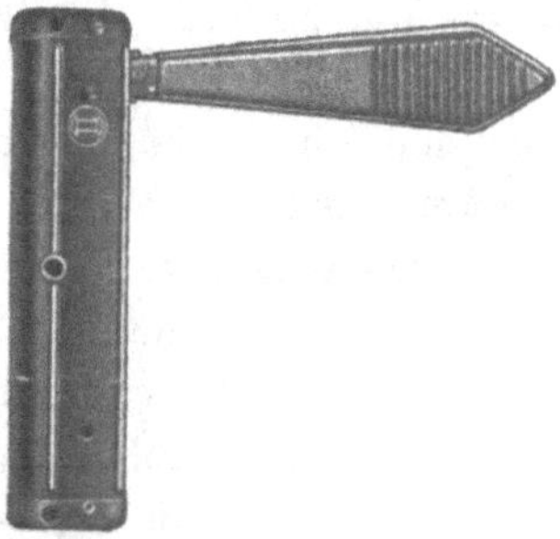

7983

Bild 501. Winker

d) Der vierte grundsätzliche Typ von Fahrtrichtungsanzeigern, der „Winker" nach Bild 501, nähert sich am meisten dem menschlichen Arm an und hat wohl die größte Verbreitung gefunden. Diese Bauart setzt paarweisen Einbau (rechts und links) voraus. Man rühmt ihr vor allem nach, daß sie in der Ruhelage nicht sichtbar ist und in der Arbeitsstellung besonders auffällt, weil sie den Umriß des Fahrzeuges verändert. Zur Erhöhung der Auffälligkeit des Winkers hat man versucht, ihn in der Arbeitsstellung langsam auf und nieder zu schwenken. Nach den Untersuchungen von Giese bleibt jedoch der stillstehende Winker das wirksamste Zeichen; allerdings ist es möglich, daß Gieses Prüfungen durch eine ungeeignete Form des Schwenkarmes beeinträchtigt sind. Jedenfalls verlangt das Schwenken aber besondere Vorrichtungen, die bei diesem Zubehör ganz unerwünscht sind. Wie die drehbaren Pfeile, so werden auch die Winker in der Dunkelheit von innen beleuchtet.

β) das Halt-, Vorsicht- oder Langsam-Zeichen?

Bei diesem – im folgenden kurz „Halt-Zeichen" genannten – Zeichen ist die Forderung, daß der Sinn des Zeichens ohne weiteres durch seine Form und Art gegeben sein muß, weniger dringlich als bei den Seitenrichtungszeichen. Das Halt-Zeichen ist nämlich ausschließlich für den nachfolgenden Fahrer bestimmt, und von diesem muß man erwarten, daß er die im Verkehr gebräuchlichen Zeichen kennt. Ohne Verabredung verständlich ist in unserem Falle wohl nur das entsprechende Wort, das beispielsweise als durchleuchtete Inschrift am Fahrzeugende erscheint. Hierbei taucht die Frage auf, welches Wort man wählen soll. „Halt", oder wie meist gesagt wird: „Stop", ist, wenn das Zeichen, wie üblich, durch die Bremse eingeschaltet wird, häufig unangebracht, denn die Bremse wird sehr oft nur zu einer leichten Verzögerung der Fahrzeuggeschwindigkeit benützt, ja, in einem Gefälle kann das Halt-Zeichen erscheinen, ohne daß sich überhaupt die Fahrgeschwindigkeit vermindert. „Vorsicht" wäre danach als Warnungszeichen besser am Platze, doch hat das „Halt" den Vorzug der Kürze.

Wir möchten in diesem Zusammenhang nicht verfehlen darauf hinzuweisen, daß mit dem Wort „Stop" ganz unnötig ein Fremdwort in das deutsche Kraftfahrzeugwesen eingeführt ist. In Deutschland beheimatete Fahrzeuge werden nur selten ins englisch sprechende, häufig jedoch ins deutsch und französisch sprechende Ausland kommen. „Halt" heißt aber im Französischen „Halte" oder „Arrêt". Man wird also im französisch sprechenden Ausland unser deutsches Wort „Halt" mindestens so gut verstehen wie das englische „Stop". Auch dem an sein „Alto" gewöhnten Italiener wird unser „Halt" nicht fremder erscheinen als das „Stop".

Gelegentlich hat man versucht, als sinnfälliges Halt-Zeichen eine warnend erhobene Hand in einem Transparent einzuführen. Das Zeichen ist aber nicht einfach genug und seine Bedeutung durchaus nicht selbstverständlich. Es hat auch nur beschränkte Verwendung gefunden.

Für den erfahrenen Fahrer wird man im allgemeinen auf eine bestimmte Form des Halt-Zeichens überhaupt verzichten können. Er wird durch das Aufleuchten eines farbigen – in der Regel roten, in Deutschland gelbroten – Lichtes genügend gewarnt. Man wird wohl mit Recht behaupten können, daß auch die Wirkung der Schriftbilder in erster Linie auf ihrer Lichtwirkung beruht. Bei der meist geringen Größe der Inschriften sind sie nämlich schon auf verhältnismäßig geringe Entfernungen nicht mehr lesbar.

Bei der Wahl eines bestimmten Zeichens würde man nach den bisherigen Ausführungen zu berücksichtigen haben, daß es international verständlich und auf genügende Entfernung erkennbar wäre. Die Firma Bosch hat als solches Zeichen für ihre „Halt"-Laternen seit einiger Zeit ein Dreieck gewählt, das als allgemein bekanntes Zeichen für die mit Vierradbremse ausgerüsteten Wagen in der Zeit der Einführung dieser Bremse viel benützt wurde. Man darf in der Tat annehmen, daß dieses Zeichen bei richtiger Ausführung gut erkennbar und durch die Gewohnheit in dem in Betracht kommenden Personenkreis allgemeinverständlich ist.

6. Mechanischer oder elektrischer Betrieb?

Bei den soeben unter Punkt a und b erörterten feststehenden Seitenrichtungszeichen sowie beim Halt-Zeichen kommt selbstverständlich nur elektrische Beleuchtung in Frage, ebenso wie die Beleuchtung der beweglichen Seitenrichtungszeiger nur aus der elektrischen Anlage des Fahrzeugs gespeist wird. Es bleibt also nur noch zu prüfen, ob die Bewegung der Pfeile oder Winker auch elektrisch vermittelt werden soll. Außer auf diesem Wege kann die Bewegung durch Gestänge, Drahtzüge und Luftüber- oder -unterdruck erfolgen. Der Luftunterdruck kann zum Beispiel in einfachster Weise durch Anschluß an das Ansaugrohr des Verbrennungsmotors des Fahrzeugs gewonnen werden. Ein Gestänge würde teuer sein und zudem den Einbau bei der großen Zahl von verschiedenen Fahrzeugbauarten außerordentlich erschweren. Es kommt daher für einen billig zu haltenden Zubehörteil wie den Fahrtrichtungsanzeiger nicht in Betracht. Drahtzüge sind im Betrieb nicht sehr zuverlässig und stehen in dieser Beziehung der elektrischen Leitung unbedingt nach. Druckluft steht nur an wenigen, teueren Fahrzeugen zur Verfügung. Sie hat ebenso wie der Unterdruck gegenüber der Elektrizität den Nachteil, daß die Rohrführung weit mehr Umstände macht als die Führung der elektrischen Leitungen und das Ein- und Ausschalten der Apparate sich nicht so bequem ermöglichen läßt. Die elektrische Anlage des Fahrzeugs stellt dagegen in ihrer heutigen Durchbildung eine sehr zuverlässige Kraftquelle dar. Die Verlegung der Leitungen ist äußerst einfach, so daß von diesem Gesichtspunkt aus der Fahrtrichtungsanzeiger sowohl als auch der zugehörige Schalter bei elektrischem Betrieb an beliebiger Stelle angebracht werden kann. Der Antriebsmechanismus in den Anzeigern beschränkt sich auf Elektromagnete und einfache Übertragungen, wird also sicher nicht wesentlich umständlicher als bei mechanischem Antrieb. Zieht man dazu in Betracht, daß für die Beleuchtung des Apparates auf jeden Fall elektrischer Strom gebraucht wird, so wird man sicher zum elektrischen Antrieb kommen. Tatsächlich dürfte auch die weit überwiegende Mehrzahl der auf dem Markt befindlichen Fahrtrichtungsanzeiger elektrisch betrieben werden.

7. Aufbau einiger bekannter Modelle

Seit etwa 5 Jahren erfreut sich der Sichtzeichengeber des besonders lebhaften Interesses einer großen Zahl von Laien und Technikern, die durch eine epochemachende Neuerung zu größerem Reichtum zu gelangen hoffen. Vieles von diesen Arbeiten hat sich in üblicher Weise in Patentschriften und Gebrauchsmusteranmeldungen niedergeschlagen, so daß die Patentliteratur über diesen Gegenstand einen Umfang angenommen hat, der eines wichtigeren Arbeitsgebietes würdig wäre. Zum Glück ist nur weniges davon auf den Markt gekommen und noch weniger hat sich bewährt und gehalten. Die Klärung ist jetzt soweit fortgeschritten, daß man für Seitenrichtungsanzeiger dem Winker die Zukunft zuschreiben darf. Ihm werden wir also auch hier die größere Aufmerksamkeit widmen müssen. Neben ihm hat der sogenannte Gehäuseanzeiger nach Bild 500a eine nicht unbedeutende Rolle gespielt, ja, in Süddeutschland war er anfangs sogar überwiegend gebräuchlich. Immerhin können wir ihn aber hier schon mehr vom historischen Standpunkt aus behandeln. Seitenrichtungsanzeiger, bei denen die Elektrizität nur zur Beleuchtung ausgenützt wird, werden wir, weil sie nur eine unbedeutende Rolle spielen und gespielt haben, nicht besprechen. Nur die „Halt"-Laternen werden zum Schluß noch kurz darzustellen sein.

Der erste G e h ä u s e r i c h t u n g s a n z e i g e r wurde durch die Spezialmaschinenfabrik Eugen Grill in Zuffenhausen bei Stuttgart nach dem D. R. G. M. 911 411 von Eugen Zipperle auf den Markt gebracht. Bild 502 zeigt den an einem Wagen eingebauten Apparat, und zwar in zweifacher Ausführung. Vorwiegend gelangt nur der seitlich vom Führersitz angebrachte nach vorn und hinten zeigende trommelförmige Anzeiger zur Verwendung; in den ersten Jahren wurde überhaupt nur dieser geliefert. Später hat Grill – wie auch andere Firmen – für große

Wagen, bei denen der vorn angebrachte Anzeiger von nachfolgenden Straßenbenutzern schlecht gesehen werden konnte, noch den mit Halt- und Nummerlaterne vereinigten Anzeiger für die Rückseite des Wagens herausgebracht. Die innere Einrichtung der ersten Bauart nach dem

Bild 502. Gehäuserichtungsanzeiger der Spezialmaschinenfabrik Eugen Grill

genannten D.R.G.M. zeigt Bild 503, das ohne weitere Erläuterung verständlich sein dürfte. Die Lampen, durch die der Zeiger abends von innen heraus beleuchtet wird, sind bei Dunkelheit dauernd eingeschaltet. Der aus Blech gestanzte Zeiger ist schwarz und hebt sich von dem weißen Milchglashintergrund gut ab.

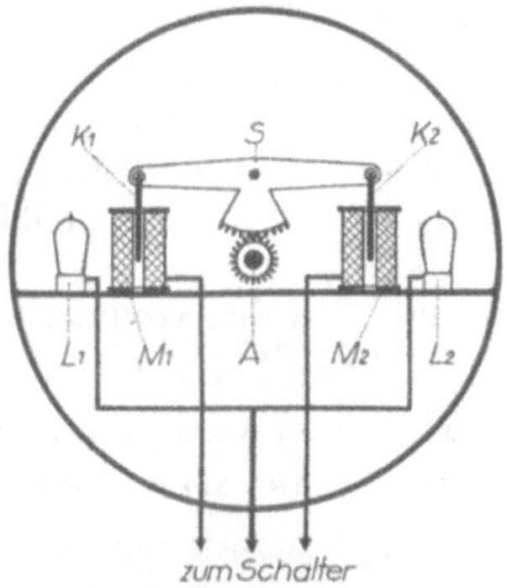

Bild 503. Erste Bauart des Anzeigers nach Bild 502

Eine interessante Weiterentwicklung des unter dem Namen „Index" bekannt gewordenen Grill'schen Richtungszeigers schildert die gleichfalls auf den Namen von Zipperle lautende deutsche Patentschrift 444171.

Wir haben als Grundlage des Bewegungsmechanismus nach Bild 504 eine aus drei getrennten Wicklungen A, B, C bestehende Magnetspule, die in einer unmagnetischen Metallhülse D untergebracht ist. Im Innern der Spule ist die Zeigerachse E drehbar und längs verschiebbar gelagert. Die Achse trägt auf ihrem mittleren Teil ein Steilgewinde F, auf dem eine

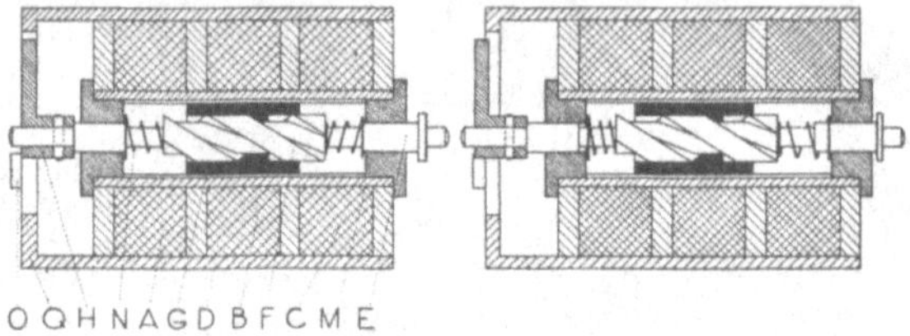

Bild 504. Triebwerk des Gehäuserichtungsanzeigers nach DRP. 444 171

aus Eisen hergestellte Mutter G sitzt. Diese kann in der Innenhülse M der Spule in der Längsrichtung verschoben, aber nicht gedreht werden. Auf den Enden der Achse sind die Pfeile befestigt. Außerdem ist auf der einen Seite eine radiale Sperrklinke H angebracht, die in der Ruhelage nach Bild 505 in einer Aussparung J des Endflansches Q des Magnetspulengehäuses (s. a. Bild 504) festliegt. Sobald nun nach Bild 506

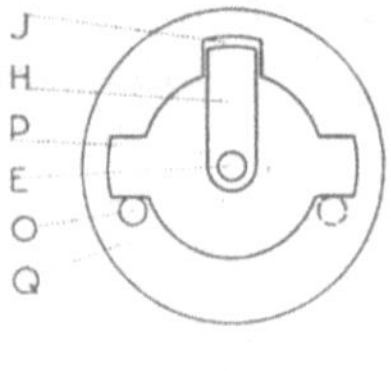

Bild 505. Einrastvorrichtung für das Triebwerk nach Bild 504

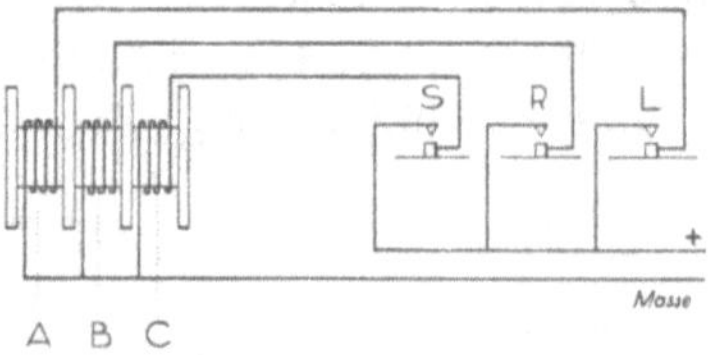

Bild 506. Schaltung des Anzeigers nach Bild 504

etwa die Spule A durch Schließen des Kontaktes L erregt wird, übt sie einen Zug auf die Mutter G aus. Die Achse E ist durch die Klinke H an einer Drehung gehindert und wird daher gegen den Druck der Feder N, zunächst mit der Mutter nach links verschoben. Dadurch gleitet H aus der Aussparung J heraus und die Achse dreht sich jetzt in der weiter nach links gezogenen Mutter G, bis die Bewegung nach einer Drehung um 90° durch Anschlag der Klinke H an den Anschlag O begrenzt wird. Der Zeiger ist damit aus senkrechter Ruhelage in eine waagerechte Stellung geschwenkt worden. Wird jetzt der Stromfluß unterbrochen, so schiebt die noch gespannte Feder N die Achse etwas nach rechts, so daß H in eine entsprechende Aussparung P des Endflansches Q eintritt. Dadurch ist der Zeiger in der erreichten Stellung festgelegt. Soll er in die Ruhelage zurückgeführt werden, so wird die mittlere Spule B erregt. In der oben geschilderten Weise wird dann zunächst mit der Mutter die Achse nach rechts bewegt, bis H frei wird. Dann wird der gesamte Bewegungsmechanismus in die Ruhelage geführt, in der nach Unterbrechen des Stromes H wieder eingreift, so daß der Pfeil festgelegt ist und nicht unter dem Einfluß der Fahrerschütterungen schwanken kann. Durch Erregen der Spule C vollzieht sich derselbe Vorgang nach der andern Seite.

Bei der späteren praktischen Ausführung ist die mittlere Spule fortgelassen worden. Der Pfeil wird dann in ausgeschwenkter Stellung nicht mehr durch Einrasten, sondern nur noch durch den Zug der Spulen festgehalten, so daß also diese unter Strom bleiben müssen, solange der Pfeil in der Anzeigestellung bleiben soll. Nach Ausschalten des Stromes kehrt er unter dem Einfluß der Schwerkraft in die Ausgangsstellung zurück. In dieser wird er festgehalten, so daß er nicht pendeln kann.

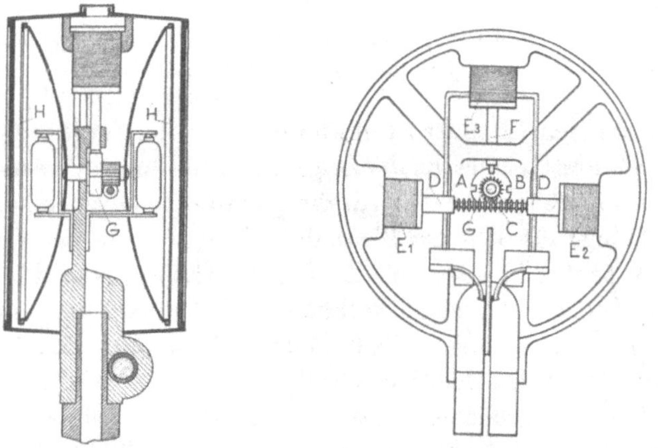

Bild 507. „Contax"-Gehäuserichtungsanzeiger älterer Bauart (Zeiss-Ikon-A.-G.)

Als weiteren bekannten Gehäuseanzeiger haben wir den von der Zeiss-Ikon-A.-G. gelieferten „Contax" zu erwähnen. Der Pfeil ist bei diesem gelbrot auf schwarzem Grunde. Abends wird der Pfeil von innen durchleuchtet. Den Aufbau zeigt Bild 507 nach D.R.G.M. 978297 von Dr. A. Nagel. Die Pfeile sind aus Scheiben H ausgestanzt, die auf der Achse A sitzen. Diese Achse trägt ein Zahnrad B, in das eine

Zahnstange C eingreift, die in den beiden Spulenkernen D endet. Diese werden je nach der erwünschten Drehrichtung von der Spule E_1 oder der Spule E_2 eingezogen. In der Ruhelage werden die Pfeile durch den Bolzen F festgehalten, der in die auf der Achse sitzende Scheibe G eingreift. F kann durch eine Magnetspule E_3 angehoben werden, die jeweils gleichzeitig mit E_1 oder E_2 erregt wird. Die Rückkehr aus der Anzeigestellung in die Ruhelage wird durch die Schwerkraft bewirkt.

Die neueren „Contax"-Gehäuserichtungsanzeiger sind nach Bild 508 aufgebaut. Wir haben links und rechts die Spulen A_1 und A_2, in die bei Erregung die Kerne B_1 oder B_2 eingezogen werden. Dadurch

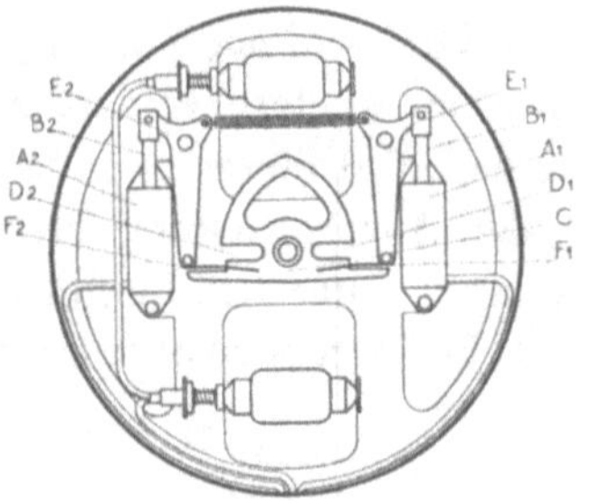

Bild 508. Aufbau der neueren „Contax"-Gehäuserichtungsanzeiger

werden die Hebel E_1 oder E_2 geschwenkt, die mit Zapfen in die Ausschnitte D_1 und D_2 eines auf der Zeigerachse angebrachten zweiarmigen Hebels C eingreifen und dadurch die Pfeilscheiben drehen können. In der Ruhelage drücken die Blattfedern F_1 und F_2 an den Enden des Hebels C senkrecht gegen die Zapfen der Hebel E_1 und E_2. Dadurch wird ein Pendeln der Pfeile verhindert. Die Rückführung der Pfeile aus der Anzeigestellung in die Ruhelage erfolgt durch die Schwerkraft.

Ohne praktische Bedeutung ist die Bauart nach D.R.G.M. 981996 (Eugen Elsässer) geblieben. Da sie aber für den Konstrukteur immerhin interessant ist, soll sie kurz gestreift werden. Wie Bild 509 zeigt, wird die Drehung des Pfeiles dadurch bewirkt, daß ein mit der Pfeilachse verbundener halbkreisförmiger Anker nach der einen oder der andern Seite in eine Spule gezogen wird. In der Ruhelage wird der Pfeil durch einen Bolzen B am Pendeln verhindert, der in eine Rast der Pfeilachse eingreift und bei Erregung der Spulen A_1 oder A_2 durch die Spule A_3 zurückgezogen wird.

Eine beschränkte Verbreitung haben schließlich noch die Gehäuserichtungsanzeiger „Iris" der Spezial-Werkzeugfabrik Feuerbach gefunden. Sie unterscheiden sich von den bisher beschriebenen dadurch, daß sie in der Ruhestellung nicht einen Pfeil, sondern einen Rhombus zeigen (Bild 510). Aus diesem wird der Pfeil gebildet, dadurch

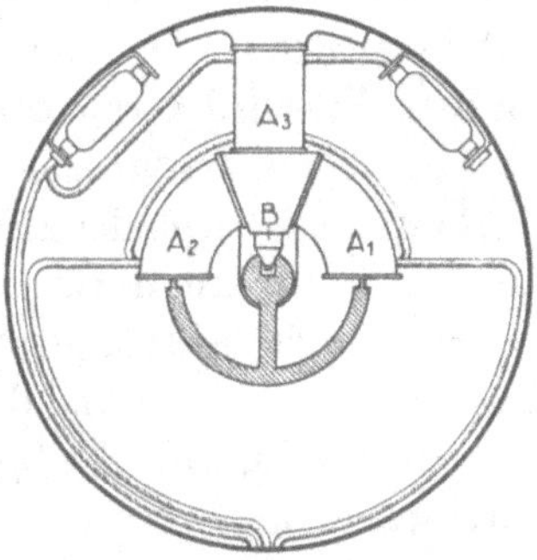

Bild 509. Triebwerk des Gehäuserichtungsanzeigers nach D.R.G.M. 981996

daß auf der einen oder auf der andern Seite zwei Dreiecke so vor den Rhombus gedreht werden, daß zwischen ihnen der Schaft des Pfeiles frei bleibt. Das Verdrehen der Dreiecke erfolgt durch eine einfache Elektromagnetanordnung.

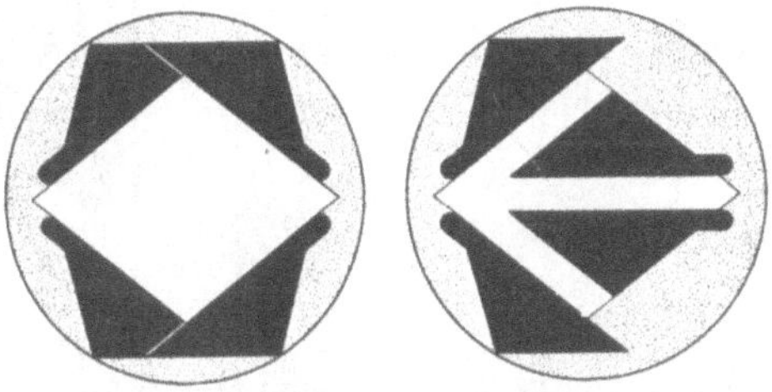

Bild 510. Bildung des Pfeils im Gehäuserichtungsanzeiger der Spezialwerkzeugfabrik Feuerbach

Beim Winker ist die historische Entwicklung viel schwerer zu verfolgen, da der Markt mit Erzeugnissen dieser Art in den letzten Jahren geradezu überschwemmt wurde. Wir wollen hier lediglich nach technischen Gesichtspunkten schildern. Die Aufgabe beim Winker ist, den langen Arm eines zweiarmigen Hebels mit sehr verschieden langen Armen durch elektromagnetischen Zug am kurzen Arm aus der senkrechten in die waagrechte Lage zu heben. In der senkrechten Ruhelage ist der Arm durch eine Haltevorrichtung zu sichern, damit er in Kurven oder bei Schwankungen des Fahrzeugs nicht aus dem Gehäuse herauspendelt.

Eine einfache Lösung der Aufgabe zeigt der Winker der Spezialwerkzeugfabrik Feuerbach (Bild 511). Wir haben bei A den Winkarm, der durch Zug am Hebel B um den Punkt C geschwenkt werden kann. An B ist der Kern D der Spule E angelenkt. Sobald diese erregt wird, zieht sie den Kern in sich hinein und hebt dadurch den Arm. Durch das Doppelgelenk zwischen B und D wird vermieden, daß der Kern D in der Spule klemmt. Nach Ausschalten des Stromes kehrt der Arm durch die Wirkung der Schwerkraft in die Ruhelage zurück. Die Sicherung der Ruhelage wird in einfachster Weise durch den Haken F bewirkt, der nach Rückkehr des Armes in die Ausgangsstellung unter der Wirkung der Feder H hinter den Stift J hakt und damit den Arm A festlegt. Sobald die Spule E erregt wird, wird der Sperrhaken angezogen und somit der Winker freigegeben.

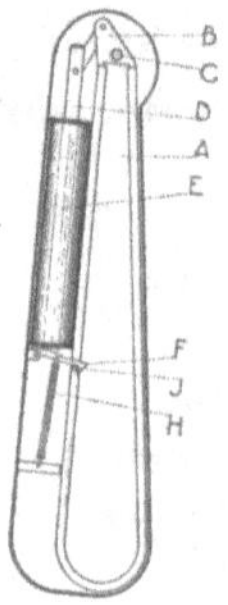

Bild 511. Älterer Winker der Spezialwerkzeugfabrik Feuerbach

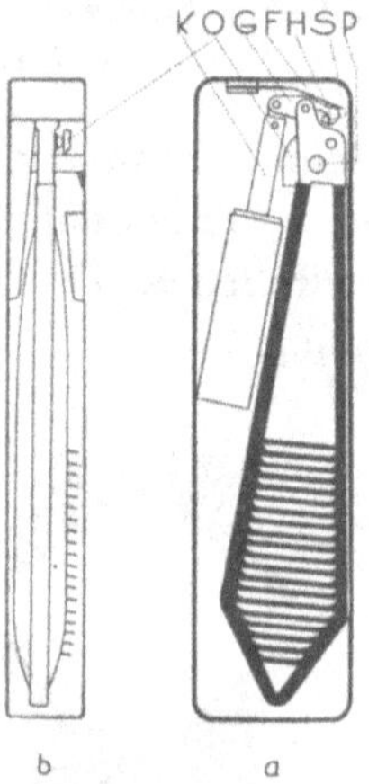

Bild 512. Winker der Robert-Bosch-A.-G.

Durch einen Sperrhaken gegen Pendeln gesichert wird auch der Winker der Firma Bosch. Wie Bild 512a zeigt, faßt in der Ruhestellung ein als Verlängerung des Gelenkzwischenstückes G ausgebildeter Haken H unter dem Druck der Feder F hinter den Stift S und hält dadurch den Winker in seiner Grundstellung. Wird die Magnetspule erregt, so hebt infolge der gegenseitigen Lage der verschiedenen Teile der angezogene Kern K zunächst den Haken aus und wirkt erst dann ziehend auf den um P drehbaren Winkarm. Bemerkenswert ist an diesem Winker noch, daß im Gegensatz zu den meisten anderen derartigen Apparaten die Stromzuführung zur Lampe im Winkarm am Gelenk nicht über ein bei jeder Schwenkung der Arme bewegtes und darum stark beanspruchtes Kabel, sondern nach Bild 512b über einen Schleifkontakt C erfolgt.

Interesse verdient die Sperrvorrichtung für die Ruhelage bei einer neueren Winkerbauart der Spezialwerkzeugfabrik Feuerbach nach Bild 513. Das Zwischenstück J des Gelenks zwischen Magnetkern und Winkerarm läuft hier in eine Kurvenbahn aus, auf der ein federbelasteter Bolzen K gleitet. Dieser Bolzen dreht, sobald der Winker in seine Ruhelage gefallen ist, das Gelenkstück J um den Punkt L, bis es waagrecht steht. Damit ist dann, wie ohne weiteres aus dem Bild zu ersehen ist, ein Pendeln des Winkerarmes nicht mehr möglich.

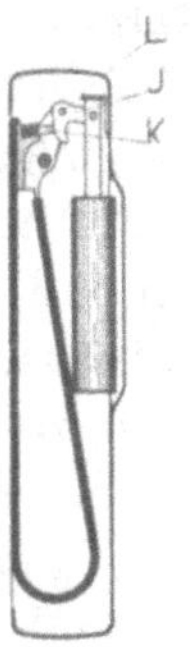

Bild 513. Neuerer Winker der Spezialwerkzeugfabrik Feuerbach

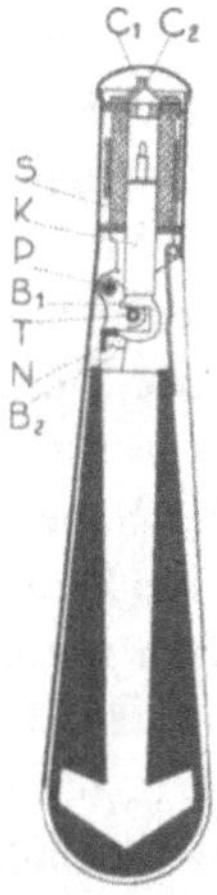

Bild 514. „Contax"-Winker, ältere Bauart (Zeiss-Ikon A.-G.)

Nach einem ähnlichen Grundsatz ist die Feststellvorrichtung des älteren „Contax"-Winkers der Zeiss-Ikon A.-G. aufgebaut (Bild 514). Der Winkarm ist hier als einarmiger Hebel mit dem Drehpunkt P ausgebildet. Der Magnetkern K gleitet in der senkrecht angebrachten Spule S und umfaßt mit einem weiten Maul den am Winkarm sitzenden Stift T. Durch seine Schwere fällt der Kern in der Ruhelage soweit nach unten, daß die obere Backe B_1 des Maules auf T ruht. Die untere Backe B_2 steht dann der am Winkarm befestigten Nase N gegenüber und hindert eine Pendelbewegung des Armes. Wird die Spule erregt, so wird zunächst der Kern K gehoben, bis die Backe B_2 unter den Stift T faßt. Erst dann beginnt die Schwenkbewegung des Armes, d. h. nachdem die Nase N freigeworden ist. Elektrisch interessiert an diesem

Winker, daß der Magnetspulenstrom nach völligem Ausschwenken des Armes durch Vorschalten eines Widerstandes vor die Spule vermindert wird. Dieser mit auf die Spule gewickelte Widerstand ist zunächst durch die Kontaktfedern C_1 und C_2 überbrückt. Sobald aber der Spulenkern ganz in die Spule eingezogen ist, drückt er mit einem auf sein oberes Ende gesetzten Stift aus Isolierstoff die Kontaktfedern auseinander. Der Strom muß dann, bevor er in den als Rückleitung dienenden Spulenkörper eintreten kann, durch den Widerstand fließen.

An einem neueren Modell hat die Zeiss-Ikon A.-G. eine gewisse Gefahr, die bei den Winkern mit starrer Feststellvorrichtung besteht, beseitigt. Wenn nämlich der Winker durch eine s t a r r e Vorrichtung in seiner Ruhelage gehalten wird, so liegt die Gefahr vor, daß der Mechanismus beschädigt wird, falls jemand versucht, den Winkarm ohne Erregung des elektromagnetischen Antriebs aus dem Gehäuse zu ziehen. Bei der Bauart nach Bild 515 stützt sich der Winkarm K in der Ruhelage mit einem federndem Sperrwinkel G gegen eine Verlängerung des Magnetkernes C ab. Der Magnetkern C ist mit einigen Millimetern Spiel an den Winkerarmhebel H angelenkt. In der Ruhe wird der Kern C durch eine Feder F um dieses Spiel E gehoben und vor den Sperrwinkel G gestellt. Bei Erregung der Spule B gleitet der Kern C zunächst um das Spiel E nach unten, ohne den Winkarm K zu bewegen. Erst wenn der Sperrwinkel G freigeworden ist, beginnt der Zug des Kernes C am Hebel H. Wie ohne weiteres ersichtlich ist, gleitet der Sperrwinkel G bei gewaltsamem Herausziehen des Winkerarmes K aus seinem Gehäuse, bei dem natürlich der Magnetkern C nicht erst nach unten gezogen wird, nach oben vom Magnetkern ab. Zu beachten ist bei dieser Bauart noch, daß der Magnetkern nicht über ein Zwischenstück, sondern unmittelbar an den Winkarmhebel H angelenkt ist. Ein Klemmen des Kernes C in der Spule B wird hier durch bewegliche Aufhängung der Spule im Gelenk A vermieden.

Zum Schluß bringen wir im „Index"-Winker der Firma Grill noch ein Beispiel für eine von den andern sich stark unterscheidende Bauart. In der Regel sind die Antriebsteile für den Winkarm in dem offenen Gehäuse untergebracht, in dem der Winker in der Ruhelage hängt. Hier sind sie natürlich der Verschmutzung ausgesetzt. Allerdings wird diese kaum so stark werden können, daß dadurch bei dem einfachen Aufbau der Antriebsteile ein Versagen des Winkers eintreten könnte. Beim Index-Winker ist nach Bild 516 der Antrieb des Winkarmes unter einer besonderen Blechkappe auf die Außenwand des Winkarm-Gehäuses gesetzt. Wir sehen in dem Bilde bei S die Magnetspule, in der der Kern E gleitet. Die Welle W des Winkarmes ist durch die Seitenwand des Gehäuses nach außen verlängert und trägt auf der Verlängerung eine Antriebsscheibe A. An dieser Scheibe greift vermittels der Kette K der Magnetkern über ein kreisbogenförmiges Zwischenstück Z, das in der Ruhelage durch eine Feder F von der Scheibe A abgespreizt wird, an. Ein Pendeln des Winkers aus der Ruhelage wird dadurch vermieden, daß der durch die Feder F über die durch den Rückgang des Winkarmes gegebene Lage hinaus gehobene Magnetkern E den Hebel H mitnimmt und dadurch den Nocken N in die auf der Wink-

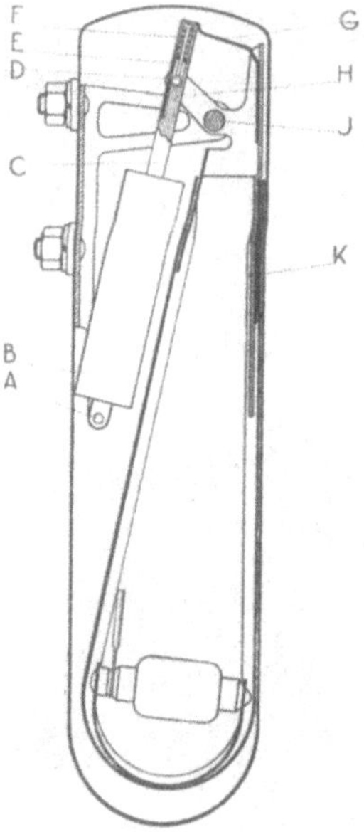

Bild 515. „Contax“-Winker
neue Bauart
(Zeiss-Ikon A.-G.)

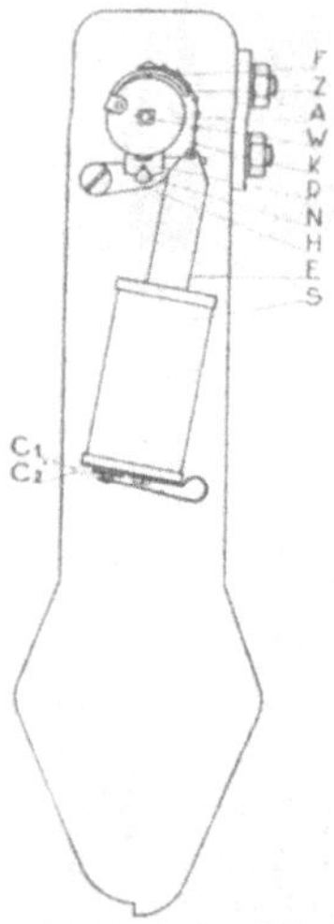

Bild 516. „Index“-Winker
(Spezialmaschinenfabrik
Eugen Grill)

armwelle befestigte Rast R schiebt. Wird die Magnetspule erregt, so gleitet zunächst der Kern um das durch den Abstand zwischen A und Z gegebene Stück abwärts, ohne auf den Winkarm zu wirken. Dabei fällt der Nocken N durch die Schwere des Hebels H aus der Rast, so daß, sobald Z an A liegt, der Winkarm bei dem weiteren Einzug des Kernes ausgeschwenkt werden kann. Auch bei diesem Winker wird durch Öffnen eines Kontakt-Paares C_1 C_2 nach völligem Ausschwenken des Armes der durch die Spule gehende Strom vermindert.

Der Winkarm wird bei allen Winkern aus einem Metallrahmen gebildet, zwischen dem Seitenflächen aus rotgelbem Zelluloid eingespannt sind. Die Form des Winkarmes dürfte in ihren Einzelheiten für die Wirkung wenig Bedeutung haben, muß aber selbstverständlich dem Geschmack Rechnung tragen. Als beste Form wird man eine stilisierte Pfeilform ansprechen dürfen. Wir geben in Bild 517 eine Reihe von verschiedenen Formen wieder. Besondere Überlegung erfordert

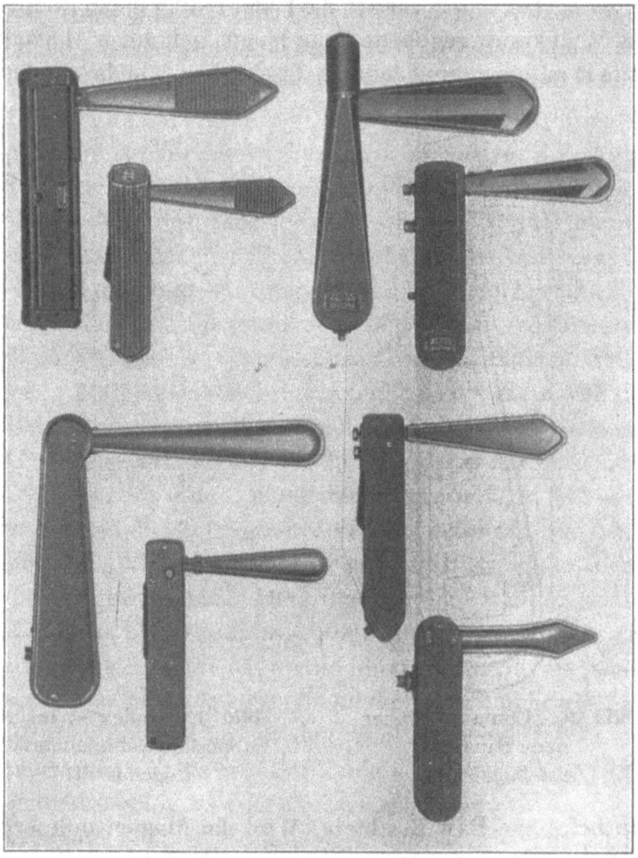

Bild 517. Verschiedene Winkerformen

noch die Länge des Winkarmes. Nach den uns vorliegenden Beispielen schwankt diese bei üblichen Winkern zwischen 28 und 17 cm. Man geht neuerdings dazu über, zwei Größen von Winkern durchzubilden, eine für größere Wagen mit 23–25 cm langem Winkarm und eine für kleine Wagen mit 16–18 cm langem Arm. Die Länge ist dabei jeweils vom Drehpunkt bis zum äußeren Ende des Armes gemessen.

Die Beleuchtung des Winkarmes erfolgt durch eine meist in der Nähe des äußeren Endes innen angebrachte elektrische Lampe, die zugleich mit der Spule eingeschaltet wird. Die Lampe leuchtet also auch bei Tag, wenn eine Beleuchtung eigentlich unnötig ist. Man vermeidet aber durch diesen geringen Stromverbrauch doppelte Leitungsführung. Als Lampen werden wohl allgemein Soffiten-Lampen von meist 5 W Leistungsverbrauch verwendet. Auch die geringe Lichtstärke dieser Lampen kann bei schlechter Allgemeinbeleuchtung schon blendend auf den Fahrer wirken. Bei den Winkern nach Bild 512 ist deshalb auf der Rückseite des Armes über der Lampe ein gitterförmiger Schirm angebracht, der die Lichtstrahlen nach dem Fahrer zu abdeckt, aber nach rückwärts ungehindert austreten läßt (DRP. 476 942).

Für das Halt-Zeichen kommen, wie wir früher bereits nachgewiesen haben, nur Lichtzeichen in Frage. Diese können gegeben werden:

a) durch eine nur für diesen Zweck gebaute Laterne,

b) durch eine Vereinigung von Nummern-, Schluß- und Halt-Laterne,

c) durch eine Vereinigung von rückwärtigem Seitenrichtungszeiger und Halt-Laterne.

Bild 518. Halt-Laterne (Robert-Bosch A.-G.)

Ein Beispiel für die erste Bauart gibt Bild 518, für die zweite Bild 410 des Scheinwerferabschnittes und für die dritte Bild 502 dieses Abschnittes. Für die ersten beiden Bauarten gibt es eine sehr große Zahl von verschiedenen Ausführungen. Vielfach wird dabei der eigentliche Zweck vernachlässigt und die Lampe durch Anbringung des Namens der Wagenfirma vor allem der Reklame dienstbar gemacht. Bemerkenswert ist, daß die Halt-Lampe im Gegensatz zu den Seitenrichtungszeigern auch im Auslande weite Verbreitung gefunden hat.

Die Anforderungen an die optische Durchbildung dieser Lampen sind gering. Der Reflektor hinter der Lampe ist so auszubilden, daß eine gleichmäßige Beleuchtung des Zeichens erzielt wird. Das Zeichen muß so hell sein, daß es auch bei Sonnenlicht deutlich erscheint. Als Lampen werden Kugel- oder Soffitenlampen von 5–15 W Leistungsverbrauch verwendet.

8. Schalter

Von wesentlicher Bedeutung für die Benützung der Fahrtrichtungsanzeiger ist die zweckmäßige Ausbildung der zugehörigen Schalter. Für die Seitenrichtungszeiger kommen in erster Linie Hebelschalter in Frage, weil diese einfach zu bedienen sind und bei ihnen die Hebelbewegung sich sinnfällig der anzuzeigenden Fahrtrichtungsänderung zuordnen läßt. Es sind zwei Arten von Schaltern zu unterscheiden: solche, bei denen Ein- und Ausschalten nur von Hand erfolgt, und solche, bei denen das Ausschalten außer von Hand auch selbsttätig in Abhängigkeit von der Zeit oder von der Lenkraddrehung erfolgt. Für alle drei Bauarten gibt es verschiedene Beispiele.

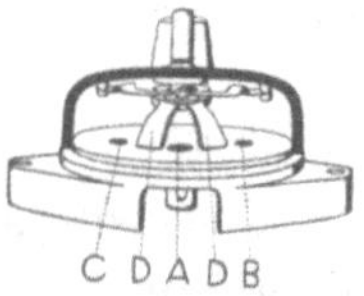

Bild 519. Handschalter für Fahrtrichtungsanzeiger

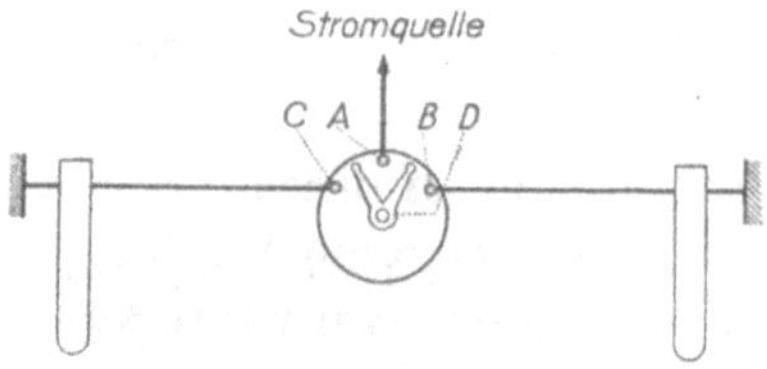

Bild 520. Schaltung einer Winkeranlage

Den Bau eines einfachen Handschalters zeigt Bild 519. Wir haben bei A den Anschluß an den Schaltkasten, d. h. an die Stromquelle, bei B und C die Anschlüsse für den rechten und linken Winker oder für die Stellungen „rechts" und „links" der Gehäuserichtungsanzeiger. Durch die Kontaktfeder D wird je nach der Stellung des Hebels A mit B oder mit C verbunden, in einer Mittelstellung ist alles ausgeschaltet. Die Endstellungen müssen durch Anschläge gegeben sein, in der Mittelstellung muß der Hebel deutlich einrasten. Die Leitungsführung zeigt Bild 520.

Als Beispiel für das selbsttätige Ausschalten durch einen sogenannten Zeitschalter bringen wir in Bild 521*) den Schalter der Firma Bosch. a ist die Schaltachse, über die vermittels des Hebels die Kontaktfeder f auf einen der beiden Kontakte g bewegt werden kann. f steht durch die Metallteile des Schaltwerkes mit der Anschlußklemme m in Verbindung, an die die Leitung zur Stromquelle gelegt wird. Auf der Schaltachse a sitzt außer der Kontaktfeder f das Querhaupt b, gegen dessen Enden die Federn c drücken, sowie die Federscheibe h, die an einem Zahnrad i liegt und mit diesem eine leicht schlüpfende Reib-

*) DRP. 474008.

kupplung bildet. i greift in die Übersetzungsräder eines Laufwerkes ein, das durch einen Windflügel gebremst wird. Wird die Achse a gedreht, so wird durch das Querhaupt b eine der beiden Federn c gespannt. Bei der schnell erfolgenden Schaltbewegung ist der Widerstand des Laufwerkes so groß, daß die Kupplung h–i gleitet. Infolgedessen bleibt das Laufwerk in Ruhe. Nachdem der Schalthebel vom Schaltenden freigegeben ist, sucht die Feder c das Querhaupt und damit die Achse zurückzuführen. Diese Bewegung wird durch die Kupplung h–i auf

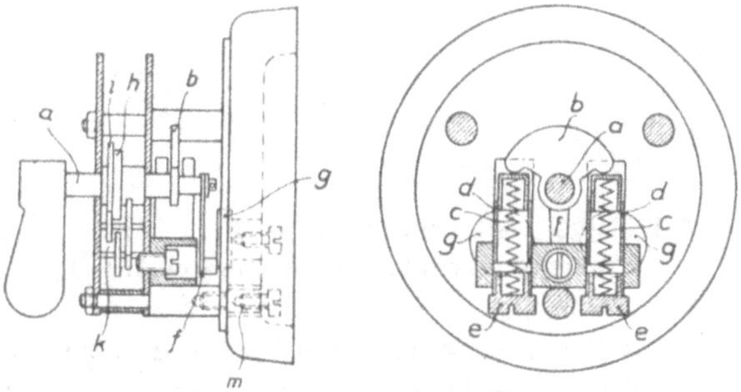

Bild 521. Zeitschalter für Fahrtrichtungsanzeiger (Robert-Bosch A.-G.)

das Laufwerk übertragen und damit gebremst, so daß eine gewisse Zeit vergeht, bis die Kontakte f und g geöffnet sind. Diese Zeit wird bestimmt durch die Spannung der Federn c, die durch die Schrauben e leicht einstellbar ist. Durch die Reibkupplung h–i ist die Möglichkeit gegeben, den Kontakt f vor Ablauf des Werkes von Hand in die Ruhelage oder auch in die entgegengesetzte Schaltstellung zu führen. Auch kann, falls etwa eine unvorhergesehene Verzögerung ein längeres Stehenbleiben des Zeichens notwendig machen sollte, der Schalter vor Ablauf nochmals in dieselbe Endstellung gebracht werden.

In Abhängigkeit vom Lenkradausschlag arbeitet die „Conar"-Schaltvorrichtung der Zeiss-Ikon-A.-G. Den eigentlichen Schalter zeigt Bild 522. A ist die Schalterachse, die oben den Schalthebel trägt. Ferner sitzt weiter unten fest auf A die Rastenscheibe B, auf der, um A drehbar, die Kontaktscheibe C ruht. Diese wird bei Drehung von A vermittels des Stiftes D von B mitgenommen. C steht mit der Stromquelle (dem Schaltkasten) in leitender Verbindung. In die Rasten der Scheibe B greift ein am federbelasteten Hebel E sitzender Stift F ein. Dieser Hebel greift außerdem mit der Nase H noch in scharfe Rasten der Kontaktscheibe C ein. B wird durch die im oberen Teil des Schalters sichtbare Schraubenfeder und C durch die Feder J in eine mittlere Ruhelage gezogen, aus der sie nach beiden Seiten abgelenkt werden können. Wird der Schalthebel nach einer Seite gedreht, so drückt zu-

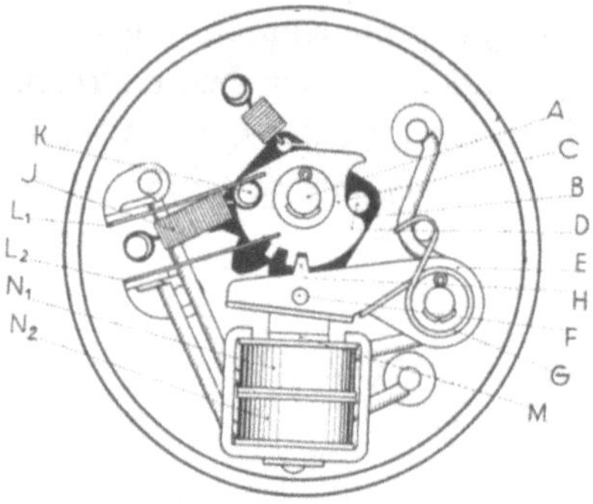

Bild 522. Halbselbsttätiger Schalter „Conar“ für Fahrtrichtungsanzeiger (Zeiss-Ikon A.-G.)

nächst die Scheibe B mit ihren schrägen Rasten den Hebel E zurück. Da der Stift D mit großem Spiel in einer Aussparung der Kontaktscheibe C steht, so wird diese erst mitgenommen, nachdem H bereits

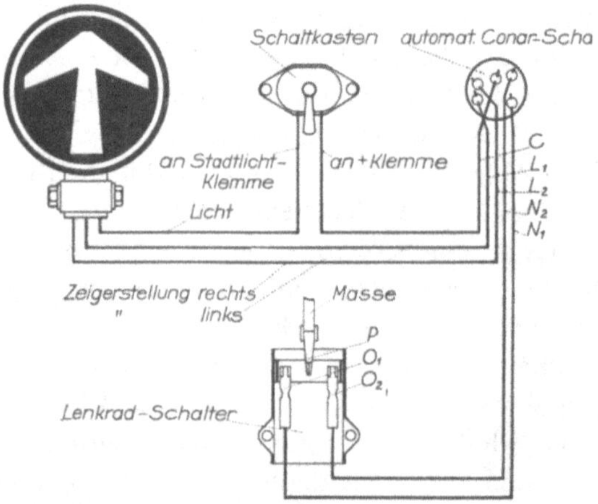

Bild 523. Schaltung eines Fahrtrichtungsanzeigers in Verbindung mit dem „Conar“-Schalter

außer Eingriff gedrückt ist. Die Kontaktscheibe stellt dann über den Stift K eine leitende Verbindung mit der Feder L_1 oder L_2 her, die mit dem rechten oder linken Winker oder mit den entsprechenden Magnetspulen des Gehäuserichtungsanzeigers verbunden sind. Damit wird dann die eine oder die andere Richtungsänderung angezeigt.

Der Hebel E bildet nun aber zugleich den Anker eines Elektromagnets M. Dieser trägt zwei Wicklungen N_1 und N_2, die einerseits je mit einer der Federn L_1 oder L_2, andererseits mit je einem am feststehenden Teil der Lenksäule angeordneten Kontakt O_1 oder O_2 verbunden sind (vgl. das Schaltbild 523). O_1 und O_2 sind etwas weniger auseinander zu rücken, als einem Lenkradauschlag bei einer üblichen Straßenabzweigung entspricht. Am drehbaren Teil der Lenkanordnung wird ein Massekontakt P angebracht, der bei gerader Fahrt in der Mitte zwischen O_1 und O_2 stehen muß. Sobald dann bei Ausführung der durch den Richtungsanzeiger angezeigten Schwenkung ein entsprechender Lenkradausschlag erreicht ist, schleift P über O_1 oder O_2 und schließt damit den Stromkreis durch eine Spule N_1 oder N_2. Infolgedessen wird E angezogen und rastet aus den Scheiben B und C aus. Diese werden mitsamt der Achse A und dem Schalthebel in die Ruhelage gezogen Damit geht dann auch der Richtungszeiger in seine Ruhestellung.

Auch bei dieser Schaltvorrichtung kann der Schalter ohne weiteres von Hand in jede Schaltstellung gebracht werden, so daß also irrtümlich vorgenommene Schaltungen schnell berichtigt werden können.

Bei den Schaltern für die „Halt"-Signale haben wir grundsätzlich zwei Arten zu unterscheiden: solche, die bei gelösten Bremsen gegen die Wirkung einer Schaltfeder durch die Bremsrückzugfedern offen gehalten und bei angezogenen Bremsen durch eine Schaltfeder selbsttätig geschlossen werden, und solche, die bei gelösten Bremsen durch eine Schaltfeder offen gehalten und beim Anziehen der Bremsen zwangsläufig geschlossen werden.

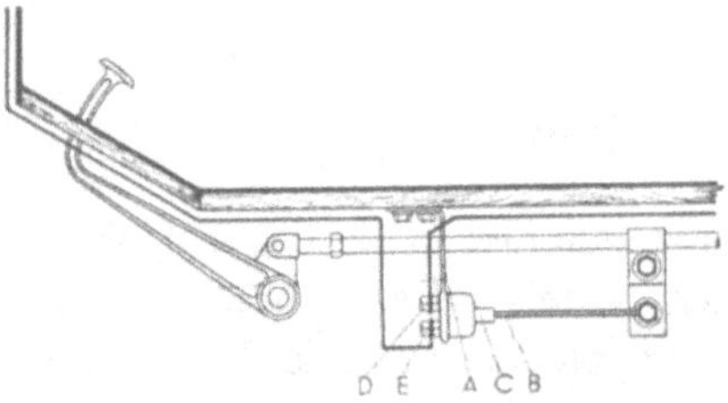

Bild 524. „Halt"-Zeichen-Schalter, Einbau erster Art

Bild 525. „Halt"-Zeichen-Schalter (Robert-Bosch A.-G.)

Bild 524 zeigt einen Schalter der ersten Art. Im Ruhezustand ist die am Bolzen C sitzende Kontaktbrücke gegen den Druck einer im Schalter sitzenden Feder von den Anschlüssen D und E entfernt. Das

Zugseil B ist so mit dem Bremsgestänge verbunden, daß die Schalterachse bei völlig gelösten Bremsen einige Millimeter herausgezogen ist.

Sobald die Bremsen angezogen werden, gibt das Seil nach und der Schalter schließt nach kurzem Hub, der bei jedem Anziehen der Bremsen sicher erreicht wird. Wie weit die Bremsen angezogen werden, ist gleichgültig; das Seil B hängt bei geschlossenen Kontakten eben mehr oder weniger durch.

Ebenso wie dieser Schalter arbeitet der Schalter nach Bild 525. Er unterscheidet sich von der Bauart nach Bild 524 dadurch, daß die Kontaktöffnung statt durch Herausziehen einer Zugstange durch Verdrehen eines Hebels erfolgt.

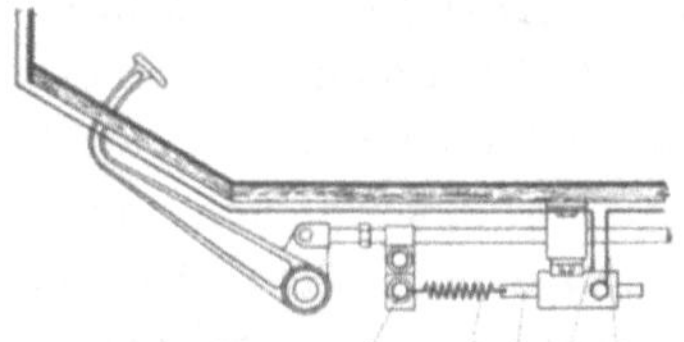

Bild 526. „Halt"-Zeichenschalter, Einbau zweiter Art

Für die zweite mögliche Bauart gibt Bild 526 ein Beispiel. Wird die Bremse angezogen, so wird die Stange A aus dem Schalter herausgezogen. Dadurch werden die Anschlüsse C und D überbrückt. Da die Größe des Hubes der Bremsstange wechselt, während der Kontakt C, D in einer bestimmten Stellung hergestellt sein muß, wird zwischen der an der Bremsstange befestigten Klemme E und der Zugstange A als nachgiebiges Glied eine Feder B eingeschaltet. Der Einbau der ersten Bauart ist also einfacher.

9. Einbau

Der Einbau der Sichtzeichengeber ist durch ihre Aufgabe gegeben. Die Gehäuserichtungsanzeiger werden in Ländern, in denen rechts gefahren wird, links vom Führersitz an der Stütze der Windschutzscheibe (Bild 502) oder auch seltener auf dem linken vorderen Kotflügel angebracht. In Ländern, in denen links gefahren wird, kommt der Anzeiger sinngemäß auf die rechte Seite. Diese Anordnung ist dadurch vorgeschrieben, daß ein Fahrer, der überholen will, den Anzeiger des vor ihm fahrenden Wagens nach geringem Ausbiegen erblicken soll. Ein etwa an der Rückseite des Wagens vorgesehener Anzeiger wird auf dem entsprechenden Kotflügel oder an der Rückwand befestigt. Ist er zugleich als Nummerlicht ausgebildet (Bild 502), so ist sein Platz durch die Nummertafel gegeben.

Winker werden ausnahmslos zu beiden Seiten des Führersitzes bei offenen Wagen an den Stützen der Windschutzscheiben oder bei geschlossenen Wagen an den vorderen Dachstützen befestigt (Bild 527).

Bild 527. Winker-Einbau

Neuerdings wird angestrebt, sie bei geschlossenen Wagen durch Einbau in die Dachträger in der Ruhelage völlig unsichtbar zu machen. Dazu dürfte aber in der Regel nötig sein, daß der Einbau vom Karosseriehersteller vorgesehen wird.

Das „Halt"-Zeichen ist seinem Zweck entsprechend an der Rückseite des Wagens einzubauen. Soweit es nicht durch die Vereinigung

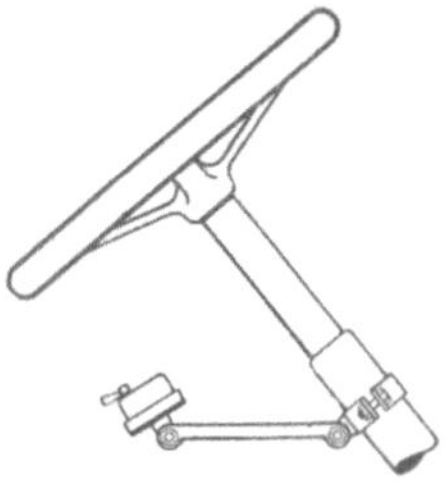

Bild 528. Anbringung des Schalters für den Fahrtrichtungsanzeiger

mit dem Nummerlicht seinen Platz über der Nummertafel zugewiesen bekommt, wird man es im allgemeinen nach Möglichkeit in die Nähe dieser Tafel als dem Punkt, auf den sich unwillkürlich die Aufmerksamkeit richtet, anbringen.

Der Schalter für die Seitenrichtungszeiger ist so einzubauen, daß er für den Fahrer bequem erreichbar ist. Wir werden uns darüber im Abschnitt „Leitungen und Schalter" aussprechen. Wie Bild 619 des genannten Abschnittes zeigt, kann der Schalter recht gut über dem Instrumentenbrett angebracht werden. Der Bequemlichkeit des Fahrers trägt auch der Einbau nach Bild 528 Rechnung.

Der Einbau der „Halt"-Zeichen-Schalter ist bereits bei Beschreibung ihres Aufbaus besprochen worden.

V. Scheibenwischer

1. Die Bedürfnisfrage und der allgemeine Aufbau eines Scheibenwischers

Eine Grundlage für die Sicherheit des Straßenverkehrs ist, daß der Kraftfahrer die Fahrstraße auf größere Entfernung hin überblicken kann. Das gilt vor allem für höhere Geschwindigkeiten. Wollte man dabei aber die Augen des Fahrers frei dem starken Fahrwind aussetzen, so würde bei vielen Fahrern der freie Blick empfindlich gestört werden. Die Schutzbrille ist nur eine notdürftige Abhilfe. Man kam also mit wachsender Geschwindigkeit der Kraftfahrzeuge – wenigstens bei den Kraftwagen – gewissermaßen zwangsläufig zur Windschutzscheibe. Für den geschlossenen Wagen versteht sich die vordere Verglasung von selbst. Dadurch wird wohl ein vortrefflicher Schutz des Fahrers erreicht, bei schlechtem Wetter aber in vielen Fällen die freie Sicht durch Beregnen und Beschneien der Scheiben erheblich behindert. Abwischen von Hand mit einem Tuch kann nicht so oft erfolgen, daß die Scheibe für freies Fahren sauber genug bliebe. So war früher der Fahrer häufig gezwungen, die Scheibe gerade dann, wenn er sie am nötigsten gebraucht hätte, aufzuklappen oder seitlich um sie herum zu blicken. Eine beschränkte Abhilfe war schon mit Einführung der bekannten Handwischer gegeben, die der Fahrer von Zeit zu Zeit während der Fahrt selbst bedienen kann. Immerhin ist es aber schon bei schwächeren Niederschlägen häufig nicht mehr möglich, die Scheibe damit so sauber zu halten, daß eine freie Fahrt möglich wäre.

Eine endgültige Beseitigung der Schwierigkeiten konnte nur der unabhängig vom Fahrer angetriebene Wischer bringen, der in so schneller Folge über die Scheibe fährt, daß auch bei stärkeren Niederschlägen und ungünstiger Windrichtung die Sicht nicht behindert wird. Die Säuberung erfolgt durch eine Gummileiste, die mit einem gewissen Druck quer zu ihrer Längsrichtung über die Scheibe geführt wird und dabei die aufgespritzten Wassertropfen oder den Schnee wegstreift. Man kann dabei die Wischleiste entweder in senkrechter Stellung parallel zu ihrer Ausgangslage über die ganze Scheibenbreite hin und her führen (Parallelwischer, Bild 529) oder aber um einen gewissen Punkt schwenken, so daß vor dem Sitz des Fahrers ein Kreisausschnitt freigewischt wird (Kreiswischer, Bild 530). Der Parallelwischer hat sich wegen der Schwierigkeiten, auf die man beim Antrieb des Wischarmes stößt, bisher nicht eingeführt; er würde aber den Vorteil bieten, daß auch der neben dem Wagenführer sitzende Mitfahrer freien Ausblick hat. Beim einfachen Kreiswischer hat dagegen nur der Führer freie Sicht. Diesem Mangel hilft man dadurch

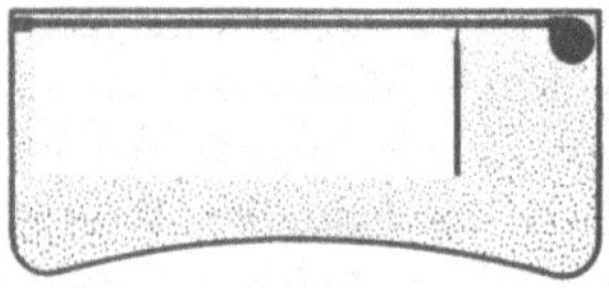

Bild 529. Parallelwischer

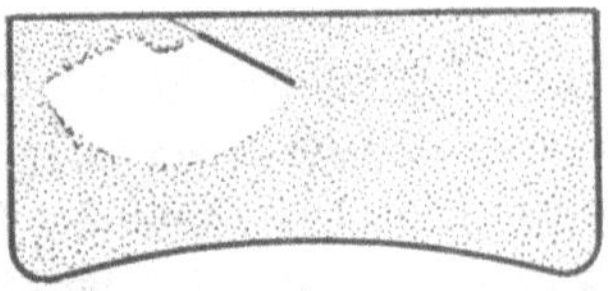

Bild 530. Kreiswischer

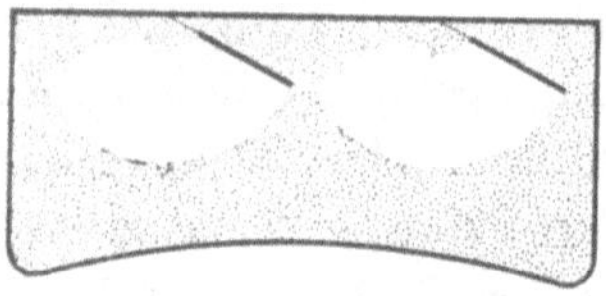

Bild 531. Doppelwischer

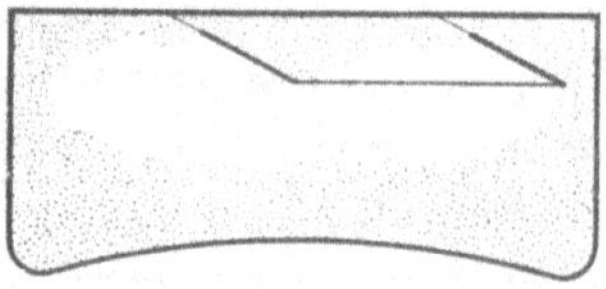

Bild 532. Doppelwischer mit Verbindungsleiste

ab, daß man nach Bild 531 zwei Wischarme anbringt, die gemeinsam angetrieben werden. Die dabei freigewischte Fläche ist zwar nicht so groß wie beim Parallelwischer, die Wischbewegungen können aber erheblich schneller erfolgen als bei diesem, so daß die bestrichene Fläche auch bei stärkeren Niederschlägen wirklich gut sauber gehalten wird. Das ist bei dem langsamer arbeitenden Parallelwischer nicht immer zu erreichen. Nach einem amerikanischen Vorschlag soll die bei zwei Kreiswischern bestrichene Fläche dadurch vergrößert werden, daß nach Bild 532 zwischen die Enden der beiden Wischarme eine Verbindungsleiste eingefügt wird, die nun horizontal zwischen beiden Armen hängend über die Scheibe gezogen wird. Dadurch wird zwar eine merkliche Vergrößerung der freigewischten Fläche erzielt, zugleich der Kraftbedarf aber auch erheblich vergrößert. Außerdem ergeben sich ungünstige Verhältnisse für den Ablauf des von der horizontalen Leiste beim Aufwärtsgang zusammengewischten Wassers.

Die günstigsten Bedingungen für den Ablauf des vor der Wischleiste zusammenfließenden Wassers bietet zweifellos der Parallelwischer mit der senkrecht hängenden Gummileiste. Bei ihm läuft das Wasser sicher nicht in die freigewischte Fläche zurück. Dasselbe gilt für den Kreiswischer, wenn er nicht, wie in Bild 530, am oberen Rande, sondern umgekehrt am unteren Rande der Windschutzscheibe angebracht wird. Ist der Kreiswischer am oberen Rande angebracht, so bleibt die freigewischte Fläche sauber, wenn die Wischleiste in ihrer Endstellung so stark gegen die Waagrechte geneigt bleibt, daß das über der Leiste angesammelte Wasser noch sicher nach der Seite abfließen kann. Es ist daher zweckmäßig, nicht über einen Wischwinkel von etwa 125° hinauszugehen, so daß also der Wischarm auf jeder Seite um 27,5° gegen die Waagrechte geneigt bleibt (Bild 531). Wird die Endneigung geringer gewählt, so besteht die Gefahr, daß das über der Wischleiste angesammelte Wasser in die bestrichene Fläche zurückfließt. Mit Sicherheit ist dies bei der waagrechten Wischleiste nach Bild 532 zu erwarten, so daß also eine derartige Anordnung keinen Vorteil bringen kann.

2. Der Antrieb des Wischers

Wir kommen nun zu der wichtigen Frage der Antriebskraft für den Wischarm. Wie wir schon früher bemerkten, muß der Wischer unabhängig vom Fahrer angetrieben werden. Dafür kommen folgende Kraftquellen in Betracht:

1. Der Antriebsmotor des Fahrzeugs. Die Kraftübertragung auf den Wischer erfolgt durch eine biegsame Welle, die von irgendeinem umlaufenden Teil des Motors oder des übrigen Fahrzeugs angetrieben wird.
2. Ein Windrad, das an der Windschutzscheibe befestigt und durch den Fahrwind angetrieben wird. Dieser Antrieb kann ernsthaft nicht in Frage kommen.
3. Preßluft aus einer am Fahrzeug etwa vorhandenen Preßluftanlage.
4. Der äußere Luftdruck gegenüber dem im Ansaugrohr erzeugten Unterdruck.
5. Die elektrische Anlage.

Von diesen 5 Möglichkeiten kommen für eine umfassende praktische Verwendung nur die beiden letzten in Frage. Gegen die erste ist einzuwenden, daß die dabei erforderlichen langen biegsamen Wellen recht empfindliche und teure Bauteile sind. Außerdem ist dabei die

Wischarm-Geschwindigkeit von der Motordrehzahl oder der Wagengeschwindigkeit abhängig. Eine Ausführung des zweiten Gedankens kann nur ein Spielzeug ergeben und kommt für praktischen Gebrauch nicht in Frage. Preßluft steht nur an wenigen großen und teuren Fahrzeugen zur Verfügung, so daß also der dritte Gedanke für die große Masse der Fahrzeuge nicht verwirklicht werden kann. Die Ausnützung des äußeren Luftdrucks, den man in bekannter Weise über einen Kolben gegen den bei laufendem Motor im Ansaugrohr erzeugten Unterdruck wirken lassen kann, hat viel Verlockendes an sich. Man kommt dabei zu einem einfachen, billigen Aufbau. Leider läßt aber der Unterdruck bei geöffneter Drossel, d. h. also bei schneller Fahrt, wenn der Wischer am nötigsten gebraucht wird, stark nach, so daß die Antriebskraft ungenügend wird. Diese Bauart, die zuerst den Vorrang hatte, ist denn auch in den letzten Jahren in ihrer Verwendung erheblich hinter den elektrisch angetriebenen Wischern zurückgeblieben. Dem Ziel unseres Buches entsprechend werden sich unsere weiteren Ausführungen nur auf diese beziehen.

Für den elektrischen Antrieb steht als Kraftquelle heute fast ausnahmslos an allen Fahrzeugen die elektrische Licht- und Anlaß-Anlage zur Verfügung. Die Kraft bleibt bei allen Betriebszuständen des Fahrzeugs, von unwesentlichen, durch die auftretenden geringen Spannungsschwankungen bedingten Änderungen abgesehen, gleich. Antriebsvorrichtung und Wischarm lassen sich zu einer wenig Platz beanspruchenden Einheit von verhältnismäßig geringem Gewicht zusammenfassen, so daß empfindliche mechanische Zwischenglieder (biegsame Wellen) entbehrlich sind.

Die Umwandlung der elektrischen Energie in mechanische kann beim Wischer durch Elektromagnete oder durch Elektromotoren erfolgen. Im ersten Falle haben wir den Vorteil, daß wir von vornherein eine schwingende Bewegung der Magnetkerne haben, die sich einfach auf den Wischarm übertragen läßt. Im zweiten Fall ist dagegen die Umlaufbewegung des Motorankers erst in eine schwingende zu verwandeln. Dafür ist aber andererseits die Energieausnützung im Motor erheblich besser und seine Betriebssicherheit größer.

Man kann beim elektromagnetischen Antrieb zwei Grundbauarten unterscheiden: eine, bei der jeweils ein einmaliger Hin- und Rückgang des Wischarmes von Hand durch Schließen eines Schalters (Druckknopfes) bewirkt wird, und eine zweite, bei der durch selbsttätig umgesteuerte Kontakte für ein fortdauerndes Spiel des Wischarmes gesorgt wird.

Die erste Bauart wird durch Bild 533 veranschaulicht. Wir haben bei A die Magnetspule, in die gegen den Druck der Federn B der am äußeren Ende als Zahnstange ausgebildete Kern C eingezogen werden kann. Dieses Triebwerk ist in dem Gehäuse D untergebracht, in dem die Wischarmwelle E quer zur Gehäuseachse gelagert ist. Die Welle trägt das Ritzel F, das in die Verzahnung des Kerns C eingreift. Die Spule A kann durch Druck auf den Druckknopf G erregt werden. Sie zieht dann den Kern C ein und bewegt damit den Wischarm aus der durch den Druck der Federn B bestimmten Endlage in die entgegengesetzte. Wird dann der Druckknopf freigegeben, so kehrt der Wischer

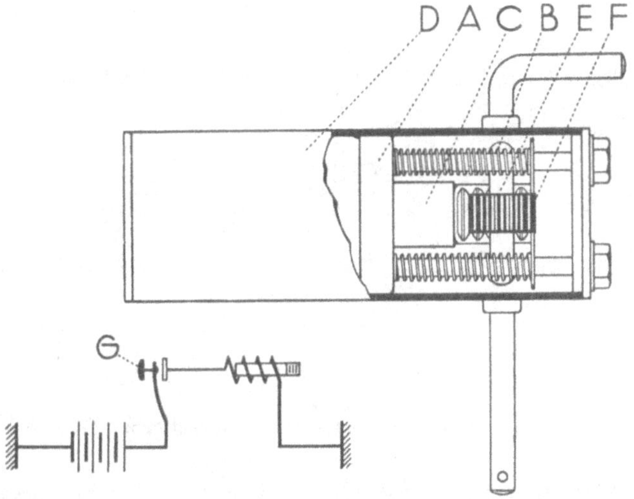

Bild 533. Elektromagnetisch betriebener Scheibenwischer mit Handsteuerung

durch den Druck von B in die Ruhelage zurück. Durch mehrfaches Niederdrücken des Druckknopfes, der sich natürlich leicht in bequemer Reichweite des Fahrers anbringen läßt, kann man ohne weiteres den Wischarm mehrfach spielen lassen. Insgesamt wird aber gegenüber dem mechanischen Handwischer nur der Vorteil der bequemeren Handhabung erreicht.

Zu der zweiten Bauart würde man kommen, wenn man statt des Druckknopfes eine am Triebwerk sitzende Kontaktanordnung vorsehen würde, die zunächst von Hand geschlossen, nach vollem Einzug des Kerns von diesem geöffnet, nach seinem Rückgang ebenfalls selbsttätig wieder geschlossen würde, usw. Auf dem Markt gewesen ist eine derartige Bauart nach Bild 534, bei der allerdings der Rückgang des Wischarmes nicht durch Federn, sondern ebenfalls elektromagnetisch bewirkt wurde. Wir haben bei A_1 und A_2 die beiden Spulen. In diesen liegen die beiden Kerne, die durch die Zahnstange C verbunden sind. In C greifen die Zähne des Segments D ein, das die Schwingungen des Kerns auf die Wischerwelle überträgt. D trägt zwei Nocken, die bei den Bewegungen des Segments den Hebel E nach rechts oder links bis an die federnden Anschläge F_1 und F_2 werfen. Diese Bewegung wird durch die Feder G auf die Kontaktfeder H übertragen, die infolgedessen abwechselnd an den Kontakten J_1 und J_2 liegt. Dadurch wird bald das Ende der einen, bald das Ende der andern Spule an Masse gelegt und

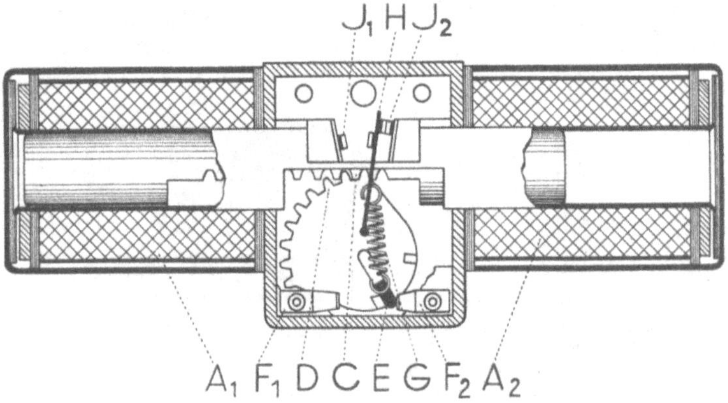

Bild 534. Elektromagnetisch betriebener Scheibenwischer mit Selbststeuerung

infolgedessen der gezahnte Kern hin und her geworfen, bis durch einen der Übersichtlichkeit halber im Bild nicht gezeigten Schalthebel die Feder H in einer Mittelstellung festgehalten und der Strom ausgeschaltet wird. Eine größere Verbreitung hat auch diese Bauart nicht gewonnen. Der elektromagnetische Antrieb führt zu einem schnellen Wischerspiel (etwa 120 Hin- und Rückgänge in der Minute); es ist aber nicht besonders angenehm, den schnell hin und her fahrenden Arm dicht vor den Augen zu haben. Dazu kommt die durch die Kontaktanordnung bedingte geringe Betriebssicherheit.

Die größte Bedeutung haben heute die durch Elektromotor angetriebenen Wischer. Bei diesen sind zwei Punkte zu beachten: der Motor und das Getriebe, durch das die schnelle Drehung des Motorankers in die verhältnismäßig langsame Schwingung des Wischarmes umgewandelt wird.

3. Der Aufbau des Wischermotors

Der Motor wird vorwiegend als Trommelankermotor mit Haupt- oder Nebenschlußschaltung ausgeführt, doch gibt es auch einige Sonderbauarten. Um zu möglichst geringer Größe zu kommen, baut man den Motor für verhältnismäßig hohe Drehzahlen (2000 bis 3000 U/min.) Der Trommelankermotor mit Hauptschlußschaltung hat gegenüber dem mit Nebenschlußschaltung gebauten Motor den Nachteil, daß er geräuschvoller arbeitet. Die Wischleiste wird nämlich von dem führenden Arm unter einem gewissen Winkel gegen die Senkrechte nachgeschleift (vgl. S. 249). Infolgedessen muß die Leiste beim Richtungswechsel in der Endstellung des Armes in die entgegengesetzte Lage umklappen. Dabei bewegt sich der Wischarm über einen kleinen Winkel fast widerstandsfrei. In diesem Augenblick schnellt dann der Hauptstrommotor auf hohe Drehzahlen und erzeugt damit ein starkes Summen. Der Nebenschlußmotor läuft dagegen bei großer und bei geringer Belastung mit nahezu derselben Drehzahl.

Andererseits wird man geneigt sein, dem Hauptstrommotor den Vorteil zuzuschreiben, daß er bei zufällig erhöhten Widerständen unter Verminderung der Drehzahl besser durchzieht als der Nebenschlußmotor. Diese grundsätzliche Eigenschaft des Hauptstrommotors tritt jedoch bei derartig kleinen Motoren nur wenig in Erscheinung. Der Hauptgrund für die Verwendung des Hauptschlußmotors wird wahrscheinlich sein, daß er etwas billiger herzustellen ist, als der Nebenschlußmotor, bei dem für diese kleinen Ausführungen das Feld mit recht dünnem Draht bewickelt werden muß.

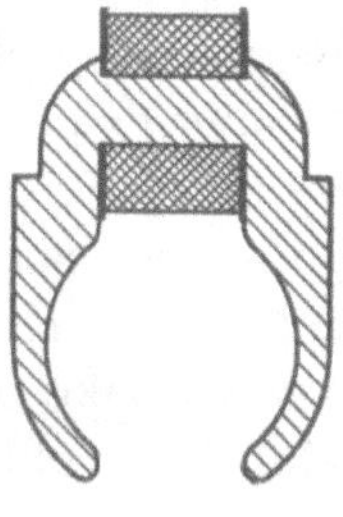

Bild 535. Zweipoliges Feld eines Scheibenwischers

Bild 536. Blech aus einem vierpoligen Feld eines Scheibenwischers

Das Feld ist vorwiegend zweipolig, und zwar ist es vielfach nach Bild 535 als zweischenkeliger Elektromagnet ausgebildet, auf dessen Joch eine Erregerspule sitzt und zwischen dessen mit Polschuhen versehenen Schenkeln der Anker läuft. Das magnetisch beanspruchte Eisen des Feldes wie übrigens auch des Ankers wird aus den bekannten Gründen in der Regel aus Blechen aufgebaut. Nur vereinzelt findet man aber im Feldeisen Bleche, die in der durch Bild 535 gezeigten Form in einem Stück gestanzt sind. Vielmehr werden in der Regel die Bleche der Magnetschenkel für sich gestanzt und in das meist in Spritzguß ausgeführte Gehäuse eingegossen. Das Joch wird dann mit darauf gewickelter Spule zwischen die Schenkel geschoben.

Bei besser ausgeführten Wischern findet man auch vierpolige Motoren. Hier wird das Feldeisen aus ringförmigen Blechen nach Bild 536 aufgebaut, die nach Bild 537 vereinigt und mit Spulen versehen werden. In dieser Form wird dann das Feld in das zylindrische Motorgehäuse eingefügt.

Bild 537. Vierpoliges Feld eines Scheibenwischers

Gelegentlich werden für das Feld auch Dauermagnete verwendet. Die Motoren werden dadurch aber schwerer und wegen des hohen Preises des Magnetstahls teurer als die mit elektromagnetisch erregtem Weicheisenfeld ausgestatteten.

Am Bau des Trommelankers ist nichts Besonderes zu bemerken. Das Eisen wird in üblicher Weise aus Blechen aufgebaut. Die Nuten verlaufen meist axial, nur gelegentlich werden sie schräg geführt, um Summen erzeugendes Schwingen der Polschuhlappen und der Ankerzähne zu vermeiden (vgl. hierzu Teil II, S. 32). Der Kollektor wird heute meist so hergestellt, daß die Lamellen durch Bakelitisieren auf einer Büchse vereinigt werden. Das Ganze wird dann auf die Ankerwelle gepreßt. Vereinzelt findet man statt des zylindrischen Kollektors den Scheibenkollektor.

Die Stromzuführung erfolgt in üblicher Weise durch Kohlebürsten. Diese gleiten bei manchen Wischern unter dem Druck von Federn in kastenförmigen Haltern, die auf einer meist ringförmigen Bürstenbrücke angeordnet sind (Bild 538). Das Bild zeigt zugleich die Schaltfeder, durch die der Stromkreis, in dem der Wischer liegt, geschlossen oder geöffnet wird. Die Feder F wird einfach durch einen Nocken, der an einem im Gehäusedeckel gelagerten Handgriff sitzt, gegen den Lappen D des einen Bürstenhalters gedrückt.

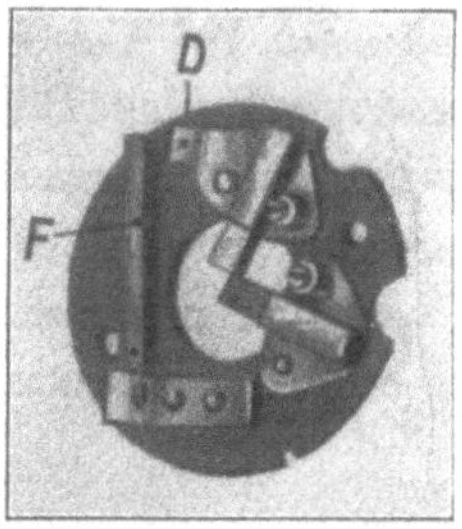

Bild 538. Bürstenanordnung aus einem Scheibenwischer (Kastenbürstenhalter)

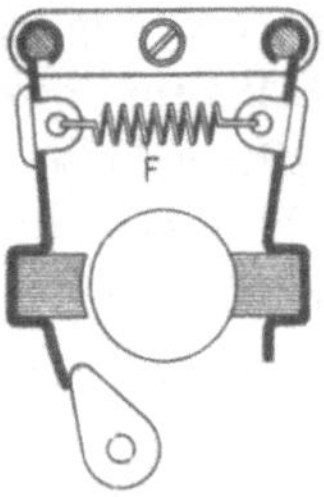

Bild 539. Bürstenanordnung aus einem Scheibenwischer (schwingende Bürsten)

An vielen Wischern werden schwingende Bürstenhalter verwendet, die meist nach Bild 539 ausgeführt sind. Die Halter sind isoliert an einer Bürstenbrücke aufgehängt und werden durch die Feder F zusammen- und damit gegen den Kollektor gezogen. Das Ausschalten des Wischers wird bei dieser Bauart vielfach in der im Bild angedeuteten Weise durch Abheben einer Bürste bewirkt.

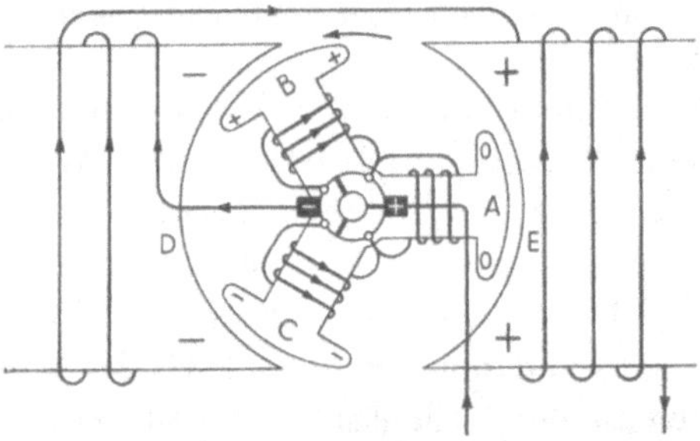

Bild 540. Schema eines Scheibenwischermotors mit bewickeltem dreipoligen Läufer und zweipoligem Feld

An **Sonderbauarten** sind unseres Wissens nur zwei Motorformen auf dem Markte merklich geworden: der in Bild 540 dargestellte Motor mit bewickeltem dreipoligen Läufer und zweipoligem Feld und der in Bild 541 dargestellte Motor mit unbewickeltem Läufer und zweipoligem Feld. Bei dem Motor nach Bild 540 sind Anker- und Feldwicklung hintereinandergeschaltet. Die Läuferwicklung zerfällt in drei auf die drei Pole verteilte Einzelspulen, von denen jeweils zwei benachbarte mit Anfang und Ende an einer Lamelle des dreiteiligen Kollektors zusammengeschlossen sind. Der Wickelsinn ergibt sich aus der im Bild vermerkten Polverteilung und Drehrichtung des Läufers. In der gezeichneten Stellung des Läufers befindet sich Pol A im Polwechsel, Pol B ist positiv und wird daher vom negativen Feldpol D angezogen und vom positiven Feldpol E abgestoßen, während der negative Läuferpol C von D abgestoßen und von E angezogen wird. Bei weiterer Drehung des Läufers wird A positiv, C bleibt negativ und bei B tritt Polwechsel ein, usw. Daraus ergibt sich eine fortlaufende Drehung des Läufers.

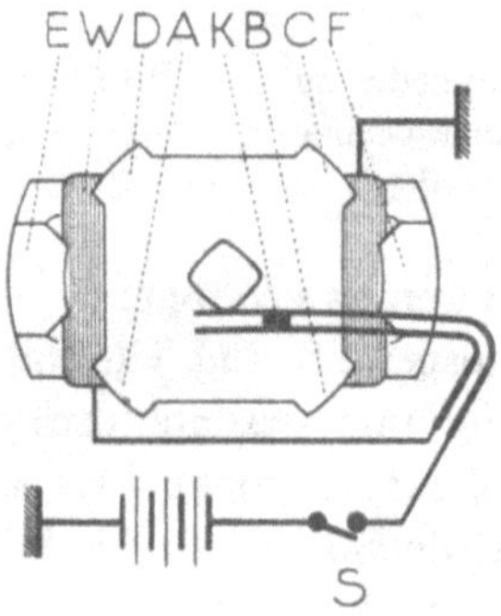

Bild 541. Schema eines Scheibenwischermotors mit unbewickeltem Weicheisenläufer und zweipoligem Feld

Bei dem Motor nach Bild 541 haben wir einen mit 4 Nocken A bis D versehenen Weicheisenläufer ohne Wicklung. Dieser kann durch eine einfache, nach Anlaufen des Läufers sich selbst lösende Anwerfvorrichtung (gekordelter Knopf mit Klauenkupplung) zwischen den Polen E und F eines Elektromagnets mit Wicklung W in Umdrehungen versetzt werden. In den Stromkreis der Wicklung W ist bei K ein durch einen auf der Welle des Läufers sitzenden Vierfachnocken betätigter Unterbrecher und bei S ein Schalter, der beim Anwerfen des Läufers von Hand oder als Fliehkraftschalter selbsttätig geschlossen wird, eingefügt. Ist der Läufer angeworfen, so wirken in der im Bilde gezeichneten Stellung des Läufers die Pole E und F des zu diesem Zeitpunkt erregten Magnets anziehend z. B. auf die Nocken D und B und beschleunigen infolgedessen den Läufer. Sobald D und E sowie B und F einander gegenüberstehen, öffnet der Vierfachnocken den Unterbrecher K, die Wirkung des Magnets auf den Läufer hört auf, und der letztere fliegt infolge der aufgenommenen Bewegungsenergie weiter, bis A sich dem Pol F und C sich dem Pol E nähert. Jetzt schließt K wieder, E und F werden wieder erregt, ziehen C und A an, usw. Es kommt also ebenfalls eine fortlaufende Drehung des Läufers zustande.

4. Das Umkehrgetriebe

Sorgfältige Beachtung erfordert beim Scheibenwischerbau die Aufgabe, die schnelle Umlaufbewegung des Elektromotors durch ein Getriebe beim Parallelwischer in eine verhältnismäßig langsame Hin- und Rückgangbewegung und beim Kreiswischer in eine Pendelbewegung umzuwandeln. Man hat in dem Getriebe jede unnötige Reibung zu vermeiden, doch sind Kugellager wegen des hohen Preises ausgeschlossen. Die zunächst erforderliche Drehzahlverminderung würde mit Rücksicht auf den Wirkungsgrad am besten durch ein Stirnradgetriebe erfolgen. Trotzdem verwendet man aber, wenigstens auf der ersten Übersetzungsstufe unmittelbar hinter der Ankerwelle, in der Regel ein Schneckenradgetriebe, weil dieses weniger Geräusch macht.

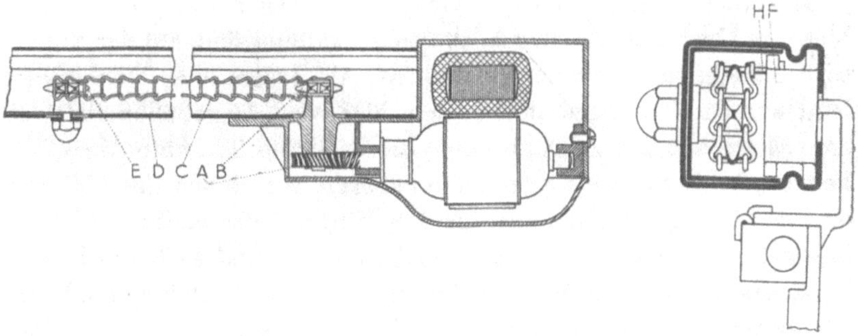

Bild 542. Triebwerk eines Parallelwischers mit Kettenantrieb

Beim P a r a l l e l w i s c h e r wird die Aufgabe, den Wischarm auf der Scheibe hin und her zu ziehen, entweder durch eine endlose Kette oder durch eine Schraubenspindel mit zwei gegenläufigen Gewindegängen gelöst. Ein Beispiel für die erste Bauart zeigt Bild 542. Hier arbeitet der Motor mit seiner Schnecke auf das Schneckenrad A, mit dem ein Kettenrad B verbunden ist. Auf diesem Kettenrad liegt die endlose Kette C, die in einem Eisengehäuse D über die gesamte Breite der Windschutzscheibe und auf der anderen Seite über ein Kettenrad E läuft. In dem Kettengehäuse ist zugleich in der aus dem rechten Bild ersichtlichen Weise das den Wischerarm tragende Mitnehmerstück F geführt, das durch den in einem Kulissenschlitz gleitenden Stift H mit der Kette gekuppelt ist. Der Stift H gleitet, sobald er mit der Kette über das eine oder das andere Kettenrad gezogen wird, in dem Schlitze aufwärts oder abwärts und ermöglicht so in ohne weiteres ersichtlicher Weise die hin und her gehende Bewegung des an F sitzenden Wischarmes. Statt durch Stift und Kulissenschlitz kann man den Wischarmträger F auch durch ein kurbelartiges Gelenk mit der Kette kuppeln.

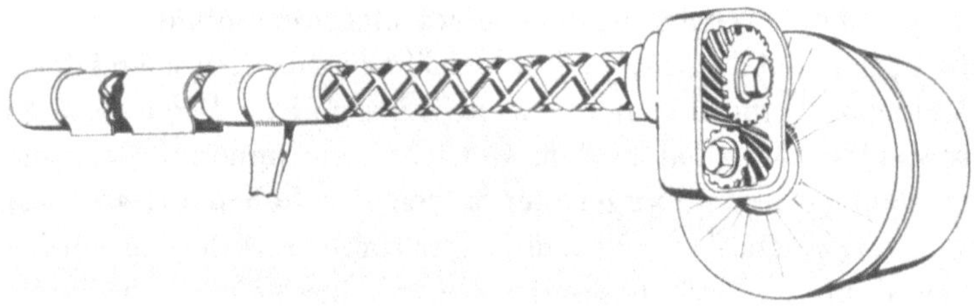

Bild 543. Triebwerk eines Parallelwischers mit Doppelschraube

Nach anderen Vorschlägen wird der Wischerarm nach Bild 543 durch je ein rechts- und linksgängiges Gewinde, die gegenläufig in eine vom Motor in Drehung versetzte Welle eingeschnitten sind, auf der Windschutzscheibe hin und her geschoben. Als Träger des Wischarmes läuft auf der Gewindewelle bei dem hier wiedergegebenen Beispiel eine Mutteranordnung. Nach einer Beschreibung im „Auto-Markt" *) besteht die Mutter aus zwei Backenpaaren, von denen das eine mit dem rechtsgängigen Gewinde für den Hingang, das andere mit dem linksgängigen für den Rückgang in Eingriff ist, und zwar erfolgt die Umsteuerung durch je einen mit den Backenpaaren verbundenen Ring, mit denen der Wischarmträger am Ende seines Weges gegen das Wellenlager läuft. In der englischen und amerikanischen Patentliteratur finden sich noch eine Reihe von weiteren Vorschlägen, die sich namentlich mit der Führung des Wischarmträgers auf der Gewindespindel sowie mit der Umsteuerung am Ende des Gewindes befassen.

Eine Ausführungsform, die eine umfassende Einführung des Parallelwischers gestatten würde, ist bisher noch nicht gefunden worden. Das ist bedauerlich, weil nur mit einem guten Parallelwischer die Reinigung der Schutzscheibe in ihrer ganzen Breite befriedigend zu erreichen wäre. Die Lösung der Aufgabe scheitert in erster Linie an dem

*) Windschutzscheibenwischer mit elektrischem Antrieb. Der Auto-Markt Pößneck, Nr. 32, 14. 3. 1925, ohne Seitenangabe.

Preis, der für einen Parallelwischer guter Ausführung gefordert werden muß. Weiter ist es kaum möglich, beim Parallelwischer den Wischarm mit solcher Geschwindigkeit auf der Scheibe hin und her zu führen, daß sie auch bei stärkeren Niederschlägen sauber bleibt. Am ehesten wird man ein genügend häufiges Abwischen der Scheibe dadurch erreichen, daß man nicht einen Wischarm über die ganze Scheibenbreite, sondern je einen Wischarm von der Mitte aus über die beiden Hälften der Scheibe führt. Für diese Bauart liegen bisher nur Patente, aber keine Lösungen mit praktischer Bedeutung vor.

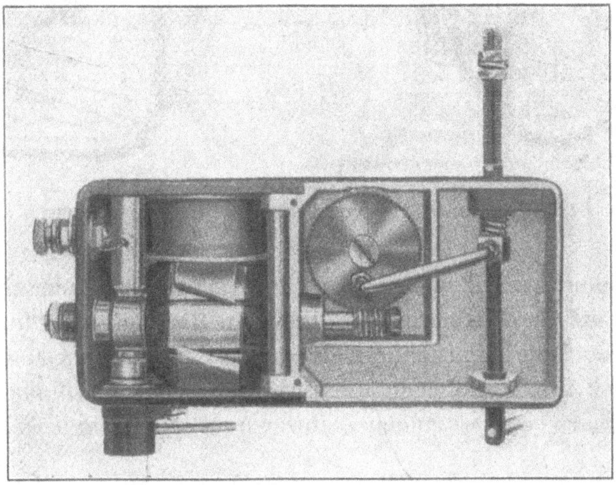

Bild 544. Kreiswischer mit Kurbelgetriebe

Beim Kreiswischer finden wir verschiedene Vorrichtungen zur Umwandlung der Umlaufbewegung des Elektromotors in die Pendelbewegung des Wischarmes. Vorzugsweise scheinen heute Kurbelgetriebe verwendet zu werden. Wir werden diese daher zunächst behandeln, daran anschließend jedoch auch andere Beispiele bringen.

Sehr einfach ist das Getriebe bei dem Beispiel Bild 544. Hier wird die Motordrehung durch eine Schnecke auf ein großes Rad übertragen, das durch eine Schubstange mit der Welle des Wischmares gekuppelt ist. Diese Schubstange ist durch Kugelgelenke mit dem Rad und der Wischarmwelle verbunden.

Ein ausgesprochenes Kurbelgetriebe ist auch das Getriebe nach Bild 545, zu dem eine nähere Erläuterung nicht nötig sein dürfte. In Bild 546 bringen wir eine weitere Kurbelanordnung, bei der ein am Schneckenrad sitzender Kurbelzapfen A in der Schleife B gleitet, die um E schwingen kann und bei C über den Hebel D an der Wischarmwelle F angreift. Die Leiste G sowie die Blattfeder H dienen nur zum Festhalten der Kurbelschleife.

Vielfach verwendet man Kurbelgetriebe nach Art der Bilder 547 und 548, bei denen man die Bewegung des mit dem Übersetzungsrade

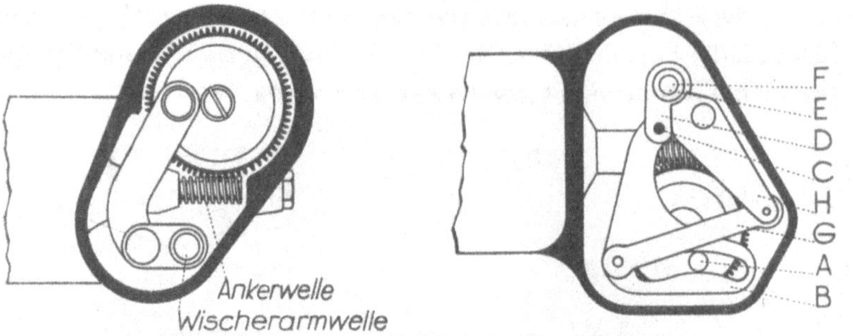

Bild 545 und 546. Kurbelgetriebe für Kreiswischer

umlaufenden Kurbelzapfens durch eine Zahnstange oder ein Zahnsegment auf die Wischarmwelle überträgt. Bei der Anordnung nach Bild 547 muß die Zahnstange A durch den Zapfen B, der zum Beispiel am Deckel des Getriebegehäuses sitzen kann, in Eingriff mit dem auf der Wischarmwelle sitzenden Zahnsegment oder Zahnrad gehalten

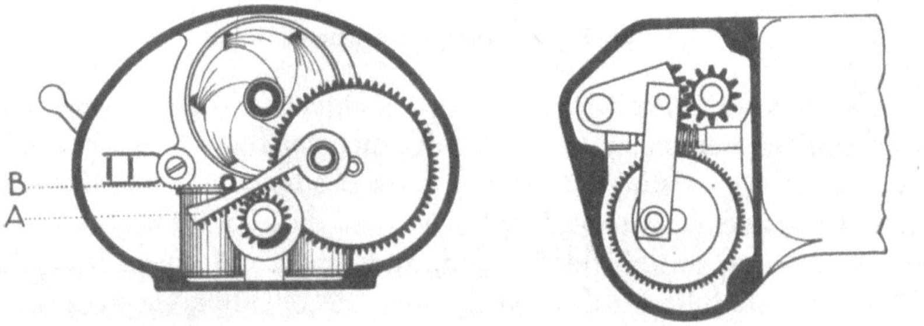

Bild 547 und 548. Kurbelgetriebe für Kreiswischer, bei denen die Kurbelbewegung durch Zahnstange oder -segment auf die Wischarmwelle übertragen wird

werden. Dieser Wischer ist übrigens ein Beispiel für die Verwendung eines Stirnradgetriebes; man kommt dabei nicht wie beim Schneckenradgetriebe mit einer Stufe aus, sondern treibt das große Rad schon durch eine auf der andern Seite des Motorankers D angebrachte Stirnradübersetzung an.

Interessante, aber nur vereinzelt verwendete Getriebebauarten zeigen die Bilder 549–551. Bei dem Beispiel Bild 549 greift das Schneckenrad A mit drei konzentrisch angeordneten Zapfen B, C, D beim Umlauf abwechselnd in die Lücken von zwei Zahngruppen E, F, G und H, J, K einer Kulisse L ein und versetzt diese in eine Hin- und

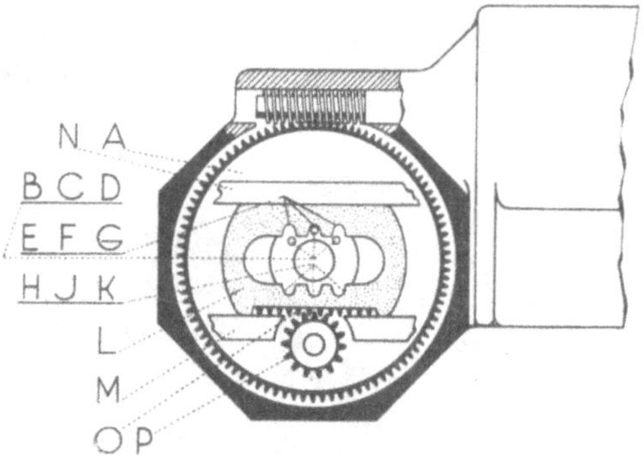

Bild 549. Kurbelgetriebe für Kreiswischer mit gezahnter Kulisse zwischen Kurbelzapfen und Wischarmwelle

Herbewegung. Die Kulisse wird dabei zwischen zwei Leisten M und N, die u. a. am Deckel des Getriebegehäuses sitzen können, geführt. Sie greift mit der Verzahnung O in das auf der im Gehäusedeckel gelagerten Wischarmwelle sitzende Zahnrad P ein und versetzt so den Wischarm in Pendelbewegung.

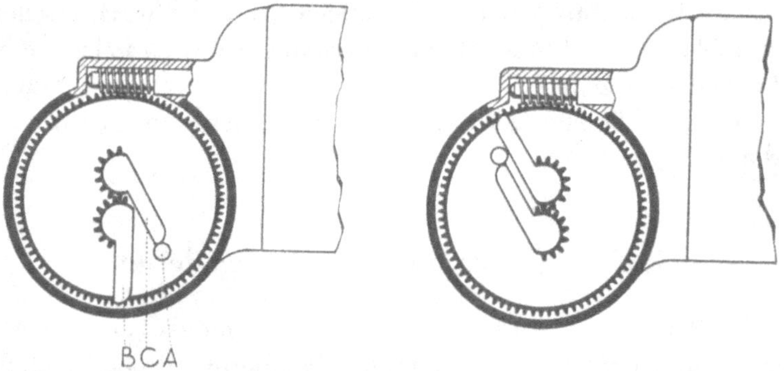

Bild 550. Kurbelgetriebe für Kreiswischer mit eigenartiger Hebelübertragung zwischen Kurbelzapfen und Wischarmwelle

Bei dem Beispiel Bild 550 nimmt der am Schneckenrad sitzende Zapfen A beim Umlauf des Rades abwechselnd die im Gehäusedeckel gelagerten und mit Zahnsegmenten versehenen Hebel B und C mit.

B sitzt auf der Wischarmwelle. Wie die Teilbilder zeigen, nimmt der Zapfen A bei seiner Umlaufbewegung zunächst den Hebel B und mit ihm den Wischarm im Sinne des Uhrzeigers mit. Dabei wird gleichzeitig durch Vermittlung der Zahnsegmente der Hebel C entgegengesetzt gedreht. Nach einer Drehung von etwa 150° gleitet der Zapfen A von B ab und nimmt nach kurzer Weiterdrehung den Hebel C im Uhrzeigersinne mit. Infolgedessen wird durch die Zahnübertragung der Hebel B und mit ihm der Wischarm jetzt im entgegengesetzten Sinne geschwenkt.

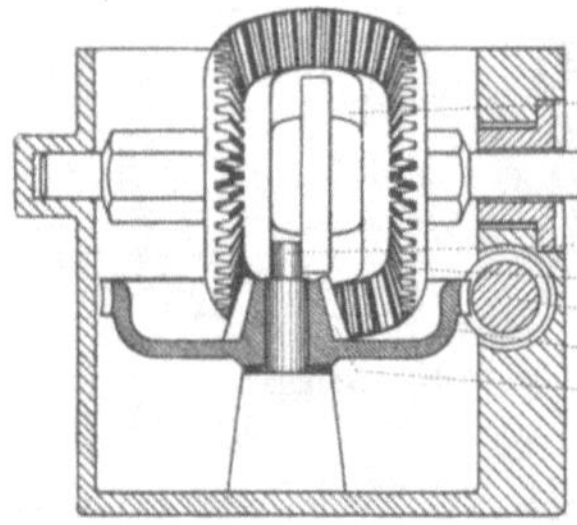

Bild 551. Umkehrgetriebe für Kreiswischer mit reiner Zahnradübertragung

Das Beispiel nach Bild 551 beruht völlig auf Zahnradübertragung. Die Kraft des Motors wird in üblicher Weise durch eine Schnecke A auf das Schneckenrad B übertragen. Auf diesem sitzt koaxial ein Kegelrad C, das in den Zahnformring D eingreift und mit einem Wellenstumpf E in einer Steuerbahn F des Zahnformringes geführt ist. Der Zahnformring ist auf einem sechskantigen Teil der Wischarmwelle G verschiebbar, aber nicht drehbar gelagert. Infolgedessen wälzt sich bei umlaufendem Kegelrad C der Ring D auf C ab und versetzt dadurch die Wischarmwelle mit dem Wischerarm in die beabsichtigte Hin- und Herbewegung.

5. Der Wischarm und die Gummileiste

Der Wischarm wird bei den Kreiswischern durch eine einfache Klemmvorrichtung nach Bild 552 auf der Wischarmwelle befestigt. Bei den Parallelwischern richtet sich die Befestigung nach der Ausbildung des Wischarmträgers. Da diese Wischer keine praktische Bedeutung haben, erübrigt sich aber ein Eingehen auf diese Einzelheiten. Bei den Kreiswischern ist der eigentliche Wischarm meist durch ein Gelenk mit der Klemme verbunden und wird in der Regel durch eine Schraubenfeder (links) oder eine Blattfeder (rechts) gegen die Windschutzscheibe gedrückt, so daß die an dem Arm befestigte Gummileiste mit einem gewissen Drucke, der in weiten Grenzen schwankt und im Mittel 100 – 150 g betragen dürfte, an der Scheibe liegt.

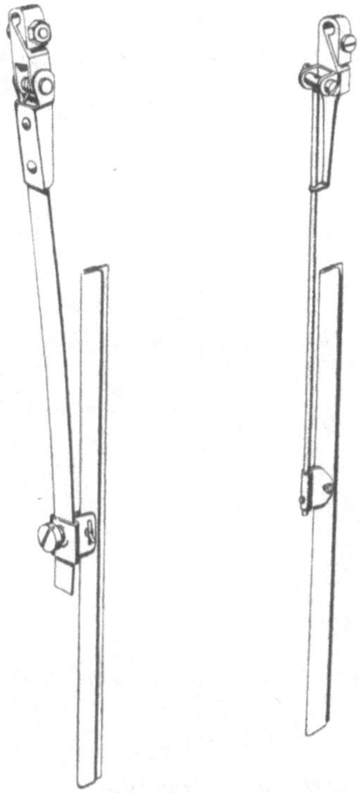

Bild 552. Wischarme für Kreiswischer

Die Wischleiste besteht aus einem Gummistreifen von etwa 1 mm Stärke und im Mittel 17 – 19 cm Länge, der auf der einen Längsseite in Blech gefaßt ist, aus dem er etwa 3 – 5 mm heraussteht. Die Beschaffenheit des Gummis ist von großer Bedeutung für die Wischerleistung. Es soll so weich sein, daß die Leiste bei dem angewandten Druck gut an der Scheibe liegt, andererseits darf es aber auch nicht so weich sein, daß die Leiste über die Niederschläge auf der Scheibe hinweggleitet und sie nicht abstreift. Die Wischleiste wird nach den Bildern in ihrer Mitte meist mittels eines Splintes, d. h. also leicht auswechselbar, in den am Wischarm sitzenden Halter eingehängt. In diesem Halter hat sie so viel seitliches Spiel, daß sie sich bei der Wischbewegung schräg zur Scheibe legen kann.

6. Doppelwischer

In Verbindung mit Bild 531 und 532 haben wir auf S. 234 die Verwendung von zwei Wischarmen, die durch einen Motor angetrieben werden, erwähnt. Bild 553 gibt ein einfaches Beispiel, wie der für sich an der Windschutzscheibe aufgehängte zweite Wischarm durch eine Schubstange vom ersten Wischarm aus mitbewegt wird.

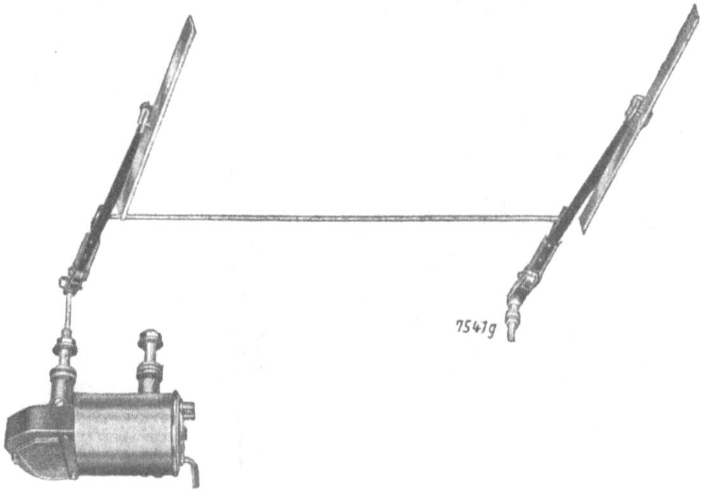

Bild 553. Doppelkreiswischer (Robert-Bosch A.-G.)

Etwas umständlicher ist eine Lösung, bei der der Wischer mit dem Getriebe nach Bild 549 verwendet wird. Wie Bild 554 zeigt, arbeitet hier die Kulisse L nicht unmittelbar auf die Wischarmwelle, sondern es ist an jeder Seite eine Schubstange (Q_1 und Q_2) an sie angeschlossen, die am Ende auf eine kurze Strecke gezahnt sind. Diese Zahnungen greifen in Zahnräder auf den beiden Wischarmwellen ein, die an dem Gehäuse, in dem die Stangen geführt werden, gelagert sind.

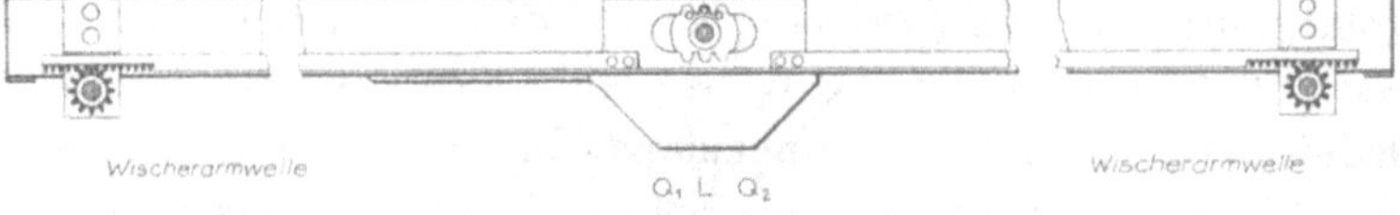

Bild 554. Doppelkreiswischer mit Getriebe nach Bild 549

Man hat auch vorgeschlagen, beide Wischarme für sich aufzuhängen, durch eine Schubstange zu verbinden und den Motor mit einer kurzen Hebelübertragung an der Mitte dieser Stange angreifen zu lassen. Demgegenüber ist aber die Lösung nach Bild 553 als erheblich einfacher vorzuziehen.

7. Leistungsaufwand

Der Leistungsverbrauch des Wischermotors beträgt bei einem Wischarm und nasser Scheibe etwa 8–10 W. Er steigt durch einen zweiten Arm nicht wesentlich, wohl aber beim Arbeiten auf halbnasser und trockener Scheibe, zum Beispiel also bei geringen Niederschlägen.

8. Einbau und Wartung

Der Einbau des Scheibenwischers richtet sich nach der Ausführung der Windschutzscheibe. Man wird nach Möglichkeit vermeiden, die Scheibe zu durchbohren, und somit versuchen, den Wischer am Rahmen der Scheibe zu befestigen. Bei einem geschlossenen Wagen mit fest eingebauter Windschutzscheibe ergibt sich dann ein Einbau nach Bild 555.

Bild 555. Wischereinbau am oberen Rahmen der Windschutzscheibe, innen

Kann aus irgendeinem Grunde (hochschiebbare Windschutzscheibe!) die Wischarmwelle nicht durch den Rahmen geführt werden, so wird der Wischer nach Bild 556 außen angebracht. In diesem Falle muß selbstverständlich der Schalter getrennt vom Wischer an einer dem Fahrer gut zugänglichen Stelle eingebaut werden. Hat ein geschlossener Wagen eine schwenkbare Windschutzscheibe, so ist diese meist in einen schmalen

Metallrahmen gefaßt. An diesem läßt sich dann der Wischer nach Bild 557 befestigen. In ähnlicher Weise wird beim offenen Wagen an der eingefaßten Scheibe der Wischer an der oberen Rahmenleiste befestigt.

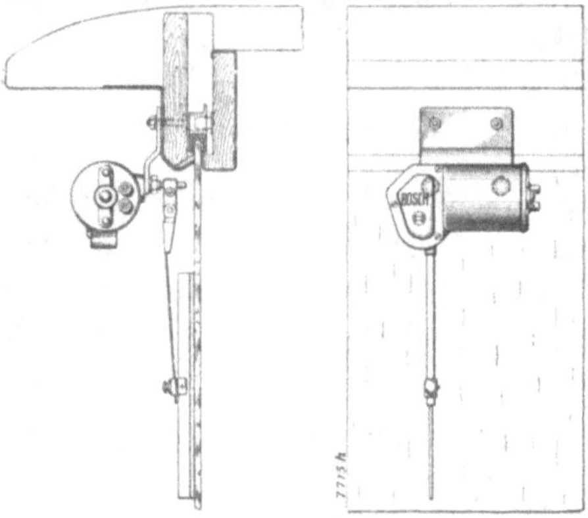

Bild 556. Wischereinbau bei hochkurbelbarer Windschutzscheibe

Ist eine Anbringung am oberen Rande ohne Durchbohren der Scheibe nicht möglich, so wird man erwägen, ob der Wischer vielleicht am unteren Rande eingebaut werden kann (Bild 558). Dieser Einbau bietet den Vorteil, daß das von der Wischleiste nach den Seiten gewischte Wasser unmittelbar nach unten abläuft und in keinem Falle in die gesäuberte Fläche zurückfließen kann.

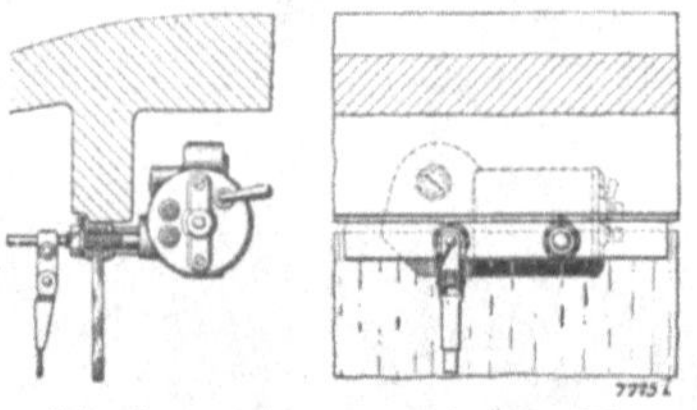

Bild 557. Wischereinbau am oberen Metallrahmen bei schwenkbarer Windschutzscheibe

Bei offenen Wagen mit oben nicht eingefaßter Scheibe oder bei geschlossenen Wagen, bei denen Platzmangel ein Befestigen des Wischers oberhalb der Scheibe verhindert, muß man den Wischer an der Scheibe selbst befestigen, wenn ein Einbau unterhalb der Scheibe nicht möglich ist. Das Durchbohren der Glasscheibe sollte aber nur von darin erfahrenen Leuten ausgeführt werden. Vielfach wird es möglich sein, den Wischer nicht an der Scheibe, sondern nach Bild 559 an einer kleinen Schiene aufzuhängen. Es braucht dann nur e i n Loch zum Durchführen der Wischarmwelle durch die Scheibe gebohrt zu werden, während bei Befestigung des Wischers an der Scheibe z w e i Löcher zu bohren sind.

Eine W a r t u n g des Wischers macht sich im Betriebe im allgemeinen nicht nötig. Zum Beispiel gibt die Firma Bosch an, daß der bei

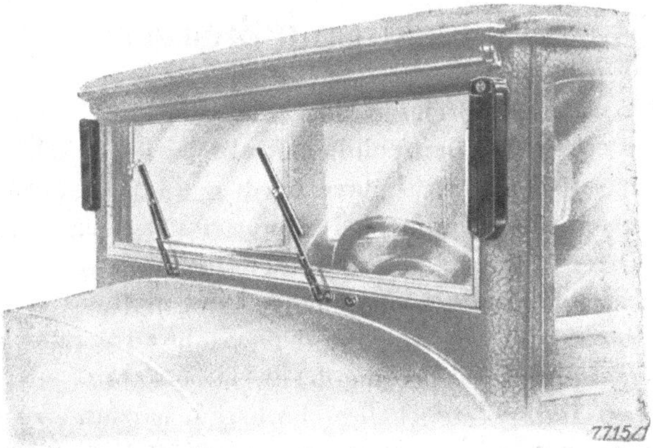

Bild 558. Wischereinbau unter der Windschutzscheibe

Bild 559. Wischeraufhängung an einem Träger bei nur einfach durchbohrter Windschutzscheibe

Lieferung im Wischer vorhandene Schmiervorrat für etwa 800–1000 Betriebsstunden ausreicht. Da der Wischer verhältnismäßig selten in Betrieb genommen wird, wäre mit den angegebenen Betriebsstunden eine Fahrstrecke des Fahrzeugs möglich, die während seiner gesamten Lebensdauer kaum erreicht wird. Es kommt infolgedessen eine eigentliche Wartung des Wischers im allgemeinen nicht in Frage. Nur wird man gelegentlich die Gummileiste, die durch Alterung und Witterungseinflüsse unbrauchbar wird, ersetzen müssen.

VI. Elektrische Bremsen

Kräftig wirkende Bremsen sind eine wesentliche Voraussetzung für die Sicherheit des neuzeitlichen Kraftfahrzeugverkehrs. Müssen solche Bremsen aber vom Führer durch seine Muskelkraft bedient werden, so erwächst daraus bei schweren Fahrzeugen eine recht erhebliche Beanspruchung, die schwächere Personen von der Führung solcher Fahrzeuge geradezu ausschließen kann, und auch bei leichteren Fahrzeugen entspricht die immer noch merkliche körperliche Belastung des Führers durch die Bedienung der Bremsen nicht dem Streben der neuzeitlichen Technik, den Fahrer körperlich möglichst zu entlasten und ihn dadurch instand zu setzen, daß er der Erfüllung seiner engeren Führeraufgaben und damit der sicheren Abwicklung des Verkehrs erhöhte Aufmerksamkeit widmen kann. Wenn es nicht gelingt, die Bremsanordnung so zu verbessern, daß das Bremsen nur noch unwesentliche Ansprüche an die Körperkraft des Fahrers stellt, muß die folgerichtige Entwicklung somit dahin gehen, beim Bremsen die Muskelkräfte des Fahrers möglichst durch Maschinenkraft zu ersetzen. Dadurch sind die bekannten Drucköl, Druckluft- und Unterdruckbremsen sowie die besonderen Bremsbacken- und Bremsbandanordnungen entstanden, bei denen die schon bei leichtem Anziehen der Bremse zwischen Bremstrommeln und Bremsbacken oder -bändern wirksam werdenden Kräfte zur Verstärkung des Bremsdruckes ausgenutzt werden. Überraschend ist, daß die Elektrizität, die sonst als Hilfskraft am Kraftfahrzeug so ausgiebige Verwendung findet, bisher für das Bremsen nicht ausgenutzt worden ist. Es sind wohl eine größere Zahl von dahingehenden Vorschlägen durch die Patentliteratur bekannt geworden, praktische Bedeutung hat aber erst neuerdings der hierher gehörende Bosch-Bremshelf gewonnen, bei dem die Elektrizität zur Regelung der Wirkung eines Unterdruckzylinders und -kolbens angewandt wird. Wir werden unten näher auf ihn eingehen.

Die meisten Vorschläge auf diesem Gebiet gehen dahin, die Elektrizität nicht unmittelbar als Kraft zum Anziehen der Bremsen auszunützen, sondern durch sie nur die die Bremsen anziehende Kraft zu regeln. Dazu ist sie ja auch in hervorragendem Maße geeignet, weil elektrische Leitungen weit einfacher zu verlegen sind, als zum Beispiel Gestänge oder Rohrleitungen, und somit die Bedienungsorgane elektrisch geregelter Bremsen ohne Schwierigkeiten an die für den Fahrer am besten zugänglichen Stellen gelegt werden können.

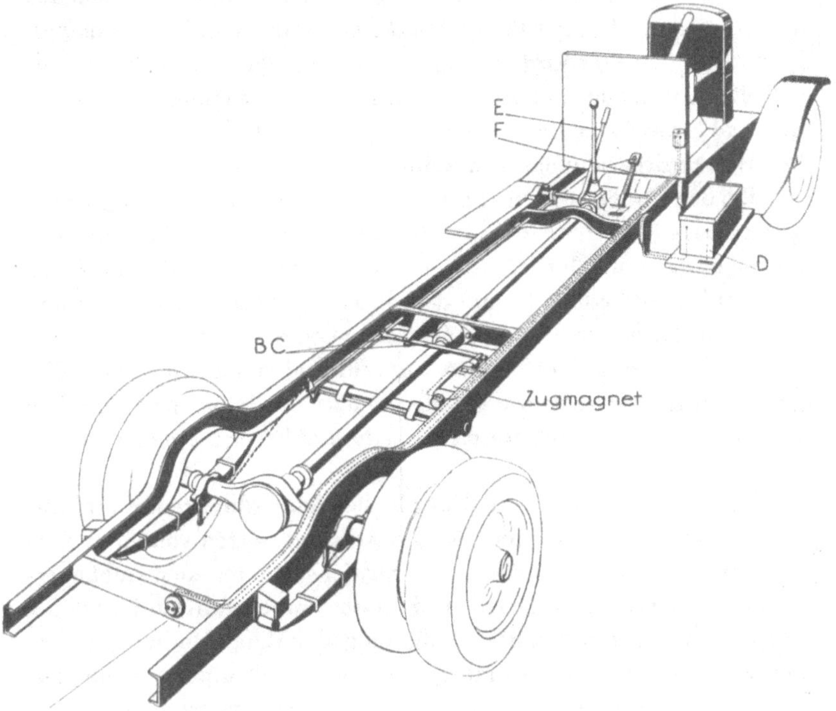

Bild 560. Elektromagnetische Zusatzbremse (J. P. Goßens, Lochner & Co.)

Die bequeme Zuführung der Kraft würde natürlich auch zugunsten der Ausnutzung der Elektrizität als Bremskraft sprechen, doch überwiegen hier bisher noch die Nachteile. Man könnte die Bremsen auf zwei Wegen elektrisch anziehen: durch Elektromagnete und durch Elektromotoren. Wir wollen hier drei Beispiele bringen, die über die Patentliteratur hinaus wenigstens auch in den Fachzeitschriften Beachtung gefunden haben, wenn sie sich auch nicht zu praktischer Bedeutung durchsetzen konnten.

Als Beispiel für die erste Bauart wählen wir die elektromagnetische Zusatzbremse für Lastkraftwagen und Anhänger, wie sie von der Firma J. P. Gooßens, Lochner & Co. in Brand bei Aachen durchgebildet worden ist.*) Man kann derartige Bremsen, bei denen man auf die feinfühlige Regelung, wie sie bei Bremsen für schienenlose Fahrzeuge nötig ist, verzichtet, stets nur als Zusatzbremse verwenden. Diese darf nur einen solchen Zug ausüben, daß die Kraft der Bremsrückzugfedern überwunden, die Bremsbacken also gerade angelegt werden, und höchstens noch ein geringer Anfangsbremsdruck erreicht wird. Dieser Druck darf aber nur so stark sein, daß die Räder auch bei ungünstigen Reibungsverhältnissen zwischen Rad und Straße, zum Beispiel bei Glatteis, nicht blockiert werden. Sonst bewirkt die Bremse unliebsames Schleudern des Fahrzeugs.

Bei der Gooßens-Bremse greift nach Bild 560 der Zugmagnet über den zweiarmigen Hebel B C parallel zum Handbremshebel E an dem Bremsgestänge an. Der Stromkreis des Elektromagnets wird durch den Kontakt F geschlossen, der auf dem Pedal der Fußbremse angebracht ist. Es genügt also ein leichter Fußdruck, um eine geringe Bremswirkung zu erzielen, die in vielen Fällen ausreicht, aber auch augenblicklich durch stärkeres Niederdrücken des Pedals durch die nach üblichen Grundsätzen durchgebildete mechanische Fußbremse ergänzt werden kann.

Einen wesentlichen Vorteil würde die elektrische Bremse für Lastzüge bieten, weil bei ihr der oder die Anhängerwagen vom Zugwagen aus gebremst werden könnten und somit der sonst für jeden Anhängerwagen gesetzlich vorgeschriebene Bremser entbehrlich würde. Bei der hier vorgeschlagenen Bauart darf allerdings der Mangel nicht übersehen werden, daß die Bremswirkung nicht abgestuft werden kann. Für Anhängerbremsen, die vom Zugwagen aus bedient werden, besteht die Bedingung, daß die Anhänger bei etwaigem Zerreißen der sie mit dem Zugwagen verbindenden Kupplung selbsttätig abgebremst werden. Die Anhängerbremse nach Gooßens arbeitet daher mit Ruhestrom, d. h. der Bremsmagnet ist bei freier Fahrt erregt und hebt die Bremsbacken gegen den Zug einer Feder von den Bremstrommeln ab. Beim Anziehen der Bremsen des Zugwagens wird durch dessen Bremsmagnet ein Schalter im Stromkreis der Magnetspule des Anhängers geöffnet, so daß der Magnetkern freigegeben wird und die oben erwähnte Feder die Bremsen anziehen kann. Dieselbe Wirkung tritt natürlich ein, wenn

---

*) E. Meyer, Dresden, „Die elektro-magnetische Gooßens-Zusatzbremse für Lastkraftwagen und Anhänger". Deutsche Motorzeitschrift, 1926, Heft 10, S. 232, DRP. 468 331 der genannten Firma.

der Strom durch Zerreißen des Kabels zwischen Zugwagen und Anhänger unterbrochen wird.

Bedenklich ist bei derartigen Bremsen die Belastung der Lichtanlage. In vielen Fällen würde der Einbau nicht ohne Vergrößerung von Lichtmaschine und Batterie möglich sein. Bei der oben beschriebenen Bremse soll diese Schwierigkeit durch Verwendung einer Sparschaltung gemildert werden. Man geht dabei von der Überlegung aus, daß zum Festhalten des eingezogenen Magnetkerns bedeutend weniger Kraft nötig ist als zum Einziehen, und schaltet durch den voll eingezogenen Kern selbsttätig eine Widerstandswicklung vor die Hauptwicklung der Magnetspulen. Dadurch wird der von dem Magnet aufgenommene Strom erheblich vermindert.

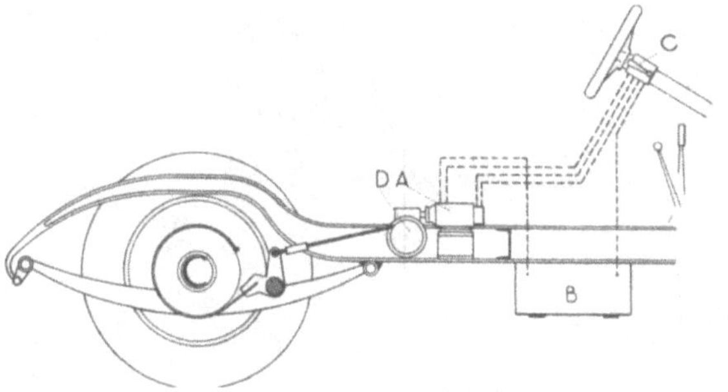

Bild 561. Durch Elektromotor angezogene Bremse (Hartford)

Als Beispiel für eine durch einen Elektromotor angezogene Bremse erwähnen wir die Hartford-Bremse.*) Nach Bild 561 haben wir als grundlegenden Teil dieser Bremse den schnellaufenden Elektromotor A, der aus der Wagenbatterie B gespeist wird und durch den mehrstufigen Schalter C von der Lenksäule aus auf verschiedene Drehzahlen geschaltet werden kann. Der Motor treibt mit großer Übersetzung über ein Schneckengetriebe und eine Reibkupplung, durch die der Bremszug auf einen gewissen Wert begrenzt werden soll, eine Kabeltrommel D an, auf der ein Seil auf- oder abgewickelt wird, vermittels dessen in ohne weiteres ersichtlicher Weise die Bremsen angezogen werden. Selbstverständlich entspricht eine solche Anordnung in keiner Beziehung den heutigen Anschauungen, und es ist ihr auch jeder merkliche Erfolg versagt geblieben. Man hat bei anderen ähnlichen Bauarten noch versucht, den Aufwand für die Bremse dadurch zu ver-

*) U. S. A. Patent 1271163; The Automobile 1914, Bd. 30, Nr. 21, S. 1076; The Horseless Age 1914, Bd. 33, Nr. 25, S. 988.

mindern, daß man den Anlaßmotor zugleich als Bremsmotor verwendete. Auch das führte aber zu praktisch nicht brauchbaren Anordnungen.

Bei einem dritten Beispiel werden wieder Elektromagnete benutzt, doch dienen diese hier im wesentlichen nur dazu, die Bremsbacken soweit anzudrücken, daß die zwischen ihnen und den mit den Rädern umlaufenden Bremstrommeln wirksam werdenden Kräfte ausreichen, um die Bremsbacken bis zur vollen Bremswirkung festzuziehen. Die von Fr. W. Lanchester und der Daimler Comp. Ltd. ausgearbeitete Bremse hat nach dem englischen Patent 198707 folgenden Aufbau:

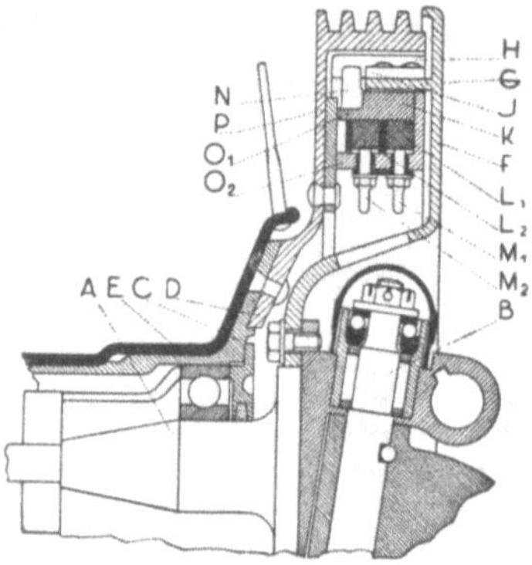

Bild 562. Daimler-Landhester-Bremse

Bild 562 zeigt für ein Vorderrad den Achsschenkel A, der um den Vorderachszapfen B geschwenkt werden kann. Auf dem Achsschenkel läuft die Nabe C, mit der die Bremstrommel D feft verbunden ist. Das Rad E ist in üblicher Weise abnehmbar auf die Nabe geschoben. Am Achsschenkel ist der Bremsdeckel F befestigt, von dem aus der zylindrische Ansatz G in die Bremstrommel ragt. Um G liegt ein aufgeschnittener Ring H, der mit seinen Schnittflächen an einem auf G festgenieteten Anschlag J liegt. H dient als Bremsschuh; er füllt den Raum zwischen G und der Bremstrommel annähernd aus und kann auf seiner äußeren Mantelfläche mit einem als Bremsbelag geeigneten Stoff bekleidet werden. Im Inneren von G liegt ein ringförmiger Elektromagnet K mit zwei ringförmigen Wicklungen L_1 und L_2, denen über die Anschlüsse M_1 und M_2 Strom zugeführt werden kann. Von K aus ragt ein Horn N in den Spalt des Bremsringes. O_1 und O_2 sind ringförmige Polflächen des Elektromagnets, die in nicht erregtem Zustand einen geringen Abstand von der mit der Bremstrommel fest verbundenen Ankerplatte P haben. Die Wirkungsweise der Anordnung ist folgende:

Sobald K erregt wird, legen sich O_1 und O_2 fest an P, und das Rad sucht infolgedessen den Magnet K mit in Umlauf zu nehmen. Diese Bewegung wird aber dadurch begrenzt, daß K mit dem Horn N in den Spalt des Bremsringes H ragt. N legt bei jeder Drehrichtung des Rades sich gegen eine Schnittfläche von H und spreizt diesen auf, da ja sein anderes Ende durch J festgelegt ist. H wird also gegen D gepreßt, und es entsteht zwischen H und D die beabsichtigte Bremsreibung, die noch dadurch erhöht wird, daß D gerade wegen dieser Reibung H mitzunehmen sucht und ihn infolgedessen noch kräftiger aufspreizt. Eine geringe Bremswirkung kommt auch zwischen O_1, O_2 und P zustande, doch dient der Magnet im wesentlichen nur dazu, das Bremsen einzuleiten. Die praktische Verwendung der Bremse dürfte von vornherein an der umständlichen, für jedes Rad vorzusehenden Anordnung gescheitert sein. Zu beachten ist auch, daß bei Versagen der elektrischen Einrichtung die Bremse ausfällt, da eine Betätigung durch Hand oder Fuß nicht ohne weiteres möglich ist.

Wie wir bereits früher erwähnten, sind zahlreiche Versuche, die Elektrizität wenigstens zur Regelung von anderen Kräften (Luftüber- oder -unterdruck, Öldruck) für Bremszwecke auszunutzen, fehlgeschlagen. Bisher scheint lediglich dem vor einiger Zeit auf den Markt gekommenen Bosch-Bremshelf ein Erfolg be-

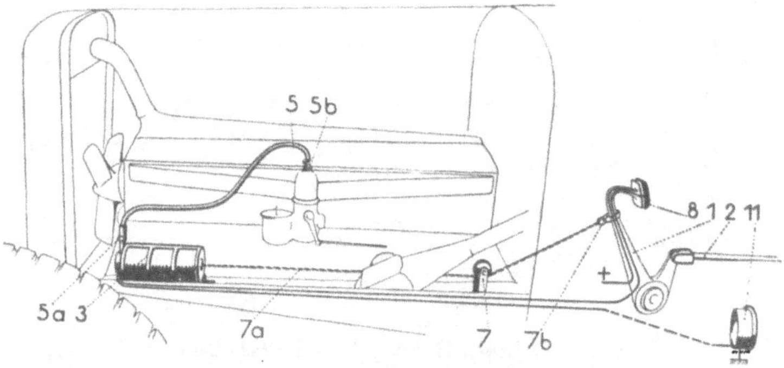

Bild 563. Bosch-Bremshelf, allgemeine Anordnung

schieden zu sein. Der Name deutet an, daß der Bremshelf nicht als selbständige Bremsvorrichtung, sondern als Zusatz zur vorhandenen Bremsanlage gedacht ist. Wie die bekannten, rein mechanisch geregelten Unterdruckbremsen nützt der Bremshelf den in der Saugleitung entstehenden Unterdruck aus. Dieser Unterdruck ist bei Bedienung der Bremsen besonders tief, denn beim Bremsen wird wohl ausnahmslos die Gasdrossel geschlossen sein. Man kann dann durchschnittlich mit 0,5 – 0,7 Atmosphären Unterdruck rechnen.

Den Aufbau des Bremshelfs zeigen die Bilder 563–565. Wir haben bei 1 das Bremspedal mit dem anschließenden normalen Bremsgestänge 2. 3 ist der Unterdruckzylinder, in dem durch den äußeren Luftdruck ein

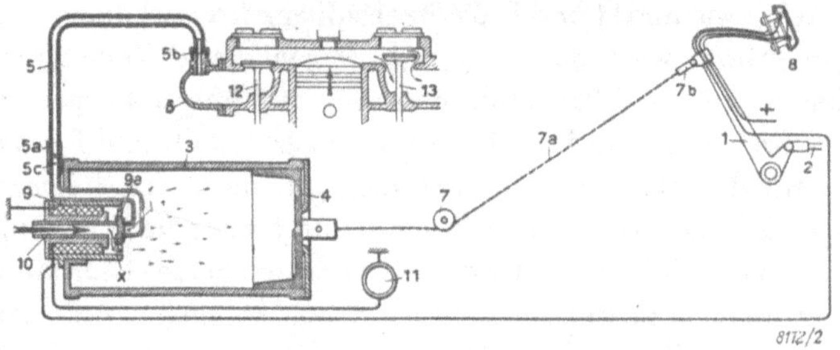

Bild 564. Bosch-Bremshelf, Ruhestellung

Kolben 4 verschoben werden kann. Dieser Kolben ist durch ein Drahtseil 7 a mit dem Bremshebel verbunden, und zwar soll zur vollen Ausnützung des Kolbenzuges das Seil in Richtung der Zylinderachse verlaufen und senkrecht zum Bremshebel angreifen. Ist das nicht ohne weiteres durch geeigneten Einbau des Zylinders zu erreichen, so ist das

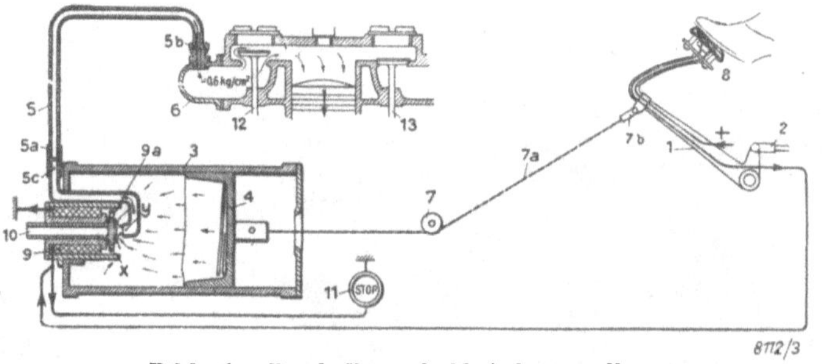

Bild 565. Bosch-Bremshelf, Arbeitsstellung

Seil durch eine Rolle 7 umzulenken. Der Zylinder ist durch das Rohr 5 mit dem Ansaugrohr verbunden. Im Ruhezustand der Bremse ist aber nach Bild 564 die Öffnung y des Rohres 5 durch den mit einer entsprechenden Dichtungsfläche versehenen Anker 9 a des elektromagnetisch gesteuerten Ventils 9 verschlossen, und der Zylinder steht über die Öffnung x und den hohlen Schaft des Ankers mit der Außenluft in Verbindung.

Das Ventil 9 ist in den Boden des Unterdruckzylinders eingefügt. Die zylindrische Ventilform ist durch einen Topfmagnet gegeben, in dessen mittlerer Bohrung der Anker mit seinem hohlen Schaft geführt ist. Außerdem ist der Anker noch in einer Blattfeder aufgehängt, so daß er sich in axialer Richtung fast reibungslos bewegen kann. Die Wicklung des Ventils liegt in einem Stromkreis, der von der Batterie über ein im Bremsschalter 8 auf dem Pedal angebrachtes Kontaktpaar zur Wicklung und über die Masse des Fahrgestells wieder zur Batterie führt.

Die Arbeitsweise des Ventils erinnert sehr an die des an den spannungsregelnden Lichtmaschinen verwendeten elektromagnetischen Spannungsreglers (Teil II, S. 106). Wie dort gezeigt wird, bewirkt der Spannungsregler je nach Drehgeschwindigkeit und Belastung der Lichtmaschine eine fortlaufende Änderung des Erregerstromes, und zwar in einer ersten Stufe dadurch, daß er einen vor der Erregerwicklung liegenden Widerstand in schneller Folge abwechselnd kurzschließt und durch Aufheben des Kurzschlusses in den Erregerstromkreis einschaltet, und in einer zweiten Stufe dadurch, daß er die Erregerwicklung kurzschließt und durch Aufheben des Kurzschlusses wieder einschaltet. In ähnlicher Weise bewirkt das Steuerventil des Bremshelfs in Abhängigkeit von der Stellung des Bremspedals eine fortlaufende Änderung des Unterdrucks im Bremszylinder und damit des auf den Bremshebel ausgeübten Zuges zwischen Null und dem tiefsten am Motor erreichbaren Unterdruck dadurch, daß es den Zylinderraum in schneller Folge abwechselnd mit dem Ansaugrohr und der Außenluft verbindet. Sobald nach Bild 565 der Fahrer nur leicht auf das Bremspedal tritt, schließt sich das Kontaktpaar im Bremsschalter 8; der Topfmagnet des Ventils zieht den Anker an, sperrt die Verbindung des Zylinders mit der Außenluft und gibt die Saugöffnung frei. Mit der kräftig einsetzenden Entlüftung des Zylinders wird der Kolben durch den äußeren Luftdruck in den Zylinder gedrückt. Damit werden das Bremspedal und die Bremsen angezogen, und zwar steigert sich der Zug solange, wie der Fuß dem Bremspedal mindestens mit einem dem Kontaktdruck entsprechenden Druck folgt. Der auf diese Weise höchstens erreichbare Zug hängt vom im Ansaugrohr herrschenden Unterdruck und vom Kolbendurchmesser ab. Bei 0,6 Atmosphären Unterdruck und 80 mm Kolbendurchmesser kann man mit einem Zug von etwa 27 kg rechnen. Dieser reicht bei gutem Zustand der Bremsen zur Erzielung der im allgemeinen erforderlichen Bremswirkung aus; er kann aber erforderlichenfalls ohne weiteres durch den Fußdruck des Fahrers ergänzt werden. Wichtig ist auch, daß bei etwaigem Ausbleiben des Unterdruckes sofort ein Bremsen nur durch die Körperkraft des Fahrers möglich ist, und zwar tritt dabei keinerlei Erschwerung durch den Bremshelf ein, da ja an dem üblichen Bremssystem nichts geändert wird.

Die Regelarbeit des Ventils setzt ein, wenn der Fahrer eine geringere als die dem vollen Zug des Bremshelfs entsprechende Bremswirkung erzielen will. Er läßt dann den Fuß nach Erreichen der gewünschten Verzögerung stehen. Der im Zylinder herrschende Unterdruck zieht das Pedal noch so viel weiter, daß sich die Kontakte des Bremsschalters gerade öffnen. Infolge dieser Unterbrechung des Stromkreises gibt der Magnet den Anker frei, der sogleich durch den auf ihm lastenden äußeren Luftdruck auf die Öffnung y der Unterdruckleitung 5 gedrückt wird und zugleich der Außenluft den Zutritt x zum Zylinder freigibt. Sowie damit der Unterdruck im Zylinder sinkt, läßt der Kolbenzug nach und das Bremspedal bewegt sich unter dem Einfluß der Rückzugfedern zurück, bis die Kontakte (8) wieder geschlossen sind. Jetzt wird der Ventilator wieder angezogen, die Unterdruckleitung geöffnet und die Außenluft abgesperrt, so daß der Kolben das Pedal wieder vom Fuß abzieht, usw. Dieses Spiel setzt sich fort, so lange der Fuß in der angenommenen Stellung verharrt.

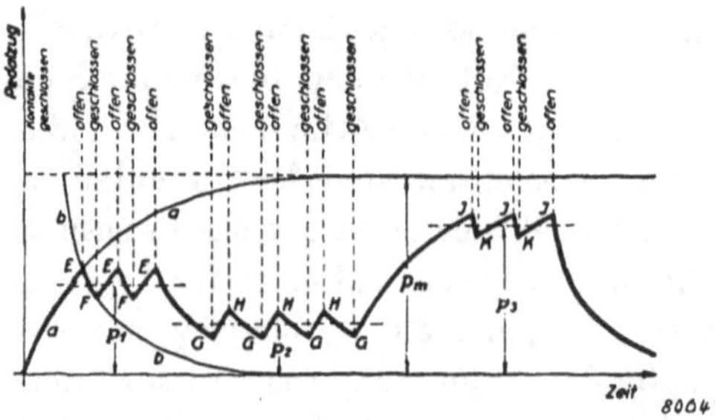

Bild 566. Graphische Darstellung der Arbeitsweise des Bosch-Bremshelfs

Wir können uns den Vorgang an Hand der graphischen Darstellung Bild 566 näher erklären. Es ist darin auf der waagrechten Achse die Zeit, in der sich die Vorgänge abspielen, und auf der senkrechten Achse der jeweils auf das Pedal ausgeübte Zug aufgetragen. Schließen die Kontakte, so stellt sich infolge des Widerstandes, den die aus dem Zylinder abströmende Luft im Ventil und Saugrohr findet sowie infolge der im Bremssystem liegenden Trägheits- und Reibungswiderstände nicht augenblicklich die Endstellung und damit der höchste Pedalzug p_m ein, sondern der Zug steigt, wenn auch in kurzer Zeit, doch nur so langsam nach einer Linie a an, daß man den Vorgang an beliebiger Stelle unterbrechen kann. Wir wollen annehmen, daß die Kontakte, nachdem der Fuß stehengeblieben ist, bei E öffnen. Würden wir den Fuß jetzt zurückziehen, so würde das System aus den beim Anzug bereits erörterten Gründen nicht augenblicklich, sondern nach einer Linie b, die im allgemeinen etwas anders verlaufen wird als a, zurückgehen. Da der Fuß nach unserer Annahme stehengeblieben ist, so wird im Punkt F der Linie b der Punkt erreicht, in dem die Kontakte wieder geschlossen sind, der Ventilanker umgesteuert ist und der Kolben wieder anzieht. Bei E setzt der umgekehrte Vorgang wieder ein, usw. Insgesamt stellt sich für die gegebene Fußstellung ein mittlerer Pedalzug p_1 ein.

Soll die Bremswirkung verringert werden, so wird der Fuß etwas zurückgenommen. Infolgedessen schließen die Kontakte erst wieder bei G, und das bereits beschriebene Spiel geht zwischen den Punkten G und H mit dem mittleren Pedalzug p_2 weiter. Soll der Bremsdruck wieder verstärkt werden, so kann der Vorgang zur Erzielung eines mittleren Pedalzuges p_3 zwischen die Punkte J und K verlegt werden, bis schließlich Entlastung durch völliges Zurücknehmen des Fußes eintritt.

Bei den nicht gerade geringen Trägheits- und Reibungswiderständen mag es scheinen, als ob der geschilderte Schwingungsvorgang recht langsam erfolgen müßte. Man muß sich aber klar machen, daß bereits bei äußerst geringen Kontaktöffnungen die Unterbrechung des Stromes eintritt. Infolgedessen sind die Bewegungen des langen Pedalhebels, auf dessen Ende der Bremsschalter sitzt, schon nur nach Bruchteilen eines Millimeters zu bemessen. Das Ende des kurzen Hebels, an dem das Bremsgestänge 2 angelenkt ist, macht infolgedessen nur noch kaum merkliche Bewegungen, die von dem unvermeidbaren Spiel im Gelenk aufgenommen werden und sich nicht auf das Gestänge übertragen. Es schwingen also praktisch nur der Bremshebel und der mit ihm verbundene Kolben, und zwar mit verschwindend geringen Ausschlägen und in schneller Folge. Der durch Bild 566 veranschaulichte Vorgang wird infolgedessen dem Fahrer nur als leichtes Zittern fühlbar.

Wie die Bilder zeigen, ist die sogenannte Stoplaterne parallel zur Elektromagnetwicklung in den Stromkreis des Bremshelfs gelegt. Dadurch wird diese Laterne beim Anziehen der Bremse selbsttätig zum Aufleuchten gebracht und ein besonderer Schalter (vgl. S. 229) entbehrlich. Außerdem aber fließen über den Glühfaden der Stoplaterne die beim Arbeiten des Elektromagnets entstehenden Induktionsströme ab, so daß weder die Kontakte im Bremsschalter durch das sonst zu erwartende Unterbrechungsfeuer gefährdet werden noch die Unterbrechung verzögert wird.

Das Neuartige am Bremshelf ist, daß die Bremswirkung bis zur Erreichung des stärksten Kolbenzuges lediglich durch die Stellung des Fußes bestimmt ist und der Fahrer das Pedal ohne merklichen eigenen Kraftaufwand mit einem nur den Kontaktdruck überwindenden Fußdruck niedertreten kann. Der Fahrer hat also nicht mehr den eigenen Kraftaufwand als Maß für den erzielten Bremsdruck, sondern in erster Linie das Gefühl für die Rückwirkung der durch die Bremswirkung erzielten Verzögerung des Fahrzeuges auf seinen Körper, dann aber auch die erreichte Fußstellung. Die letztere kann allerdings nur bei genügend langem Pedalweg als Maß in Betracht kommen.

Für Bremsen mit geringer Nachgiebigkeit, bei denen also zwischen dem ersten Anlegen der Bremsbacken und vollem Bremsdruck nur ein kurzer Pedalweg liegt, wie zum Beispiel vor allem bei hydraulischen Bremsen, ist die Abstufung des Bremsdruckes mit der oben geschilderten einfachen Anordnung schwierig. Für derartige Bremssysteme kommt eine andere Bauart des Bremshelfs in Frage, bei der dem Fuß wie bei den bekannten Servobremsen ein kleiner Teil der zu leistenden Bremsarbeit überlassen wird, der dem Fahrer ein zuverlässiges Maß für den erzielten Bremsdruck gibt.

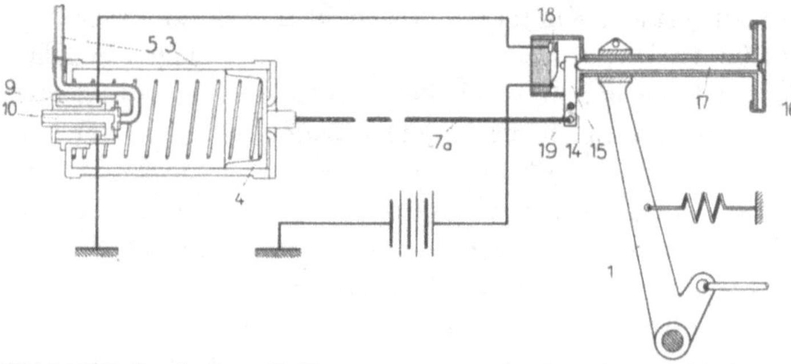

Bild 567. Bosch-Bremshelf mit proportionaler Beteiligung des Fußes am Bremsdruck

Bild 567 *) zeigt eine Form, die man einer derartigen Anordnung geben kann. Unterdruckzylinder und Ventil haben den bereits beschriebenen Aufbau. Das Seil 7a greift aber nicht mehr unmittelbar am Bremshebel 1 an, wie in den Bildern 563 – 565, sondern an dem kurzen Ende 14 eines zweiarmigen Hebels 14, 15, der in den entsprechend

*) DRP. 513 913.

ausgebildeten Bremsschalter eingefügt ist. Dieser Bremsschalter wird mit seinem rohrförmigen Gehäuse am oberen Ende des Bremshebels 1 festgeklemmt. In dem Rohr ist die Trittplatte 16 mit dem Bolzen 17 geführt, der den auf die Platte 16 ausgeübten Druck auf das längere Ende 15 des Hebels 14, 15 überträgt. Das niedergedrückte Ende 15 des Hebels 14, 15 schließt die Kontakte 18, und zwar so lange, wie die Trittplatte 16 mit einem Druck belastet ist, der mindestens dem durch das Verhältnis der Hebelarme 14, 15 gegebenen Teil des Zuges des Kolbens 4 entspricht. Die an den Hebelenden wirkenden beiden Kräfte greifen gemeinsam im Drehpunkt 19 des Hebels 14, 15 als Bremskraft am Bremshebel 1 an, so daß also der Fuß des Fahrers stets zu einem gewissen Teil an dem tatsächlich auf die Bremsen ausgeübten Druck beteiligt ist. Dadurch hat der Fahrer auch bei kurzem Pedalweg ein eindeutiges Maß für die erzielte Bremswirkung. Im einzelnen arbeitet der Bremshelf mit Gegendruck folgendermaßen:

Durch einen leichten Druck auf die Trittplatte 16 werden die Kontakte 18 geschlossen und damit das Ventil in der früher geschilderten Weise auf Entlüftung des Bremszylinders umgesteuert. Die Kontakte bleiben aber nur so lange geschlossen, als der Fußdruck in dem durch die Länge der Hebelarme 14, 15 gegebenen Verhältnis zu dem mit der rasch fortschreitenden Entlüftung des Zylinders wachsenden Kolbenzug gesteigert wird. Sobald der Fußdruck nach Erreichen einer gewissen Bremswirkung festgehalten wird, schreitet die Entlüftung noch um ein geringes fort. Damit überwiegt aber sofort das Drehmoment auf der Seite des Hebelarmes 14 und der Hebelarm 15 wird soweit zurückgedreht, daß die Kontakte 18 öffnen. Mit dem durch die Umsteuerung des Ventils einsetzenden Lufteintritt in den Bremszylinder läßt der Kolbenzug nach, es überwiegt sofort wieder das Drehmoment auf der Seite des Hebelarmes 15, die Kontakte schließen wieder, usw. Es findet also grundsätzlich das bereits beschriebene Regelspiel statt. Selbstverständlich kann die Bremswirkung nach Erreichen des höchsten Kolbenzuges ebenso wie bei der früheren Anordnung durch weitere Verstärkung des Fußdruckes noch erhöht werden; auch kann bei etwaigem Ausbleiben des Unterdruckes ohne weiteres die volle Bremswirkung durch Fußdruck allein erreicht werden.

Der Einbau beider Bremshelf-Bauarten kann keine Schwierigkeiten bieten. Ebenso stellen sie an die Wartung keine Ansprüche. Der Stromverbrauch ist gering und kann von jeder Lichtanlage ohne weiteres aufgenommen werden

VII. Brennstoff-Förderer

Die einwandfreie Förderung der Brennstoffe vom Behälter zum Vergaser ist für einen gesicherten Betrieb der Kraftfahrzeuge von grundlegender Bedeutung. Beim Motorrad ergibt sich die Lösung ohne weiteres durch die Lage des Behälters über dem Motor. Der Brennstoff fließt infolge seiner Schwere dem Vergaser mit ausreichendem Druck zu. Dieselbe Lösung finden wir bei kleineren Wagen, bei denen der Brennstoffverbrauch noch so gering ist, daß sich ein Behälter von genügendem Fassungsvermögen am oberen Teil der Spritzwand anbringen läßt, d. h. so hoch über dem Vergaser, daß auch hier der Brennstoff durch seine Schwere dem Vergaser ohne weiteres mit genügendem Druck zufließt. Bei Wagen mit stärkeren Motoren und dementsprechend größerem Brennstoffverbrauch läßt sich ein Behälter mit für eine größere Fahrstrecke ausreichendem Inhalt am Spritzbrett oder an anderer geeigneter Stelle in genügender Höhe nicht mehr anbringen. Man greift infolgedessen zu dem bekannten Einbau am Ende des Fahrgestells, bei Lastwagen auch unter dem Wagenaufbau und unter dem Führersitz.

Bei derartiger Behälterunterbringung muß man besondere Förderapparate vorsehen, die den Brennstoff vom Behälter zum Vergaser befördern. Viel verwendet werden für diesen Zweck zur Zeit die Unterdruckförderer, bei denen der Brennstoff selbsttätig durch den vom Motor im Ansaugrohr erzeugten Unterdruck nach Bedarf in einen an der Spritzwand aufgehängten Hilfsbehälter von etwa 1–5 l Inhalt gesaugt wird, von dem aus er dann durch seine Schwere dem Vergaser zufließt. Diese Unterdruckförderung hat sich im allgemeinen besser bewährt als die früher benützte Überdruckförderung. Ihre Betriebssicherheit ist aber wegen des bei besonderen Betriebsumständen, zum Beispiel bei längerem ununterbrochenen Arbeiten des Motors unter Vollast, möglichen Versagens des Unterdruckes sowie wegen der gelegentlich auftretenden Störungen in den Ventilanordnungen nicht einwandfrei; auch ist der Preis verhältnismäßig hoch, und die Apparate sind wegen ihrer Abmessungen manchmal nur schwer am Spritzbrett unterzubringen. Man sucht daher auch auf diesem Gebiet seit einigen Jahren die elektrische Anlage auszunützen und den Brennstoff durch elektrisch angetriebene Pumpen vom Behälter in den Vergaser zu fördern. Bisher ist diesen Bemühungen zwar noch kein größerer Erfolg beschieden gewesen; wir wollen aber durch kurze Beschreibung von zwei jetzt auf dem Markt befindlichen Bauarten wenigstens die Richtungen andeuten, in denen bisher gearbeitet wurde.

Ein grundlegender Gesichtspunkt aller Bauarten ist, daß die äußeren Wandungen der mit Brennstoff angefüllten Räume von keinen beweglichen Teilen durchbrochen sein dürfen, da es nicht gelingt, derartige Durchführungen dauernd dicht zu halten. Es kommen daher für die Förderung des Brennstoffes nur Membranpumpen oder Kolbenpumpen, bei denen der Kolben elektromagnetisch in einem bis auf die Brennstoffzufluß- und -abflußöffnungen völlig geschlossenen Zylinder hin und her geführt wird, in Betracht.

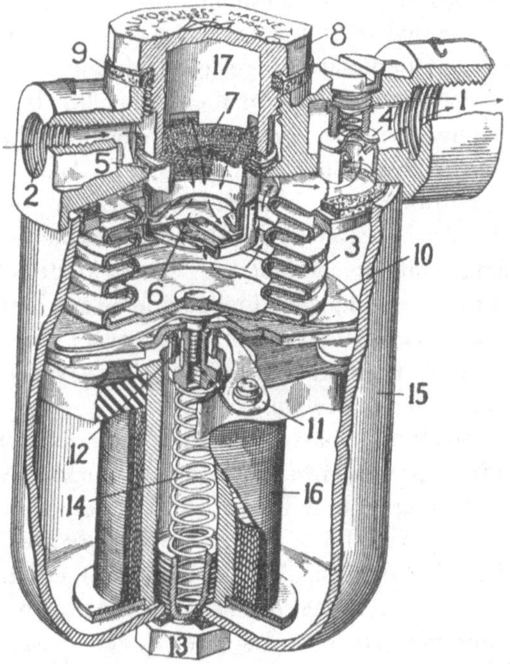

Bild 568. Elektrische Brennstoff-Förderpumpe (Autopulse)

Zu den ersteren gehört die Autopulse-Pumpe der Autopulse Corporation, Detroit, deren grundsätzlichen Aufbau Bild 568 zeigt. Die wichtigsten Teile sind der an Stelle von Kolben und Zylinder verwendete zylindrische Metallbalg 3 und der Elektromagnet 16, der durch eine

Kontaktvorrichtung, von der im Bild nur der eine Kontakt 11 sowie ein mit der Kontaktfeder 11 verbundener Stahlring 12 zu sehen sind, ein- und ausgeschaltet wird. Die Pumpe wird mit der Zündung eingeschaltet. Im Ruhezustand sind die Kontakte geschlossen. Sowie eingeschaltet wird, wird der Anker 10 vom Elektromagneten nach unten gezogen. Dadurch wird der mit dem Anker verbundene Balg 3 auseinandergezogen und vom Behälter her Brennstoff angesaugt. Dieser tritt durch den Zufluß 2 ein und fließt durch das Filter 7 und das Ventil 6 in den Balg. Am Ende seines Hubes unterbricht der Anker den Magnetstrom. Sobald der Zug des Elektromagnets aufhört, wird der Anker 10 durch die Schraubenfeder 14 wieder hochgedrückt Infolgedessen wird der Brennstoff aus dem Balg 3 durch das Ventil 4 und den Auslaß 1 nach dem Vergaser gedrückt. Die arbeitenden Teile sind durch ein Gehäuse 15 geschützt, das durch die Schraube 13, in der sich zugleich die Feder 14 abstützt, festgehalten wird. Das Filter 7 ist durch eine abschraubbare Kappe 8 zugänglich. Diese enthält eine Luftkammer 17, die die Saugstöße ausgleichen soll. 9 ist eine unter 8 eingelegte Dichtung.

Die Pumpe arbeitet nach Einschalten selbsttätig, bis der Vergaser genügend Brennstoff enthält und das Schwimmerventil den weiteren Eintritt von Brennstoff absperrt. Dann kann die Feder 14 den Anker nicht mehr hochdrücken, und die Pumpe schaltet sich somit selbsttätig solange aus, bis der Vergaser wieder Brennstoff einläßt und damit der Druck im Brennstoffabfluß nachläßt. Ein neueres Modell dieser Pumpe, von dem leider keine geeignete Schnittzeichnung zur Verfügung stand, hat ein besser durchgebildetes Filter mit sichtbarem Brennstoffdurchlauf sowie eine verbesserte Kontaktvorrichtung. Der Grundsatz des Aufbaues ist aber erhalten geblieben.

Als Beispiel für die Klasse der Kolbenpumpen bringen wir in Bild 569*) die Brennstoffförderpumpe der bekannten französischen Firma Técalemit. Als wichtigste Teile haben wir den Kolben A, der in einer nur von den Zu- und Abflußöffnungen durchbrochenen Büchse B geführt ist, die Kolbenrückführfeder C, die Elektromagnetwicklung D und die Kontakte E mit dem Hebelwerk F. Der Brennstoff tritt bei G in den Apparat ein und muß zunächst das Filter H, den Wasserabscheider J und das Filter K durchfließen, bis er in den Saugraum über den Kolben kommt. Der Kolben ist durchbohrt, die Bohrung oben aber durch das Rückschlag – Ventil L abgeschlossen. Wird die Magnetspule erregt, so wird der dauernd magnetische Stahlkolben gegen den Druck der Feder C nach oben gezogen. Dabei tritt Brennstoff durch das Ventil L

*) Omnia, Oktober 1929, S. 332.

in den Raum im und unter dem Kolben. Dieser nimmt bei seiner Bewegung durch magnetische Anziehung das Hebelwerk F der Kontaktvorrichtung mit und öffnet dadurch am Ende seines Hubes die Kontakte E. Jetzt drückt die Feder C den Kolben wieder abwärts und fördert damit durch das Ventil P Brennstoff zum Vergaser. Zugleich wird oben neuer Brennstoff angesaugt. Auf seinem Abwärtsgang nimmt

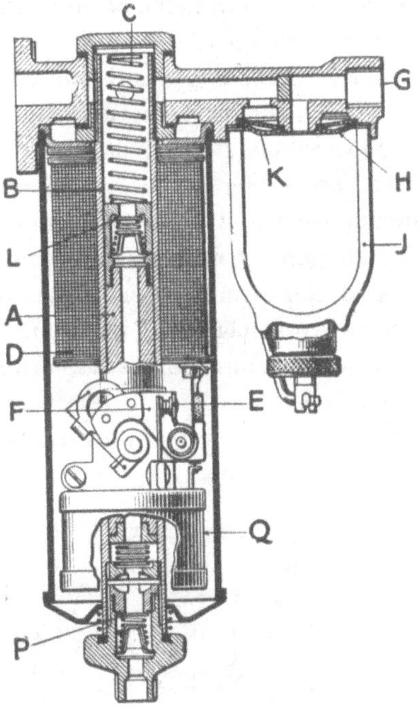

Bild 569. Elektrische Brennstoff-Förderpumpe „Técalemit

der dauernd magnetische Kolben wieder das Hebelwerk F mit, schließt dadurch am Ende des Hubes die Kontakte E, usw. Q ist ein zur Schonung der Kontakte eingebauter Kondensator.

Außer diesen beiden Beispielen sind schon verschiedene andere Bauarten vorgeschlagen worden; sie haben sich aber nicht durchsetzen können. Die bisher geringe Verbreitung elektrisch angetriebener Brennstofförderer ist jedoch nicht auf grundsätzliche Bedenken gegen die Abhängigkeit der Brennstoffzufuhr zum Vergaser von der elektrischen Anlage gegründet. Eine solche Stellungnahme wäre auch unberechtigt, solange man die Zündung in der in stetig steigendem Maße verwendeten Batteriezündung von der elektrischen Anlage abhängig macht.

VIII. Brennstoffmesser

Es bedeutet für den Kraftfahrer eine oft recht unangenehme Überraschung, wenn ihm unvorhergesehen der Brennstoff ausgeht. Beim Motorrad ist zwar die Nachprüfung des Brennstoffvorrats verhältnismäßig einfach; beim Wagen aber ist dazu Aussteigen, Öffnen der Haube oder Hantieren am oft verschmutzten Behälter am Wagenende erforderlich. Deshalb ist eine Vorrichtung erwünscht, die mit einfachen Mitteln den noch vorhandenen Brennstoffvorrat am Instrumentenbrett anzeigt. Man ist von vornherein geneigt, auch hier wieder wegen der einfachen Leitungsverlegung den elektrischen Strom auszunutzen, und es sind auch schon verschiedene Vorschläge für den Bau von elektrischen Brennstoffmessern gemacht worden. Eine praktische Verwendung haben derartige Apparate aber bisher nur in geringem Umfange gefunden, so daß wir uns darauf beschränken dürfen, kurz das Wesen der bekanntgewordenen Bauarten anzugeben.

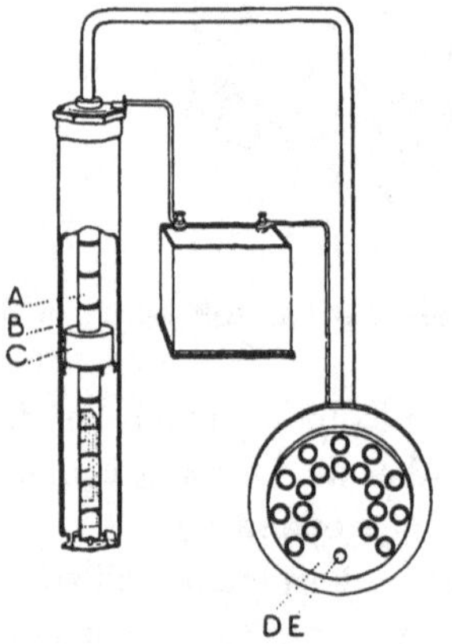

Bild 570. Brennstoffstandanzeiger „Livelgraph“

Nach einem englischen Vorschlag*) (Bild 570) wird in den Brennstoffbehälter ein aus Kontaktringen aufgebauter Stab A eingebaut, der von einem Metallrohr B umgeben ist. Jeder Kontaktring ist durch eine

*) The Autocar 19. 2. 29, Seite 320.

Leitung mit einem Glühlämpchen verbunden. Die Lämpchen werden am Instrumentenbrett auf einer kleinen Tafef D zusammengefaßt, von der aus eine gemeinsame Leitung zur Batterie geht. Diese Leitung ist im allgemeinen durch einen Druckknopfschalter E unterbrochen. Der andere Batteriepol ist mit dem äußeren Rohr der Kontaktvorrichtung verbunden. Zwischen Stab und Rohr gleitet mit dem veränderlichen Brennstoffstand ein Schwimmer C, der jeweils zwischen einem Kontaktring und dem Rohr eine leitende Verbindung herstellt. Infolgedessen glüht bei Betätigung des Druckknopfschalters ein dem jeweiligen Brennstoffstand zugeordnetes Lämpchen auf. Praktische Bedeutung konnte dieser Anzeiger nicht gewinnen, da der Aufwand von 18 Glühlämpchen und die gleiche Anzahl Leitungen vom Behälter zum Instrumentenbrett praktisch unmöglich ist.

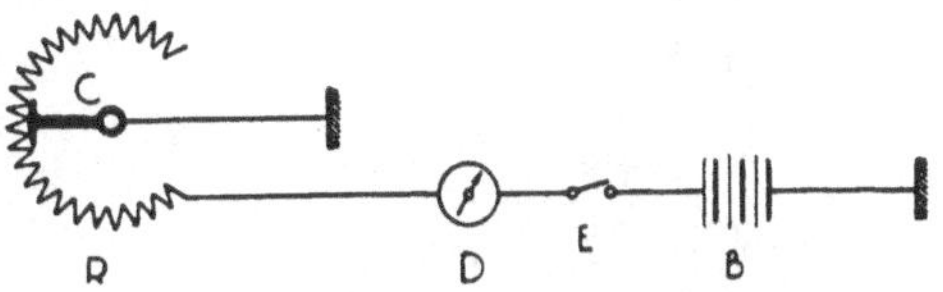

Bild 571. Strommesser als Brennstoffstandanzeiger

Erheblich einfacher ist ein Brennstoffmesser nach Bild 571. Bei dieser Bauart wird der in einem Stromkreis Masse – Batterie B – Schalter E – Amperemeter D – Widerstand R – Kontaktarm C – Masse liegende Widerstand R in Abhängigkeit vom Brennstoffstand verändert. Machen wir R genügend groß im Verhältnis zum Widerstand des übrigen Stromkreises – das ist leicht zu erreichen –, so wird die von D angezeigte Stromstärke I nach dem Ohmschen Gesetz

$$I = \frac{E}{R}$$

proportional $\frac{1}{R}$. R können wir beispielsweise nach Bild 572 durch einen Schwimmer H verändern. Der Strommesser wird natürlich entsprechend dem jeweiligen Behälterinhalt in Litern geeicht. Um jeden unnötigen Stromverbrauch zu vermeiden, wird der Stromkreis bei E zweckmäßig in Abhängigkeit vom Zündungsschalter geschlossen oder geöffnet. Leider hat diese einfache Anordnung einen erheblichen Nachteil. Wie die Formel zeigt, ist nämlich die Stromstärke I nicht nur abhängig von R, sondern auch von der Batteriespannung E. Diese kann zum Beispiel beim 12-Volt-System von der Ruhespannung von rund 12 Volt bei stehendem Motor auf rund 16 Volt bei mit voller Drehzahl laufender Lichtmaschine und vollgeladener Batterie, d. h. um rund 30% steigen. Der

Fahrer kann also unter ungünstigen Umständen recht erheblich über seinen Brennstoffvorrat getäuscht werden.

Demselben Fehler unterliegt natürlich eine Anordnung mit Spannungsteiler-(„Potentiometer-") Schaltung nach Bild 573, die auch in ihrer grundzätzlichen Anordnung keinen Vorteil gegenüber dem Brennstoffmesser nach Bild 571 und 572 bietet.

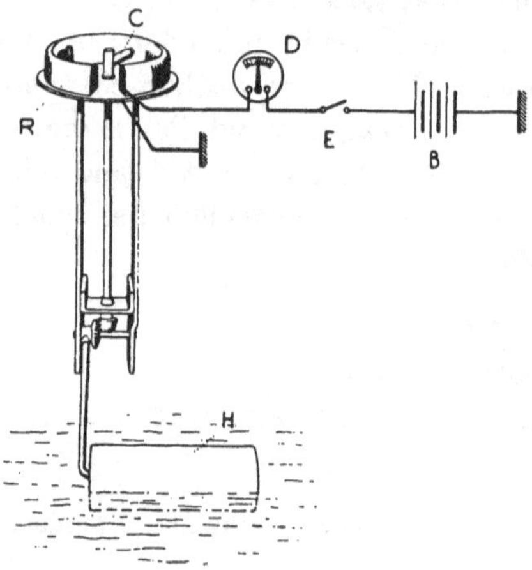

Bild 572. Ausführung eines Brennstoffstandanzeigers nach Bild 571

Eine brauchbare Vorrichtung erhalten wir aber, sobald wir in Bild 571 das übliche Amperemeter durch ein sogenanntes „Ohmmeter", einen Widerstandsmesser ersetzen. Nach Bild 574 erhalten wir einen solchen in einfachster Weise dadurch, daß wir in einem Dreheiseninstrument

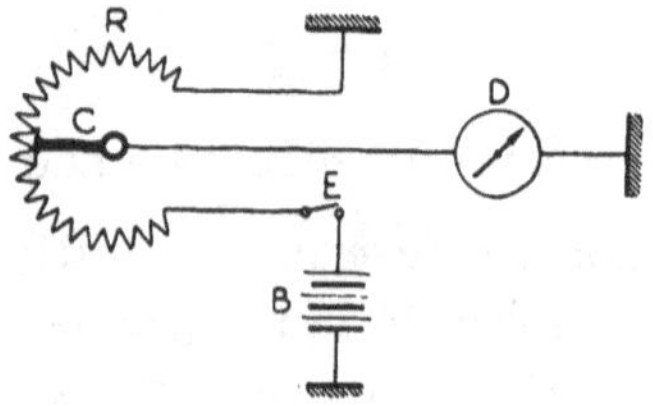

Bild 573. Brennstoffstandmesser in Spannungsteiler-Schaltung
B = Batterie, C = Schleifarm, E = Schalter, R = Widerstand, D = Voltmeter

die Richtkraft auf die Eisennadel A nicht durch einen Dauermagneten (vgl. den Abschnitt über Meßinstrumente), sondern durch eine an der Batteriespannung liegende Spule G erzeugen. Bei der Messung wird die Nadel in üblicher Weise durch die Wirkung einer von dem zu prüfenden Strom I durchflossenen Spule F aus ihrer Ruhelage abgelenkt. Die Achsen der Spulen F und G stehen senkrecht aufeinander. Die Ablenkung von A gibt wie früher ein Maß für den durch F fließenden Strom und damit für R. Die Abhängigkeit von der Batteriespannung E ist aber jetzt aufgehoben, denn wenn beispielsweise mit höherem E der F und R durchfließende Strom und damit die ablenkende Wirkung von F auf A steigt, so steigt zugleich der Strom in der Spule G und damit deren rücktreibende Wirkung auf A. Die Einstellung von A ist infolgedessen nur noch von R abhängig. Derartige Instrumente werden seit einiger Zeit mit gutem Erfolg an amerikanischen Wagen verwendet.

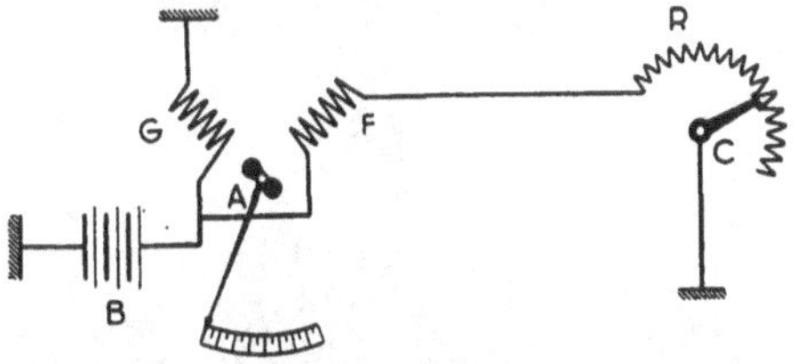

Bild 574. Brennstoffstandmesser mit Ohmmeter

Eine andere Möglichkeit, den Fahrer über seinen Brennstoffvorrat zu unterrichten, wurde bei dem jetzt nicht mehr auf dem Markt befindlichen Contameter der Contessa Nettel A.-G., Stuttgart, ausgenutzt. Bei diesem wird durch ein elektrisch angetriebenes Zählwerk am Instrumentenbrett gezählt, wie oft sich ein in die Brennstoffzufuhr eingeschalteter Meßbehälter in den Vergaser entleert. Der Aufbau ist nach Bild 575 folgender:

Wir haben zwei übereinander angebrachte Behälter, den Vorratsbehälter und den Meßbehälter. Aus dem Vorratsbehälter wird der Vergaser versorgt, so daß sich der Meßbehälter ohne Störung der Brennstoffzufuhr zum Vergaser füllen kann. Im Meßbehälter befindet sich ein Schwimmer, der durch eine Zahnstange eine Ventilumsteuerung sowie einen elektrischen Schalter betreibt. Durch die Ventilumsteuerung werden Zu- und Abfluß des Meßbehälters geregelt, während durch den Schalter die Schwimmerbewegung oder mit anderen Worten die Zahl der Meßbehälterfüllungen elektrisch auf ein Zählwerk übertragen wird, das am Instrumentenbrett angebracht ist. An dem Zählwerk wird einmal nach der Art der Kilometerzähler der Gesamtverbrauch während eines gewissen Zeitraums bis zu 99999 l, dann aber auch auf zwei Zifferblättern der Tagesverbrauch sowie die im Behälter verbliebene Brennstoffmenge angezeigt. Die letztere ergibt sich durch selbsttätige Subtraktion des Verbrauchs vom Vorrat. An diesem Zählwerk muß, wie sich ohne weiteres aus der Bauart ergibt, in den Behälter eingefüllter Brennstoff von Hand addiert werden. Dadurch ist eine

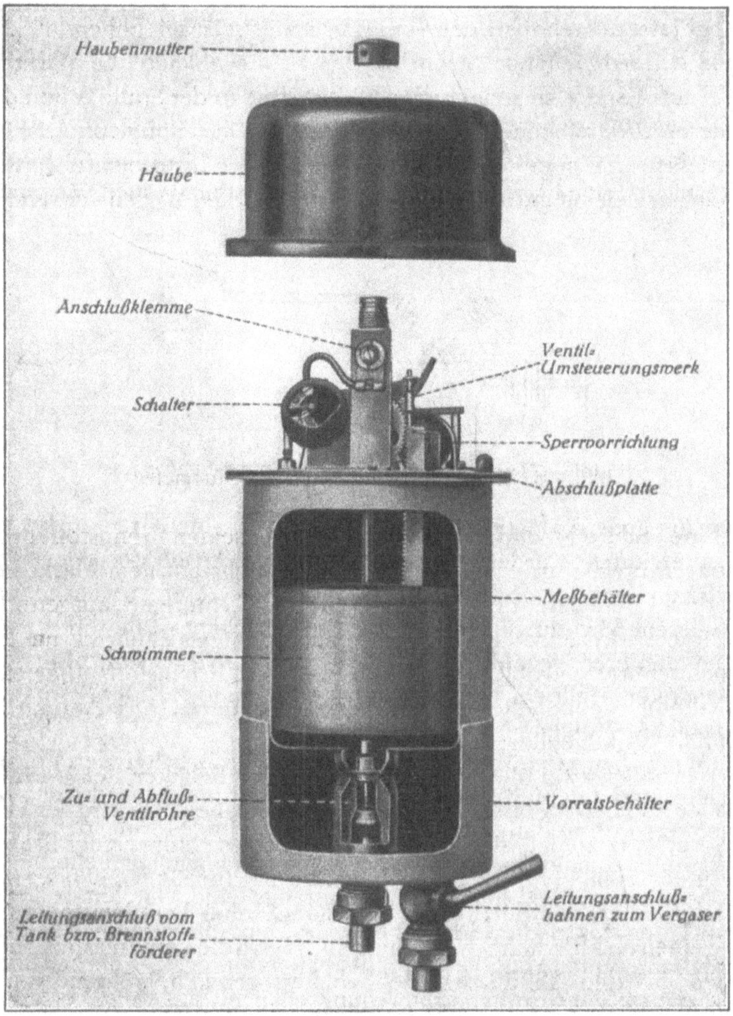

Bild 575. Contameter (Contessa-Nettel-A.-G.)

Fehlerquelle gegeben, durch die der Führer über seinen Brennstoffvorrat unangenehm getäuscht werden kann. Ein weiterer Nachteil des Apparats ist seine Größe, zumal daneben noch ein Brennstofförderer vorzusehen ist, sofern der Brennstoffbehälter nicht am Spritzbrett über dem Contameter angebracht ist. Namentlich dieser Punkt hinderte zusammen mit dem erheblichen Preis die Verbreitung des Apparates.

Insgesamt kann man feststellen, daß Brennstoffmesser jeder Art bisher nur eine verhältnismäßig beschränkte Verwendung gefunden haben. Am besten haben sich die Systeme eingeführt, bei denen der hydrostatische Druck des Brennstoffvorrats durch Luftdrück nach dem Instrumentenbrett übertragen und durch einen Druckmesser gemessen wird; voll befriedigend arbeiten aber auch diese nicht. Bei einem brauchbaren elektrischen Brennstoffmesser würde man außer auf die oben bereits betonte Unabhängigkeit der Messung von der Batteriespannung darauf zu achten haben, daß im Inneren des Brennstoffbehälters keine arbeitenden Kontakte vorhanden sind, die durch Funkenbildung Explosionen verursachen könnten. Diese Gefahr ist bei einem Teil der bisher vorgeschlagenen Bauarten nicht beachtet worden.

IX. Heizvorrichtungen, Zigarrenanzünder

Bei den zum Anschluß an die elektrische Anlage des Kraftfahrzeugs bestimmten Heizvorrichtungen, zu denen wir auch die elektrischen Zigarrenanzünder rechnen wollen, müssen wir zwei Gruppen unterscheiden: solche, die längere Zeit eingeschaltet bleiben, d. h. die eigentlichen Heizvorrichtungen, und solche, die nur kurzzeitig eingeschaltet werden, d. h. die durch Wärme wirkenden Anlaßhilfen und die Zigarrenanzünder.

Die Vorrichtungen der ersten Gruppe haben sich glücklicherweise bisher nur wenig eingeführt. Wir möchten sie auch nicht als zur elektrischen Kraftfahrzeugausrüstung im eigentlichen Sinne gehörend bezeichnen und vielmehr dringend vor dem Anschluß an die übliche elektrische Anlage warnen. Der Aufbau derartiger Vorrichtungen ist sehr einfach. Es handelt sich stets um Heizwiderstände, die in geeigneter Form als Fußwärmer, Lenkradwärmer und dgl. verwendet werden. Sofern überhaupt eine merkliche Wirkung erzielt werden soll, muß man mit einem Mindestverbrauch von 50 Watt rechnen. Im Mittel wird man aber nicht weniger als 100 Watt aufwenden müssen, und häufig wird der Leistungs-Aufwand über diesen Wert noch erheblich hinausgehen. Selbstverständlich können diese Leistungen einer Anlage, die nach Teil II, S. 6 ff. berechnet wurde, nicht zugemutet werden, und zwar um so weniger, als Lichtmaschine und Batterie im Winter in der Regel schon durch den erhöhten Lichtbedarf und das erschwerte Anlassen besonders in Anspruch genommen sind. Soll durchaus eine Heizvorrichtung der genannten Art eingebaut werden, so ist unbedingt der Rat des Herstellers der vorhandenen Anlage einzuholen. In der Regel wird dieser nur vorschlagen können, für die Speisung der Heizvorrichtung einen besonderen Stromerzeuger einzubauen.

Die Heizvorrichtungen der zweiten Gruppe wird man dagegen bei vernünftigem Gebrauch in der Regel unbedenklich an die übliche Lichtanlage anschließen können. Man sollte aber im Interesse eines gesicherten Betriebes auch nur die notwendigen Apparate einbauen; und unbedingt notwendig erscheint zum Beispiel ein Zigarrenanzünder nicht, wenn er auch für den Raucher ein recht bequemes Hilfsmittel sein mag.

Beim Zigarrenanzünder wird durch den elektrischen Strom eine kleine Widerstandspirale zum Glühen gebracht. Früher verwendete man Vorrichtungen nach Bild 576, bei denen die in einem Handgriff untergebrachte Glühspirale durch eine Leitung während der gesamten

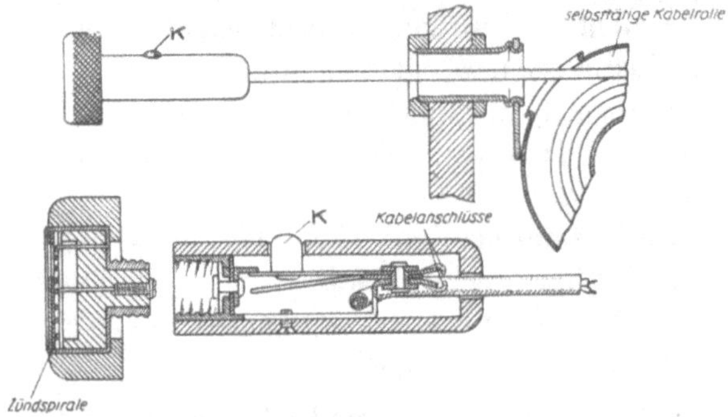

Bild 576. Zigarrenanzünder mit selbstaufrollendem Kabel

Gebrauchsdauer mit der Stromquelle in Verbindung stand, während man neuerdings Anzünder vorzieht, bei denen eine in einem Handgriff untergebrachte etwas stärkere Spirale in einer Fassung kräftig angeheizt wird (Bild 577). Zum Anzünden der Zigarre wird dann der Handgriff

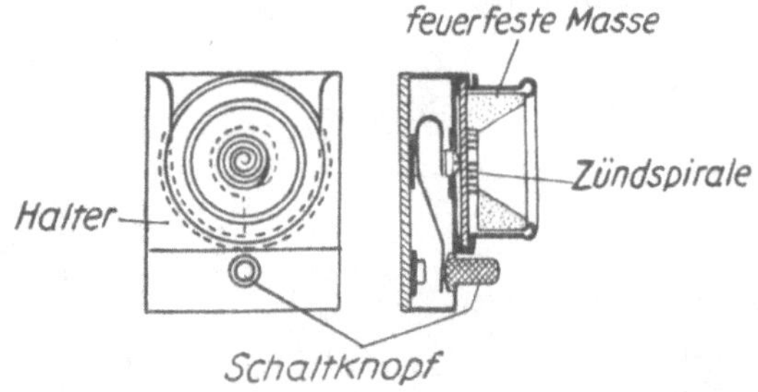

Bild 577. Zigarrenanzünder ohne bewegliche Zuleitung

mit der glühenden Spirale aus seiner Fassung genommen und ohne Behinderung durch eine Stromzuführung an die Zigarre geführt. Man umgeht dadurch auch die an der beweglichen Schnur sonst vielfach auftretenden Leitungsschäden. Die mit Zuleitungskabel versehenen Zigarrenanzünder können nach Bild 576 vorteilhaft so gebaut werden, daß sich das Kabel durch den Zug einer beim Herausziehen des Anzünders gespannten Feder nach Gebrauch selbsttätig wieder aufrollt und den Anzünder in seinen Halter zieht. Dabei wird dann durch den Knopf K selbsttätig der Strom unterbrochen.

Die Zuleitung zum Zigarrenanzünder ist um so mehr zu beachten, als diese Vorrichtungen recht hohe Stromstärken erfordern. Bei einem Anzünder der zweiten Art kann man mit 20–30 Amp. rechnen. Es ist deshalb auch auf sorgfältige Leitungsverlegung zu achten. Insbesondere sollte man bei nicht am Instrumentenbrett angebrachten Anzündern, bei denen die Leitungen u. U. mit leicht brennbaren Stoffen (Polstern!) in Berührung kommen, auf durchaus sichere Verlegung der Leitung (in Rohr!) dringen, da sonst durch die hohen Ströme Brandgefahren gegeben sind.

Als erwünscht kann man von allen Heizvorrichtungen eigentlich nur die als Anlaßhilfe dienenden bezeichnen. Darunter sind Heizkörper zu verstehen, die nur kurzzeitig eingeschaltet werden, um das Anlassen zu erleichtern. Das kann geschehen:

1. durch Erwärmen der angesaugten Luft oder des Gemisches,
2. durch Erwärmen des Brennstoffes in der Zuleitung, im Schwimmergehäuse des Vergasers oder in der Düse,
3. durch Verdampfen von Benzin in einer an das Ansaugrohr angeschlossenen Vorrichtung.

Bisher hat noch keine derartige Vorrichtung eine größere Verbreitung gefunden, obwohl der Wunsch nach einer wirksamen Vorwärmeeinrichtung sehr rege ist.

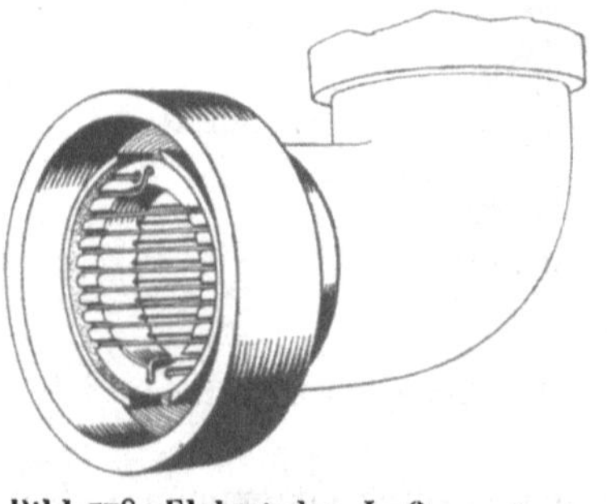

Bild 578. Elektrischer Luftvorwärmer („Sirocco")

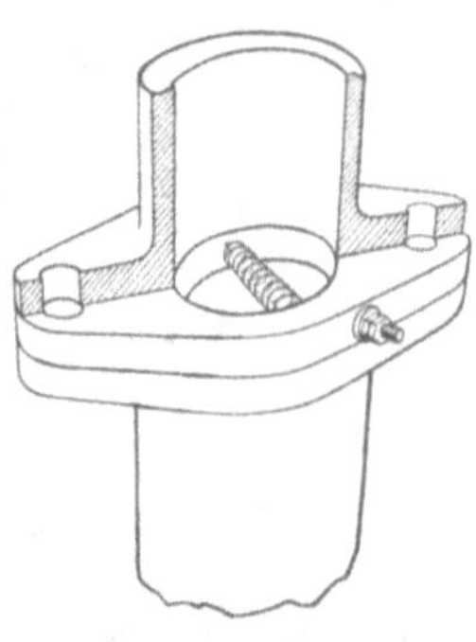

Bild 579. Elektrischer Gemischvorwärmer

Bei den Vorrichtungen nach 1. wird ein Heizwiderstand vor die Lufteinlaßöffnung des Vergasers (Bild 578) oder hinter dem Vergaser in das Ansaugrohr gelegt (Bild 579). Soll bei den großen Luftmengen, die hier durchgesaugt werden, eine wirksame Erwärmung stattfinden, so muß der Heizdraht ziemlich hoch erhitzt werden. Eine reichliche Erwärmung der Ansaugluft ist aber nötig, da auf dem Wege zum Zylinder erhebliche Wärmemengen an die kalten Rohre wieder abgegeben werden. Wird nun nicht vorm Vergaser die Luft, sondern erst hinter dem Vergaser das Gemisch erwärmt, so liegt die Gefahr vorzeitiger Entzündung vor, wenn der Heizdraht zu sehr erwärmt wird. Es ist deshalb der Vorschlag nach Bild 580 gemacht worden, bei dem

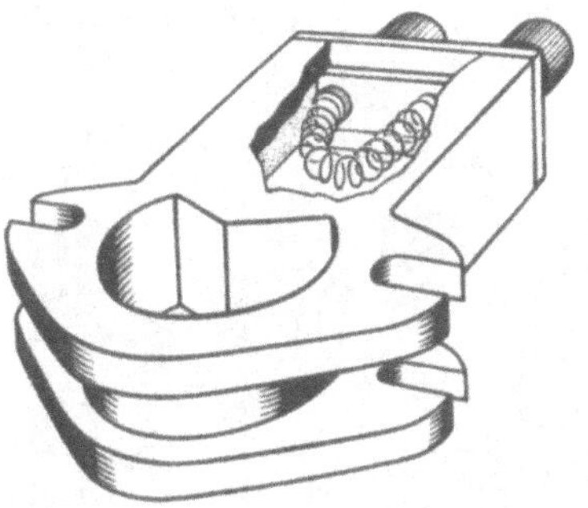

Bild 580. Elektrischer Gemischvorwärmer („Oras")

der Widerstand nur die Wandung des in die Ansaugleitung eingefügten Heizflansches erwärmt. Hier darf man vermuten, daß eine ausreichende Erwärmung des schnell durchstreichenden Gemisches an dem kurzen Rohrstück nicht mehr möglich ist. Man müßte dann schon das ganze Ansaugrohr oder einen größeren Teil davon erwärmen. Damit würde aber die beim Anlassen schon stark beanspruchte Batterie zu sehr belastet werden.

Eine gute Wirkung würde man von einem Vorwärmen des Brennstoffes vor dem Austritt aus der Vergaserdüse erwarten können. Man kann das erreichen durch Erwärmen des Zuführungsrohres vom Vergaser, durch Erwärmen des Schwimmergehäuses und durch Erwärmen der Düse. Das zuerst genannte Verfahren kann bei zu starker Erwärmung eines Rohrstückes durch Verdampfen von Brennstoff zu Störungen im Zufluß zum Vergaser führen. Besser dürfte daher ein Erwärmen der Schwimmerkammer sein, obwohl dieses andererseits etwas mehr Zeit beanspruchen würde. Auch vom Heizen der Düse ist Erfolg zu erwarten, doch ist dazu unbedingt eine besondere Vergaserbauart erforderlich. Praktische Verwendung scheinen diese drei Verfahren bisher nicht gefunden zu haben.

Dagegen wird neuerdings in Amerika anscheinend mit Erfolg die an dritter Stelle genannte Anlaßhilfe ausgenützt: es wird in einer an das Ansaugrohr angeschlossenen elektrisch beheizten Vorrichtung Brennstoff verdampft. Eine derartige Vorrichtung gibt schon Heldt*) an. Nach Bild 581 ist eine Heizspule C in ein U-förmiges Gefäß eingebaut, das mit dem Schwimmergehäuse des Vergasers verbunden und infolgedessen in seinem unteren Teil mit Brennstoff gefüllt ist. Bei B tritt beim Ansaughub etwas Luft ein, reichert sich in dem erwärmten Brennstoff stark an und fließt in das Ansaugrohr ab. Um ein zu reiches Gemisch zu vermeiden, ist bei D noch ein federbelastetes Ventil vor-

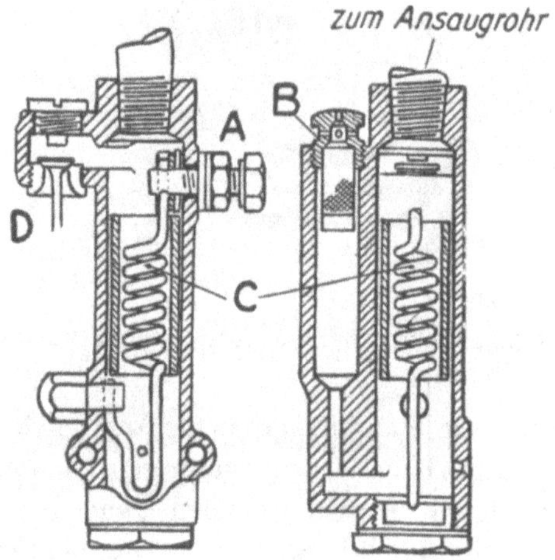

Bild 581. Elektrischer Brennstoffverdampfer

gesehen, durch das Zusatzluft eintreten kann. Im normalen Betrieb ist die Öffnung nach dem Ansaugrohr durch ein Ventil abgeschlossen, das magnetisch geöffnet wird, sobald die Heizspule Strom führt. A ist die Anschlußklemme für die Stromzuführung.

Die neuerdings in Amerika unter dem Namen „As-Ke-Fuemer" an einer Reihe von besseren Fahrzeugen verwendete Anlaßhilfe hat die Form nach Bild 582.

In die Unterseite des Lufteinlaßstutzens des Vergasers wird eine von einem becherförmigen Gefäß umgebene Heizpatrone A eingefügt. Das Heizelement besteht aus Widerstanddrähten, die in Asbest ein-

*) Vergaser und Brennstoff, von P. M. Heldt. Deutsche Bearbeitung von H. Dechamp, Berlin 1927.

gebettet und durch ein Glimmerrohr von dem sie umgebenden Messingrohr isoliert sind. Das Messingrohr ist oben durch eine durchlöcherte Scheibe aus keramischem Material verschlossen. Am unteren Ende ist der Messingmantel ebenfalls durchlöchert, so daß der in dem Becher stehende Brennstoff in die Heizpatrone eintreten kann. Die Stromzuführung wird in der Regel vom Anlaßschalter B abgezweigt und somit der Fuemer mit dem Anlasser C eingeschaltet.

Der Brennstoff wird am einfachsten dadurch in den Becher gebracht, daß man den Motor bei geschlossener Starterklappe vom Anlasser kurz durchdrehen läßt. Der dabei aus der Düse gesaugte Brennstoff fließt

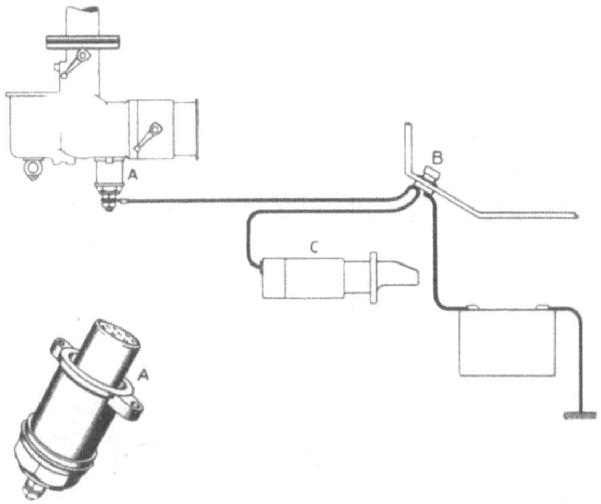

Bild 582. Elektrischer Brennstoffverdampfer (As-Ke-Fuemer)

dann zurück und sammelt sich in dem Fuemer-Becher. Beim Eindringen in die Heizpatrone, die sich in wenigen Sekunden bis zur Glut erhitzt, wird der Brennstoff kräftig verdampft. Das weitere Anlassen vollzieht sich bei etwas geöffneter Drossel, so daß der Brennstoffdampf mit dem durch die Lufteinlaßöffnung eintretenden Luftstrom in die Zylinder gesaugt wird. Dadurch wird auch bei größerer Kälte ein williges Anspringen des Motors erzielt. Der Stromverbrauch des Fuemer beträgt etwa 60–70 Amp. Das mag beträchtlich erscheinen, doch ist zu berücksichtigen, daß der Vorgang nur wenige Sekunden dauert und daß, wenn durch eine derartige Vorrichtung der Anlaßvorgang verkürzt wird, andererseits erheblich an Strom für den Anlasser gespart wird. Wie Versuche zeigen, liegt eine Gefahr eines Vergaserbrandes durch Entzündung des Brennstoffes am Fuemer nicht vor, da die glühenden

Teile durch ihre Unterbringung vor dem Zutritt von Luft geschützt sind.

Es scheint, als wenn sich der As-Ke-Fuemer in der Praxis bewährt, doch liegen für eine zuverlässige Beurteilung bisher noch zu wenig Erfahrungen vor. Jedenfalls steckt die Entwicklung der Anlaßhilfen ebenso wie die der übrigen hier zusammengefaßten kleineren Hilfsapparate noch durchaus in den ersten Anfängen.

X. Meßinstrumente

Wie wir bereits im II. Teil unseres Buches auf Seite 191 ausführten, ist die Ladekontrollampe für die meisten Fahrer das einfachste und völlig ausreichende Instrument zur Überwachung der elektrischen Anlage. Bei weitergehendem Verständnis für die Vorgänge in Lichtmaschine und Batterie kommt als Meßinstrument in erster Linie der Strommesser, das Amperemeter, in Frage. Ein Spannungsmesser, Voltmeter, wird nur in Ausnahmefällen einzubauen sein. Da der Hauptzweck solcher Instrumente ist, den richtigen Ladezustand der Batterie zu sichern, hat man auch die Verwendung von Amperestundenzählern in Betracht gezogen, die die in die Batterie hineingeschickten sowie die herausgenommenen Amperestunden zählen und durch Bildung der Differenz einen Anhalt für den Ladezustand geben. Die Verwendung von derartigen Instrumenten kann aber schon ihres Preises wegen nicht in Frage kommen. Außerdem können sie den Fahrer nicht unbedingt gegen unangenehme Überraschung sichern, da die aus Ladung und Entladung sich ergebende Differenz keineswegs ein sicheres Maß für die in der Batterie noch verfügbare Energie ist. Dieser verfügbare Rest ist nämlich in hohem Maße von dem Zustand der Batterie abhängig.

Es kann hier selbstverständlich nicht unsere Aufgabe sein, die genannten Meßinstrumente eingehend zu beschreiben. Sie sind wohl ausnahmslos Erzeugnisse von Spezialfabriken; außerdem gibt es darüber eine vorzügliche Spezialliteratur*). Daher beschränken wir uns darauf, den grundsätzlichen Aufbau der für die Verwendung im Kraftfahrzeug in Betracht kommenden billigen Instrumenttypen kurz anzugeben.

Diese Strom- und Spannungsmesser beruhen auf der Wirkung, die stromdurchflossene Leiter (in der Regel in Form von Spulen) und Magnete oder stromdurchflossene Leiter und weiches Eisen aufeinander ausüben. Als Maß für die Stromstärke dient

1. die Anziehung, die ein Weicheisenkern entgegen einer bestimmten Richtkraft durch die vom zu messenden Strom durchflossene Spule erfährt,

*) U. a.: Georg Keinath, Die Technik der elektrischen Meßgeräte, Verlag von R. Oldenbourg. — Wilh. Jäger, Elektrische Meßtechnik, Verlag von J. A. Barth.

2. die Verdrehung, die eine Weicheisennadel, die in dem gleichbleibenden Feld eines Dauermagnets drehbar aufgehängt ist und damit in eine durch den Verlauf der Kraftlinien gegebene Ruhelage gezogen wird, durch das veränderliche Feld einer vom zu messenden Strom durchflossenen Spule erfährt,
3. die Verdrehung, die eine vom zu messenden Strom oder von einem bestimmten Teil von ihm durchflossene Spule entgegen einer bestimmten Richtkraft im Felde eines Dauermagnets erfährt.

Daraus ergibt sich, daß Amperemeter in den Kreis des zu messenden Stromes eingeschaltet werden müssen, wie Bild 588 zeigt. Um Leistungsverluste im Strommesser zu vermeiden, wird sein innerer Widerstand möglichst gering gehalten.

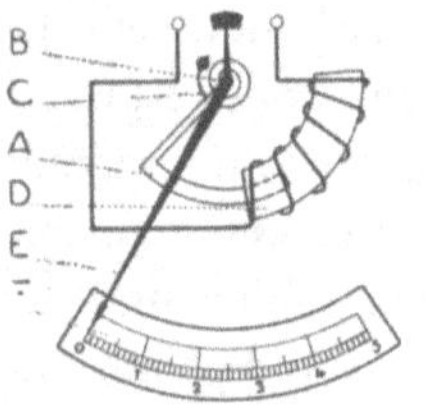

Bild 583. Weicheisen-Amperemeter

Den grundsätzlichen Aufbau eines Strommessers nach dem ersten Typ zeigt Bild 583. A ist ein kreisbogenförmiger Weicheisenkern, der im Mittelpunkt B des Kreisbogens drehbar aufgehängt ist. Er wird durch eine Spiralfeder C in eine bestimmte Ruhelage gezogen. Aus dieser Ruhelage wird er durch die Spule D abgelenkt, in die er hineingezogen wird, sobald sie von dem zu messenden Strom durchflossen wird. Die Ablenkung wird durch den Zeiger E auf einer Skala F angezeigt.

Instrumente dieser Bauart sind heute im Kraftfahrzeug kaum noch gebräuchlich. Für die Verwendung als Amperemeter kommen sie hier deshalb nicht in Betracht, weil sie die Richtung, in der der zu messende Strom fließt, nicht angeben. Wie das angeführte Schaltbild zeigt, wird das Amperemeter so in die zur Batterie führende Leitung eingeschaltet, daß sowohl der in die Batterie hineingeladene als auch der entnommene Strom gemessen wird. Dabei ist es natürlich sehr wesentlich, daß das Instrument anzeigt, ob Ladung oder Entladung stattfindet. Bei der hier beschriebenen Bauart wird jedoch der Eisenkern unabhängig von der Richtung, in der der zu messende Strom die Spule durchfließt, stets in diese hineingezogen. Der Zeiger schlägt also von der Ruhelage aus stets nur nach rechts aus. Brauchbar wäre dagegen die

Bauart als Voltmeter, da die Polarität im Batteriestromkreis stets gleich bleibt und damit auch die Stromrichtung im Zweigstromkreis des Voltmeters.

Der hier aufgestellten Forderung genügen die viel verwendeten Strommesser des zweiten Typs, für die Bild 584 die Grundform angibt. Wir haben in A einen kreisförmig gebogenen Dauermagnet, der eine um den Punkt B drehbare kurze Weicheisennadel C in Richtung der von Pol zu Pol laufenden Kraftlinien hält, solange die

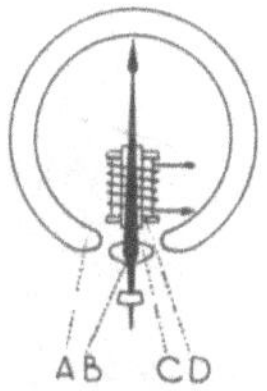

Bild 584. Eisennadel-Strommesser (Keinath, a. a. O., S. 173)

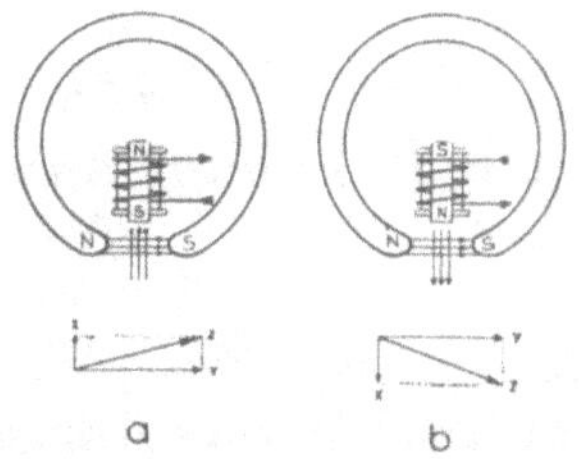

Bild 585. Feldaufbau in einem Instrument nach Bild 584

mit ihrer Achse senkrecht zu den Magnetkraftlinien stehende Spule D stromlos ist. Der mit der Nadel verbundene Zeiger steht in dieser Stellung über dem in der Mitte liegenden Nullpunkt einer Skala.

Sobald aber die Spule D vom zu messenden Strom durchflossen wird, bildet sich senkrecht zum Dauermagnetfeld ein zweites Feld aus, das nach Richtung und Stärke von Richtung und Stärke des Stromes in der Spule abhängt. Bezeichnen wir nach den Bildern 585 a und b das Dauermagnetfeld nach Stärke und Richtung durch den Pfeil y und das Spulenfeld durch x, so ergibt sich das resultierende Feld z, das nach Stärke und Richtung von x abhängt. Durch die Richtung von z wird aber die Nadel der Stellung C bestimmt. Infolgedessen schlägt der Zeiger je nach Richtung und Stärke des Spulenstromes um einen größeren oder kleineren Winkel nach rechts oder links von seiner Ruhelage aus.

Derartige Instrumente werden in verschiedenen Bauarten geliefert, die sich in erster Linie durch die Art unterscheiden, wie das Feld x erzeugt wird. Als besonders interessant wollen wir hier nur den Aufbau nach Bild 586 anführen. A ist wieder der Dauermagnet, C die um B drehbare Weicheisennadel. Das Feld x bildet man mit Hilfe des konzentrischen Feldes, das sich um jeden stromdurchflossenen Leiter aufbaut. Man leitet nämlich die um den zur Batterie führenden Draht D entstehenden Kraftlinien nach Bild 586 durch ein hufeisenförmiges

Weicheisenjoch E so in das Meßinstrument, daß die zwischen den Polen F und G des Joches sich schließenden Kraftlinien als Kraftfeld x ausgenutzt werden können. Bei dieser Bauart vermeidet man das Durchschneiden der Batterieleitung und die beiden Klemmverbindungen, die

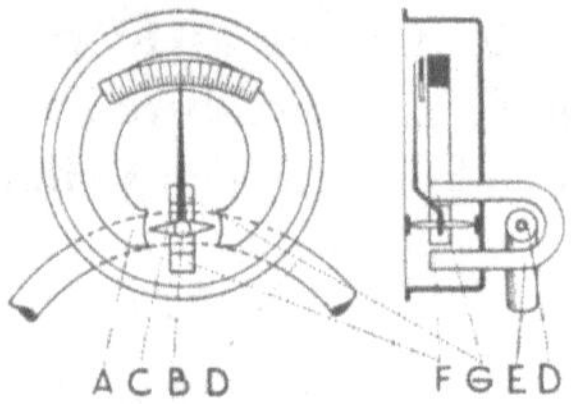

Bild 586. Eisennadel-Strommesser ohne Klemmanschluß (Westinghouse)

bei Amperemetern üblicher Bauart nötig sind. Andererseits können aber selbstverständlich nur geringe Anforderungen an die Genauigkeit derartiger Instrumente gestellt werden.

Strommesser des dritten Typs – Drehspulinstrumente – werden im Kraftfahrzeug wegen ihres im Verhältnis zu den Dreheiseninstrumenten

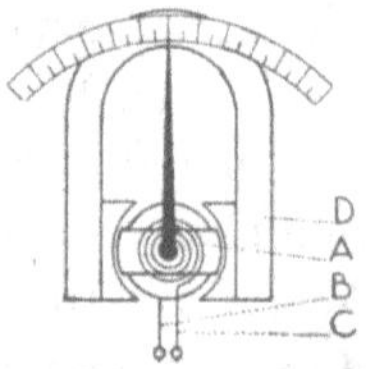

Bild 587. Drehspul-Strommesser

höheren Preises selten verwendet. Bei den Drehspulstrommessern (Bild 587) dient als Maß für den Strom die Verdrehung, die die vom zu messenden Strom oder von einem Teil von ihm durchflossene Spule A gegen die Richtkraft zweier Spiralfedern B und C im Felde eines Dauermagnets D erfährt. Von den Federn B und C ist eine über und die zweite unter der Spule angebracht. Sie dienen zur Zu- und Abführung des Stromes. Um den magnetischen Kraftfluß zu verbessern, wird in der Regel der Raum innerhalb der Spule noch durch einen feststehenden Eisenzylinder ausgefüllt, so daß die Spule in einem engen Luftspalt zwischen den Magnetpolen und dem Eisenzylinder schwingt. Die Drehrichtung der Spule hängt von der Richtung des sie durchfließenden Stromes ab, so daß wir für Ladung und Entladung der Batterie die erwünschten, verschieden gerichteten Ausschläge des mit der Spule verbundenen Zeigers bekommen.

In der Stromführung weisen die Drehspulinstrumente einen wesentlichen Unterschied gegenüber den Dreheiseninstrumenten auf. Bei diesen ist es möglich, die Feldspulen aus so starken Drähten zu wickeln, daß sie die im Kraftfahrzeug üblichen Ströme aufnehmen können. Das ist bei der leichten Drehspule nicht mehr möglich. Außerdem würde die Zuführung der im Mittel doch immerhin 10 Amp. starken Ströme zum beweglichen System unmöglich sein, denn die notwendigerweise sehr leicht zu haltenden Spiralfedern könnten dazu nicht mehr benützt werden. Man legt daher nach Bild 588 parallel zur Drehspule A einen Widerstand E, der so bemessen ist, daß er den weitaus größeren Teil des durch das Instrument gehenden Stromes aufnimmt. Hat E den Widerstand R_E und A den Widerstand R_A, so ergibt sich für die Verteilung des Stromes I auf die beiden Zweige

$$\frac{I_E}{I_A} = \frac{R_A}{R_E}$$

und daraus für den Gesamtstrom

$$I_A + I_E = \frac{R_E + R_A}{R_E} I_A.$$

Es ist also der gesamte, durch das Instrument gehende Strom ein durch die gleichbleibenden Widerstände der beiden Instrumentzweige bestimmtes Vielfaches des durch die Drehspule gehenden Stromes, so daß die Wirkung des letzteren als Maß für den Gesamtstrom dienen kann. Die Skala gibt dabei den Gesamtstrom an.

Für die Ablesung der Meßwerte ist wesentlich, daß die Zeiger in einer Anzeigestellung schnell und nicht erst nach längerem Pendeln zur Ruhe kommen, und daß sie im Kraftfahrzeug vor allem auch nicht durch die unvermeidlichen Erschütterungen in starkes Pendeln versetzt werden. Das Meßwerk muß also eine gewisse Dämpfung haben. Diese wird bei den Dreheiseninstrumenten vorwiegend durch mit dem Meßwerk verbundene Windflügel erzeugt, die sich mit geringem Luftspalt in einer möglichst gut abgeschlossenen Kammer bewegen. Die dabei entstehende Luftreibung zehrt die im Meßwerk erzeugte Bewegungsenergie auf. Bei den Drehspulinstrumenten kommt man dadurch zu der erwünschten Dämpfung, daß man die Drehspule auf einen Metallrahmen wickelt. Bei den Bewegungen des Meßwerkes werden in diesem Rahmen durch das kräftige Magnetfeld starke Wirbelströme erzeugt, die die Bewegungsenergie aufzehren.

Wie wir weiter oben bereits aufführten, beruhen die im Kraftfahrzeug benützten **Spannungsmesser** auf denselben Wechselwirkungen zwischen stromdurchflossenen Leitern und Magneten oder weichem Eisen, die bei den Strommessern benützt werden. Man bestimmt auf diese Weise zunächst die Stromstärke, die von der zu messenden Spannung in einem Stromzweig von bestimmtem Widerstand erzeugt wird. Als Meßwiderstand dient der Widerstand des Strommessers, der nötigenfalls durch einen eingebauten Vorschalt-

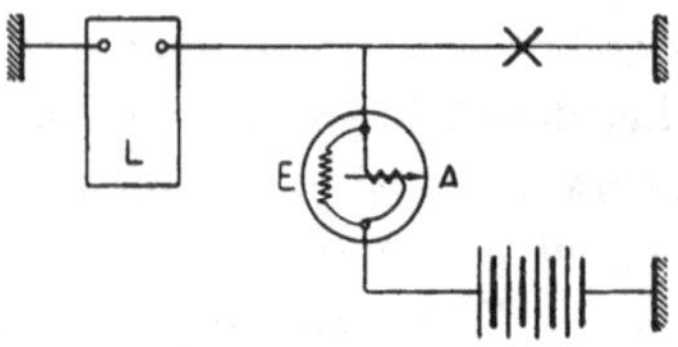

Bild 588. Schaltung eines Drehspul-Strommessers
L = Lichtmaschine, E = Parallelwiderstand, A = Meßspule

widerstand V nach Bild 589 erhöht wird. Aus der Stromstärke und dem Gesamtwiderstand $R = R_V + R_A$ ergibt sich dann nach dem Ohmschen Gesetz:

$$E = I \cdot R.$$

Auf der Skala des Instruments werden natürlich gleich die diesem Gesetz entsprechenden Spannungswerte aufgetragen. Soll die Messung

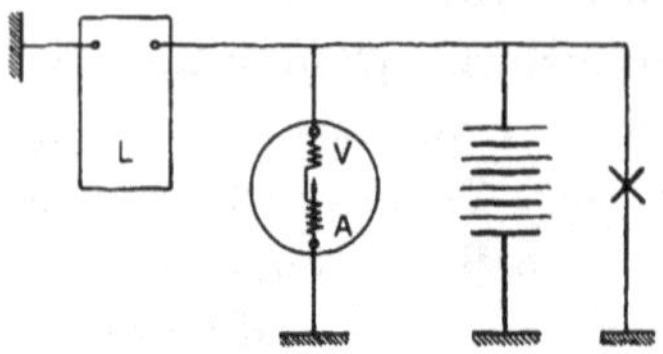

Bild 589. Schaltung eines Spannungsmessers
A = Meßspule, L = Lichtmaschine, V = Vorschaltwiderstand

richtig sein, so muß der Widerstand des Instruments auch tatsächlich den Widerstand des Meßzweiges darstellen; d. h. in den Zuleitungen dürfen nur geringe, neben dem Instrumentwiderstand verschwindende Widerstände enthalten sein. Über den Einbau eines Voltmeters in der Kraftfahrzeuganlage haben wir bereits im II. Teil unseres Buches auf Seite 193 gesprochen.

Die im Kraftfahrzeug verwendeten Ampere- und Voltmeter haben vorwiegend die in Bild 590 gezeigte **Dosenform** mit senkrecht zur

Drehachse des Zeigers liegender Skalaebene. Seltener findet man die in Bild 591 gezeigte Profilform, bei der die Skala auf einem mit der Zeigerdrehachse koaxialen Zylinder angebracht ist. Diese Form wird in der Regel nur für bessere, mit Drehspulen ausgerüstete Instrumente angewendet. Die Genauigkeit der Doseninstrumente ist meist recht beschränkt. Sie wird bestimmt durch die wegen der kurzen Skala großen Ablesefehler, ferner aber auch durch die in der einfachen Bauart begründete geringe Anzeigegenauigkeit. Vor allem ist damit zu

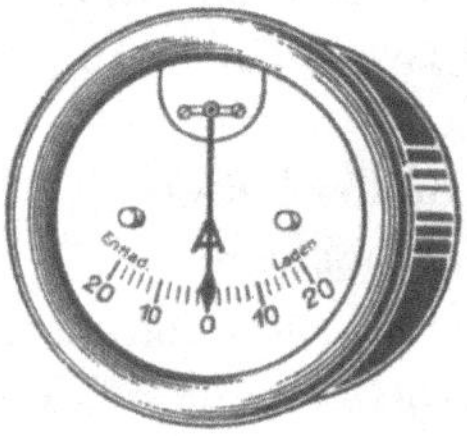

Bild 590. Amperemeter in Dosenform

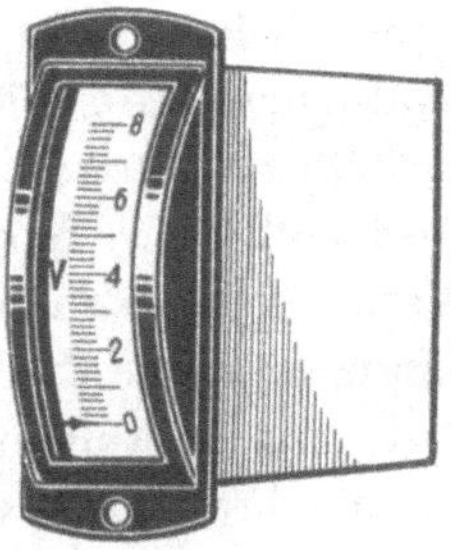

Bild 591. Voltmeter in Profilform

rechnen, daß die Eichung der Instrumente nicht gültig bleibt, da sich die Felder der Dauermagnete sowie die elastischen Kräfte der Spiralfedern bei der billigen Ausführung mit der Zeit verändern. Bei Amperemetern darf man aber die erzielte Genauigkeit als für den vorliegenden Zweck ausreichend betrachten, denn es kommt ja in erster Linie darauf an, festzustellen, ob die Batterie geladen oder entladen wird; dagegen ist es weniger wichtig, wenn beim Ablesen der Stromstärke ein Fehler von beispielsweise 10 % gemacht wird. Beim Voltmeter muß man dagegen eine höhere Genauigkeit verlangen, wenn es überhaupt einen Zweck erfüllen soll.

X. Leitungen, Sicherungen, Schalter, Schaltungen

1. Leitungen

Von hoher Bedeutung für das gute Arbeiten der elektrischen Anlage des Kraftfahrzeugs ist die richtige Auswahl der Leitungen. Diese Auswahl hat sich zu erstrecken auf

den Werkstoff, Querschnitt und Aufbau des Leiters,
den Werkstoff, Stärke und Aufbau der Isolation,
den Schutz gegen Beschädigungen durch äußere Einflüsse,
die Verlegung, Ausbildung der Anschlüsse und Abzweigungen.

Zugleich ist die Frage zu prüfen, ob die Rückleitung vom Stromverbraucher zur Stromquelle durch eine Leitung oder durch den Metallkörper des Fahrzeugs, die „Masse", erfolgen soll

Wie diese Übersicht schon andeutet, ist die eigentliche Leitung, das Kabel, im allgemeinen aus drei Teilen aufgebaut: dem die Seele des Kabels bildenden metallischen Leiter, der Isolationsschicht und nötigenfalls dem Schutz gegen mechanische Angriffe. Der letzte Teil wird häufig unabhängig vom Kabel für sich durchgebildet.

Die leitende Seele der Niederspannungs-Kabel bedarf bei den niedrigen Spannungen und den teilweise beträchtlichen in den Stromverbrauchern erforderlichen Stromstärken sowie wegen der mechanischen Beanspruchung durch den Kraftfahrzeugbetrieb besonderer Beachtung. Der Spannungsabfall in den Leitungen darf nur gering sein, damit von der aufgewendeten Leistung in den Leitungen möglichst wenig verloren geht. Deshalb muß der Leiter aus gut leitendem Werkstoff – Kupfer – aufgebaut sein und einen der Stromstärke entsprechenden Querschnitt haben. Aus mechanischen Gründen ist der Leiter als Litze, d. h. aus einer Reihe von verseilten Einzeldrähten, gebildet, weil ein massiver Einzelleiter von derselben Stärke den durch die Erschütterungen des Fahrzeugs erzeugten Schwingungen und Zerrungen nicht so gut standhält, wie die nachgiebigere Litze.

Die Tafel Bild 592 gibt einen Überblick über gebräuchliche Leiterquerschnitte für die wesentlichen Apparate. Es wird dabei auffallen, daß zwischen 6 und 12 Volt-Anlagen kein Unterschied gemacht ist, außer

Leitung	Kurzschlußstrom in Ampere	Kabellänge	Querschnitt mm²
I. Wagen			
Lichtmaschine – Schaltkasten, Hauptleitung			6
Lichtmaschine – Schaltkasten, Kontrollampen-Leitung			2,5
Schaltkasten – Batterie			6
Batterie – Masse (ohne Anlasser)			6
Batterie-Masse (mit Anlasser) und Batterie-Anlasser	200–300	1 m	16
		2 m	25
	300–350	1 m	25
		2 m	35
	350–400	1 m	35
		2 m	50
	400–500	1 m	35–50
		2 m	50
	500–700	1 m	50
		2 m	70
	über 700	1 m	70
		2 m	90
Schaltkasten – Anlasser (bei Verwendung eines Magnetschalters)			2,5–6
Schaltkasten – Scheinwerfer			
mit Zweifadenlampe			
Fernlichtfaden			2,5
Abblendlichtfaden			1,5
mit Einfadenlampe			
bis 20 Watt			1,5
über 20 Watt			2,5
Schaltkasten – Seitenlampen			1,5
Schaltkasten – Sucher			1,5
Schaltkasten – Schlußlampe (wegen mech. Beanspruchung)			2,5
Schaltkasten – Sicherungsdose – Stoplicht, Horn, Scheibenwischer, Zigarren-Anzünder, Innenbeleuchtung je nach Stromverbrauch			1–6
Schaltkasten (Kurzschlußschalter) – Magnetzünder			1
Schaltkasten – Zündspule			1,5–2,5
Zündspule – Zündverteiler			1,5–2,5
II. Motorräder			
Lichtmaschine – Batterie			1,5
Batterie – Scheinwerfer			1,5
Batterie – Schlußlampe			1,5

Bild 592: Übersicht über die für Niederspannungskabel an Kraftfahrzeugen zweckmäßigen Leitungsquerschnitte

bei den Anlassern. Bei diesen ist als Kennzeichen für die Anlasserleistung die beim Einschalten auftretende sogenannte Kurzschluß-Stromstärke genommen, sodaß sich für 6 und 12 Volt-Anlagen ohne weiteres wegen der sehr verschiedenen Stromstärken verschiedene Kabel ergeben. Bei den übrigen Leitungen verwendet man die für das 6 Volt-System gewählten Querschnitte auch in den 12 Volt-Anlagen, um in den Einbauwerkstätten zu möglichst einfachen Verhältnissen zu kommen.

Querschnitt mm^2	Höchste dauernd zulässige Stromstärke in Ampere
1	11
1,5	14
2,5	20
6	31
16	75
25	100
35	125
50	160
70	200
95	240

Bild 593: Belastungstafel für gummiisolierte Leitungen (nach den V. D. E.-Vorschriften)

Um einen Maßstab dafür zu geben, wie sich die gewählten Querschnitte in elektrischer Beziehung auswirken, ist in Bild 593 eine Übersicht über die Höchststromstärken gegeben, die nach den Vorschriften des Verbands Deutscher Elektrotechniker mit Rücksicht auf die Erwärmung für gummiisolierte Leitungen von den in Bild 592 angegebenen Leiterquerschnitten zulässig sind. Man sieht, daß außer bei den Leitungen, die Anlaßströme zu führen haben, die Querschnitte reichlich bemessen sind. Bei den Anlasserleitungen ist aber zu beachten, daß die Kurzschlußströme nur im ersten Augenblick nach dem Einschalten fließen und die Ströme beim Durchdrehen des Motors etwa auf die Hälfte der Kurzschlußwerte zurückgehen. Auch diese Ströme sind noch erheblich höher als die in der Tafel Bild 593 angegebenen, doch läßt der V. D. E. kurzzeitige Überlastungen ausdrücklich zu, sofern dadurch nicht eine höhere Erwärmung der Leitungen eintritt als bei den zulässigen Dauerbelastungen. Das ist aber bei dem nur wenige Sekunden dauernden Anlaßvorgang sicher erfüllt.

Für die Beurteilung der in Bild 592 angegebenen Leitungsquerschnitte ist schließlich noch ein Überblick über den in den danach bemessenen Leitungen auftretenden Spannungsabfall von Interesse. Bei den Lichtleitungen spielt dieser keine Rolle, denn, wie eine kurze Rechnung zeigt, beträgt er zum Beispiel bei Annahme eines mittleren spez. Kupferwiderstandes von 0,0178 Ohm in der Leitung vom Schaltkasten zum Scheinwerfer bei einer 3 m langen Leitung für eine 35-Watt-Lampe bei 12 Volt Spannung etwa 0,06 Volt und für eine 25-Watt-Lampe bei 6 Volt etwa 0,09 Volt. Er beträgt also nur einen Bruchteil des Spannungsbereiches, der für einen wirtschaftlichen Gebrauch der Lampen durch Lebensdauer und genügende Lichtausbeute gegeben ist, und kann daher praktisch nicht merklich werden. (Vgl. S. 46.)

Strom in Ampere	Leiterquerschnitt mm^2	Spannungsabfall in Volt auf 1 m Leiterlänge
200	16	0,222
	25	0,142
300	16	0,333
	25	0,214
	35	0,153
350	25	0,249
	35	0,178
	50	0,124
400	35	0,203
	50	0,142
500	35	0,255
	50	0,178
	70	0,129
700	50	0,249
	70	0,178
	90	0,139

Bild 594: Spannungsabfall auf 1 m Leiterlänge in den Anlasserleitungen nach Bild 592 (Spez. Kupferwiderstand 0,0178 Ohm)

In den Anlasserleitungen tritt, wie die Tafel Bild 594 zeigt, der Spannungsabfall infolge der hohen Stromstärken trotz der großen Querschnitte und kurzen Leitungen schon mehr hervor. Er bleibt aber auch hier im Verhältnis zu anderen Spannungsverlusten (Spannungsabfall der Batterie bei Anlaßströmen 0,3–0,5 Volt/Zelle, Spannungsabfall an den Anlasserbürsten 1–1,5 Volt) genügend klein, doch tritt wieder der Vorteil der Spannung von 12 Volt gegenüber 6 Volt hervor, weil bei 12 Volt der Spannungsabfall wegen des für die gleiche Leistung erforderlichen geringeren Stromes (theoretisch die Hälfte des bei 6 Volt gebrauchten Stromes) absolut und außerdem wegen der höheren Betriebsspannung auch noch relativ kleiner wird als bei 6 Volt.

Der Leiter, die Seele des Kabels, ist von einer Isolationsschicht umgeben, deren isolierende Eigenschaften allerdings bei den geringen Spannungen der Niederspannungsanlage des Kraftfahrzeugs von nebensächlicher Bedeutung sind. Zur Isolierung würde vom rein elektrischen Standpunkt aus bei diesen Spannungen schon eine dünne Lackschicht genügen. Deshalb ist auch die gelegentlich aufgestellte Behauptung, das 6 Volt-System sei gegenüber dem 12 Volt-System deshalb im Vorteil, weil man dort der Isolierung geringere Beachtung zuwenden dürfe, falsch. Die Stärke der Isolation der Niederspannungsleitungen im Kraftfahrzeug wird lediglich durch die erforderliche Widerstandsfähigkeit gegen mechanische, chemische (Öl und Benzin) und Witterungseinflüsse gegeben. Die daraus entstehenden Anforderungen sind selbstverständlich bei 6 und 12 Volt dieselben.

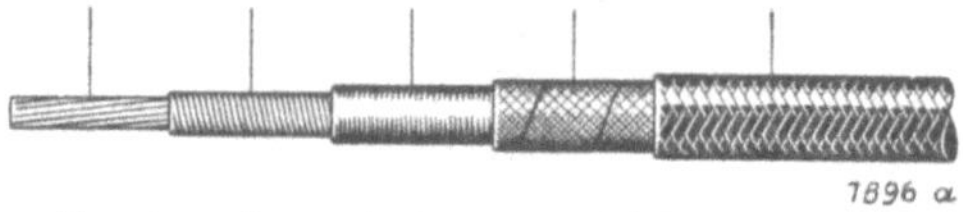

Bild 595. Zweckmäßiger Aufbau eines Niederspannungskabels für Kraftfahrzeuge

Sie werden aber maßgebend beeinflußt durch die Verlegungsart. Für die jetzt vielfach angewendete Verlegung der Kabel ohne besonderen Schutz durch Rohre oder Metallschläuche im Rahmen des Fahrgestells der Wagen hat sich ein Aufbau nach Bild 595 als zweckmäßig und ausreichend erwiesen. Wir haben im Innern die durch Verseilen von verzinnten Kupferdrähten gewonnene Seele. Die Drähte müssen verzinnt sein, damit der in der Gummischicht der Isolierung enthaltene Schwefel nicht auf das Kupfer einwirken kann. Die Seele wird zunächst mit Baumwollfäden umsponnen und dann mit einer Gummischicht umpreßt, die fest aufvulkanisiert wird und deren Stärke je nach dem Leiterdurchmesser zwischen 0,5 und 2 mm schwankt. Auf die Gummischicht folgt ein dünnes, imprägniertes, fest und gut überlappt gewickeltes Baumwollband und darüber schließlich eine dichte Baumwollumklöppelung, die mit einem eine widerstandsfähige und elastische Hülle bildenden Lack völlig durchtränkt wird.

Neben dem Aufbau der Kabel selbst bleibt die Art der Verlegung am Fahrzeug von ausschlaggebender Bedeutung für die Erhaltung der Kabel. Am Fahrgestell lassen sich die Kabel auf langen Strecken nach Bild 596 gut geschützt im Rahmen verlegen. Wie oben schon erwähnt wurde, ist bei derartiger Verlegung und bei Verwendung geeigneter Kabel ein besonderer Schutz durch Metallrohre oder -schläuche entbehrlich. Wenn der Preis des Fahrzeuges eine besonders sorgfältige Arbeit gestattet, ist selbstverständlich eine weitere Verbesserung der elektrischen Anlage durch einen derartigen Kabelschutz erwünscht. Vor allem ist zum Beispiel bei großen Fahrzeugen (Omnibussen, Lastwagen) die Verlegung der Schlußlampenleitung in einem

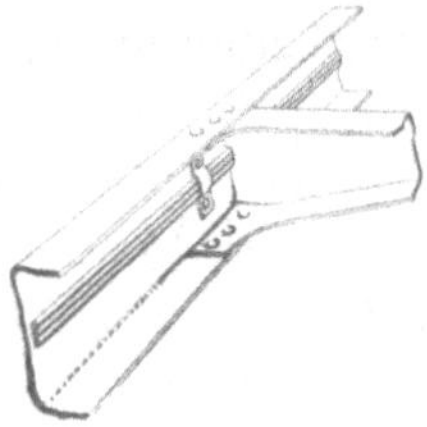

Bild 596. Kabelverlegung am Fahrgestellrahmen

Rohr empfehlenswert, da diese lange und immerhin für die Sicherheit des Fahrzeugs doch auch wichtige Leitung möglichst gegen Beschädigungen geschützt werden sollte. Die Verlegung in einem Metallrohr kann auch da empfehlenswert sein, wo zum Beispiel wie an der Spritzwand eine größere Anzahl von Kabeln zu befestigen ist. Hier kann unter anderem das Zusammenfassen in einem Rohr, das mit wenigen Schellen an der Spritzwand festgelegt wird, weniger Unkosten verursachen als die saubere Befestigung der freiliegenden Kabel mit Hilfe einer größeren Anzahl von Schellen. Man findet vereinzelt gegossene oder gepreßte Spritzwände, in denen besondere Kabelkanäle vorgesehen sind. Zu warnen ist davor, derartige Kanäle mit U-Querschnitt so anzuordnen, daß die Abdeckung durch Teile der Karosserie gebildet wird. Wenn die in einem solchen Kanal verlegten Kabel durch einen Zufall – zum Beispiel Anbohren durch einen unerfahrenen Arbeiter – beschädigt werden, macht die Ausbesserung das Abnehmen der Karosserie vom Fahrgestell nötig, wenn man nicht vorzieht, das schadhafte Kabel durch eine außen liegende Umgehungsleitung zu ersetzen. Wenn also auch die Kabel geschützt liegen sollen, so sollen sie doch ohne große Schwierigkeiten zugänglich sein. Ein Verlegen von Kabeln an Karosserieteilen ist möglichst zu vermeiden, damit durch die Kabelführung das Abheben der

Karosserie vom Fahrgestell nicht erschwert wird. Unvermeidliche Kabelübergänge vom Fahrgestell zur Karosserie (Deckenlampe usw.) sind durch Einschalten von Zwischendosen leicht lösbar zu machen.

Kabel, die an offenliegenden Stellen, zum Beispiel an den Scheinwerfern, freihängend geführt werden, sind in der Regel durch Metallschläuche zu schützen. Dasselbe gilt von Kabeln, die um irgendwelche Kanten gebogen oder durch Wandungen geführt werden. Bei Durchführungen kann auch ein Schutz durch Ausfüllen des Loches mit einer Gummimuffe in Betracht kommen. Bei freihängenden Kabeln ist durch geeignete Befestigung der Enden des Kabels oder des Metallschlauchs dafür zu sorgen, daß durch die beim Fahren eintretenden Schwingungen nicht die leitende Seele beansprucht wird. Wir verweisen auch auf unsere Ausführungen über Kabelführung im Abschnitt „Scheinwerfer", Seite 69.

Besondere Sorgfalt erfordert die Kabelführung an beweglichen Teilen des Fahrzeugs. Hier müssen Zug- sowie scharfe Biegungsbeanspruchungen und vor allem Einklemmen zwischen zwei Fahrzeugteilen vermieden werden. Derartige Gefahrenpunkte treten besonders am Motorrad hervor (an der Vorderradfederung, bei starkem Einschlagen des Lenkers am Rahmen usw.). Am Wagen ist häufig die Leitung zu dem auf dem Lenkrad angebrachten Horndruckknopf ungünstig angebracht. Es ist nicht gut, diese Leitung durch eine seitliche Bohrung – oft an der Durchführungsstelle ganz ungeschützt – in die Lenksäule einzuführen. Sie wird dann bei jeder Lenkbewegung auf- oder abgewickelt und vor allem an der Durchführungsstelle stark beansprucht. Derartige Verbindungen sind nötigenfalls durch Schleifkontakte herzustellen, die bei guter Ausführung genügend betriebssicher, wenn auch nicht ideal sind. (S. Seite 198.)

Allgemein ist zur Leitungsführung noch zu bemerken, daß selbstverständlich jede unnötige Beanspruchung durch Erwärmung sowie Einwirkung von Öl, Brennstoff und Wasser vermieden werden muß. Hitze, Öl und Brennstoff gefährden häufig die Zündkabel; darauf werden wir unten noch zurückkommen. Rohr- und Metallschlauchleitungen sind gegen Eindringen von Wasser zu schützen. Ihre Enden sind also nach abwärts zu biegen oder sorgfältig abzudichten.

Wichtig ist diese Abdichtung auch an den Einführungen der Kabel in Lichtmaschine und Anlasser. Hier haben sich als Dichtungen Weichgummibüchsen mit kegeliger Bohrung bewährt, in die die Kabel nach Bild 597 fest hineingezogen werden. Die zu den genannten Maschinen führenden Kabel werden übrigens in der Regel ohne Metallbewehrung verlegt, da bei der geschützten Lage der Maschinen besondere mechanische Beanspruchungen nicht zu befürchten sind.

Wir kommen damit zum Anschluß der Kabel an die Apparate sowie zu der Verbindung untereinander. Der Anschluß an die Apparate erfolgt fast ausnahmslos durch Klemmen, nur selten durch Löten. Als Beispiel haben wir in Bild 597 das Einklemmen des Kabels in eine Lochklemme. Hier ist zu beachten, daß das Kabel gut zusammengedreht in die Bohrung eingeführt wird, damit nicht einzelne Adern abstehen und Kurzschlüsse verursachen. Ebenso darf das Kabel nicht weit durch die Klemme hindurchgeführt werden, damit das freie Ende nicht anstößt. Ein Verlöten der Adern ist hier nicht nötig, wohl aber, wenn das Kabel bei der andern bekannten Klemmenart

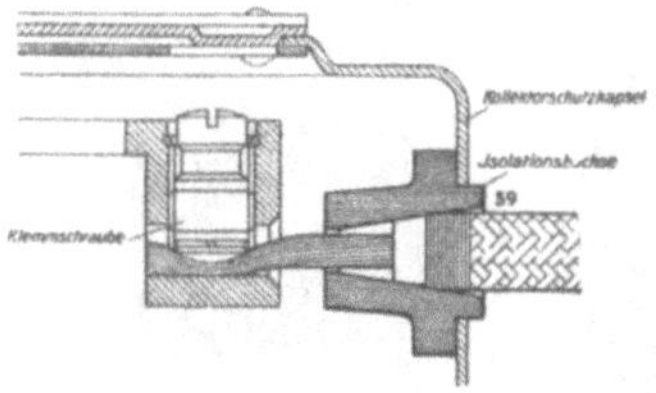

Bild 597. Zweckmäßige Abdichtung der Kabeleinführung an einer Lichtmaschine

unter dem Kopf der Klemmschraube eingeklemmt wird. Bei stärkeren Kabeln wird hier auch das Anbringen eines Kabelschuhs unbedingt nötig. Zur Ausbildung des Kabelanschlusses an der Batterie ist das Erforderliche bereits bei Behandlung der Batterie (II. Teil S. 94 und 189) gesagt. Der Ausbildung der Klemmen ist in jedem Falle, auch bei kleinen, einfachen Apparaten, genügende Aufmerksamkeit zu widmen; ferner sind die Schrauben beim Einbau gut anzuziehen, damit Selbstlösen vermieden wird. Gänzlich unzureichend sind für den Kraftfahrzeugbetrieb die gelegentlich bei Scheinwerfern und auch bei anderen Apparaten verwendeten Kabelanschlüsse, bei denen das Leiterende lediglich durch den Druck einer Feder festgeklemmt wird. Bei Unterbrechungen oder Kurzschlüssen sind jedenfalls auch die Klemmverbindungen in der in Frage stehenden Leitung zu prüfen, und zwar vor weitergehender Fehlersuche am Kabel, Schaltkasten usw., denn nach den Erfahrungen der Werkstätten liegt der Fehler oft an den Anschlüssen.

Von besonderer Bedeutung für das Arbeiten der elektrischen Apparate ist in dem fast ausschließlich verwendeten Einleiter-System die Verbindung des einen – in Deutschland vorwiegend des negativen – *Batteriepoles mit* der als Rückleitung dienenden *Masse* des Fahrgestells. Während bei den Maschinen und Apparaten, wenigstens soweit sie auf metallischer Unterlage befestigt werden, meist ohne weiteres eine gute Verbindung zwischen dem die Rückleitung vermittelnden Maschinengehäuse und dem Fahrgestell (Motor usw.) gesichert ist, muß der eine Batteriepol durch eine besondere Leitung mit der Masse verbunden werden. Diese sehr kräftig auszuführende Leitung sollte stets vermittels eines fest mit dem Fahrgestellrahmen verschraubten Anschlußbolzens mit der Masse verbunden werden. Bei Befestigung des Anschlußbolzens in dünnen Blechverkleidungen oder am Batterietraggestell sind Störungen der Masseverbindung durch Lockerwerden, Rostbildung usw. zu befürchten. Ist die Masseverbindung

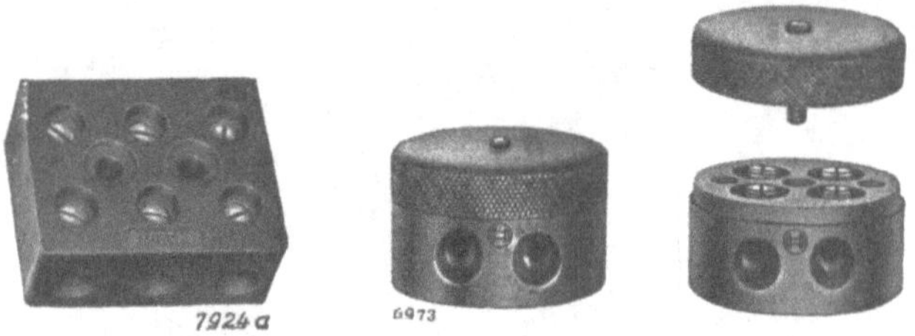

Bild 598. Kabelverbinder und Zwischendose

unterbrochen oder auch nur mangelhaft, so wird die Aufladung der Batterie ungenügend, auch arbeiten die Apparate, insonderheit der Anlasser, mangelhaft. Besonders schädlich wirkt ein schlechter Masseanschluß auf die Lichtmaschine mit Regelung durch dritte Bürste (s. II. Teil, S. 138). Daraus erklärt sich auch das besondere Bemühen der amerikanischen Soc. of Aut. Engineers, die sorgfältige Ausführung des Masseanschlusses durchzusetzen.

Verbindungen und Verzweigungen von Leitungen sollten stets durch Kabelverbinder, sowie in Zwischen- oder Abzweigdosen durch saubere Klemmverbindungen vorgenommen werden. Beispiele für solche zeigt Bild 598. Außerdem sollte man unbedingt daran festhalten, daß die Enden der Leitungen an allen Trennstellen einwandfrei – zum Beispiel durch über die Isolierung geschobene und festgeklemmte Ringe – am besten mit Nummern bezeichnet werden.

Eine jetzt kaum noch erwähnte Frage bezüglich der Ausbildung der Kabelanlage im Kraftfahrzeug hat früher lebhafte Erörterung gefunden und ist daher hier wenigstens zu streifen: *Ein- oder Zweileitersystem?*, d. h.: Soll die Rückleitung des Stroms vom Stromverbraucher zur Stromquelle durch die Metallteile des Fahrzeugs, die

„Masse", oder durch eine zweite Leitung erfolgen? Man hat gegen das Einleiter-System vor allem angeführt, daß bei ihm schon die Beschädigung nur eines Kabels zum Kurzschluß durch Berührung der Seele mit der Masse führen könne, während beim Zweileiter-System das hin- und rückführende Kabel beschädigt und zur Herbeiführung eines Kurzschlusses entweder sich unmittelbar berühren oder aber durch Berührung mit einem Metallteil leitend verbunden sein müssen. Dem ist aber entgegenzuhalten, daß durch die Verdoppelung der Leiterzahl beim Zweileitersystem die Verlegung der Leitungen erschwert und verteuert und außerdem das Leitungsnetz weniger übersichtlich gestaltet wird. In elektrischer Beziehung ist das Einleiter-System außerdem noch im Vorteil durch den großen Querschnitt, der in der Masse zur Verfügung steht und durch den der Widerstand der Rückleitung

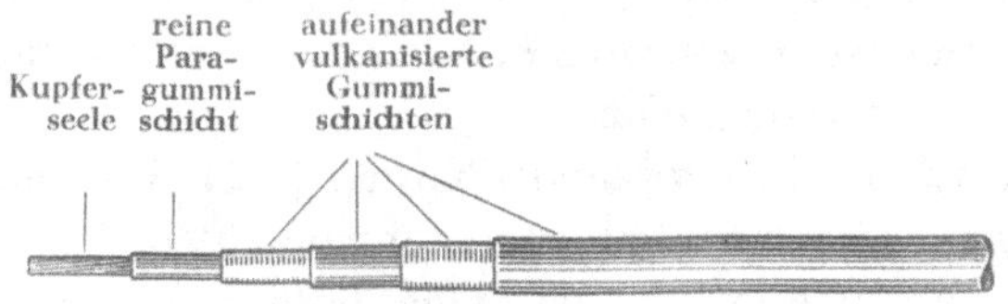

Bild 599. Zweckmäßiger Aufbau eines Zünd-(Hochspannungs-)kabels für Kraftfahrzeuge

vernachlässigbar klein wird. Die gegenüber dem Zweileiter-System zweifellos etwas erhöhte Kurzschlußgefahr spielt bei der heutigen Kabeltechnik und den Erfahrungen in der Verlegung zudem nur noch eine untergeordnete Rolle, und man ist daher im Kraftfahrzeugbau allgemein zum Einleiter-System übergegangen. Besondere Rückleitungen werden nur dort noch verwendet, wo eine gute Masseverbindung nicht herstellbar ist. So wird zum Beispiel für die Innenbeleuchtung von Omnibussen Kabelhin- und -rückleitung verwendet; daneben ist sie auch am Kraftrad empfehlenswert.

Außerhalb des Rahmens der übrigen Leitungsanlage liegen die Hochspannungsleitungen des Zünders. Im Gegensatz zu den Niederspannungsleitungen spielen bei ihnen die isolierenden Eigenschaften der Isolierung eine große Rolle. Gegen äußere Einflüsse sind diese Kabel unter der Motorhaube verhältnismäßig gut geschützt; sie werden sogar häufig auf längeren Strecken in widerstandsfähigen Röhren oder auch in besonderen, im Motorblock vorgesehenen Kanälen geführt. Allerdings sind diese Leitungen im allgemeinen leicht beweglich, so daß die Isolierung der Abnützung durch

Reibung an den Röhren oder sonstigen Maschinenteilen ausgesetzt sein kann. Auch können die Kabel vom Motor her beträchtlich erwärmt werden. Man genügt den an die Isolierung gestellten Ansprüchen durch eine aus mehreren Schichten gebildete Gummiisolierung; viel verwendet wird ein Aufbau nach Bild 599, bei dem eine Kupferseele von 1,5 mm^2 Querschnitt fest umpreßt ist mit 5 Gummischichten von insgesamt etwa 4 mm Stärke. Ein derartiges Kabel soll mit Wechselspannung von 15000 V_{eff} gegen Wasser bei 50 Perioden 20 Minuten lang belastet werden können, ohne durchzuschlagen.

Der Kupferquerschnitt von 1,5 mm^2 der Hochspannunsgleitungen muß im Verhältnis zu den unter hoher Spannung hindurchgehenden geringen Strömen groß erscheinen. Hier ist aber zu beachten, daß bei diesen Leitern wohl die Leitfähigkeit kaum in Betracht kommt, daß aber bei den meist leicht beweglich aufgehängten und darum stark den Fahrerschütterungen ausgesetzten Kabeln eine besondere mechanische Festigkeit verlangt werden muß.

Übrigens ist die oben erwähnte Führung der Hochspannungskabel in Röhren oder Kanälen nicht immer gutzuheißen. Manchmal entstehen durch die enge Zusammenfassung der Kabel so starke gegenseitige induktive und kapazitive Beeinflussungen, daß der Motor nicht mehr einwandfrei läuft (der Funke springt in den falschen Zylinder!). Bei Verlegung im Motorblock werden die Kabel gelegentlich offen an der Ventilanordnung entlang geführt und sind dann starker Verölung ausgesetzt. Diese aber greift bekanntlich das Gummi der Isolierung an. Eine beschränkte Abhilfe ist in diesen Fällen dadurch zu erzielen, daß man die Gummiisolierung durch Einziehen der Kabel in sogenanntes Bougierohr möglichst gegen den Angriff des Öles schützt.

2. Sicherungen

Auch bei sorgfältigster Arbeit und Verwendung einwandfreier Kabel sind Kurzschlüsse in der Niederspannungsanlage nicht ausgeschlossen. Die schädlichen Folgen, die wegen der bei Kurzschlüssen entstehenden äußerst starken Ströme für Lichtmaschine, Batterie, Schalter und Leitungen zu erwarten sind, werden durch Sicherungen, die die kurzgeschlossene Leitung selbsttätig unterbrechen, abgewendet. Als Sicherungen verwendet man Abschmelzsicherungen, in denen in bekannter Weise bei übermäßiger Steigerung des Stromes durch die vom Strom erzeugte Wärme ein Draht abgeschmolzen und dadurch die betreffende Leitung unterbrochen wird, daneben aber auch selbsttätige Schalter, die bei übermäßiger Steigerung des Stromes den Stromkreis bis zur Behebung des Fehlers völlig unterbrechen oder aber den Strom auf einen zulässigen Wert begrenzen.

Die Abschmelzsicherungen bestehen aus einem kurzen Glasrohr, das beiderseits durch metallische Kappen, zwischen denen der

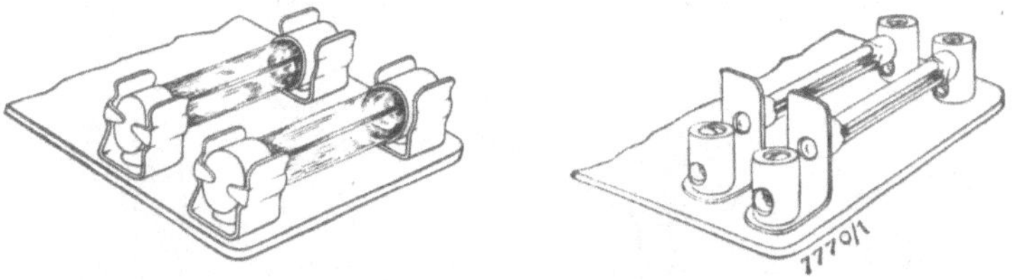

Bild 600. Abschmelzsicherungen für die elektrischen Anlagen von Kraftfahrzeugen

Schmelzdraht gespannt ist, verschlossen ist (Bild 600). Statt des Glasrohres wird vielfach ein Porzellan- oder Steatitkörper verwendet, bei dem der Sicherungsdraht in eine Längsnut gelegt wird. Die Sicherungen werden nach Bild 600 zwischen Kontaktfedern geklemmt und in dem Bedarf entsprechender Anzahl in Sicherungsdosen nach Bild 601 ver-

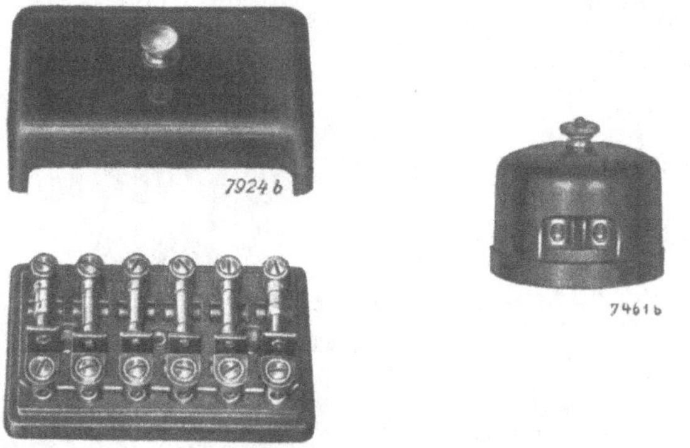

Bild 601. Sicherungsdosen

einigt. Bei Unterbringung im Schaltkasten findet man aber auch noch die früher viel benützte Einführung der Sicherung in einem Schraubstöpsel nach Bild 602, mit dem die Sicherung im Schaltkasten festgeschraubt wird. Die Sicherung wird durch eine Feder oder einen Sprengring im Stöpsel festgehalten. Vielfach kann der Zündungsschlüssel als Schraubenzieher zum Lösen des Stöpsels benutzt werden.

Als Beispiel für einen Selbstschalter, der die Leitung völlig unterbricht, bringen wir in Bild 603 den Überstromschalter der Leece-Neville Comp., Cleveland. Dieser Schalter wird zwischen den Klemmen A und B in die zu schützende Leitung gelegt. Wenn diese in Ordnung

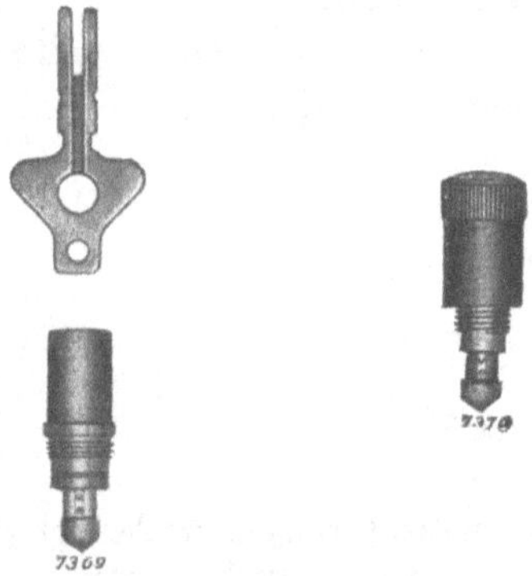

Bild 602. Sicherungsstöpsel für Schaltkästen

ist, kann der Strom ungehindert von A über den geschlossenen Kontakt C nach B fließen. C wird dabei durch die Hebelanordnung D geschlossen gehalten. D steht nun aber im Betrieb durch Vermittlung des Ankers G unter der Einwirkung eines Elektromagnets, durch dessen

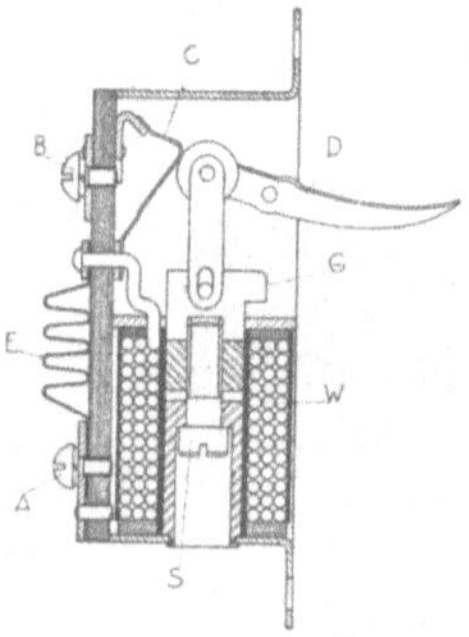

Bild 603. Überstromschalter (Leece-Neville)

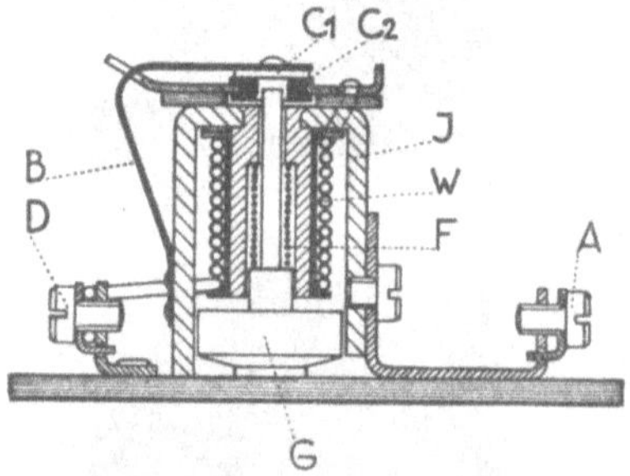

Bild 604. Strombegrenzer

Wicklung ein Teil des sich bei A nach E und W verzweigenden Stromes fließt. Übersteigt der in der zu schützenden Leitung und damit der durch W fließende Teilstrom gewisse Werte, so wird G angezogen und damit C geöffnet. Die Stromstärke, bei der G angezogen wird, hängt vom Abstand von G vom Elektromagneten ab. Dieser Abstand kann in leicht ersichtlicher Weise durch die Schraube S geregelt werden.

E liegt parallel zu W, damit nicht der gesamte Strom durch die Spule fließen muß. Nach Behebung des die Auslösung des Schalters bewirkenden Kurzschlusses kann der Kontakt C durch Niederdrücken des Hebels D wieder geschlossen werden.

Da völliges Ausschalten des Stromes zum Beispiel bei Sicherung beider Scheinwerferleitungen über denselben Schalter schwere Folgen haben kann, wird vielfach, wenigstens für die Lichtleitungen, ein Strombegrenzer nach Bild 604 verwendet. Wir haben bei C_1, C_2 ein Kontaktpaar, das wieder hintereinander mit der Elektromagnetwicklung W in den zu sichernden Stromkreis geschaltet wird, und zwar geht der Strom von der Klemme A durch das U-förmige Magnetjoch J und die Blattfeder B zum oberen Kontakt C_1 und weiter durch den ringförmigen Kontakt C_2 und seinen Träger in die Spule W, aus der er schließlich über die Klemme D in die zu sichernde Leitung geht. Durch den Elektromagneten wird bei übermäßig starken Strömen gegen den Druck der Feder F ein Anker G angezogen, der dabei mit einer Verlängerung durch C_2 hindurch gegen C_1 stößt und diesen von C_2 abhebt. Damit wird der Strom in der zu sichernden Leitung und zugleich auch in der Elektromagnetwicklung unterbrochen. F kann somit den Anker zurückführen, so daß C_1, C_2 durch B wieder geschlossen werden können. Sofort wird der Magnet wieder erregt, C_1, C_2 werden wieder geöffnet usw. Wir haben damit kurz gesagt die Arbeitsweise des unter anderem von der elektrischen Klingel bekannten Selbstunterbrechers oder Wagnerschen Hammers. Durch die schnell aufeinanderfolgenden Unterbrechungen wird der Strom in der gesicherten Leitung auf einen gewissen Mittelwert begrenzt, der von der Wirkung des Elektromagnets, der Spannung der Feder F, sowie dem Aufbau des genannten Stromkreises abhängt. Die Tätigkeit des Begrenzers ist von lebhaftem Geräusch begleitet, so daß der Fahrer auf den eingetretenen Fehler aufmerksam gemacht wird. Sind Lampen eingeschaltet, so fangen diese an zu flackern, immerhin ist die Fahrstraße aber doch nicht augenblicklich in völlige Dunkelheit gehüllt.

Der Verwendung aller Sicherungen geht die Beantwortung einer Grundfrage voran: In welchem Umfange ist die elektrische Anlage des Kraftfahrzeugs zu sichern? Die Ansichten gehen hier vom Verzicht auf jede Sicherung bis zur Einzelsicherung jeder Leitung, die auch nur irgendeiner Kurzschlußgefahr ausgesetzt ist, auseinander. Eine allgemein gültige Beantwortung der Frage ist auch nicht möglich. Jedenfalls sollte man aber nur bei kleinen Anlagen, zum Beispiel an Motorrädern, auf jede Sicherung verzichten. Vielfach findet man, namentlich an amerikanischen Wagen, nur eine Hauptsicherung in der Leitung von den Stromquellen zur Verzweigungsstelle der Leitungen zu den Stromverbrauchern, d. h. also in der Regel vorm oder vielmehr im Schaltkasten (Bild 605). Die Zündung wird dabei in der Regel vor der Sicherung abgezweigt. Durch diese Anordnung wird zwar das Ziel, Lichtmaschine, Batterie, Schaltapparate und Leitungen

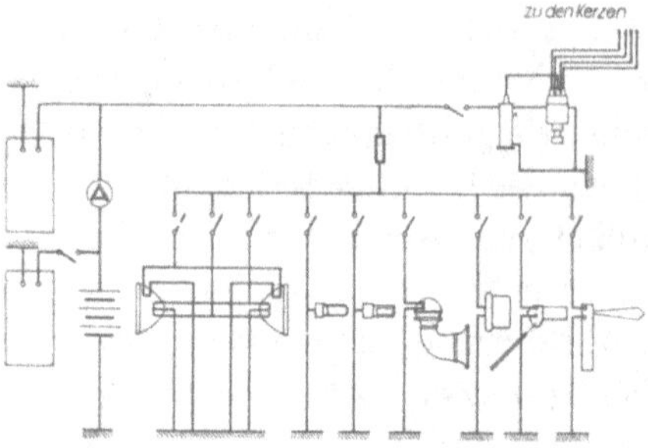

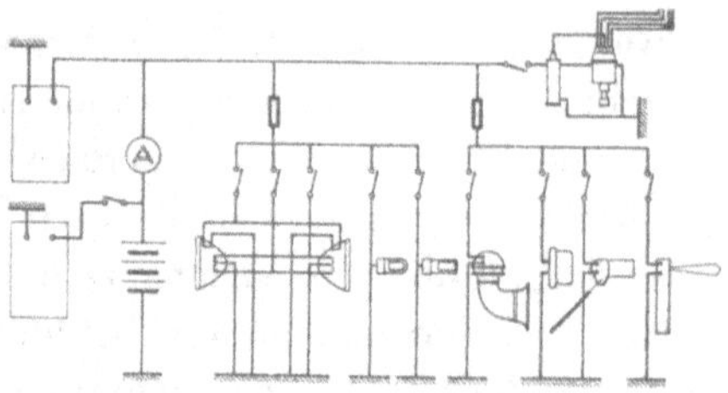

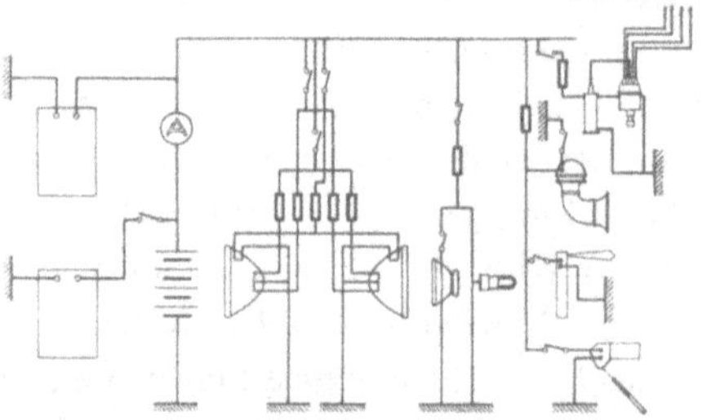

Bild 605–607. Die verschiedenen Grundsätze für den Einbau von Sicherungen in elektrische Anlagen für Kraftfahrzeuge

bei Kurzschlüssen vor Beschädigung durch übermäßige Ströme zu schützen, erreicht, zugleich werden bei Ansprechen der Sicherung aber auch die gesamten Stromverbraucher außer Betrieb gesetzt, und dadurch wird bei Dunkelheit durch plötzliches Ausschalten der Lichter eine erhebliche Gefahr für das Fahrzeug begründet. Dieser Übelstand besteht auch bei Verwendung eines Überstromschalters der geschilderten Art. Seine Verwendung in Amerika dürfte sich daraus erklären, daß in Amerika die Landstraßen vielfach beleuchtet sind und das Erlöschen der Glühlampen keine unmittelbare Gefahr für das Fahrzeug zur Folge hat.

Ein weiterer Nachteil ist bei der Verwendung nur einer Hauptsicherung darin zu sehen, daß nach Ansprechen der Sicherung die

Leitungen durchgeprüft werden müssen, bis der Fehler gefunden ist. Die Fehlersuche wird bei Gruppen- und noch mehr bei Einzelsicherung der verschiedenen Verbraucherzweige jedenfalls wesentlich erleichtert. In dieser Hinsicht bietet also die Schaltung nach Bild 606, die an einer Reihe amerikanischer Wagen verwendet wird, einen gewissen Vorteil gegenüber Bild 605. In der Regel sind dabei die sogenannten lebenswichtigen Leitungen zu den Scheinwerfern, Seitenlampen, Schluß- und Instrumentenlampe über einen Strombegrenzer, die übrigen (Horn-, Haltlicht-, Scheibenwischer-, Winker- usw.) Leitungen über einen Überstromausschalter oder seltener eine Abschmelzsicherung gesichert. Empfehlenswert bleibt aber über diese Sicherung in zwei Grüppen hinaus die bei uns vorwiegend verwendete Einzelsicherung und Sicherung in kleinen Gruppen, wie sie beispielsweise durch Bild 607 schematisch angegeben wird. Bei derartiger Verwendung einer größeren Zahl von Sicherungen kommen nur noch Abschmelzsicherungen in Frage. Wie das Bild zeigt, werden die zur Beleuchtung der Fahrstraße verwendeten Lampen, und zwar jeweils Haupt- und Abblendfaden, einzeln gesichert. Die das Standlicht liefernden beiden Nebenlampen der Scheinwerfer sind dagegen parallel an eine Sicherung gelegt; ebenso sind Schlußlampe und Sucher, in einer weiteren Gruppe Horn, Winker und Scheibenwischer hinter je einer Sicherung zusammengefaßt. Weiter könnte man etwa noch die Innenbeleuchtung eines geschlossenen Wagens mit der Instrumentenlampe und der Stoplampe, ferner den Zigarrenanzünder mit der Handlampe zusammenfassen. Die Batteriezündung ist in jedem Falle hinter einer besonderen Sicherung anzuschließen.

Soll bei derartig vorsichtiger Absicherung der Anlage, die übrigens keineswegs übertrieben ist, sondern nur den allgemeinen Grundsätzen der Elektrotechnik entspricht, die Übersichtlichkeit nicht verloren gehen, so sind die Sicherungen unter sorgfältiger Bezeichnung der Leitungen an einer leicht zugänglichen Stelle zusammenzufassen. Besonders muß davor gewarnt werden, bei nachträglichem Einbau eines Apparates eine Einzelsicherung irgendwo, vielleicht noch an versteckter Stelle einzufügen.

3. Schaltkasten

Von wesentlichem Einfluß auf die Ausbildung der Leitungsanlage ist die Gestaltung des Schaltkastens. Dieser unterliegt nicht nur den durch die technische Entwicklung der Kraftfahrzeug-Ausrüstung bedingten Einflüssen, sondern in hohem Maße auch den Wandlungen des

Geschmacks. Man kann auf diesem Gebiete keine allgemein gültigen Richtlinien angeben, da neben der technischen Entwicklung der Geschmack nicht nur zeitlich, sondern auch mit den Landesgrenzen erheblich wechselt. Einen Überblick über die Entwicklung der Schaltkasten in

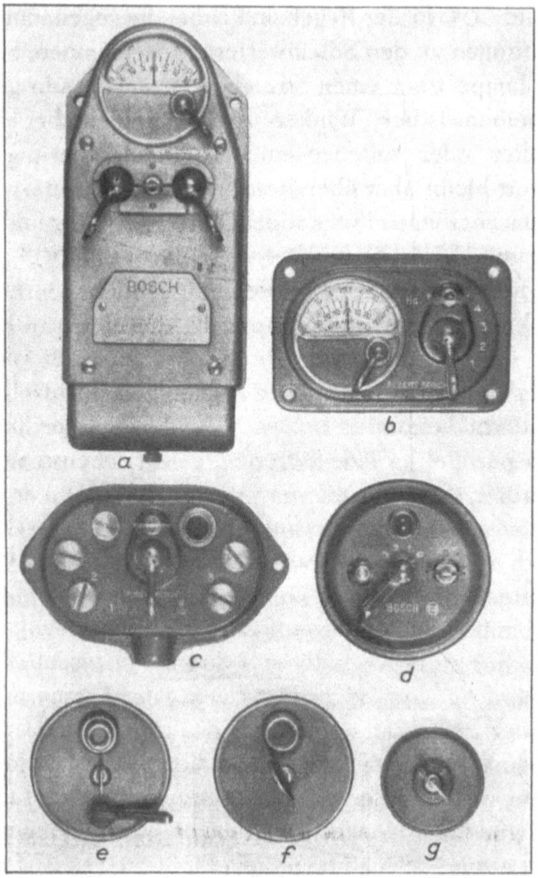

Bild 608. Die Entwicklungsstufen des Schaltkastens
(Robert Bosch A.-G.)

Deutschland, der übrigens in ziemlich weitem Umfange für Europa Geltung hat, gibt Bild 608. Wir sehen darin eine Reihe von Bosch-Schaltkasten für Personenwagen, wie sie nacheinander entwickelt wurden. Neben diesen haben sich noch gewisse Sonderformen herausgebildet, die aber als aus dem Rahmen der Gesamtentwicklung nicht herausfallend hier unberücksichtigt bleiben können.

Die erste Entwicklung ging dahin, den Schaltkasten zum Mittelpunkt der gesamten Anlage zu machen und in ihm alle zur Schaltung, Regelung und Sicherung nötigen Vorrichtungen zu vereinigen. In dem in den ersten Lichtanlagen verwendeten „Reglerschaltkasten" (Bild 608a) finden wir neben den zur Schaltung von Stromerzeugern und Stromverbrauchern erforderlichen beiden Handschaltern noch ein für Spannungs- und Strommessung benützbares Volt- und Amperemeter sowie den selbsttätigen Regler und Schalter der Lichtmaschine. Der Kasten ist in allen seinen Teilen sehr widerstandsfähig gehalten; dadurch erhält er eine Größe und Gestalt, die unseren heutigen Anschauungen nicht mehr entspricht. Zur Zeit seiner Entstehung trat aber das Maschinenmäßige des Kraftfahrzeugs noch stark in den Vordergrund. Sicherungen waren in diesem Schaltkasten nicht vorgesehen. Sie wurden gegebenenfalls in besonderen Anschlußdosen an der Spritzwand eingebaut. Ebenso fehlt ein Anlaßdruckknopf, da damals der Anlasser durch einen Fußschalter geschaltet wurde. In Bild 608b haben wir dann einen Schaltkasten ohne selbsttätigen Regler und Schalter, die an der Lichtmaschine untergebracht wurden. Der Kasten wird durch das eingebaute Meßinstrument immer noch verhältnismäßig groß, entspricht aber doch schon mehr unserem heutigen Schönheitsgefühl. Sicherungen und Anlaßdruckknopf fehlen auch hier noch.

Im Beispiel Bild 608c ist dann der Schaltkasten völlig zum Mittelpunkt der elektrischen Anlage geworden, Regler und selbsttätiger Schalter sind allerdings an dem in erster Linie geeigneten Platz an der Lichtmaschine verblieben. Der Schaltkasten enthält aber den Schlüsselschalter für die Zündung, einen Lichtschalter für alle Schaltmöglichkeiten, den Anlaßdruckknopf, über den der elektromagnetische Schalter im Anlasser erregt wird, eine Ladekontrollampe statt des Meßinstruments, eine Steckdose (für Handlampe usw.) und schließlich 4 Sicherungen, die von vorn her vermittels Stöpsel in der bereits geschilderten Art eingeschraubt werden und daher leicht zugänglich sind. Auf der Rückseite befindet sich die Anschlußplatte mit Klemmen für alle in Betracht kommenden Leitungen.

Mit dieser Zusammenfassung war aber die Grenze der Übersichtlichkeit erreicht. Bei weiterer Zunahme der Zahl der Stromverbraucher war ein Abzweigen der Apparate, die nicht vom Schaltkasten aus geschaltet wurden (Horn, Handlampe, Instrumentenlampe, Winker usw.), von der Anschlußplatte des Schaltkastens nicht mehr ratsam. Man mußte sich zu einer besonderen Anschlußdose entschließen, die zugleich die Sicherungen für die anzuschließenden Stromzweige aufnahm. Damit ergab sich zugleich die Möglichkeit, den Schaltkasten etwas zu verkleinern und ihn durch die runde Form nach Bild 608d dem Streben anzupassen, das Instrumentenbrett des Wagens durch richtiges Zusammenfassen der an ihm unterzubringenden Instrumente geschmackvoll auszugestalten. Der damit entstandene, heute noch gebräuchliche Schaltkasten enthält den Zündungs-Schlüsselschalter, den Anlaßdruckknopf, die Ladekontrollampe, einen Lichtschalter für Scheinwerfer und Schlußlampe, sowie 2 Sicherungen für die Stromkreise der Scheinwerferlampen und der Schlußlampe.

Die Bauarten nach Bild 608 e, f, g entspringen dem weiteren Streben nach Vereinfachung und Verkleinerung. Bei 608e sind Lichtschalter und Zündungsschlüssel zusammengefaßt. Der Lichtschalter kann durch den unter dem Schlüssel angebrachten Hebelumschalter ergänzt werden, durch den bei eingeschalteten Scheinwerfer-Hauptlampen zwischen vollem Licht und Abblendlicht gewechselt werden kann. Dieser Hebel kann aber bei der Ausführung 608f durch einen besonderen Fuß- oder Lenkradschalter ersetzt werden. In Bauart 608e sind ferner Anlaßdruckknopf und Ladekontrollampe vereinigt. Für Bendix-Anlasser, die nicht vom Schaltkasten aus geschaltet werden können, kann der Druckknopf im Schaltkasten fortfallen. Eine äußere Veränderung ergibt sich damit allerdings kaum noch.

Die letzte Verkleinerung und Vereinfachung ist schließlich mit dem Beispiel nach Bild 608g erreicht. Im Schaltkasten ist nur der Schlüsselschalter für Zündung, Scheinwerfer und Rücklicht verblieben. Anlaßschalter, Abblendumschalter, Ladekontrollampe und Sicherungen sind an anderer geeigneter Stelle vorzusehen. Bei dem Einbau hinter dem Instrumentenbrett, für den dieser Schaltkasten vorgesehen ist, wird vom Führersitz aus nur noch der kleine Kopf des Schaltkastens mit dem Schlüsselloch und der Angabe der Schaltstellungen sichtbar, der sich jedem Instrumentenbrett leicht in allen Ansprüchen Rechnung tragender Form einpassen läßt.

Es dürfte hier von Interesse sein nachzuweisen, wie wichtig die Entwicklung der Schaltkasten für die geschmackvolle Gestaltung der Instrumentenbretter war. Bild 609 kennzeichnet durchaus den Kraftwagen als Maschine. Bild 610 zeigt die Verbesserung durch den Schaltkasten nach Bild 608b. Heute würde man mit diesem Schaltkasten wohl noch einen besseren Aufbau des Instrumentenbrettes erzielen, zumal der große Doppelzündungsschalter rechts vom Schaltkasten fortfallen würde. Dasselbe darf man wohl vom Schaltkasten nach Bild 608c sagen, den Bild 611 am Instrumentenbrett wiedergibt. Wie das Ziel eines einheitlichen Instrumentenbrettes mit dem runden Schaltkasten nach Bild 608d erreicht wird, sehen wir im nächsten Bild 612, das allen berechtigten Ansprüchen Rechnung trägt. Immerhin zeigen die folgenden

Bild 609. Schaltkasten nach Bild 608a am Spritzbrett

Bilder, daß die Bauarten nach Bild 608e–g in Bezug auf den Geschmack noch einen Fortschritt bedeuten. So beweist Bild 613a und b, daß der Schaltkasten nach Bild 608e und f mit seinen schlichten Linien sich

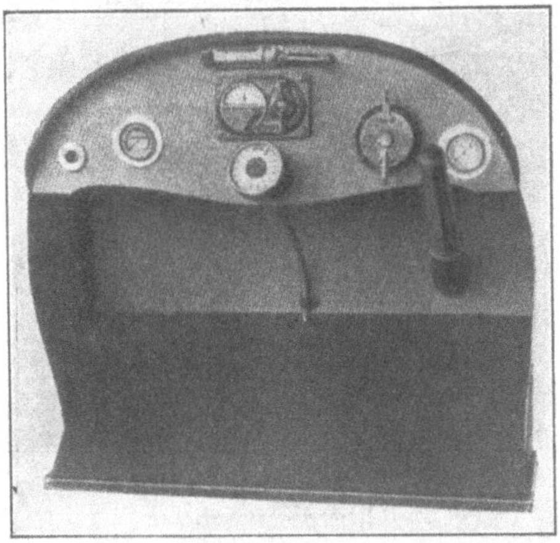

Bild 610. Schaltkasten nach Bild 608b am Instrumentenbrett

nicht nur vorzüglich mit den üblichen Instrumenten in runder Form zusammenfassen läßt, sondern auch mit Sonderformen dieser Instrumente ein voll befriedigendes Bild ergibt. Das gilt natürlich erst recht von der Schaltkastenform Bild 608g, wie sie im Instrumentenbrett nach Bild 613c verwendet ist. Allerdings darf man hier vielleicht schon die Frage aufwerfen, ob es richtig ist, einen wichtigen Be-

Bild 611. Schaltkasten nach Bild 608c am Instrumentenbrett

standteil der Wagenausrüstung, dem man unbedenklich eine größere Bedeutung zuschreiben kann als beispielsweise der Uhr, so weitgehend in den Hintergrund zu schieben, und ob nicht eine gewisse Betonung

Bild 612. Schaltkasten nach Bild 608d am Instrumentenbrett

des Schaltkastens in der gesunden Zweckform, wie die Bilder 613a und b sie bieten, ihre Berechtigung hat

Jedenfalls kann man einer vollständigen Auflösung des Schaltkastens in Einzelorgane oder der Verlegung möglichst aller von Hand zu bedienenden Schaltvorrichtungen an das Lenkrad, wie sie neuerdings manchmal angestrebt wird, nicht unbedingt das Wort reden. Dadurch wird unter Umständen nicht nur die technische Durchbildung, sondern auch die Sicherheit der Bedienung beeinträchtigt. Der richtige Mittelweg dürfte sein, die zur Überwachung des richtigen Arbeitens der elektrischen Anlage nötigen Vorrichtungen (Ladekontrollampe, Meßinstrumente), sowie alle nur vereinzelt zu bedienenden Schalter (Zündungsschalter, Schalter zum Ein- und Ausschalten der Schein-

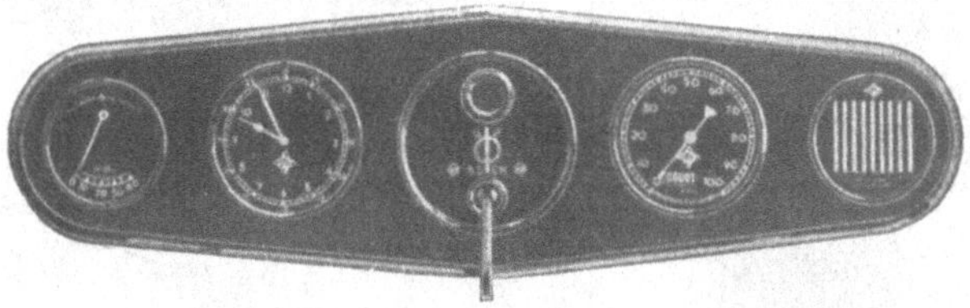

a

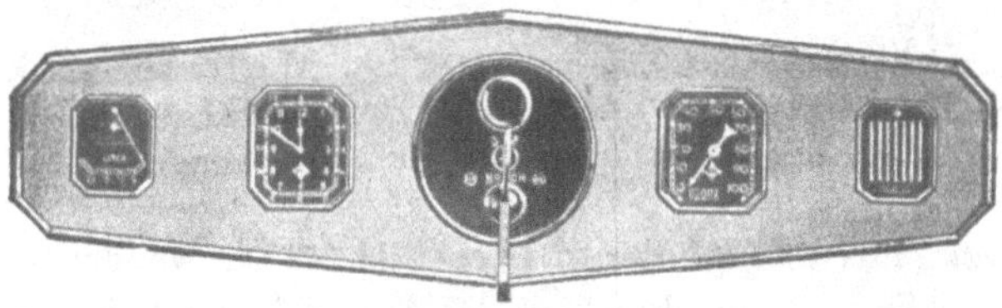

b

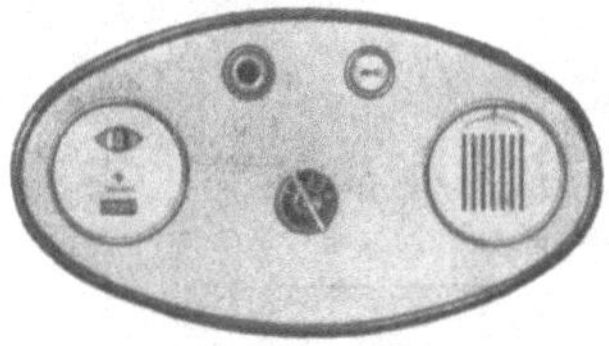

c

Bild 613. Einheitlich aufgebaute Instrumentenbretter (VDO-Tachometer-A.-G.)

werfer und Rücklampe, Anlasserdruckknopf), in einem Schaltkasten zusammenzufassen, dagegen aber die immer wieder auch bei flotter Fahrt zu bedienenden Schalter (Abblendumschalter und Horndruckknopf) am Lenkrad anzubringen. Beim Schalter für den Fahrtrichtungsanzeiger kann man im Zweifel sein, ob auch er unbedingt am Lenkrad sitzen soll, oder ob man sich mit einer Unterbringung in bequemer Reichweite begnügen kann. Um eine Überladung des Lenkrades zu vermeiden, wird man das letztere vorziehen, und zwar um so eher, als der Fahrtrichtungsanzeiger in der Regel nur bei bereits verlangsamter Fahrt in Berieb gesetzt wird.

Die im Ausland gebräuchlichen Schaltkasten ähneln im allgemeinen den bisher angegebenen Grundzügen. Teilweise sind bei ihnen keine Drehschalter, sondern sogenannte „Zug- und Druckschalter" (Bild 614)

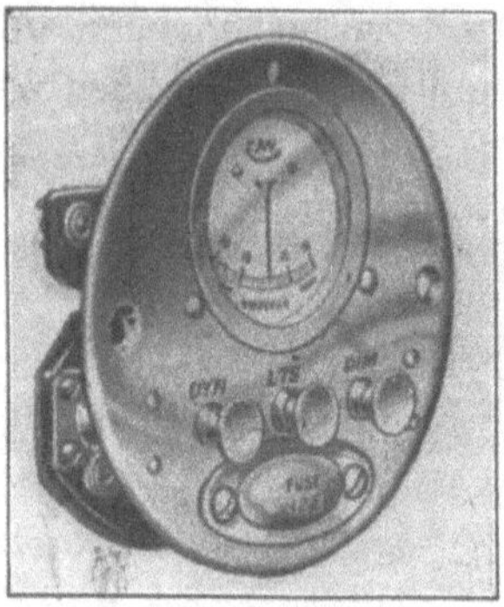

Bild 614. Schaltkasten mit Zug- und Druckschaltern (C. A. Vandervell)

Bild 615. Schaltkasten mit Kipphebelschaltern (C. A. Vandervell)

und die bekannten Kipphebelschalter (Bild 615) verwendet worden. Im allgemeinen findet man aber auch im Ausland im Schaltkasten Drehschalter. In Amerika hat man schon frühzeitig einen sehr gedrängten

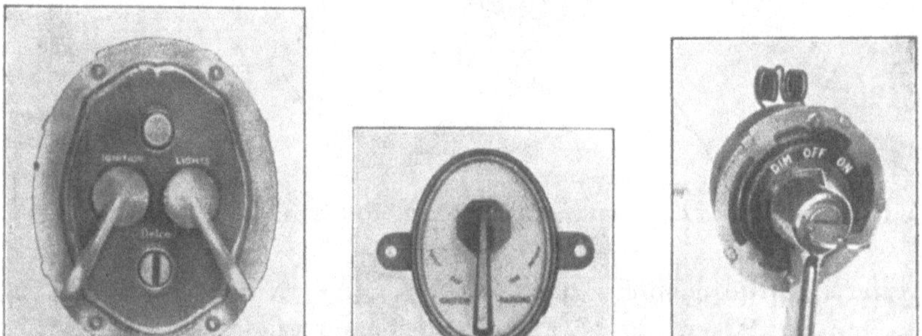

Bild 616—618. Schaltkasten amerikanischer Bauart

Bau angestrebt. Einige Beispiele zeigen die Bilder 616–618. In Amerika haben auch die Bestrebungen, den Schaltkasten aufzulösen und die elektrischen Schalter und Meßinstrumente einem nach einheitlichen Gesichtspunkten aufgebauten Instrumentenbrett einzugliedern, zuerst eingesetzt. Wir bringen als Beispiel Bild 619.

Bild 619. Instrumentenbrett am Chevrolet-Wagen

An Motorrädern verzichtet man im allgemeinen auf den Einbau von besonderen Schaltkästen und bringt die Schaltvorrichtungen und etwa für nötig erachtete Meßinstrumente im Scheinwerfer unter. Wir bringen hier als Beispiel noch Bild 620, verweisen aber im übrigen auf den Scheinwerfer-Abschnitt S. 70.

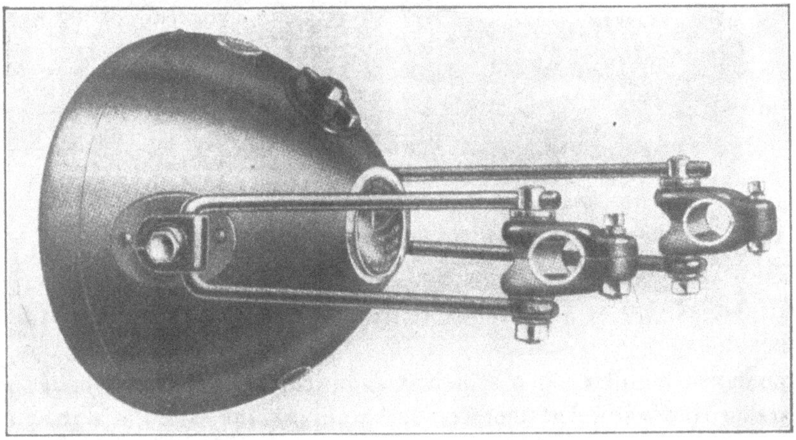

Bild 620. Motorradscheinwerfer mit Schalter und Meßinstrument (Lucas)

Für Flugzeuge und Motorboote wird man im allgemeinen die an Wagen üblichen Formen von Schaltkästen verwenden und sie durch besondere Schalter, zum Beispiel wie bei geschlossenen Wagen für Innenbeleuchtung, ergänzen. Bei weiterer Entwicklung wird man namentlich für größere Flugzeuge zu Sonderformen kommen. Solche hat man neuerdings schon für Omnibusse herausgebracht, bei denen ja auch an die elektrische Anlage besondere Ansprüche gestellt werden. Wir bringen in Bild 621 einen solchen Schaltkasten für Omni-

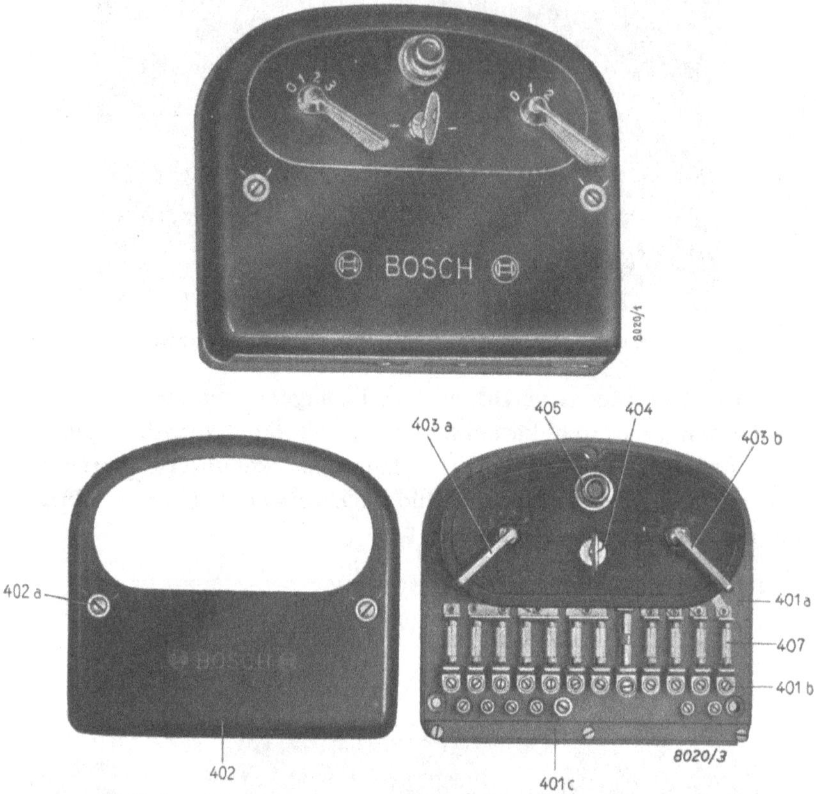

Bild 621. Schaltkasten für Omnibusse (Robert Bosch A.-G.)

401 a = Anschlußplatte	402 a = Riegel	404 = Zündungsschalter
401 b = Anschlußklemmen	403 a = Schalthebel für Außenbeleuchtung	405 = Anlaßdruckknopf mit Kontrollampe
401 c = Führungsleiste	403 b = Schalthebel für Innenbeleuchtung	407 = Sicherungen
402 = Deckel		

busse. Da bei derartigen reinen Nutzfahrzeugen die Zweckmäßigkeit in den Vordergrund gestellt werden kann und muß, ist es möglich, dem Schaltkasten so große Abmessungen zu geben, daß wieder alle Schaltvorrichtungen und Sicherungen in ihm vereinigt werden können, so daß der Fahrer alle zur Bedienung der Anlage erforderlichen Teile in übersichtlicher Anordnung vor sich hat.

Über dem allgemeinen Aufbau des Schaltkastens und dem Suchen nach äußerer Schönheit darf selbstverständlich in keinem Fall der technische Zweck des Apparates vernachlässigt werden. Bei der Ausbildung der arbeitenden Teile ist darauf zu achten, daß die Schaltungen auch in der Dunkelheit sicher und schnell ausgeführt werden können. Die Schaltgriffe und -hebel sind so groß zu machen und in solcher Lage zueinander anzubringen, daß sie mit sicherem Griff auch mit dicken Handschuhen bedient werden können. Zug- und Druckschalter, d. h. Schalter, bei denen die kontaktmachenden Teile durch Druck auf einen Knopf geschlossen und durch Zug an demselben Knopf wieder getrennt werden, sowie Kipphebelschalter („Tumblerschalter") mit ihren meist kleinen Griffknöpfen sind daher wenigstens für die Schaltung der Fahrlichter ungeeignet. Bei Schlüsselschaltern ist auf ausreichende Größe des Schlüsselgriffes zu achten.

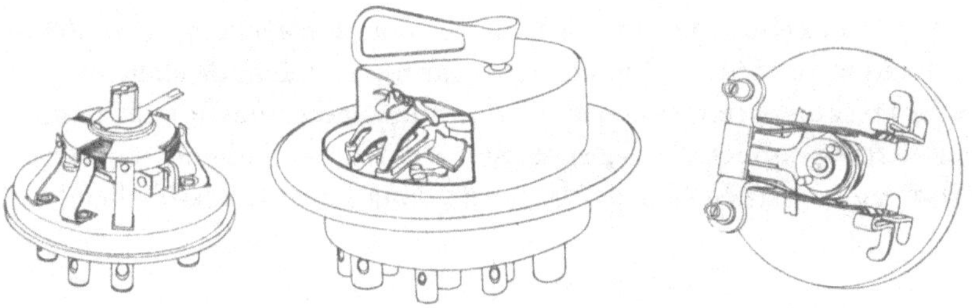

Bild 622–624. Beispiele für die Ausbildung der Schaltkontakte im Schaltkasten

Besondere Sorgfalt ist den kontaktmachenden Teilen zu widmen. Als Kontaktmetall dienen fast ausschließlich Kupfer oder Kupferlegierungen. Da diese leicht oxydieren, müssen die Kontakte mit solcher Reibung schließen, daß immer wieder blanke Metallflächen hergestellt werden. Vorzugsweise werden daher die Kontakte so ausgebildet, daß Kontaktfedern auf in der Ebene oder auf einer Walze angebrachten Gegenkontakten schleifen. Als gute Beispiele bringen wir die Bilder 622, 623, 624. Bei der Bauart nach Bild 624 müssen die Nocken der Schaltwalze die Federn soweit durchdrücken, daß unter Druck eine merkliche Bewegung der Federn auf den Kontakten (rechts) stattfindet. Unbefriedigend sind manchmal Kontakt-Vorrichtungen nach Bild 625. Hier gleiten an den Kontaktfedern sitzende Halbkugeln in Hohlnieten, die den Gegenkontakt bilden, ein. Zunächst ist die Reibung von Metall auf Metall dabei von Haus aus nicht immer genügend. Verschlimmert wird der Mangel dadurch, daß die federnden Kontakte zwischen den Nieten auf langen Strecken auf Isolierstoff schleifen. Dadurch ist die Gefahr gegeben, daß Isolierstoffteilchen zwischen die Kontakte gelangen und mangels genügender Reibung nicht beseitigt werden. Als weiterer Fehler tritt an dem Beispiel die schwache Ausbildung der Kontaktfedern hervor. Man hat hier nicht nur von vornherein mit ungenügendem Kontaktdruck zu rechnen, sondern muß auch befürchten, daß bei Durchgang stärkerer Ströme die Federwirkung infolge Erwärmung nachläßt.

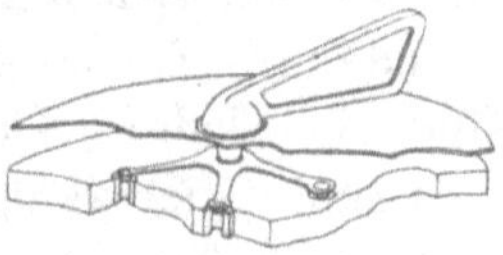

Bild 625. Unbefriedigende Kontaktausbildung für Schaltkasten

Abweichend von dem Grundsatz der Verwendung von Reibkontakten werden im Zündungsstromkreis vielfach auch einfache Berührungskontakte verwendet, die durch Einstecken des Verriegelungsschlüssels geöffnet oder geschlossen werden, je nachdem sie in der Verriegelungsstellung bei Magnetzündung zum Kurzschließen des

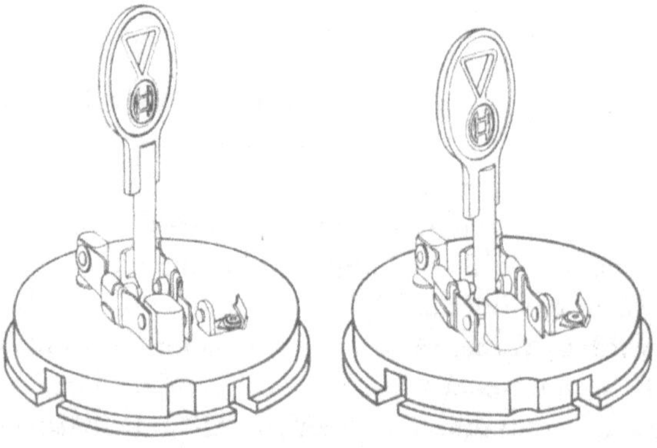

Bild 626. Die Wirkungsweise des Zündungsschlüssels

Unterbrechers oder bei Batteriezündung zum Unterbrechen des Primärkreises dienen. Bild 626 zeigt eine solche Konstruktion. Um hier dauernd guten Kontakt zu sichern, wird Silber als Kontaktwerkstoff benützt. Übrigens wird bei Verwendung einer Ladekontrollampe deren Stromkreis in der Regel beim Abziehen des Zündungsschlüssels geöffnet.

Besonderer Wert ist darauf zu legen, daß die Schalthebel in den verschiedenen Schaltstellungen deutlich fühlbar einrasten. Man kann vom Kraftfahrer nicht verlangen, daß er nach Sicht den Schalthebel in die gewünschte Stellung bringt. Die Rastvorrichtungen erfahren die mannigfaltigste Ausbildung. Zum Beispiel kann auf der Welle des Schalthebels nach Bild 627 ein gewelltes Blechsegment angebracht sein,

Bild 627. Ausbildung der Rastvorrichtungen für die Schalthebel an einem amerikanischen Schaltkasten

in dessen Wellen eine am Gehäuse befestigte, federbelastete Halbkugel eingreift. Umgekehrt wird auch an der Schalthebelwelle ein federnder Nocken angebracht, der in Vertiefungen am Gehäuse einrastet (Bild 622). Eine ähnliche Rastvorrichtung zeigt auch Bild 623. Bild 628 zeigt schließ-

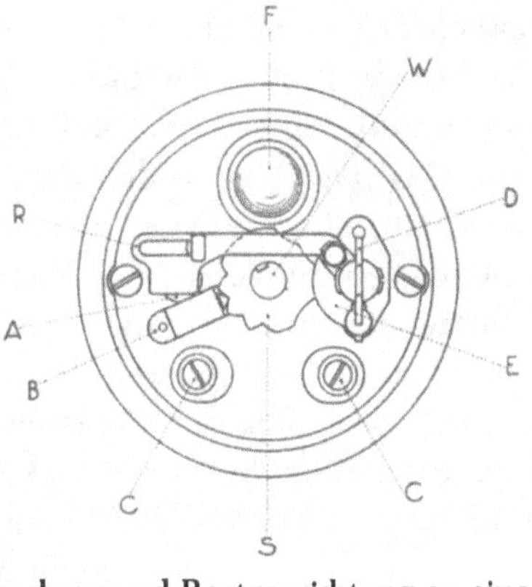

Bild 628. Verriegelung und Rastvorrichtung an einem Schaltkasten der Robert Bosch A.-G.

lich noch eine Rastvorrichtung, bei der ein federnder Bolzen B in die Zähne einer auf der Schalthebelwelle W sitzenden Scheibe S eingreift.

Bei manchen Schaltkästen wird das Umschalten zwischen Fern- und Abblendlicht nicht durch einen besonderen Schalthebel, wie bei dem

Beispiel nach Bild 606e bewirkt, sondern es ist ein Lichtschalthebel für die Stellungen: 0 = Aus; 1 = Hilfslampen in den Scheinwerfern und Nummernlicht; 2 = Fernlicht und Nummernlicht; 3 = Abblendlicht und Nummernlicht vorgesehen. Um nun beim Übergang von 3 nach 2 ein irrtümliches Weiterschalten auf 1 oder gar 0 zu verhüten, wird in der Regel zwischen 1 und 2 eine Sperre vorgesehen. Diese ist bei dem Schaltkasten nach Bild 629 als Druckknopf ausgebildet, der zum Übergang des Schalthebels von 2 nach 1 niedergedrückt werden muß, worauf der Hebel in ohne weiteres ersichtlicher Weise über ihn hinweggleiten kann. Vielfach wird die Sperre aber auch in das Innere des Schaltkastens verlegt.

Bild 629. Schaltkasten mit Sperrknopf für den Lichtschalthebel (Pöge Elektrizitätswerke)

Die Bilder 627 und 628 bieten zugleich Beispiele für die Verriegelung der Schalthebel. Wie in Deutschland, so besteht auch in anderen Staaten die Vorschrift, daß der Führer beim Verlassen des Fahrzeugs dafür sorgen muß, daß es nicht von Unberufenen in Betrieb gesetzt werden kann. Das geschieht in der Regel dadurch, daß der sogenannte Zündungsschlüssel abgezogen wird. Dadurch wird nach Bild 626 entweder bei Batteriezündung der Primärstromkreis geöffnet oder bei Magnetzündung der Primärstromkreis kurzgeschlossen, d. h. der Unterbrecher überbrückt. Bei anderen Bauarten werden diese Schaltvorgänge erst durch Verdrehen des Schlüssels erzielt. Wenn nach Bild 616 die Zündung durch einen besonderen Hebel geschaltet wird, so wird dieser nach Bild 627 in der Ausschaltstellung durch den Riegel eines Schlosses, der in eine auf der Schalthebelwelle angebrachte Scheibe eingreift, festgestellt. Bei vielen Schaltkästen wird durch den Zündungsschlüssel zugleich auch der Lichtschalter verriegelt. Man verhindert dadurch, daß nachts bei unbeaufsichtigt parkenden Fahrzeugen von böswilliger Hand die Standlichter ausgeschaltet werden. In einfachster Weise wird das bei Schaltkästen nach Bild 608 e, f, g dadurch erreicht, daß der Zündungsschlüssel zugleich Schaltgriff für den Lichtschalter ist.

Beim Schaltkasten nach Bild 608 d, bei dem die Zündung durch Drehen des Schlüssels geschaltet wird, wird in der Verriegelungsstellung des Schlüssels nach Bild 628 die auf der Welle des Lichtschalters sitzende Rastenscheibe durch einen mit dem Zündungsschlüssel schwenkbaren Exzenter E festgelegt. Zugleich wird dabei übrigens der Riegel R zwischen den im Schaltkastendeckel sitzenden äußeren Anlaßdruckknopf und die innen liegenden Kontaktteile geschoben, so daß in der Verriegelungsstellung auch der Anlasser nicht in Betrieb gesetzt werden kann.

4. Einzelschalter

Je nachdem man im Schaltkasten eine größere oder kleinere Zahl von Schaltvorgängen vereinigt, wird man für die Bedienung der elektrischen Anlage neben dem Schaltkasten verschiedene Einzelschalter einbauen müssen. Wir haben uns weiter oben (S. 310) bereits gegen die völlige Beseitigung des am Instrumentenbrett eingebauten Schaltkastens ausgesprochen. Alle während einer Betriebsperiode des Fahrzeugs nur vereinzelt zu bedienenden Schaltvorrichtungen (Schalter zum Ein- und Ausschalten der Scheinwerfer, des Nummernlichts, der Zündung, des Relaisstromes beim Anlasser mit Relaiseinspurung, aber nicht der Schalter zum Schalten des Anlaß-Hauptstromes) sollten in einem Schaltkasten vereinigt bleiben. Dagegen erscheint es erwünscht, die während der Fahrt immer wieder zu gebrauchenden Schalter (Horndruckknopf, Schalter des Fahrtrichtungsanzeigers, Abblendumschalter) in bequemer Reichweite zu haben. Besonders einbauen wird man auch Schalter für Apparate, die nicht zur regelmäßigen Ausstattung aller Fahrzeuge gehören, zum Beispiel Schalter für die Innenbeleuchtung, für den Scheibenwischer usw.

Nach diesem Grundsatz kommen wir für alle Fahrzeuge zu besonderen Abblendschaltern. Als recht gute Lösung dafür wird man einen Fußschalter ansprechen müssen, der neben dem Kupplungs- oder Bremspedal angebracht wird und so für den Fahrer jederzeit leicht und sicher zu bedienen ist. In beschränktem Umfange haben sich neben den Fußschaltern elektromagnetische Abblendschalter eingeführt. Ein solcher kann an geeigneter Stelle, vorzugsweise also am Spritzbrett, angebracht und über einen bequem erreichbaren, zum Beispiel am Lenkrad oder neben dem Lenkrad an der Karosseriewand anzubringenden Druckknopf gesteuert werden. Schließlich ist als neueste und rasch an Beliebtheit zunehmende Art, den Abblendschalter unterzubringen, der von Amerika ausgehende Anbau am Lenkstock zu erwähnen. Mit diesem Schalter wird häufig der Horndruckknopf vereinigt.

Die Unterbringung und damit der Aufbau des Hornschalters erfordert nämlich ähnliche Überlegungen wie beim Abblendschalter. Er wird heute beim Kraftwagen wohl ausschließlich als Druckknopf oder Kontaktring am Lenkrad, beim Kraftrad am Lenker in unmittelbarer Nähe des Handgriffs angebracht.

Bild 630. Einzelschalter für Batteriezünder (Robert Bosch A.-G.)

Im einzelnen werden die Abblendschalter im Abschnitt „Scheinwerfer" (Seite 85) und die Hornschalter im Abschnitt: III. Schallzeichengeber behandelt (Seite 197).

Durch die Auflösung des Schaltkastens kann ein besonderer Zündungsschalter erforderlich werden. Ein Kurzschlußschalter für Magnetzünder ist bereits im 1. Teil dieses Werkes: „Zündung", in Bild 127, Seite 200, gezeigt worden. Auf derartige Schalter können selbstverständlich ohne weiteres die im Schaltkasten auf die Zündungsschalter angewandten Grundsätze übertragen werden. Man wird sie häufig – namentlich für Batteriezünder – als vermittels des abziehbaren Schlüssels zu bedienende Drehschalter ausbilden. Als Beispiel bringen wir hier noch Bild 630.

Die Schalter der Scheibenwischer sind vorzugsweise mit dem Apparat vereinigt. Sofern dies wegen der Anbringung des Wischers nicht möglich ist, wird ein einfacher Schalter, wie zum Beispiel für die Innenbeleuchtung, benützt. Für diese und alle ähnlichen Apparate werden einfache Hebelschalter, Druckknopfschalter, die sehr beliebten sogenannten „Tumblerschalter", die üblichen in Starkstromanlagen verwendeten Drehschalter, kurz, eine ganze Reihe von Bauarten, wie sie teils besonders für die Verwendung im Kraftfahrzeug, teils aber auch durch die allgemeine Elektrotechnik geschaffen wurden, verwendet. In Bild 631 bringen wir einige derartige Schalter in Außenansicht. Auf die innere Einrichtung im einzelnen einzugehen, würde hier zu weit führen.

Bei der Auswahl solcher Schalter ist darauf zu achten, daß guter Kontakt vorhanden ist, was bei den niedrigen Spannungen der Kraftfahrzeuganlagen besonders wichtig ist, und daß die Schalter unter Umständen, zum Beispiel bei Innenbeleuchtung von Omnibussen, recht starke Ströme führen müssen.

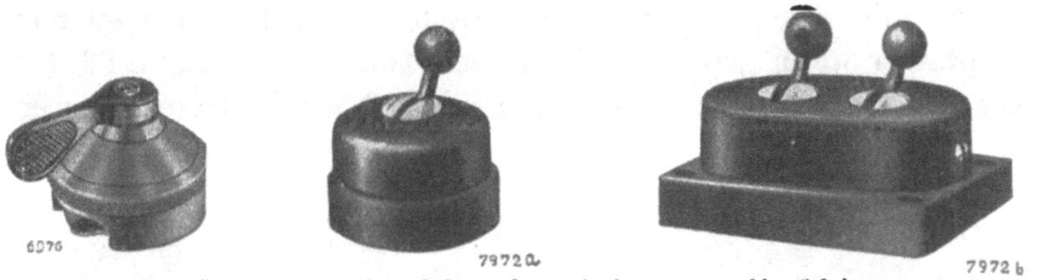

Bild 631. Schalter für die elektrischen Anlagen von Kraftfahrzeugen

Besondere Beachtung verdienen noch die Schalter für die Fahrtrichtungsanzeiger. Sie sind in dem Abschnitt über diese Apparate bereits behandelt (Seite 226). Auch die Anlaßschalter, soweit sie nicht im Schaltkasten untergebracht sind, sind im Zusammenhang mit den Anlassern im einschlägigen Abschnitt besprochen (Seite 167).

5. Schaltungen

Die in diesem Abschnitt besprochenen Hilfselemente dienen dazu, die früher beschriebenen Stromerzeuger und Stromverbraucher zu einer elektrischen Anlage zusammenzufassen. Dieses Zusammenfassen, die „Schaltung", kann nach den verschiedensten Gesichtspunkten erfolgen, doch ist bei Kraftwagen eine Richtlinie von vornherein durch den Aufbau des Schaltkastens gegeben. Dies hat bei uns in Deutschland zu einer gewissen Einheitlichkeit geführt, die ihre großen Vorzüge hat. Immerhin gibt es natürlich durch die Verwendung verschiedener

---

Erläuterungen zu den Bildern 632—635

- A = Amperemeter
- B = Batterie
- D = Lichtmaschine
- D_1 = Anlasser
- D_2 = Scheibenwischer
- F_1, F_2 = Fernthermometer
- H = Horn
- L = Scheinwerfer
- L_2 = Sucher
- L_3 = Nummernlaterne
- L_4 = Handlaterne
- L_5 = Ladeanzeigelampe
- L_6 = Instrumentenlaterne
- L_7 = Stoplicht
- L_8 = Innenbeleuchtung
- L_9 = Winker
- M = Masse
- M_1 = Massebolzen
- S = Schaltkasten
- S_1 = Abblendumschalter (in Bild 633 am Lenkstock)
- S_3 = Drosselschalter
- S_4 = Druckknopf
- S_5 = Anlaßschalter
- S_6 = Schalter für Instrumentenlaterne
- S_7 = Stoplichtschalter
- S_8 = Schalter für Innenbeleuchtung
- S_9 = Sicherungsdose
- X_1 = Zigarrenanzünder
- Z = Magnetzünder
- Z_1 = Zündverteiler
- Z_2 = Zündspule
- Z_3 = Zündungsverriegelung (bei Bild 635 mit gepanzertem Kabel)

Erzeugnisse noch merkliche Unterschiede. Wir können hier als kennzeichnende Beispiele nur die Bilder 632 und 633 bringen. Bei beiden ist der Schaltkasten der Mittelpunkt der Anlage, um den sich die verschiedenen Apparate in übersichtlicher Weise ordnen. In Bild 632 ist ein Schaltkasten nach Bild 608d verwendet, in den die Sicherungen für die Hauptleitungen, die Scheinwerferleitungen, eingebaut sind, während die übrigen Stromkreise besonders gesichert werden müssen. Bei Bild 633 liegen alle Sicherungen in besonderen Kästen. Nähere Erläuterungen er-

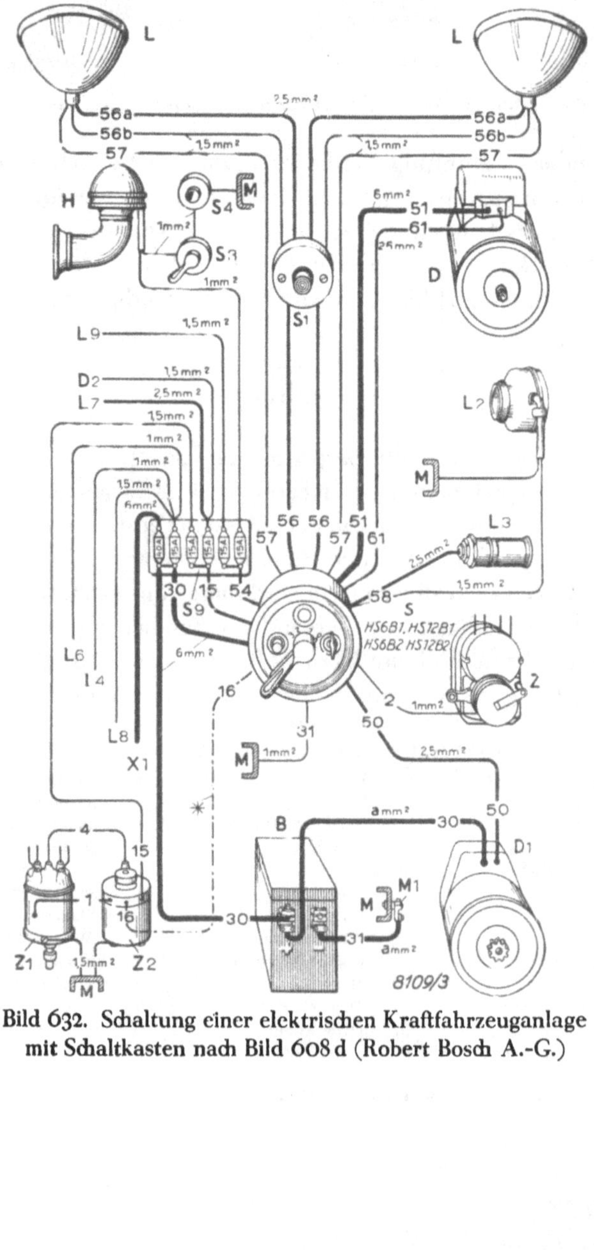

Bild 632. Schaltung einer elektrischen Kraftfahrzeuganlage mit Schaltkasten nach Bild 608d (Robert Bosch A.-G.)

übrigen sich, da die Pläne an Hand der zugleich für die Bilder 634 und 635 gegebenen Zeichenerklärung ohne weiteres verständlich sein dürften. (Vgl. auch Teil II, S. 7, Bild 165).

Die Bilder 634 und 635 zeigen die Schaltung zweier amerikanischer Kraftwagen-Anlagen. Bei diesen ist der Schaltkasten erheblich weniger als bei uns der Mittelpunkt der Anlage. Verschiedene Apparate werden schon vor dem Schaltkasten abgezweigt – zum Beispiel in den meisten

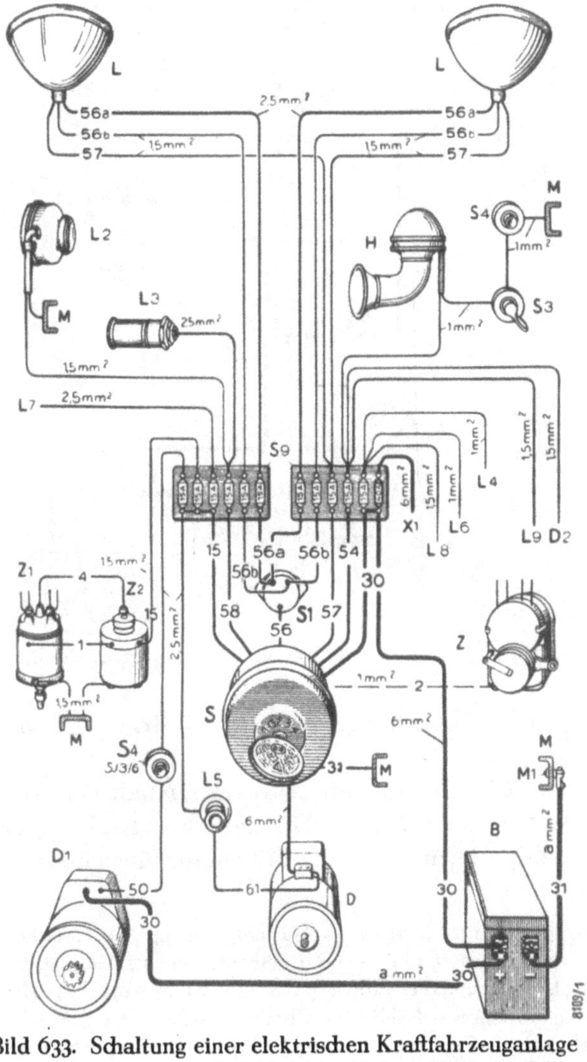

Bild 633. Schaltung einer elektrischen Kraftfahrzeuganlage mit Schaltkasten nach Bild 608 g (Robert Bosch A.-G.)

Fällen die Zündung –, und auch hinter dem Schaltkasten erfolgt der Aufbau weit weniger als bei uns nach einheitlichen Gesichtspunkten. Das erschwert natürlich die Arbeit in den Ausbesserungswerkstätten. Es hat sich infolgedessen in Amerika als erforderlich gezeigt, umfangreiche

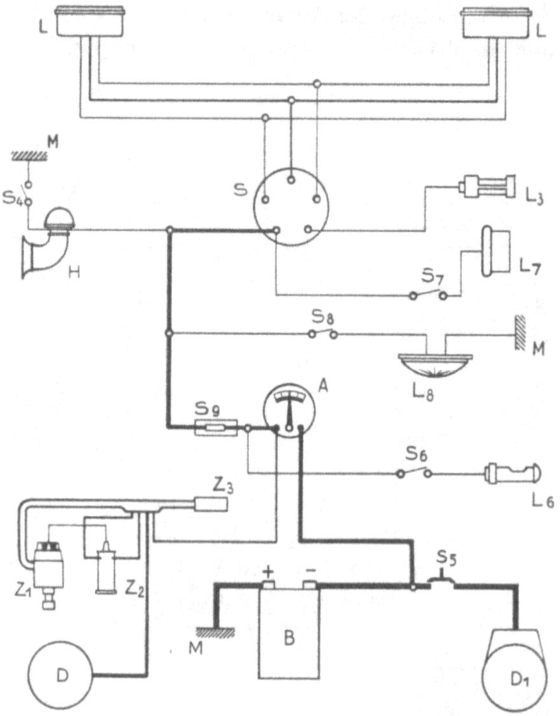

Bild 634. Schaltung einer amerikanischen elektrischen Kraftfahrzeuganlage

Schaltplan-Sammlungen herauszugeben, von denen wir unten die bekanntesten anführen.*)

An Krafträdern ergibt sich selbstverständlich ein erheblich einfacherer Aufbau der Schaltung. Die neuere Entwicklung geht dahin, am Motorrad den Scheinwerfer zum Mittelpunkt der ganzen elektrischen

---

*) Standard Auto-Electrician's Manual, Verlag The Goodheart-Willcox Company, Inc., Chicago, Illinois – Automotive Wiring Manual, Verlag Automotive Publishing Company Chicago, U.S.A. – Wells' Auto-Electricians' Handbook, Verlag Automotive Publishing Company, Chicago, U.S.A. – Reed Service Manual of Starting-Lighting-Ignition, Verlag Service Engineering Company, Automotive Engineers and Publishers, San Francisco, Cal.

Anlage zu machen. Wir verweisen hierzu auf die im Abschnitt „Scheinwerfer" gegebene Beschreibung von neuzeitlichen Motorradscheinwerfern (S. 70; vgl. aber auch S. 313).

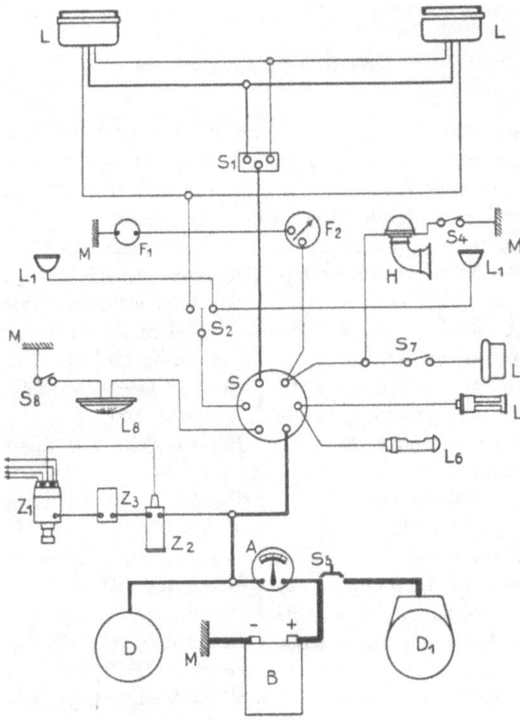

Bild 635. Schaltung einer amerikanischen elektrischen Kraftfahrzeuganlage

Auf Motorbooten und Flugzeugen dient die elektrische Anlage in erster Linie der Innenbeleuchtung. Daneben kommt allerdings auch die Speisung der Positionslaternen und von Scheinwerfern in Frage. Jedenfalls wird aber der Aufbau der Schaltung zur Zeit in jedem Falle noch von den verschiedensten Sonderwünschen beeinflußt, so daß Richtlinien höchstens durch die Verwendung der an Kraftwagen üblichen Schaltkasten gegeben sind.

Sachverzeichnis

Verzeichnis der Firmen

die die Bearbeitung des Werkes durch Lieferung von Unterlagen förderten

Accumulatoren-Fabrik, Aktiengesellschaft, Berlin
Accumulatorenfabrik Dominit, Köln
Adlerwerke vorm. Heinrich Kleyer A.-G., Frankfurt a. M.
Aero Motor- und Autozubehör A.-G., Berlin
American Bosch Magneto Corporation, Springfield
Atwater Kent Manufacturing Co., Philadelphia
Auto-Mafam G. m. b. H., Rheydt

The Benjamin Electric Ltd., London
Berg-Heckmann-Selve A.-G., Zweigniederlassung Basse & Selve, Altena (Westf.)
Robert Bosch A.-G., Stuttgart
Citroën Automobil A.-G., Köln
Contessa-Nettel A.-G., Stuttgart
Daimler-Benz Aktiengesellschaft, Stuttgart-Untertürkheim
The Daimler Company Ltd., Coventry
The Dayton Engineering Laboratories Co., Dayton, Ohio
DIAG G. m. b. H., Leipzig
Eisemannwerke A.-G., Stuttgart
FENAG A.-G., Nünberg
C. P. Goerz A.-G., Berlin-Friedenau
Gould Storage Battery Co., New York
Eugen Grill, Spezialmaschinenfabrik, Zuffenhausen-Stuttgart
Gottfried Hagen A.-G., Köln-Kalk
Hessenwerke G. m. b. H., Cassel
Horchwerke A.-G., Berlin
Walter Isendahl & Co , Berlin
The Leece-Neville Co., Cleveland, Ohio
Lepel-Hochfrequenz-Zündung Vertriebsgesellschaft m. b. H., Berlin
Joseph Lucas Ltd., Birmingham
Junkers-Motorenbau G. m. b. H., Dessau
Luma-Werke A.-G., Stuttgart
Marchal-Vaucanson, Paris
Fabrica Italiana Magneti Marelli, Mailand
Mea-Vertriebs A.-G., Stuttgart
The ML Magneto Synd. Ltd., Coventry
Midgley Car Lighting Co. Ltd., London
Mix & Genest Aktiengesellschaft, Berlin-Schöneberg
Wilhelm Morell A.-G., Leipzig
Nationale Automobil-Gesellschaft Aktiengesellschaft, Leipzig
North & Sons, Watford
North East Electric Co., Rochester
Osram G. m. b. H., Berlin
Owen Dyneto Corp., Syracuse, N.Y.
Pallas Apparate G. m. b. H., Berlin-Charlottenburg
Philipps A.-G., Frankfurt a. M.
Pöge Elektrizitäts-A.-G., Chemnitz
Remy Electric Co., Anderson, Ind.
Herm. Riemann, Chemnitz-Gablenz
Aktiebolaget Ruda Motorer, Stockholm
The Runbacken Repair & Spares Service, Manchester
Sangamo Electric Co., Springfield, Ill.
Metallwerke Otto Scharlach, Nürnberg
O. Schnelle, Meerane i. Sa.
R. Schwalbach & Co., Mannheim
Scintilla A.-G., Solothurn

Siemens & Halske A.-G., Berlin
S. Smith & Sons Ltd., London
Siemens-Schuckertwerke G. m. b. H., Berlin
Svenska Ackumulator-Aktiebolaget Jungner, Stockholm
P. R. Titius G. m. b. H., Berlin
Unterberg & Helmle, Karlsruhe
U. S. Light & Heat Corp., Niagarafalls, N. Y.
C. A. Vandervell & Co., Ltd., London
VDO-Tachometer A.-G., Frankfurt a. M.
A. Veigel, Stuttgart-Cannstatt
Weckerlein & Stöcker A.-G., Nürnberg
Westfälische Metallindustrie A.-G., Lippstadt i. W.
Willard Storage Battery Co., Cleveland, Ohio
Carl Zeiß, Jena

FSC
www.fsc.org
MIX
Papier | Fördert
gute Waldnutzung
FSC® C083411

Kolibri 360 GmbH
Ferdinand-Jühlke-Straße 7
99095 Erfurt, Deutschland
produktsicherheit@kolibri360.de